·面向“十二五”应用型经管规划教材·

会计电算化

——用友ERP-U8(V8.72)

孙伟力◎主　编
胡美秀　董成杰　朱甫明◎副主编
张　蓉◎主　审

電子工業出版社
Publishing House of Electronics Industry
北京·BEIJING

内 容 简 介

作者通过对会计主管、会计、出纳等岗位群的典型工作任务和基本素质的分析，确定本书体例。本书重点培养出纳岗位的收付核算能力、日记账处理能力，会计岗位的凭证处理能力、账簿处理能力、报表编制和分析能力，会计主管岗位的证、账、表的审核能力等。全书紧紧围绕会计工作任务完成的需要来选择和组织内容，突出岗位工作任务与知识的联系，让学生在完成项目的过程中，掌握相关知识和技能，拥有适应企业电算化工作要求的职业素养能力。

图书在版编目（CIP）数据

会计电算化：用友 ERP-U8（V8.72）/ 孙伟力主编. —北京：电子工业出版社，2013.8
面向“十二五”应用型经管规划教材
ISBN 978-7-121-20871-3

Ⅰ.①会…　Ⅱ.①孙…　Ⅲ.①会计电算化—高等学校—教材　Ⅳ.①F232

中国版本图书馆 CIP 数据核字（2013）第 147717 号

责任编辑：刘淑敏
文字编辑：吴亚芬
印　　刷：三河市鑫金马印装有限公司
装　　订：三河市鑫金马印装有限公司
出版发行：电子工业出版社
　　　　　北京市海淀区万寿路 173 信箱　邮编 100036
开　　本：787×1092　1/16　印张：18　字数：461 千字
版　　次：2013 年 8 月第 1 版
印　　次：2014 年 6 月第 2 次印刷
定　　价：39.00 元（含 DVD 光盘 1 张）

凡所购买电子工业出版社图书有缺损问题，请向购买书店调换。若书店售缺，请与本社发行部联系，联系及邮购电话：（010）88254888。

质量投诉请发邮件至 zlts@phei.com.cn，盗版侵权举报请发邮件至 dbqq@phei.com.cn。

服务热线：（010）88258888。

前　言

企业信息化的全面推进，引发了对企业信息化人才的新一轮强势需求。ERP（企业资源计划）系统融先进管理思想、最佳企业业务实践为一体，受到企业界的广泛关注，几乎成为企业管理软件的代名词。作为中国最大的企业管理 ERP 软件供应商，用友 ERP 在国内得到了广泛应用。正是洞悉了企业对 ERP 应用人才的迫切需求，用友软件于 2003 年推出了面向社会人员的“用友 ERP 认证”，旨在普及 ERP 教育，提升学员的 ERP 应用技能，帮助企业建立遴选 ERP 应用人才的标准，本书选用用友 ERP-U8（V8.72）财务部分作为编写内容。

根据市场的用人需求，结合多年行业应用经验，设置了具有前瞻性和实用性的工学结合教材，既有理念体系贯穿其中，展示 ERP 蕴涵的先进管理思想，又有大量实用技能的培训，使学生熟练掌握 ERP 应用技术，具有利用 ERP 系统管理企业业务的能力。

本书的特点是实用、适用和新颖，内容通俗易懂，可操作性强，帮助读者解决工作中的实际问题。尽可能地避免出现过深、过难、偏离实际工作的问题。本书基于技能性、职业化要求，以理论适度、重在实践为原则，将会计工作中的工作岗位、工作内容、工作流程作为主要内容，使用真实的企业会计数据、与企业同步的会计电算化软件，完全仿真的会计工作环境、完全仿真的企业工作模式，突出内容的专业性。

此外，按照“以会计职业能力为本位，以职业实践为主线，以项目课程为主体的模块化课程体系”的设计要求，通过对会计主管、会计、出纳等岗位群的典型工作任务和基本素质进行分析，确定本书目的，即培养出纳岗位的收付核算能力、日记账处理能力，会计岗位的凭证处理能力、账簿处理能力、报表编制和分析能力，会计主管岗位的证、账、表审核能力。

本书紧紧围绕会计工作任务完成的需要来选择和组织内容，确定教学项目，突出岗位工作任务与知识的联系，让学生在完成教学项目的过程中，掌握相关知识和技能，培养适应企业电算化工作要求的职业素养能力，包括业务能力、思维能力、社会能力和表达能力。

本书共 13 个项目，以用友 ERP-U8（V8.72）为实训平台，以一个企业的经济业务贯穿始终，分别介绍了基本理论和岗前培训，ERP 财务管理系统中重要的和基础的总账、报表、薪资管理、固定资产、应收款和应付款管理 5 个模块的应用方法。除项目 1 外，每个项目都包括功能概述、实训目的和要求及教学建议，每个实训都包括实训准备、实训要求、实训资料和实训指导。功能概述主要介绍各个系统的基本功能；实训目的和要求明确了通过该实训应该掌握的知识点；教学建议中提示了在教学过程中应该注意的问题和建议的教学时间；实训准备指出了为完成本实训应该准备的数据环境；实训要求对实训内容提出了具体要求；实训资料提供了企业业务数据以作为实训的背景资料；实训指导针对实训要求和实训资料具体描述了完成实训的操作步骤，并且给出了操作中应该注意的重点问题。

本书附一张 DVD 光盘，包括用友 ERP-U8（V8.72）演示版安装程序和实训账套，以及 3 套初级会计电算化全真模拟试卷和参考答案。

此外，本书为任课老师提供了教学资源，可通过华信教育资源网 http://www.hxedu.com.cn 免费注册下载。

本书适用于培养应用型人才的高等院校，包括高职高专和技术学院，也适用于 ERP 认证考试和在职会计人员培训，还可以供个人自学使用。

本书由广州城市职业学院孙伟力任主编，由广州城市职业学院胡美秀、中山大学南方学院董成杰、广州城市职业学院朱甫明任副主编，由用友新道科技公司张蓉主审。具体编写分工如下。孙伟力编写项目 1～5、9，胡美秀编写项目 10、11，董成杰编写项目 7、8，朱甫明编写项目 12、13，陈彦编写项目 6。

在本书的编写过程中，得到了广州城市职业学院教务处的大力支持，用友公司资深人士王新玲和林小燕也给予了很多中肯的建议，同时参考了有关作者相关著作中的部分资料，在此表示衷心的感谢。

由于会计电算化内容发展很快，并随着计算机技术和网络技术的发展而不断更新，再加上编者水平有限，书中难免有疏漏不足之处，敬请读者批评指正。

本书编者服务邮箱：swl@gcp.edu.cn。

编　者

目　录

项目 1 会计信息化基本理论和岗前培训

通过本章的学习，要求学生掌握会计信息化的基本概念，了解我国会计信息化的发展概况，理解会计电算与手工核算的联系与区别，了解实现会计信息化的基本步骤，熟悉会计信息化的内部管理制度。

1.1 会计信息化概述

1.1.1 会计信息化的概念

会计信息化是将电子计算机技术应用到会计实务中的简称，是利用电子计算机实现的会计信息系统。会计信息化有广义和狭义的概念。广义概念是指电子计算机在整个会计信息系统和以会计信息系统为核心的管理信息系统中的全面应用，这是一项系统工程，是计算机硬件技术、软件技术和会计人员的有机结合，包括会计电算化软件的开发和应用、会计电算化人才的培训、会计电算化的宏观规划、会计电算化的制度建设、会计电算化软件市场的培育与发展等。狭义概念是指电子计算机技术在账务处理过程中的应用，包括利用计算机完成记账、算账、报账，以及对会计信息的分析、预测和决策。

1. 从本质上理解会计信息化

从本质上看，会计信息化是指利用计算机技术加速会计职能执行的过程。会计信息化改变了会计核算方式、数据储存形式、数据处理程序和方法，扩大了会计数据领域，提高了会计信息质量，改变了会计内部控制与审计的方法和技术，因而推动了会计理论的发展与会计技术的进一步完善，促进了会计管理制度的改革，是整个会计理论研究与会计实务的一次根本性变革。

2. 从表面上理解会计信息化

从表面上来看，会计信息化只不过是将电子计算机应用于会计核算工作中，减轻会计人员的劳动强度，提高会计核算的速度和精度，以计算机替代人工记账。但会计信息化绝不仅是核算工具和核算方法的改进，它必然会引起会计工作组织和人员分工的改变，促进会计人员素质和知识结构的提高，提高会计工作效率和质量，解放会计人员的时间和精力，促进会计工作职能的转变，推动会计理论和会计技术的进步，提高整个会计工作水平，大幅度增加企业的经济效益，使会计理论和实务的方方面面发生前所未有的深刻变化。

1.1.2 会计信息化的起源与发展

会计信息化的起源有两个重要的基础，第一是 1946 年美国宾夕法尼亚大学诞生了世界上第一台电子计算机，为计算机技术在会计领域的应用提供了条件；第二是会计理论的不断发展和完善，特别是复式记账技术，使得计算机在数据处理方面的优势得以显现。

1954 年 10 月美国通用电气公司率先将计算机应用于企业的工资核算，获得了极大的成功。其他大中型企业纷纷效仿，在西方社会掀起了将电子计算机技术应用于会计领域的热潮。随后，欧洲地区、日本等国也开始推广电子计算机技术在会计和企业管理等方面的应用。

1979 年，我国财政部、原机械工业部联合中国人民大学在第一汽车制造厂进行会计信息化试点工作。财政部向第一汽车制造厂拨款，从德国购买计算机，由中国人民大学聘请专家负责第一汽车制造厂财务核算的系统开发与研究，主要是将电子计算机技术应用于工资、产值等方面的核算。这是会计信息化在我国的最早应用，是一个重要的里程碑。1981 年 8 月，在财政部和中国会计学会的支持下，中国人民大学和第一汽车制造厂联合召开了“财务、会计、成本应用电子计算机专题研讨会”。在会议上，有关专家首次将电子计算机在财务、会计、成本中的应用称为“会计电算化”，得到众多与会专家和学者的一致认可。从此，“会计电算化”这一专业名词一直沿用至今。

1.1.3 我国会计信息化发展概况

1979 年，会计电算化在中国第一汽车制造厂得以应用，在此后的几十年间，会计信息化经历了一个从起源到发展，功能不断完善、作用不断增强的过程。从我国会计信息化工作的开展程度、范围、组织、规划、管理及会计软件开发等方面来看，我国会计信息化发展可分为四个阶段。

1. 起步阶段（1979—1982 年）

起步阶段，主要进行会计电算化的试点和基础理论研究工作。1979 年，财政部拨出专款，在长春第一汽车制造厂，用计算机进行工资、产值等方面的计算，这是我国会计信息化的起点。起步阶段的主要特点如下。

1）业务内容单一。起步阶段会计软件的内容是用计算机模拟手工记账，不仅模拟手工环境的会计循环，而且模拟手工环境的数据输出形式，利用计算机完成单项核算任务，如工资核算、总账核算和报表汇总等。

2）起步阶段会计软件开发目标是实现会计核算电算化，利用计算机代替手工处理数据量大、业务简单的单项会计业务，将会计人员从繁杂、庞大的数据加工中解脱出来，提高数据加工效率和数据的精难度，提高会计数据输入输出的速度。

3）起步阶段会计软件的特点是程序简单，程序和数据是相互联系的，没有数据管理。会计软件生成的数据都是一个个信息孤岛，缺乏数据共享。

4）应用范围小。只有极少数国有大型企业进行会计信息化工作。

5）会计信息化领域专业技术人员缺乏。懂会计的不太懂计算机，懂计算机的不太懂会计。

既懂计算机又熟悉会计业务的电算化人才寥寥无几。

6）设备缺乏。硬件设备主要是中小型计算机，价格昂贵，体积庞大，使用不便。当时国内计算机操作系统缺乏中文版本，给电算化操作人员上机操作带来不便。

2. 自我发展阶段（1983—1987 年）

1983 年国务院成立了电子振兴领导小组，负责推动全国计算机事业的发展。在全国范围内，掀起了计算机应用的热潮。微型计算机大批涌现，社会对会计信息化的需求越来越多，应用计算机进行会计信息化的单位逐渐增多。然而，由于经验不足，各会计单位各行其是，在会计软件工程中，重复开发，浪费了人力、财力和物力。理论准备和人才培训也不够，组织管理工作滞后，影响了普及推广。自我发展阶段的特点如下。

1）单位会计信息化的内容，已从工资核算扩展到账务处理、材料核算、固定资产核算、成本核算等会计核算业务。有的企业逐步形成了电算化会计信息系统，可以在系统内实现资源共享。

2）计算机硬件发展很快，价格大降，微型机大量涌入市场，为会计电算化提供了良好的环境。

3）计算机软件发展迅速，中文操作系统研究成功，扩大了会计电算化应用的人才。但各单位自行开发的会计软件不够规范和标准。各单位自行开发，会计软件研发水平不高，重复开发严重。

4）会计软件开始大量面市，商品化会计信息市场逐步形成，会计软件行业管理更加规范。各方面开展会计电算化热情高，但缺乏相应配套的组织制度和控制措施。国家对会计软件没有制定严格的评审制度。我国会计电算化事业处于自发发展的状态。

3. 稳步发展阶段（1988—1998 年）

财政部先后颁发了多部有关会计信息化的规则，中国会计学会成立了“会计电算化研究组”，各地也相继有了“会计电算化应用”组织。会计电算化工作稳步向前发展，一批专业商品化会计软件开发单位，推出了通用的商品软件。各企事业单位会计电算化从单项业务处理向全面业务处理发展。稳步发展阶段的特点如下。

1）各级财政部门和各级业务主管部门，加强了对会计电算化工作的管理和引导。制定了相应的发展规划措施、管理制度和会计软件开发标准。

2）会计信息化理论研究取得了初步成果，培养了一批既懂会计又懂计算机的会计电算化队伍。

3）商品化会计软件，主要是核算型会计软件的开发，向通用型和规划型、专业化方向发展，满足了企事业单位会计电算化的需要。

4. 成熟与飞跃阶段（1999—2005 年）

会计电算化的发展过程，从核算型到管理型，最终为预算决策型。我国会计软件从 1999 年开始跨越式地向前发展。人才培养力度加大，许多学校相继开设会计电算化课程，并对在职财务人员进行了全面的培训。企事业单位大力推广电算化工程，会计电算化在各单位如火如荼地开展。成熟与飞跃阶段的特点如下。

1）政府加强了对会计电算化的管理工作。

2）加大了会计电算化人才培养力度。财会人员必须取得会计电算化合格证书才能上岗，把中专、大专、本科和研究生各层次会计电算化教育，列入了教学规划。

3）从事商品化会计软件开发单位和从事会计专用设备研制单位，具备了一定的实力，使产品质量有了明显的提高。会计软件从核算型向管理型转变，从管理型向全面业务管理型发展。

4）企事业单位实行会计电算化的步伐加快，应用范围扩大，应用水平提高，经济效益显现出来。

5）国外的优秀财务软件进入国内市场，这对我国会计电算化事业具有推动作用。

5. 与内控相结合建立 ERP 系统的集成管理（2005 年至今）

进入 21 世纪以后，随着会计软件开发水平的提高和因特网应用的迅速发展，企业资源计划（Enterprise Resource Planning，ERP）软件越来越成熟，应用也越来越广泛。ERP 软件是在物料需求计划（Material Requirement Planning，MRP）和制造企业资源计划（Manufacturing Resource Planning，MRP II）的基础上发展而来的。ERP 软件是会计软件发展的高级阶段。ERP 是整合先进管理理念、业务流程、基础数据、人力资源、计算机硬件于一体的企业资源管理系统，它将企业的人、财、物等资源集中管理，用于最佳的时间和地点，从而使企业获得最大限度的增值。

内部控制是一个发展的概念。根据 2004 年 COSO 委员会发布《企业风险管理——总体框架》中的表述得出，企业风险管理是一个过程，它由一个主体的董事会、管理当局和其他人员实施，应用于战略制定并贯穿于企业之中，旨在识别可能影响主体的风险，管理风险以使其在该主体的风险容量之内，并为主体目标的实现提供合理保证。

ERP 系统的应用使得企业内部控制发生了巨大的变化，主要体现在：首先，内部控制发生了转移，控制重点由会计人员和会计业务部门转移到了计算机数据处理部门。其次，控制的范围扩大，在传统环境下的内部控制制度上有取有舍，并增加了许多内部控制的内容，如数据编码控制等。最后，控制方法与手段转为人工控制与程序化控制相结合，它利用计算机程序化的控制加强业务流程的管理，控制的智能化程度提高很多。与内控相结合建立 ERP 系统的集成管理阶段的特点如下。

1）从会计软件的内容看，ERP 软件涵盖了所有会计核算软件的全部功能，并且将其与办公自动化系统、电子商务、企业分销管理等全方位准确对接，充分实现了企业各类资源的集中管理，并且充分体现了准时生产、约束理论、精益生产、敏捷制造等先进管理思想，体现了会计电算化发展为高级阶段的特点。

2）从 ERP 软件的应用环境来看，法律法规建设在不断加强，从法律层面提出对内部控制的要求。

1.1.4 信息系统基本概念

1. 数据

数据是反映客观事物性质、形态、结构和特征的符号，并能对客观事物的属性进行描述。例如，“200 平方米”、“红色” 等都是数据。数据可以是具体的数字、字符、文字或图形等形式。

2. 会计数据

会计数据则是用于描述经济业务属性的数据。在会计工作中，从不同来源、渠道取得的原始资料、原始凭证、记账凭证等会计数据的载体上，都有大量描述经营业务属性的数据，这些都称为会计数据。

3. 信息

1）辞海对信息的解释是：“信息是收信者事先不知道的报道。”

2）控制论的创始人维纳认为：“信息是人们在适应外部世界并且将这种适应反作用于世界的过程中，同外部世界进行交换的内容的名称。接收信息和使用信息的过程，就是人们适应外部偶然性的过程。”

3）信息论的创始人香农说：“信息是用以消除不确定性的东西。”

4）决策学的代表人物西蒙则提出：“信息是影响人改变对决策方案的期待或评价的外界刺激。”

5）在信息技术应用领域，一般认为：“信息是经过加工、具有一定含义的、对决策有价值的数据。”

6）信息是数据加工的结果，它可以用文字、数字、图形等形式，对客观事物的性质、形式、结构和特征等方面进行反映，帮助人们了解客观事物的本质。例如，“200 平方米”是一项数据，但这一数据除了数字上的意义外，并不表示任何内容；而“会计科办公室的总面积是 200 平方米”对接收者是有意义的。

4. 信息的特征

1）信息共享性。一方面，同一内容的信息可以在同一时间被多人使用。另一方面，同一内容的信息可以被使用多次，信息不会因为被使用而贬值或废弃，可通过传递和扩散方式达到共享。

2）信息的可传递性。信息是物质存在方式的直接或间接显示，它依附于一定的媒体（声、光、磁、语言、表情、文字符号、数据、图像等）进行呈现、传递和扩散。信息是内容，信息的媒体是形式。

3）信息的可编码性。信息可以用有标准意义的符号（如数字、字母等）表示。信息社会中有更多的信息以数字形式表示。信息的生成、处理、存储、传输都是数字化的，因此信息易于识别和接收、易于转换、易于传递、易于存储，从而易于处理。

4）可增值性。信息不但对组织其他资源有增值作用，而且信息本身也可增值。当大量零散、片面、互不关联的信息经过信息系统过滤处理成为相关信息的有序集合时，信息本身就会发生增值。这也是信息咨询业得以蓬勃发展的原因之一。

5）可集成性。不同的信息之间可以进行广泛的联系和系统的综合，并由此得出全新信息关系和内容。

6）层次性。对于信息社会的组织来说，不论是哪个组织单元（如工作小组或某个员工），利用信息的决策一般都可以有三个层次：战略层决策、战术层决策和事务决策。不同层次的决策对信息的来源、抽象程度和信息的数量等特性的要求不同。

5. 会计信息

会计信息是反映组织财务状况和经营成果的信息。它是对反映组织运作的数据，按照一定的要求或需要进行加工、计算、分类、汇总而形成的有用信息产品。

6. 系统

系统是由一些相互联系、相互作用的若干要素，为实现某一目标而组成的具有一定功能的有机整体。室内恒温系统是一个简单系统的实例，它是由温度监控器、温度调节器组成的，该系统的目标是保持室内温度在25～27℃。

7. 系统特征

1）整体性。一个系统由两个或两个以上的要素组成，所有要素的集合构成了一个有机的整体。在这个整体中，各个要素不但有自己的目标，而且为实现整体的目标充当着必要的角色，缺一不可。

2）目的性。任何一个系统的发生和发展都具有很强的目的性，这种目的性在某些系统中又体现出多重性。目的是一个系统的主导，它决定着系统要素的组成和结构。

3）关联性。一个系统中各要素间存在着密切的联系，这种联系决定了整个系统的机制。这种联系在一定时期内处于相对稳定的状态，但随着系统目标的改变及环境的发展，系统也会发生相应的变更。

4）层次性。一个系统必然地被包含在一个更大的系统内，这个更大的系统常被称为环境；一个系统内部的要素本身也可能是一个个小的系统，这些小系统常被称为这个系统的子系统。由此形成了系统的层次性。

8. 系统分类

1）人工系统。一个系统的大部分工作都是由人工完成的，该系统被称做人工系统，如手工会计系统等。

2）自动系统。一个系统的大部分工作是由机器自动完成的，该系统被称做自动系统，如室内恒温系统、数控机床系统等。

3）基于计算机的系统。一个系统的大部分工作是由计算机自动完成的，该系统被称做基于计算机的系统，如机器人系统、计算机会计信息系统、ATM 等。

9. 信息系统

信息系统是以信息基础设施为基本运行环境，由人、信息技术设备、运行规程组成的，以信息为处理对象，进行信息的收集、传递、存储、加工，辅助组织进行各项决策的人—机相结合的系统。

10. 信息系统的基本功能

（1）数据的收集和输入

数据的收集和输入功能是指将待处理的原始数据集中起来，转化为信息系统所需要的形式，输入到系统中。

（2）信息的存储

数据进入信息系统后，经过加工或整理，得到了对管理者有用的信息。信息系统负责把信息按照一定的方法存储、保管起来。

（3）信息的传输

为了让信息的使用者方便地使用信息，信息系统能够迅速准确地将信息传送到各个使用部门。

（4）信息的加工

信息系统对进入系统的数据进行加工处理，包括查询、计算、排序和归并等。

（5）信息的检索和分析

信息检索和分析功能是按照使用者的需求查询信息，利用一些模型和方法，如预测模型、决策模型、模拟模型和知识推理模型等，生成针对性较强的、满足用户需求的决策信息。

1.1.5　信息系统分类

1. 电子数据处理系统

电子数据处理系统（Electronic Data Processing System，EDPS）是以计算机应用技术、通信技术和数据处理技术为主的系统，一般不做任何预测、规划、调节和控制。会计数据处理系统、状态报告系统等都是传统的 EDPS。EDPS 是其他类型信息系统的基础，它能够向其他类型的信息系统提供数据。

2. 管理信息系统

管理信息系统（Management Information System，MIS）是在电子数据处理系统的基础上逐步发展起来的信息系统。它利用电子数据处理系统的数据和大量定量化的科学管理方法以实现对生产、经营和财务过程的预测、管理、调节、规划和控制。管理信息系统主要支持例行的高度结构化（可程序化的）管理问题为主的信息系统。

（1）人力资源信息系统

在信息社会，组织间竞争的关键因素之一是人才的竞争。因此，为了有效地进行人力资源的管理，人们将信息技术与人力资源管理有机融合，构建人力资源信息系统（见图 1-1），进行薪酬管理、福利管理和人事信息管理等。

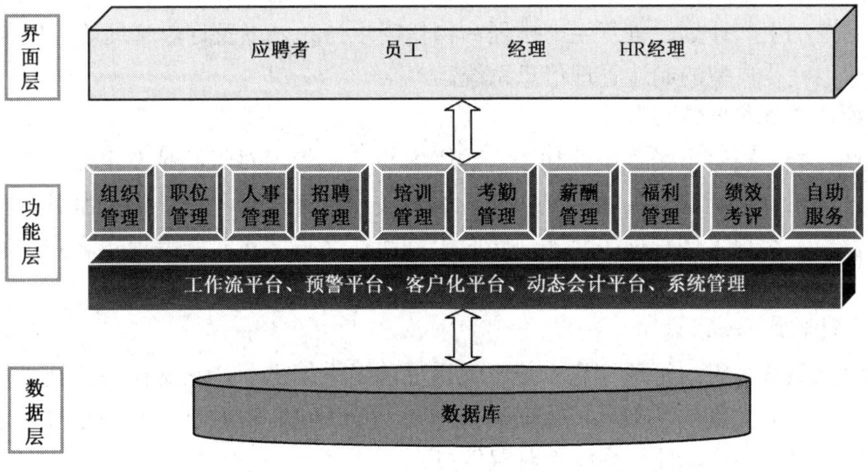

图 1-1　人力资源信息系统

（2）供应链管理信息系统

自 20 世纪 80 年代以来，市场中供需双方的关系出现了 180° 的转变，顾客在买卖关系中占据了主导地位。因此，组织的生存与发展不再仅仅取决于供应链中各组织、部门本身，更重要的是取决于用户，所以人们将信息技术与供应链管理理论有机融合，构建供应链管理信息系统（见图 1-2），进行供应商评估管理、采购管理、销售渠道管理、库存管理和销售管理等。

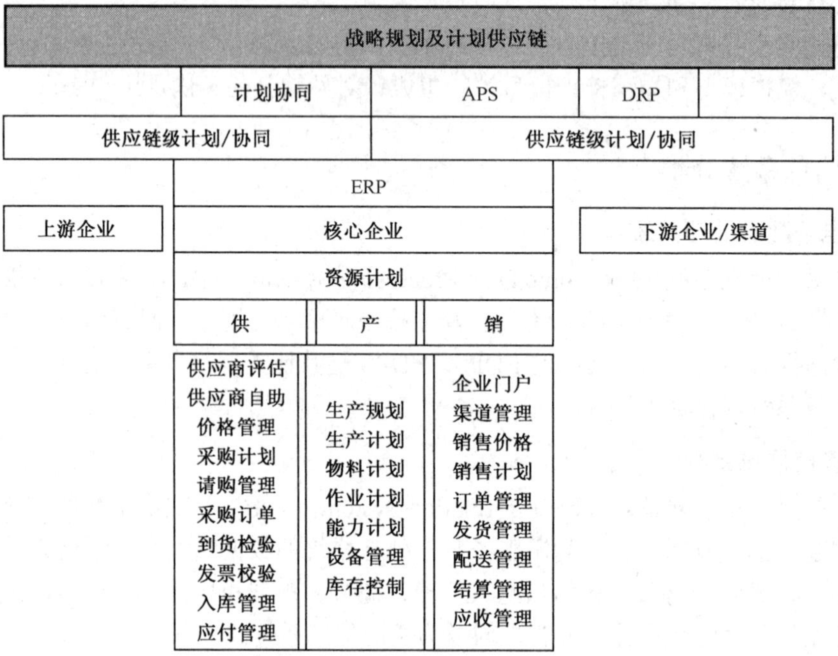

图 1-2　供应链管理信息系统

（3）制造管理信息系统

在信息社会，随着技术的进步和竞争的加剧，制造业面临着巨大的挑战。人们将信息技术和先进的管理思想（如准时生产方式和敏捷制造的管理思想）有机融合，构建制造管理信息系统，支持主生产计划、重复生产排程、物料需求计划，以及订单管理等。例如，MRP II 制造资源计划就是典型的制造管理信息系统。

（4）客户关系管理信息系统

在信息社会，随着市场竞争的加剧，加强客户关系管理对组织越发重要。人们又将信息技术与客户关系管理理论有机融合，构建了客户关系管理信息系统，进行服务管理、客户管理、机会管理、客户关怀管理等，实现实时挖掘潜在客户、实时跟踪现实客户、实时维护重点客户。

（5）会计信息系统

会计信息系统是组织管理信息系统中最重要的子系统之一，它是在随着技术的进步和人们对会计理论不断完善的基础上，将信息技术与会计理论有机融合起来构建会计信息系统。该信息系统能够从各个职能子系统中获取信息。

会计信息系统是一个面向价值信息的信息系统，是从对组织中的价值运动进行反映和监督的角度提出信息需求的信息系统。会计信息系统是利用信息技术对会计信息进行采集、存储和处理，完成会计核算任务，并能为会计管理、分析、决策提供辅助信息的系统。

基于计算机的会计信息系统是一个人机相结合的系统，其基本构成包括硬件资源、软件资源、信息资源和会计人员等基本要素，如图 1-3 所示。

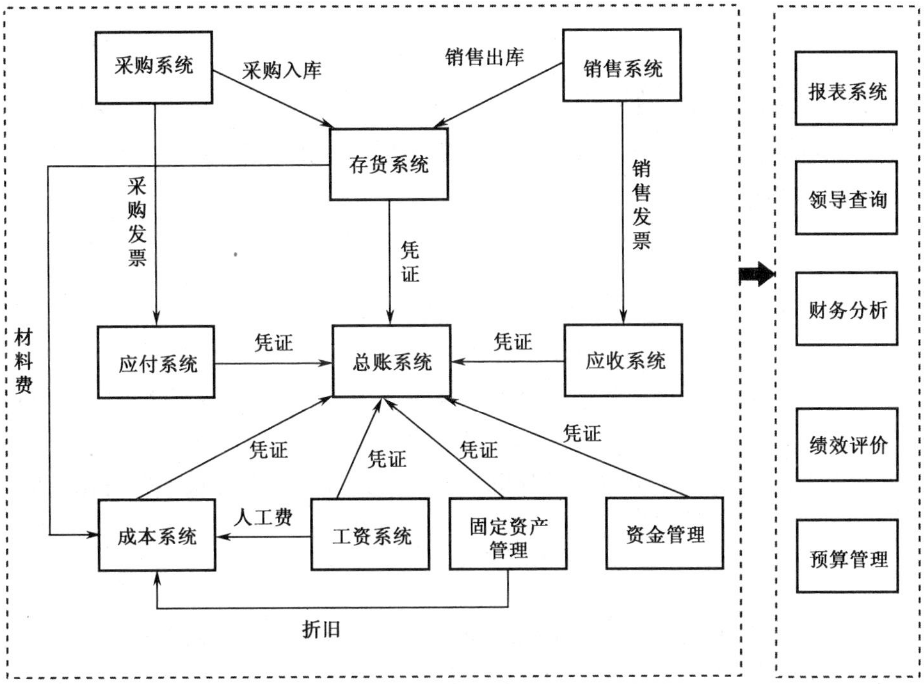

图 1-3　会计信息系统

上述各种职能性信息系统在很多组织中都能够找到。当组织中任何一个特定应用领域需要进行信息化管理时，组织就会建立相应的信息系统。随着组织管理的不断变革，管理信息系统就不断完善和扩充，其目的是将物流、资金流、信息流有机融合，合理配置组织资源，提高组织的竞争能力和市场应变能力。值得注意的是，一个组织中的各种职能性信息子系统并不是独立存在的，它们共享组织中的通用信息系统资源，并通过信息传递与会计信息系统保持密切的联系。

3. 决策支持系统

决策支持系统（Decision Support System, DSS）是在管理信息系统（Management Information System, MIS）基础上发展起来的信息系统。它改善和加强了管理信息系统的决策支持能力，更加强调管理决策中人工的作用，支持面向决策者、处理半结构化的管理程序问题。决策支持系统为决策者提供分析问题、建立模型、模拟决策过程和方案的环境，调用各种信息资源和分析工具，帮助决策者提高决策水平和质量。

4. 专家系统

专家系统（Expert System, ES）是将某一领域的专家们在长期实践中积累起来的经验和知识，特别是他们在处理该领域问题时所用的实施和决策准则编成计算机程序，供决策人员使用，从而改进决策质量的系统，如围棋专家系统。

5. 办公自动化系统

办公自动化系统（Office Automation, OA）是 20 世纪 80 年代随着计算机技术、网络技术的发展而产生的多功能综合信息系统，其目的是提高办公室工作人员的工作效率，如文字处理系统、电子邮件系统等。

1.1.6 会计信息化的发展趋势

随着信息技术的发展和经济管理理念的不断变革，会计信息化也正在向更高级的方向发展，具体可以概括为以下几点。

1. 智能化

智能化是指会计信息化软件的高度自动化，操作方法的简易化，会计人员只须掌握相关的会计知识，便可以迅速掌握软件的使用方法，而那些复杂的程序化技术处理都可以留给计算机来自动完成。例如，金蝶软件有限公司研发的金蝶 KIS，其含义是 Keep It Simple，即将财务软件的应用简易化和智能化。智能化还表现为在处理企业管理中的非程序化或半程序化问题时，可以模拟人脑进行非常规决策分析，将专家系统、决策支持系统与会计信息化系统相结合。

2. 网络化

计算机网络逐步成为人们生活的重要组成部分。在未来的账务处理中，数据信息将有很大一部分来源于网络中的其他计算机，其中包括企业内部网中各部门的信息，也包括企业外部因特网传输的信息。为了更好地完成企业中资产的核算，更好地组织分析数据，电算化软件的网络化是必然趋势，网络财务和网络会计必将成为未来企业中的重要岗位。

3. 综合化

财务管理是企业管理的核心，未来的会计信息化将是会计核算、管理和决策的综合。它将与企业中的其他信息系统，如销售系统、生产系统、库存系统、供应系统、决策支持系统等组合在一起，构成一个集成化的管理信息系统，以便能够综合利用企业的财务、销售、资本、生产等信息，帮助企业决策者科学地管理企业。

1.2 会计信息化系统与手工会计信息系统的联系与区别

会计信息化系统以手工会计信息系统为依托，两者既有联系又有区别。

1.2.1 会计信息化系统与手工会计信息系统的联系

1. 系统目标相同

无论会计信息化系统还是手工会计信息系统，最终目标都是加强经营管理，提供会计信息，参与经营决策，提高经济效益。

2. 遵守会计法规和财务制度

无论电算会计还是手工核算的业务处理工作都必须严格遵守国家的会计法规及现行的财务制度规定。

3. 基本的会计理论与方法相同

会计理论是会计科学的结晶，会计方法是会计具体工作的总结。实行电算后，虽然会引起会计的理论和方法的变革，但是最基本的会计理论和方法如会计基本假设和会计的记账方法等仍应当遵循。

4. 编制会计报表的要求相同

会计报表作为国家进行经济调控的依据，反映了企业的财务状况和经营成果，无论电算还是手工核算都应当按照一定的要求编制会计报表。

5. 都必须妥善保管会计档案

按照会计制度的要求，会计档案作为重要的历史资料，应妥善保管。虽然采用财务软件进行账务处理，存储相关会计数据信息的介质发生了变化，但会计信息资料的保存必须与手工核算一样进行。

1.2.2　会计信息化系统与手工会计信息系统的区别

会计信息化系统与手工会计信息系统相比，无论处理工具还是方式、方法、组织机构及内部控制体系都发生了很大变化。

1. 处理工具的不同

在手工系统中，使用的工具是算盘、机械或电子计算器。电算化系统使用的工具以电子计算机为主，数据处理由计算机完成。

2. 信息载体的不同

手工系统的信息以纸张为载体，保管难度大，占用较多的空间，不易查找。电算化系统以磁性介质或光盘为载体，体积小，易于保管，占用空间少，可以利用网络系统传输，查询方便。

3. 簿记规则不同

首先账簿的存在方式不同。手工系统中规定日记账、总账采用订本式，明细账可用订本式或活页式；电算系统下，账簿是打印输出的折叠账页。其次账簿的修改和结账方法不同。手工账簿的错误可以用画线更正法、红字冲销法和补充登记法，账页中的空行、空页用红线画销；电算账簿不可能完全采用手工的改错方法。为保证审计的追踪线索，规定凡是已经记账的凭证数据不能修改只能采用红字冲销法和补充登记法更改错误，以便留下修改痕迹，打印输出的账页空白部分也不准许画线注销。

4. 账务处理程序不同

手工系统的账务处理程序主要有 5 种：记账凭证账务处理程序、科目汇总表账务处理程序、日记账账务处理程序、多栏式日记账账务处理程序和汇总记账凭证账务处理程序，都是为了简化登账中的重复登录和计算，但又伴随而来的是工作人员和处理环节的增多，其差错也随之增加。电算化系统的账务处理程序对数据采用集中收集、统一处理、数据共享的操作方法，有记账凭证登记日记账、明细账，通过汇总登记总账，编制并打印报表。

5. 会计机构及人员不同

手工系统下，会计岗位一般分为出纳、工资、材料、固定资产和成本等若干工作岗位，进行具体的业务核算，并设专人负责记账、编制报表工作，人员也是专职会计人员。会计信息化系统中，会计岗位划分为录入、审核、维护等岗位，人员构成由会计专业人员、计算机操作员、计算机软硬件维护人员等组成。

6. 内部控制方式不同

在电算化系统中，对手工的内部控制方式做了必要的改变，有的已经取消，如账证核对、账账核对、账表核对的控制方式，已经不再存在，以更加严密的输入控制代之；又如除保留了签字、盖章等控制外，还增设了权限控制、序时控制等方式。

1.2.3 实现会计信息化的意义

会计信息化对于提高会计核算的质量，促进会计职能转变，提高效益，加强国民经济的宏观调控有十分重要的作用，具体包括以下 6 个方面。

1. 减轻财会人员的工作强度，提高会计工作的效率

实行会计信息化后，只须将原始会计数据输入电子计算机，大量的数据计算、分类、归集、存储、分析等工作，都可由计算机自动完成。这样不仅可以把广大会计人员从繁重的记账、算账、报账工作中解放出来，而且由于计算机的数据处理速度快，还可以提高会计工作效率，使会计信息的提供更加及时，以满足企业进行市场预测、决策的需要。

2. 促进会计工作规范化，提高会计工作质量

由于在电子计算机应用中，对会计数据来源提出了一系列规范要求，在很大程度上促进解决了手工操作中的不规范、不统一、易疏漏、易出错等问题。因此，促使会计工作规范化程度不断提高，使会计工作的质量得到保证。

3. 促进会计工作职能的转变

在手工做账条件下，会计人员每天都在忙于记账、算账、报账工作。在复杂的市场经济环境中，特别是在企业产品品种多、用户多的情况下，许多财会信息靠手工计算无法满足企业经营的需要。会计信息化后，会计的工作效率提高了，会计核算的广度、深度加大加深，会计人员可以腾出更多时间、精力，利用有效的管理条件和工具参与经济管理，从而可以较好地促进会计工作职能的转变，由核算、 监督为主转为预测、决策服务为主，使会计在经济管理、提高经济效益中发挥更大的作用。

4. 促进会计队伍素质的提高

随着会计信息化的开展，一方面，要求广大会计人员学习掌握有关会计信息化新的知识，以便主动适应工作；另一方面，也为会计人员接受专门的脱产或半脱产专业培训提供许多学习机会。因此，必然提高整个会计队伍的业务素质。

5. 为整个管理工作现代化奠定了基础

会计是经济管理的重要组成部分，而且多是综合性指标，具有涉及面广和渗透性强等特点。会计信息化后为企业管理手段现代化奠定了重要基础，可以带动或加速企业管理现代化的实现。行业、地区实行会计信息化后，大量的经济信息资源可以得到共享，通过网络系统可以迅速地交换各种经济技术指标的完成情况，极大地提高了经济信息的使用价值，迈向管理现代化的新台阶。

6. 促进会计自身的不断发展

会计信息化不仅是会计核算手段和会计信息处理操作技术的变革，而且对会计核算的方式、程序、内容、方法及会计理论的研究等产生深远的影响。促使会计理论研究进入更新、更高的发展阶段，促进会计自身不断发展。

1.3 会计信息化的组织实施

1.3.1 开展会计信息化工作的条件

单位建设会计信息化需要具备一些基本条件，概括起来主要表现为以下4个方面。

1. 企业客观需要

随着企业生产的发展和市场竞争的加剧对企业经营管理要求的不断提高，会计工作显得越来越重要，不仅需要处理的会计数据剧增，而且因会计自身发展变化与职能的转变，业务处理的复杂程度也在增大。再靠传统落后的计算工具与手工操作方式，即使增加了人员，所能提供的会计信息在及时性、准确性、系统性方面，也都难以达到企业管理的要求。许多企业迫切需要建立电算化会计信息系统，从根本上摆脱这种困境，可以说这种紧迫感是单位建立会计信息化的动力。

2. 领导的重视与支持

单位建立会计信息化工作不仅是财会部门的事情，它涉及企业的外部及内部许多部门，并且会计信息化应用程度越高，则外界的制约因素就越大。因此，只有财会部门领导与人员的热情是远远不够的，会计信息化工作应该得到企业主要领导的重视和支持。根据国内外应用成功与失败的经验，这项工作必须由企业主要领导挂帅，如企业的厂长、经理、总会计师等。这样在人员配置、培训、资金筹集、设备更新、组织机构变更，以及与其他部门的协调等方面，就会顺利得多。所以要加强对企业领导的宣传和培训，以求得他们对会计信息化工作的重视和支持。

3. 良好的会计基础工作

会计基础工作主要指会计制度是否健全，核算规程是否规范，基础数据是否准确、完整等，这是搞好会计信息化工作的前提之一。

计算机对会计数据的处理是在预先编制的软件控制下进行的，因此提供的程序必须正确，并且要符合法规和会计制度的要求，这就对会计工作提出了更加严格的要求。另外，会计工作具有阶段性与连续性的特点，许多处理仅提供要处理的当前数据是不够的，还要使用大量完整的、准确的其他基础数据，如账户的期初余额、库存结存、定额标准、计划指标等。如果处理的原始数据不及时、不准确或者基础数据不完整、不可靠，计算机也只能是“假账真做”，甚至不能正常运行，那么系统提供的信息也就失去了使用价值。所以业务部门必须建立健全计量、收集与审核等规章制度，以保证能及时取得完整、准确的数据。

初建电算化会计信息系统的单位，如果会计基础工作较差，则要先进行整顿，使其迅速达标；对于有一定基础的单位也要进一步提高与规范，积极创造条件，这样今后在由手工处理向计算机处理正式转换时就会容易与省力得多。所以会计信息化的建立也会推动企业会计工作规范化、标准化、制度化、程序化和合法化，这是一个改造与提高管理的过程；能使企业会计工作跃上一个新的台阶。

4. 合格的人才

会计信息化的开发、运行与维护，需要大量不同层次、不同知识结构的专业人才，目前就绝大多数企事业单位来说，这类人才还很匮乏。大致来说，会计信息化人员分为三类：第一类是信息化的开发人员，负责完成会计软件的开发工作；第二类是信息化的应用人员，主要是信息化的使用和日常维护；第三类是电算化系统的管理人员，负责单位会计信息化工作的组织、协调和管理，使其能健康地发展。

对企业来说要根据企业规模与会计信息化的实现方式等情况确定人才需求、配置与培养计划，使他们能尽快胜任工作。目前，微型计算机（以下简称微机）在我国的应用已相当普及，微机操作也比较简单，所以人才培训应该以财会人员为主，并着重培训信息化的应用人员和电算化系统的管理人员。

1.3.2 实现会计信息化的基本步骤

实施会计信息化需要一个科学的步骤，一般实施会计信息化的过程如下。

1. 制定会计信息化的实施计划

建立会计信息化信息系统时，每个阶段都要具体落实，制定详细的实施计划，主要内容有人员配置和机构设置计划，硬件配置计划，软件购置计划，软件开发计划，费用预算。

2. 选择会计软件

会计软件是指能完成账务处理、会计核算、会计管理与分析决策等工作的计算机应用软件。会计软件的取得根据使用单位的不同情况，可以采取购买、自行开发、购买与开发相结合等途径。

3. 组织人才培训

实施会计信息化，必须尽快培养一批既懂会计又懂计算机技术的复合型人才。

4. 建立岗位责任制和制定管理制度

在开展会计信息化之前，必须明确会计信息化岗位及职责。同时，为保证电算化会计信息系统安全、正常运行，必须制定一系列管理制度。

5. 实施会计信息化前的数据准备工作

1）整理所有的手工单据、凭证、卡片、账簿、报表及余额等基础数据，并进行财产清查，核对无误，保证账单相符、账证相符、账卡相符、账账相符、账表相符、账实相符，保证单位内部、本单位与外单位之间账项核对无误。

2）根据国家统一规定和本单位的具体情况，并充分考虑单位的变化和发展，建立规范的会计科目体系。主要包括会计科目名称、科目编码、科目类别、科目性质和账簿类型、各级科目编码的长度、各级科目编码内容、会计科目管理和辅助核算的要求等。

3）根据会计科目体系及单位核算和管理的要求，建立规范的辅助核算科目体系。如对组织机构和业务部门设立辅助核算项目，设置部门编号、人员编号、往来单位编号等。

4）按照所设规范，准备好每个会计科目的数量、单价、金额、期初余额、期末余额和本期发生额等内容。

5）全部数据准备完毕之后，逐步进行正确性、合法性校验，为手工核算资料输入计算机做好最后的准备工作。

6. 初始化工作

实施会计信息化必须经过将原手工会计核算资料输入计算机的过程，以便计算机软件开始进行日常账务处理。这种电算化的建账过程被称为初始化。

7. 系统试运行

通过计算机与手工的并行运行，检查建立的电算化会计信息系统是否满足要求，使用人员对软件的操作是否存在问题，是否应对运行中发现的问题进行修改。

8. 计算机替代手工记账

计算机替代手工记账应具备的条件是：使用的会计软件已通过评审并持有财政部门核发的“会计软件使用证”；配备了适用的会计软件和相应的计算机硬件设备；培训、配备了会计信息化工作人员；会计工作达到《会计基础工作规范化标准》；计算机与手工会计核算并行运行三个月以上，并取得一致的结果；建立了严格的内部管理制度。

1.3.3 会计信息化的内部管理制度

财政部制定的《会计信息化工作规范》指出：“开展会计信息化的单位应该根据工作需要，建立健全包括会计信息化工作岗位责任制、会计信息化操作管理制度、计算机软硬件和数据管理制度、会计信息化档案管理制度的会计信息化内部管理制度，保证会计信息化工作顺利进行。”会计信息化内部管理是指对已经建立的会计信息化系统进行全面管理，以保证系统安全、正常地运行，是保证会计信息化工作有序进行的重要措施。

1. 会计信息化岗位责任制

会计信息化岗位责任制主要是对会计人员的管理，建立岗位责任要体现“责、权、利相结合”的原则。通过岗位责任制的制定，明确每个工作岗位的职责范围，切实做到分工协作，内部牵制，充分发挥系统的运行效益。

根据《会计信息化工作规范》的规定，会计信息化的工作岗位包括了电算主管、系统操作员、审核记账员和电算维护员等工作岗位。

（1）会计信息化主管的主要职责

1）领导本单位会计信息化工作，拟定会计信息化中长期发展规划，制定会计信息化日常运行管理制度。

2）总体负责会计信息化系统的日常管理工作，包括计算机硬件、软件的运行工作；提出有关软硬件的更新、维护和安全保密的方案；挖掘硬件、软件的显在和潜在的作用，充分发挥会计信息化在生产经营管理过程中的作用；保证和监督系统的有效、安全和正常运转，发生故障应及时查明原因，及时纠正。

3）协调单位内部各部门之间、会计部门各岗位之间的工作关系，负责制定和修改岗位责任制，负责对会计信息化人员工作质量的考评，根据考评结果和工作实绩提出任免意见。

4）负责会计信息化人员的工作调配和操作权限的划分，保证内部控制制度的有效实施。

（2）系统操作员的职责

系统操作员是指有权进入当前运行的会计信息化系统的全部或部分功能的人员。系统操作员负责输入记账凭证和原始凭证等会计数据，输出记账凭证、会计账簿、报表，并进行会计数据的备份。系统操作员应具备会计核算软件操作知识、达到会计信息化初级知识培训的水平，各单位应鼓励基本会计岗位的会计人员兼任系统操作员的工作。

系统操作员的主要职责如下。

1）具体负责本单位会计核算软件操作运行；负责系统日常会计数据和会计信息的汇集、输入、处理、输出、打印、储存、备份的操作运行，保证会计数据和会计信息的及时性、准确性、完整性。

2）严格遵守会计信息化有关制度，包括开停机制度、上下岗操作记录制度；操作过程中发现故障应及时报告会计信息化系统主管，做好故障记录；坚持防病毒制度。

3）按照操作规程的规定，及时做好资料的备份工作并妥善保管；离开工作岗位，应执行相应命令退出会计软件。

（3）审核记账员的职责

审核记账员是指负责对输入计算机的会计数据（记账凭证和原始凭证等）进行审核，对会计核算软件进行操作以登记机内账簿，对打印输出的账簿、报表进行确认的人员。审核记账岗位应由具备会计和计算机知识，达到会计信息化初级知识水平的人员担任。

审核记账员的主要职责如下。

1）负责输入数据的审核工作，包括各类代码的合法性、摘要的规范性和数据的准确性。

2）负责输出数据正确性的审核工作。

3）对不真实、不合法、不完整、不规范的凭证应退还各有关人员，更正、补齐后再审核；对不符合要求的凭证和账表不予签章确认。

4）审核无误的凭证应及时登记机内账簿，并打印输出有关账表。

5）月末结账时，检查输入的记账凭证是否已全部审核，已审核的凭证是否全部记账，应备份的数据资料是否已备份。

（4）电算维护员的职责

电算维护员是指负责对系统运行进行维护的工作人员。电算维护员应由具备计算机和会计知识，经过会计信息化中级知识培训的人员担任。

电算维护员的主要职责是负责系统的安装调试工作，保证系统的安全、正常运行，具体职责如下。

1）定期检查软硬件的运行情况，对系统发生的软硬件故障及时进行排除。

2）当会计工作和会计制度发生变化，或者运行中发现软件错误，系统工作人员工作变动时，可以按规定的程序对软件进行增加、删除、修改等维护工作。

3）负责电算化系统的升级换版工作。

（5）电算审查员的职责

电算审查员是指负责监督计算机及会计软件的运行，防止利用计算机进行舞弊的人员。电算审查员应具备会计和计算机知识，达到会计信息化中级知识培训水平的人员担任，也可以由会计稽核人员兼任。

电算审查员的主要职责如下。

1）负责审核系统的输入和输出资料；对软件操作员输入系统的资料和系统输出的账表资料进行审核，保证资料的正确、完整和合法。

2）监督执行内部牵制制度，检查有关人员是否越权使用软件，防止利用计算机舞弊。

3）对会计软件运行中存在的问题，及时向会计主管反映，提出处理意见。

（6）资料分析员的职责

资料分析员是指利用计算机系统提供的会计信息，对单位的经营管理状况进行分析，为决策层提供决策信息及参考方案的人员。

资料分析员的主要职责如下。

1）负责对会计信息化系统产生的会计资料进行分析，并根据本单位的实际情况，负责制定会计资料的分析方法、分析模型和分析时间。

2）根据输出的会计报表和账簿，进行专项分析，预测企业未来的发展趋势，为决策层提供有用的会计信息。

3）根据对企业的收入、成本、费用和利润等项目的分析结果，找出存在的问题，提出改进的措施和建议，以促进企业管理水平的提高。

2. 会计信息化操作管理

会计信息化操作管理是指根据会计工作流程及软件操作规程，具体规定上机操作人员的工作内容和职责、权限，包括操作密码管理的规定，会计凭证数据的输入、审核、传递、保管的规定，会计数据处理和输出的规定，定期数据备份的规定，按规定权限和要求维护机内会计数据的规定，人与系统运行不分离的规定，保存必要上机操作记录的规定等。

（1）上机操作管理

1）禁止非指定人员进入机房及操作使用计算机。

2）严格按操作规程使用硬件。

3）为每个操作人员设置密码口令，口令不对严禁使用软件，不得串用口令，应定期更换操作员的口令。

4）明确规定上机操作人员对会计软件的操作工作内容和权限，防止操作人员越权使用软件的有关功能。

5）严格按会计业务处理流程及软件的操作功能操作使用软件。

6）未经审核的会计数据不得输入计算机。

7）已输入计算机的原始凭证和记账凭证等会计数据未经审核不得登记机内账簿。

8）操作人员离开机房前，应退出会计软件的运行。

9）根据本单位实际情况对各类操作人员上机操作做必要的记载，并由专人保存必要的上机操作记录。上机记录包括操作人、操作时间、操作内容、故障情况等内容。

10）应坚持日常和定期的各项数据备份。正式备份的会计数据，应由指定人员用专用保存柜妥善保存。各种备份的数据均要标明类型、日期及备份人等有关标识。

11）要定期检查计算机病毒。

12）应该避免使用来历不明的软盘和非法复制的软件，不允许在财务系统计算机上玩游戏、看影碟。

13）发现系统硬件、软件出现故障，不得擅自处理，应及时报告请求处理。

14）不准对机内原始数据（凭证）及账簿和报表数据进行程序外的直接修改。

15）在会计软件运行使用过程中，严禁做直接关机操作。

16）不准在操作计算机时，做不利于系统安全的事情，如吸烟、吃零食等。

（2）会计业务处理程序管理

1）要按照《会计基础工作规范》的要求处理会计业务。

2）防止输入计算机的原始凭证和记账凭证等会计数据未经审核而登记机内账簿，保证会计数据的正确合法。

3）要保证会计记账凭证编号连续，并且当天发生的经济业务，当天登记入账。

4）期末要按规定及时结账，现金和银行存款日记账必须日清月结。

5）期末应及时生成和打印输出会计报表，检查报表的完整性，并根据领导及财务管理需要，自定义输出其他统计分析报表。

6）上报会计报表的格式，必须符合统一的要求。期末生成立报的数据文件，必须与打印输出的会计报表一致。会计报表按规定由有关人员签字盖章，在指定的期限内上报。

7）每年年末必须将全部账簿打印输出，作为会计档案保管。

3. 计算机硬件管理制度

1）会计信息化系统应配有专门的电子计算机，并且由财务会计部门管理。

2）计算机硬件设备比较多的单位，财务会计部门可单独设立计算机室，并由专人管理。

3）会计信息化应用的计算机设备应配备不间断电源。

4）应经常对有关硬件设备进行保养、清洁、检查。发现计算机硬件故障，应及时报告有关领导请有关技术人员进行维修，严禁非专业人员拆装和修理计算机。

5）对于较大故障的计算机维修和计算机硬件升级，应有一定的记录，并保证会计数据的连续性和安全性。

4. 会计信息化软件管理制度

（1）会计信息化软件应用维护管理

1）会计信息化软件的磁盘、光盘和用户操作手册等资料应作为会计档案管理，不得复制及外传。

2）会计软件出现运行故障，应利用软件提供的功能进行维护，如数据索引、意外中断处理等，应按操作使用说明书进行维护，维护操作必须由系统维护员或指定人员负责。

3）会计软件出现非软件本身提供功能所能维护的故障，应报告有关领导，并请软件开发服务单位专业技术人员进行维护，非专业技术人员不得对因软件本身设计原因出现的故障进行维护。

4）软件的维护和升级工作，应具有一定记录，并保证会计数据的连续性和安全性。

（2）会计信息化软件程序维护管理

会计信息化软件程序维护包括正确性维护，即纠正软件投入使用的过程中暴露出来的问题；完善性维护，即使用过程中发现功能不全或运行效率不高时，在原有基础上进行优化处理；适应性维护，即在应用环境发生变化时，如组织机构调整。在产品结构变化、新产品开发、人员变更等情况下，及时地做必要的适应性修正。会计信息化软件程序修改手续如下。

1）提出软件修改请求报告。

2）由有关领导审批请求报告。

3）原软件程序及数据存档。

4）实施软件修改。

5）进行软件修改后的试运行。

6）形成新的文档资料。

7）记录软件维护修改情况。

8）将新的软件程序备份，文档资料、维护修改记录存档。

5. 会计数据管理制度

1）会计数据必须进行备份。

2）会计数据备份应用会计软件提供的功能进行备份，不得将系统软件完成的会计数据的备份作为正式备份文件。

3）会计数据备份应使用标签标明备份内容、时间等，并使其处于写保护状态。

4）会计数据日常备份，由软件人员保管，不作为会计档案管理。

5）会计数据结账备份，应采用双备份，并作为会计档案分别保存在不同地点，备份盘应定期复制，以防止数据丢失、损坏。

6）备份数据的内容必须完整，应进行一致性和完整性检验。

6. 会计信息化档案管理制度

会计信息化档案管理制度，即电算化会计档案管理制度，包括会计档案的立卷、归档、保管、调阅和销毁管理制度。制定基层单位的会计档案管理制度，应针对会计信息化系统的特点，依据《会计档案管理办法》和《会计电算化工作规范》进行。

电算化会计档案，包括存储在计算机中的会计数据（以磁性介质或光盘存储的会计数据）和计算机打印出来的书面形式的会计数据。会计数据是指记账凭证、会计账簿、会计报表（包括报表格式和计算公式）等数据，以及会计软件系统开发过程中编制的各种文档、会计程序和其他会计资料。

（1）用磁盘、磁带、光盘等介质存储会计数据的管理要求

1）不再定期打印输出会计账簿，应征得同级财政部门同意。

2）保存期限同《会计档案管理办法》规定的书面形式的会计账簿、报表。

3）记账凭证、总分类账、现金和银行存款日记账仍要打印输出。

4）要按照有关税务、审计等管理部门要求，及时打印输出有关账簿和报表。

5）重要会计档案应备双份，并存放在不同地点。

6）采用磁盘、光盘等介质保存会计档案，要定期进行检查，定期进行复制，防止由于介

质损坏造成会计档案丢失。

7）大中型企业应采用磁盘、光盘、微缩胶片等介质存储会计数据，尽量少采用软盘存储会计档案。

8）存有会计信息的磁性介质及其他介质，在未打印成书面形式输出之前，应妥善保管并留有副本。

（2）打印输出会计数据的管理要求

1）在由原始凭证直接录入计算机并打印记账凭证的情况下，记账凭证上应有录入人员、稽核人员、会计主管人员的签名或盖章。收付款记账凭证还应由出纳人员签名或盖章。打印生成的记账凭证视同手工填制的记账凭证。

2）在根据手工事先做好的记账凭证录入记账凭证后进行处理的情况下，保存手工记账凭证与机制凭证皆可，采用打印输出机制会计凭证代替手工会计凭证，应按规定进行手工审核及签章。

3）计算机与手工并行工作期间，可采用计算机打印输出的记账凭证替代手工填制的记账凭证，并根据有关规定进行审核及装订成册，作为会计档案保存并据以登记手工账簿。

4）总分类账可以用打印输出的“总分类账本期发生额及余额对照表”替代。

5）日记账原则上要求每天打印，每天业务量较少不能满页打印的，可以在满页时打印。

6）明细分类账、总分类账可在满页时打印，也可按月或按季、按年打印，但每年必须打印一次。

7）在保证凭证、账簿清晰的条件下，计算机打印输出的凭证、账簿中表格线可适当减少。

8）按要求打印输出的各种记账凭证，会计账簿、会计报表必须由有关人员签章审核确认，并且装订成册立卷、归档。

9）打印输出书面会计凭证、账簿、报表的，应当符合国家统一会计制度的要求，采用中文或中外文对照，字迹清晰，保存期限按《会计档案管理办法》的规定执行。

（3）会计信息化档案存档要求

1）会计信息化档案要严格按照财政部《会计档案管理办法》等有关规定对会计档案进行管理。

2）会计软件及有关全套文档资料，视同会计档案保管，保管期至该软件停止使用或有重大更改后的 5 年。

3）每年形成会计档案，都应由财务软件会计部门按照归档的要求，负责整理立卷或装订成册。当年会计档案，在会计年度终了后，可暂由本单位财务会计部门保管 1 年。期满后，原则上应由财务会计部门编造清册移交单位档案部门保管。

4）保存的会计档案应为本单位利用，向外单位提供时，档案原件原则上不得外借。

5）对会计档案必须进行科学保管，做到妥善保管、存放有序、查找方便。

6）对归档的会计资料要检查会计档案有关人员签名或盖章。

7）对电算化会计档案管理要做好防磁、防潮、防尘、防盗、防虫蛀、防霉烂和防鼠咬等工作。

8）严格执行安全和保密制度，会计档案不得随意堆放，严防毁损、散失和泄密。

9）各种会计资料包括打印出来的及存储在软盘、硬盘、计算机设备、光盘、微缩胶片等会计资料，未经单位领导同意，不得外借和带出单位。

10）经领导同意的借阅会计资料，应该履行相应的借阅手续，经手人必须签字记录，存放在磁性介质上的会计资料借阅归还时，还应该认真检查病毒，防止传染病毒。

11）对于违反会计档案管理制度的行为，应该进行检查纠正，情节严重的应当报告本单位领导和财政、审计机关严肃处理。

1.4 会计信息化验收与维护

1.4.1 会计软件的评审

为了保证会计软件使用的合法性、准确性、安全性和可靠性，制度规定，会计软件必须通过主管财政部门评审之后，才能销售和正式使用。

会计软件评审的内容具体如下。

（1）合法性审查

审查会计软件是否符合国家财经、税收等制度的有关规定。

（2）正确性审查

审查软件能否正确地处理各项业务。数据输入质量是核算质量的关键，是评审的重要内容。

（3）安全性审查

1）软件是否具有防止非法使用系统和对操作员授权控制的功能。

2）对已处理过的数据不能提供修改功能，审查系统内文件、数据是否有操作权限（读、写、改等）的控制，是否提供直接打开文件修改数据的功能。

3）计算机登账的会计凭证及账簿，软件是否提供留有痕迹的更正功能。

（4）可靠性审查

可靠性审查是审查系统抵御干扰或意外情况的能力，以及系统具有容错、检错、排错、纠错、自我维护和恢复的能力等。

1.4.2 会计信息化的维护

（1）会计信息化维护的内容

会计信息化运行过程中需要维护，不断维护才能保证系统正常运行和延长系统使用寿命。信息化维护包括以下内容。

1）程序的维护。根据运行记录，发现程序的错误需要修改；或者用户有更高的要求，部分程序需要改进；或者环境发生变化，需要修改程序。

2）数据文件与代码的维护。发生意外情况造成数据丢失或混乱，需要对数据文件进行维护；若旧的代码不能适应新的要求，则要对代码进行维护。

3）机器、设备的维护。既有机器设备的日常保养、维护与管理，也有突发故障需要进行修理，以保证系统的正常运行。

（2）会计信息系统维护的类型

根据程序需要维护的不同原因，程序维护工作可以分为以下4种类型。

1）纠错性维护。由于软件测试的不彻底性，软件交付使用后，还会继续发现潜藏的错误，需要对它们进行正确诊断，找出错误的原因和位置，并改正错误而进行的维护。

2）适应性维护。适应性维护是指为了适应运行环境的变化而进行的维护，如对硬件的变更、升级，系统软件的更新、应用方法的变化或使用对象的变更等进行的维护。

3）完善性维护。完善性维护是指应用户的需要而增加新的功能或改善已有的功能与性能而进行的维护。这类维护的工作量最大。

4）预防性维护。预防性维护是指对一些使用时间较长，目前虽尚能使用，但可能不久就须做重大修改或加强的软件，进行预先的维护，以适应将来的修改或调整而减少维护的工作量。这种维护就是“把今天的方法用于昨天的系统，支持明天的需求”。

对信息化的维护必须严格遵守会计软件维护的规章制度。

1.4.3 会计信息化的评价

会计信息系统投入运行一段时间后，需要对系统进行全面的评价。通过评价了解系统功能与设计目标是否一致，以便针对存在的问题采取相应的措施，进行必要的调整和管理，进一步提高系统的整体功能，更好地发挥信息化的作用，才能从真正意义上保证系统的高效率、实用性、稳定性、安全可靠性和先进性。评价过程中如何客观分析信息化的工作质量？如何分析一个信息化的有效性，它对企业管理的影响及系统的投资和效益比？这是评价体系所要解决的主要问题。

1. 会计信息化质量的概念及评价准则

对会计信息化的评价，没有固定的定量指标，是一项比较复杂的工作。质量是指在特定的环境下、在一定的范围内区别某一事物的好坏。质量评价的关键是要定出评定质量的指标及评定优劣的标准。质量的概念是相对的。优质只能是在某种特定条件下相对满意的程度，没有绝对的最优。那么如何评价信息化的质量？

会计信息化是为管理服务的。所以，对它的评价也应该以管理服务的情况为依据。例如，不能把计算机使用了多少时间或计算机“覆盖率”的多少、处理了多少数据、生成了多少张表格等作为考虑的标准，而应认真分析系统究竟能为管理提供多少有用的信息，使用这些信息是否改善了管理，即对管理与决策的贡献作为考核的重点。所以，对管理工作信息需求的满足程度，是信息化评价的基本准则。

2. 会计信息化评价的指标

根据上述基本准则，明确评价特征，可以从以下 8 个方面对会计信息化进行具体的考核与比较。

（1）系统运行的一般情况

通常从系统目标及用户方面考察系统，包括以下内容。

1）系统应用是否达到了设计要求。

2）用户付出的资源（人力、物力、时间等）是否控制在预定的界限内，资源的利用率是否达到了要求。

3）用户对系统的操作过程和运行结果的满意程度，如人机界面是否友好，操作的实用性、方便性和灵活性如何。

4）系统运行是否稳定、可靠与安全，在管理各方面发挥了应有的作用，应考察系统是不是真正成为一个监督企业经营管理各环节的有效工具。

（2）系统的功能

系统的功能是指信息化提供的功能是否能满足用户业务的需求，能够为企业的管理与决策提供哪些服务。应考察系统运行结果对企业各部门的生产、经营、管理、决策和提高员工工作效率等的支持程度。这里所说的功能是指信息服务，不是指某种具体设备（如收款机）的功能。如有的系统能根据最近几个月的销售情况做出近期的销售预测报告，或者能根据已处理的数据（包括历年的）进行成本分析，并指出降低成本的途径或控制成本的要点，而有的系统则不能。无疑，前一个系统的功能就比后一个系统要强。

（3）系统的工作质量

系统的工作质量主要是指系统所提供信息的质量。要考察系统中（包括企业的管理信息化）是否真正实现了信息共享，所有职能部门使用统一的信息源，消除了信息孤岛；系统向信息使用者提供信息的及时性、准确性、完整性、可读性和有用性等。信息化的作用在于应用价值。因此，评价中要考察并分析信息使用者通过使用系统提供的信息，是否切实提高了管理与决策水平，管理的薄弱环节得以加强，增强企业内各部门之间的协调关系，打破以往部门之间的业务流程障碍等。具体来说，要考察系统提供的管理信息是否有助于企业压缩库存资金、加速资金周转、提升资金时间价值、降低成本、缩短产品生产周期、提高产品质量和客户满意度，或者提高企业整体运作效率，推动企业信息化和推动企业以“生产制造为中心”向以“财务为中心”转变，提高决策的科学性与有效性，从而提高了企业的经济效益，增强了企业的竞争力等。只有能及时提供有效信息，能真正解决管理问题的系统才是好的系统。

（4）系统的可靠性

系统的可靠性与安全性密切相关。系统的可靠性是指系统运行过程中抵御各种有意或无意的干扰，防止产生不正确会计信息的能力与防止会计信息泄露和破坏的能力，以及保持系统自身安全、正常工作并继续发挥作用的能力。处于千变万化的社会环境中的信息化随时面临着各种各样的干扰因素的影响，如合法用户的误操作、非法用户的越权操作、计算机舞弊、网络黑客的恶意攻击、计算机病毒的肆虐等。一个信息系统，不管它功能多强、效率多高，如果没有足够的可靠性，外界稍有干扰就不能正常工作，或者使用安全没有保证，那么，这个系统就无法发挥作用，用户也是不敢使用的。最常见的干扰是错误数据的输入，信息化应该具有容错、检错和纠错的能力，能够即时识别、区分不同情况，进行适当的处理，把错误数据拒绝在系统之外。一些不成功的系统在录入了错误数据时，或者程序不能正常运行（让人操作时提心吊胆），或者全盘接收让其混入系统，进而干扰整个系统的工作，引发数据混乱，给业务处理和管理工作造成损失。此外，使用中突然的断电、机器与网络通信的故障、自然灾害等因素的干扰，还有人为的攻击破坏造成的干扰等，随时可能发生。要考察系统对各种干扰的抵御及恢复能力究竟如何，并做出实事求是的客观评价。系统的可靠性是信息化质量的重要评价指标。

评价系统可靠性的主要依据有系统中各种安全设备（如防火墙）的有效性；软件提供的各种可靠性保证措施，是否能有效地防止各种差错的发生，在发生时能否及时查出并进行修改处理；意外处理是否能留下审计线索；是否将会计业务中存在的各种钩稽关系的特点融于软件中，能随时检查生成数据的正确性；对各种上机操作是否留有记录，以便随时追踪、查询各种失误与破坏等，还应考察使用中平均故障间隔时间。

（5）系统的效率

系统的效率主要是指系统为完成信息处理任务而付出的资源情况，如人力、物力、财力与时间等。评价效率问题，一般总是从经济和时间两个方面来考察。人力、物力和设备都可以折算成一定的经济价值来计算与比较，但是时间则不容易折算，一般都用某些定量指标来衡量与比较。常用的时间指标有三个：吞吐量、单位业务处理时间及响应时间。吞吐量是指在单位时间（如一天、一小时）之内，所完成的某种典型的数据处理工作的数量，例如，订单处理系统中每小时能处理订单的数量。单位业务处理时间与吞吐量是同一事实的两种表达方式，例如，生成某报表所需要花费的时间等。这两个指标多用于批处理事务性业务的系统，如账务系统、工资系统、库存系统或销售管理系统等。响应时间是指从用户发出查询或处理要求到用户得到所需信息的时间间隔，一般用于查询系统或实时处理系统。

评价系统的效率也应评价系统中信息等资源的利用率，即考察系统是否最大限度地利用了现有的信息资源并充分发挥了它们在管理决策中的作用；评价系统中各类设备资源的负荷是否平衡，利用率如何，以及数据传送、输入、输出与其加工处理的速度是否匹配等。

（6）系统的适应性

系统的适应性是指当应用环境发生变化时，系统是否能比较容易地改变其结构与工作方式，以便在新的情况下顺利有效地工作。环境的变化是无法避免的。社会经济条件的变化、软硬件技术的发展及更新换代、使用者新的信息需求的提出，都向信息化提出了适应性的要求。有些会计信息化由于适应性差、难以改动，导致使用寿命很短。随着计算机应用的普及与深入，这个问题会越来越突出。因此，适应性得到了人们的重视，成为评价信息化的又一重要指标。

评价系统的适应性应考察系统输出的会计信息能否充分满足本单位的需求，对于会计工作中不十分规范、变化较多的处理是否设有自选功能，或者能否通过自定义功能来实现，提供的接口能否满足企业其他职能子系统的需要及系统自身进一步发展的需要等。

适应性好的系统应该是容易维护的，即系统容易被修改、完善、扩充和移植。目前，会计信息化的功能越来越多，软件规模日益趋大，结构不断复杂化，维护更加困难，维护费用及维修费用在开发费用中的比例不断上升。容易维护的系统才能随时方便地通过维护适应环境的变化，才能有强大的生命力。

（7）系统的实用性

系统的实用性即评价会计信息化对实际管理工作是否实用，是否易学、易操作，用户是否乐意接受使用。主要考察用户操作手册内容是否完整、通俗易懂；软件操作使用是否简便易学，能适合不同能力的用户使用；操作过程中的难点是否设有辅助功能或提供在线帮助，辅助功能是否实用；软件提供的界面是否清晰，并符合会计人员的使用习惯；系统对误操作“保护”和故障恢复的性能如何，对操作的关键环节是否具有特别的控制，如结账、反记账、删除往年数据，并考察系统能否真正有效地解决管理中的实际问题等。

（8）系统的经济性

经济性分析评价要从经济角度考察，主要表现在系统的成本和收益两个方面，应该以最小的成本获得最佳的效益。评价成本和效益综合比是一个非常重要也很复杂的问题。

1）系统开销，包括开发费用和各种运行及维护费用。

2）系统收益，包括直接效益和间接效益，如银行利息及库存资金的减少、成本的下降、产品与生产率的提高、劳动费用和管理费用的减少、对正确决策的贡献等。会计信息化的效益大部分是通过提高工作效率及提高管理水平间接得到的，如提高查询信息的效率、提高对客户需求的响应速度、能实现信息共享从而消除了信息孤岛、促进了企业管理一体化、使决策更加有效等，这些都是很难量化的，也不能在短时间内体现出来。在具体评价时，应尽可能地做一些量化指标，以体现系统的作用与价值。

3）投资效益分析。评价中要分析系统的成本与效益的差，即系统的投资回报率，它集中地反映了信息化质量的水平，应该是最明显的，也是最有说服力的评价指标。

此外，还要评价会计信息化的先进性等。先进性是指该系统在同类系统中的先进程度，如考察系统能否方便地实现信息集成，最终实现企业“信息一体化、操作网络化和管理自动化”，能否智能化地对大量的信息进行整理和分析，最终提供准确、有用的财务或业务报表，以及开发技术上的先进性等。

课后巩固

1. 分析会计电算化与手工会计环境的相同点和不同点。
2. 会计电算化岗位及其权限设置的基本要求是什么？
3. 会计核算软件的基本要求是什么？

项目2

系统管理——会计主管岗位

企业购买并安装了用友 ERP-U8（V8.72）后，系统中是不存在任何数据的。那么企业要把现行的手工会计核算资料转移到系统中，该从何入手呢？本章就带领大家迈出第一步，从系统管理开始。

2.1 系统管理功能概述

系统管理的主要功能是对用友 ERP-U8 管理软件的各个产品进行统一的管理和维护，具体包括账套管理、年度账管理、操作员及权限管理、系统数据及运行安全的管理 4 个方面。

1. 账套管理

一般来说，可以为企业中每个独立核算的单位建立一个账套。换句话说，在系统中，可以为多个企业（或企业内多个独立核算的部门）分别建账。

账套管理功能一般包括账套的建立、修改、删除、输出和引入等。

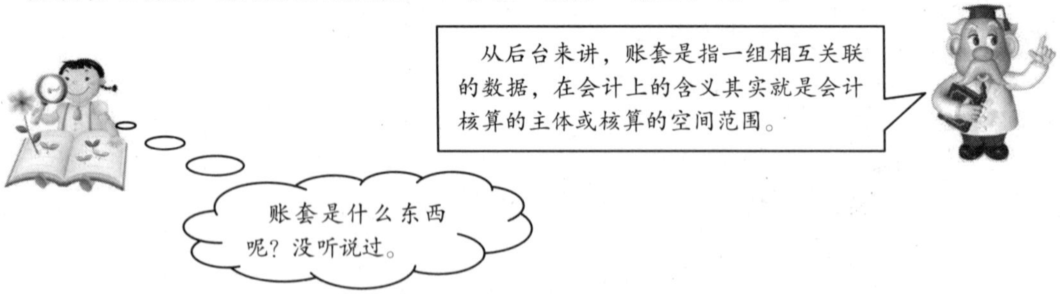

2. 年度账管理

年度账与账套是两个不同的概念，一个账套中包含了企业所有的数据。把企业数据按年度划分，称为年度账。用户不仅可以建立多个账套，而且每个账套中还可以存放不同年度的年度账。这样，对不同核算单位、不同时期的数据，就可以方便地进行操作。

年度账管理包括年度账的建立、清空、引入、输出和结转上年数据等。

3. 操作员及权限管理

为了保证系统及数据的安全与保密，系统管理提供了操作员及操作权限的集中管理功能。通过对系统操作分工和权限的管理，一方面可以避免与业务无关的人员进入系统，另一方面可以对系统所含的各个模块的操作进行协调，以保证各负其责，流程顺畅。

操作员管理包括操作员的增加、修改、删除等操作。

操作员权限的管理包括操作员权限的增加、修改、删除等操作。

4. 系统数据及运行安全的管理

设立统一的安全机制，对企业来说，系统运行安全、数据存储安全是必需的。设立统一的安全机制包括设置系统运行过程中的监控机制，设置数据自动备份，清除系统运行过程中的异常任务等。

重点、难点提示

系统管理是用友 ERP-U8 管理软件中一个特殊的组成部分，它不是一个具体的功能模块，但却是整个系统的运行基础。

1. 系统管理员与账套主管

鉴于系统管理的重要地位，系统严格规定了能够登录系统管理的两种身份：一种是系统管理员的身份，另一种是账套主管的身份。以不同的身份登录，权限范围是不同的。

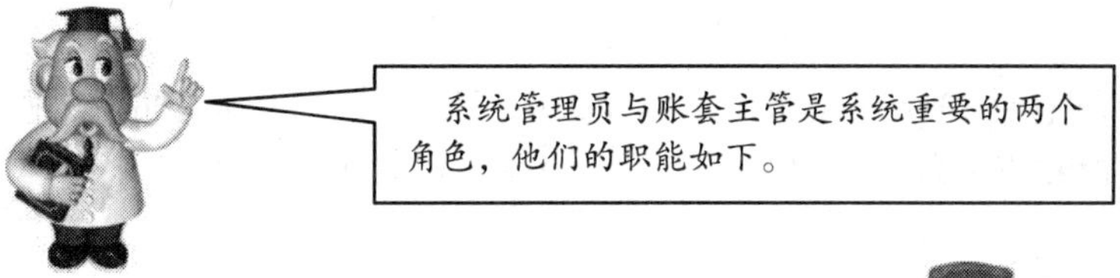

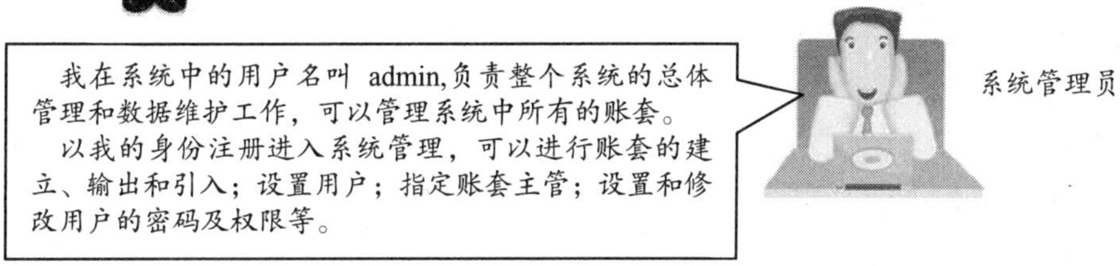

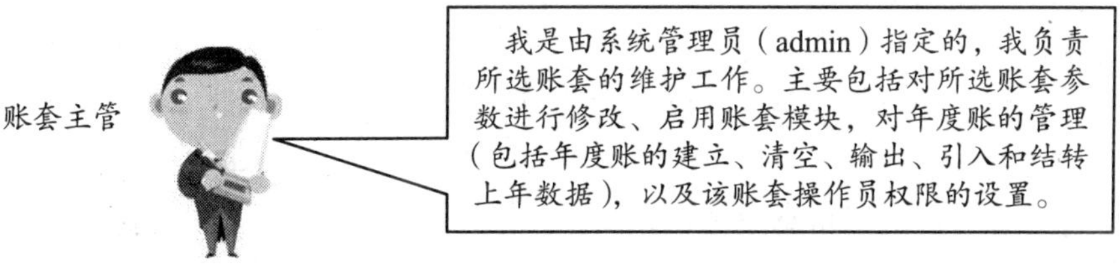

2. 账套与年度账

账套是由年度账组成的。每个账套中一般存放不同年度的会计数据，为方便管理，不同年度的数据存放在不同的数据表中，称为年度账。

采用账套和年度账两层结构的优点如下。

1）便于企业的管理，如进行账套的上报，跨年的数据结构调整等。

2）方便数据输出和引入。

3）减少数据的负担，提高应用效率。

2.2 系统管理实训

2.2.1 实训概述

1. 实训目的

1）理解计算机会计信息系统中企业账的存在形式。

2）掌握计算机会计信息系统中企业账的建立过程。

3）理解系统操作员及权限的含义及设置方法。

2. 实训内容

1）增加操作员。

2）建立企业账套。

3）进行财务分工。

4）输出/引入账套数据。

3. 实训要求

将计算机日期调整至 2012 年 11 月 1 日，以系统管理员（admin）的身份进行企业建账，进行财务分工，输出和引入数据；以账套主管的身份启用总账子系统。

2.2.2 实训资料

1. 建立新账套

（1）账套信息

账套号：5＋两位数的学号。

账套名称：南方电器股份有限公司。

采用默认账套路径。

启用会计期：2012年11月。

会计期间设置：1月1日至12月31日。

（2）单位信息

单位名称：南方电器股份有限公司。

单位简称：南方电器。

单位地址：广州市新港西路181号。

法人代表：杨帆。邮政编码：510300。

联系电话：020-84455789。

传真：020-84455789。

电子邮件：NFDQ@163.com。

税号：909233252811999。

（3）核算类型

该企业的记账本位币为人民币（RMB）。

企业类型：工业。

行业性质：2007年新会计制度科目。
账套主管：李武。
选中“按行业性质预置科目”复选框。
（4）基础信息
该企业有外币核算；进行经济业务工作处理时，需要对存货、客户、供应商进行分类。
（5）编码方案
科目编码级次：42222。
客户分类编码级次：123。
部门编码级次：122。
地区分类编码级次：223。
存货分类编码级次：123。
结算方式编码级次：12。
供应商分类编码级次：123。
（6）数据精度
该企业对存货数量、单价小数位定为2。
系统启用：若在建账时未立即启用系统，可通过企业应用平台启用系统。

2. 财务分工

1）101 李武（口令：1）——账套主管、财务总监，财务部。
2）102 刘云（口令：2）——会计主管，财务部。
3）103 自己名（口令：无）——会计，财务部。
4）104 陈敏（口令：无）——出纳，财务部。
具体要求如表2-1所示。

表2-1　不同角色财务分工的具体要求

编　号	姓　名	角　色	系统权限	工作职责
101	李武	账套主管、财务总监	具有账套全部权限	负责财务软件运行环境的建立，以及各项初始基础设置工作；负责财务软件的日常运行管理工作，监督并保证系统的有效、安全、正常运行；负责期末处理生成凭证的审核、记账、账簿查询、月末结账工作；负责报表管理及其财务分析工作
102	刘云	会计主管	公用目录设置、总账、固定资产、薪资管理、UFO 报表、应收款 、应付款	负责总账系统的凭证审核、记账、账簿查询；负责总账系统的期末处理、自动转账定义、自动转账凭证生成、凭证查询等
103	自己名	总账会计、应收会计、应付会计、材料会计、成本会计、资产管理	公用目录设置、总账、固定资产、薪资管理、UFO 报表、应收款 、应付款；无出纳签字、主管签字、审核凭证、出纳	负责总账系统的凭证管理工作及客户往来及供应商往来管理工作
104	陈敏	出纳	出纳签字、出纳	对收付款凭证进行核对、签字，管理现金日记账、银行日记账、资金日报及银行对账

3. 对账套、年度账进行输出（备份）、引入（恢复）、删除等操作

1）账套输出（备份）。

2）账套引入（恢复）。

3）删除账套。

4. 自动备份计划

计划编号：2012—11。　　计划名称："5+学号"账套备份。

备份类型：账套备份。　　发生频率：每周。

发生天数：1。　　开始时间：16:00。

有效触发：2。　　保留天数：0。

备份路径：C：\账套备份。　　账套："5+学号" 南方电器股份有限公司。

5. 视图菜单功能

1）清除异常任务（在系统管理窗口出现异常时，单击此菜单可清除异常任务）。

2）清除单据锁定（在某个模块功能操作过程中系统出现单据被锁定，操作不能执行，单击此菜单清除单据锁定，单击刷新即可）。

6. 实训操作时间与地点

操作时间：1 课时。　　操作地点：多媒体机房。

2.3 系统管理实训操作

2.3.1 以系统管理员（admin）身份注册进入系统管理

1）选择"开始"|"程序"|"用友 ERP-U872"|"系统服务"|"系统管理"命令，进入"用友 ERP-U8[系统管理]"窗口。

2）执行"系统"|"注册"命令，打开"登录"对话框。

3）"登录到"文本框中默认为本地计算机名称。在"操作员"输入栏中输入系统管理员"admin"，系统默认管理员密码为空，如图 2-1 所示。

4）单击【确定】按钮进入系统管理界面。系统管理界面最下行的状态栏中显示当前操作员[admin]。

注意

● 为了保证系统的安全性，在"登录"对话框中，可以设置或更改系统管理员的密码。如设置系统管理员密码为"123"的操作步骤是：单击选中【改密码】复选框，打开"设置操作员密码"对话框，在"新密码"和"确认"后面的输入区中均输入"123"，如图 2-2 所示。最后单击【确定】按钮，返回登录界面。

● 由于系统管理员的密码无法被其他操作员撤销，所以一定要牢记设置的系统管理员密码，否则无法以系统管理员的身份进入系统管理，也就不能执行账套数据的输出和引入。

● 在教学过程中，由于多人共用一套系统，为了避免由于他人不知道系统管理员密码而无法以系统管理员身份进入系统管理的情况出现，建议不要给系统管理员设置密码。

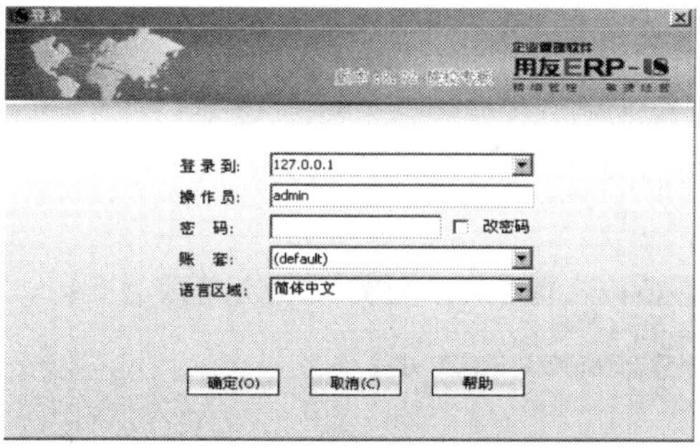

图 2-1 以系统管理员身份登录系统管理

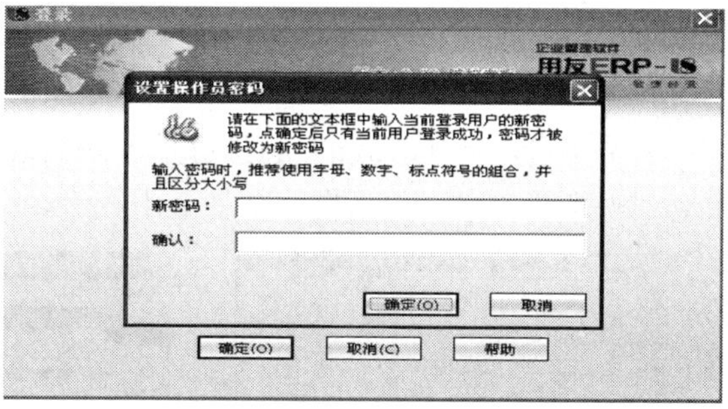

图 2-2 为系统管理员设置密码

听我一言

系统管理员（admin）是系统的超级管理员，主要职能是管理企业的核算账套、管理系统的操作人员、保证系统的正常运行。因为系统管理员职权的特殊性，涉及系统的安全运行，所以建议企业的系统管理员第一次登录系统时，为自己设置管理员密码，以避免他人冒用管理员名义进入系统进行非法操作。即使是平时工作时间，系统管理员如果有事需要暂时离开，建议执行“系统”|“注销”命令，注销管理员身份，待返回后再重新登录系统管理。

2.3.2 增加操作员

1）以系统管理员（admin）身份注册进入系统管理，执行“权限”|“用户”命令，进入“用户管理”窗口。

2）单击【增加】按钮，打开“操作员详细情况”对话框。

3）按表 2-1 中所提示的资料输入操作员编号、姓名、口令，从所属角色列表中选择操作员角色为“账套主管”、“财务总监”，如图 2-3 所示。

4）每增加一个操作员完成后，单击【增加】按钮增加下一位操作员，全部输入完成后，单击【取消】按钮返回。

注意

- “操作员详细情况”窗口中标注蓝色字体的是必输项，其他是任选项。
- 从未在系统中执行过业务操作的操作员可以通过“删除”功能从系统中删除。
- 已使用但调离本企业的操作员可以通过“修改”功能“注销当前用户”，被注销的操作员此后不允许再登录本系统，只有重新设置了“启用当前用户”才能再登录系统。
- 在增加用户时可以直接指定用户所属角色。如：李武的角色为“账套主管”，刘云的角色为“会计主管”。由于系统中已经为预设的角色赋予了相应的权限，所以，如果在增加用户时就指定了相应的角色，则其就自动拥有了该角色的所有权限。如果该用户所拥有的权限与该角色的权限不完全相同，可以在“权限”|“权限”功能中进行修改。如果已设置用户为“账套主管”角色，则该用户也是系统内所有账套的账套主管。

2.3.3　建立账套

1. 建立账套方法

以系统管理员（admin）的身份登录系统管理，执行“账套”|“建立”命令，打开“创建账套——账套信息”对话框，如图 2-4 所示。

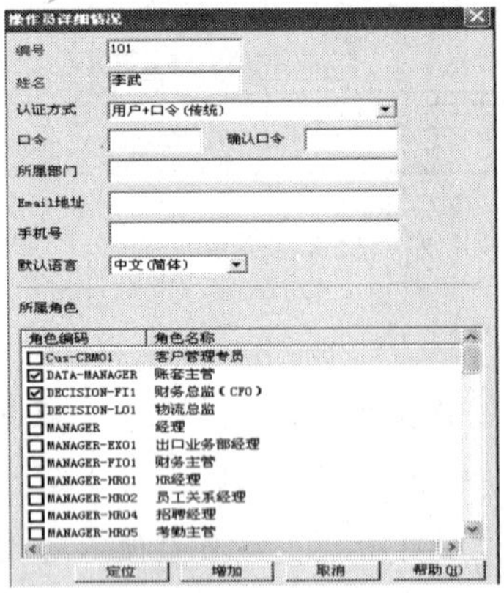

图 2-3　操作员详细情况

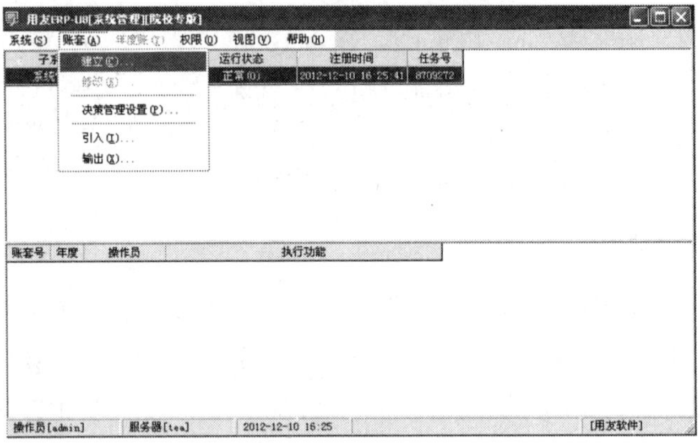

图 2-4　账套建立

2. 账套信息

已存账套： 系统将已存在的账套以下拉列表框的形式显示，用户只能查看，不能输入或修改，目的是避免重复建账。

账套号： 账套号是该企业账套的唯一标识，必须输入，且不得与机内已经存在的账套号重复。可以输入 002～999 之间的 3 个字符，本例输入账套号 588。

账套名称： 账套名称可以输入核算单位的简称。必须输入。进入系统后它将显示在正在运行的软件的界面上。本例输入“南方电器股份有限公司”。

账套路径： 用来确定新建账套将要被放置的位置，系统默认的路径为“C:\U8SOFT\Admin”，用户可以人工更改，也可以利用“...”按钮进行参照输入。

启用会计期： 开始使用计算机系统进行业务处理的初始日期。必须输入。系统默认为计算机的系统日期，更改为“2012 年 11 月”。

输入完成后，如图 2-5 所示。单击【下一步】按钮，打开“创建账套——账套信息”对话框。

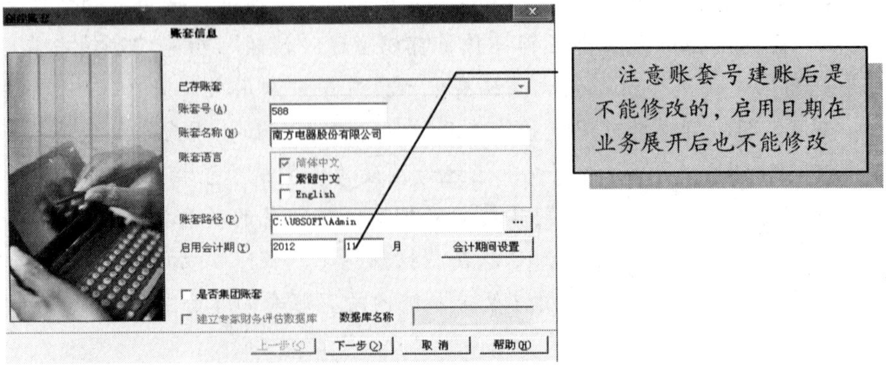

图 2-5　创建账套——账套信息

注意

● 账套号是账套的唯一标识，可以自行设置3位数字，但不允许与已存账套的账套号重复，账套号设置后将不允许修改。

● 账套名称是账套的另外一种标识方法，它将与账套号一起显示在系统正在运行的屏幕上。账套名称可以自行设置，并可以由账套主管在修改账套功能中进行修改。

● 系统默认的账套路径是用友ERP-U872的安装路径，可以进行修改。

● 建立账套时系统将启用会计期自动默认为系统日期，应注意根据所给资料修改，否则将影响企业的系统初始化及日常业务处理等内容的操作。

3. 单位信息

单位名称： 用户单位的全称。必须输入。企业全称只在发票打印时使用，其余情况全部使用企业的简称。本例输入“南方电器股份有限公司”。

单位简称： 用户单位的简称。最好输入。本例输入“南方电器股份有限公司”。

其他栏目都属于任选项，参照所给资料输入即可。

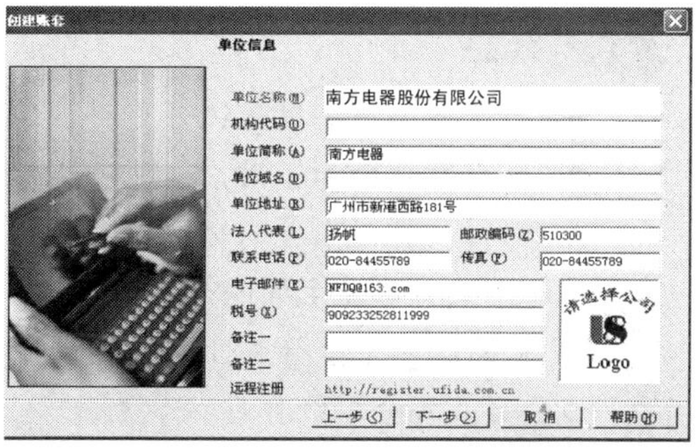

图2-6 创建账套——单位信息

输入完成后，如图2-6所示。

单击【下一步】按钮，打开“账套信息——核算类型”对话框。

注意

● 单位信息中只有“单位名称”是必须录入的。必须录入的信息以蓝色字体标识（以下同）。

● 单位名称应录入企业的全称，以便打印发票时使用。

4. 核算类型

本币代码： 必须输入。本例采用系统默认值“RMB”。

本币名称： 必须输入。本例采用系统默认值“人民币”。

企业类型： 用户必须从下拉列表框中选择输入。系统提供了工业、商业两种类型。本例选择“工业”。

行业性质： 用户必须从下拉列表框中选择输入，系统按照所选择的行业性质预置科目。本例选择行业性质为“2007年新会计制度科目”。

账套主管： 从下拉列表框中选择输入。本例选择“[101]李武”。

按行业性质预置科目： 如果用户希望预置所属行业的标准一级科目，则选中该复选框。本例选择“按行业性质预置科目”。

输入结果如图2-7所示。单击【下一步】按钮，打开“创建账套——基础信息”对话框。

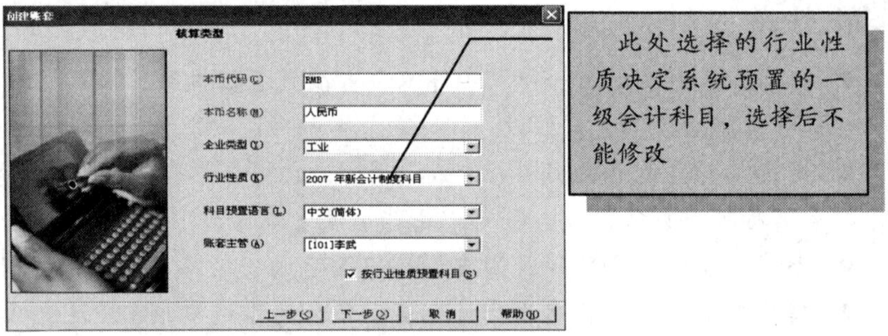

图 2-7　创建账套——核算类型

注意

- 行业性质将决定系统预置科目的内容，必须选择正确。
- 如果事先增加了用户，则可以在建账时选择该用户为该账套的账套主管。如果建账前未设置用户，建账过程中可以先选一个操作员作为该账套的主管，待账套建立完成后再到“权限”功能中进行账套主管的设置。
- 如果选择了按行业性质预置科目，则系统根据你所选择的行业类型自动归入国家规定的一级科目及部分二级科目。

5. 基础信息

如果单位的存货、客户、供应商相对较多，可以对他们进行分类核算。如果此时不能确定是否进行分类核算，也可以建账完成后由账套主管在“修改账套”功能中设置分类核算。

按照本例要求，选中“存货是否分类”、“客户是否分类”、“供应商是否分类”、“有无外币核算”几个复选框，如图 2-8 所示。单击【完成】按钮，弹出系统提示“可以创建账套了么？”，如图 2-9 所示。

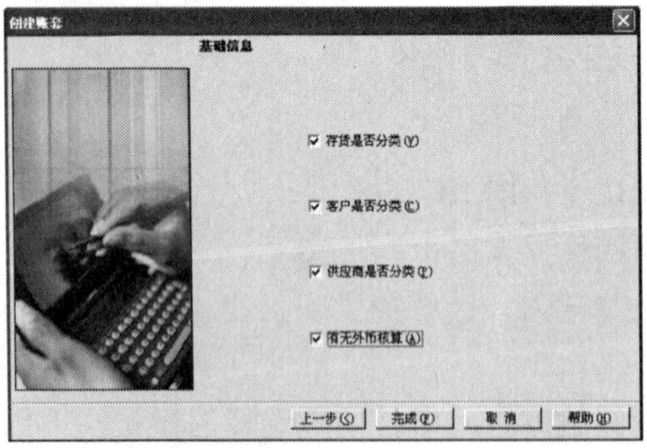

图 2-8　创建账套——基础信息

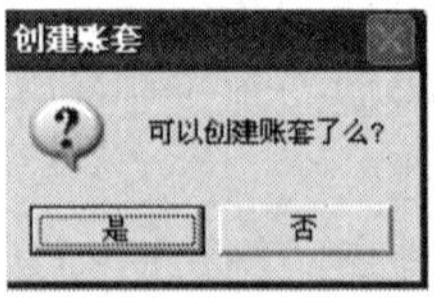

图 2-9　创建账套提示信息

单击【是】按钮，稍后，打开“分类编码方案”对话框。

注意

- 本企业要求对存货、客户、供应商进行分类，有外币核算。
- 是否对存货、客户及供应商进行分类将影响其档案的设置。有无外币核算将影响基础信息的设置及日常能否处理外币业务。
- 如果基础信息设置错误，可以由账套主管在修改账套功能中进行修改。

6. 分类编码方案

为了便于对经济业务数据进行分级核算、统计和管理，系统要求预先设置某些基础档案的编码方案，即规定编码的级次及各级编码的级长。级次是指该编码方案最长允许设置的级数，级长是指某级编码的数字位数，即数字的长度。级次和级长的设置需要充分结合企业的具体情况来设置。

按资料要求设置编码方案，如图 2-10 所示，单击【确定】按钮，单击【取消】按钮，打开“数据精度定义”对话框。

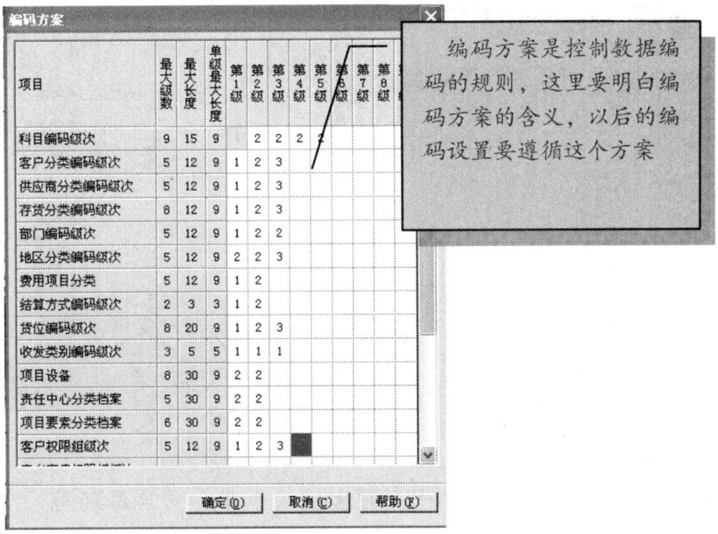

图 2-10　分类编码方案定义

注意

- 编码方案的设置，将直接影响基础信息设置中相应内容的编码级次及每级编码的位长。
- 删除编码级次时，必须从最后一级向前依次删除。

7. 数据精度定义

数据精度涉及核算精度问题。涉及购销存业务环节时，会输入一些原始单据，如发票、出入库单等，需要填写数量及单价。数据精度定义是确定有关数量及单价的小数位数。设置完成后，如图 2-11 所示。单击【确定】按钮，系统弹出提示“创建账套｛南方电器股份有限公司：[588]｝成功”。单击【确定】按钮，系统弹出提示“是否立即启用账套”？单击【是】按钮，进入“系统启用”窗口，如图 2-12 所示。

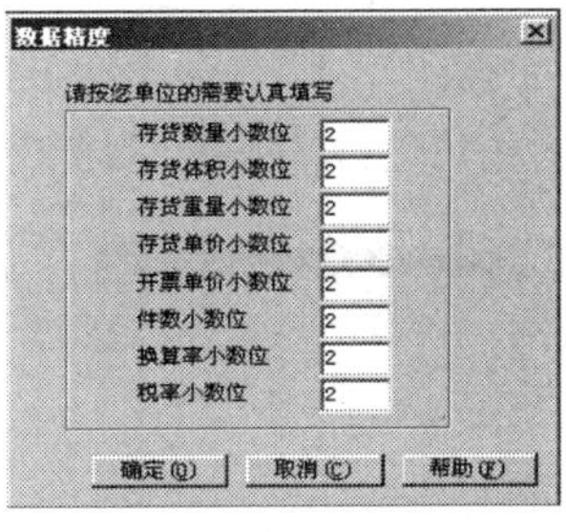

图 2-11　创建账套——数据精度定义

图 2-12　创建账套提示

8. 系统启用

系统启用是指子系统的开启，子系统只有经过启用之后才能进行相应的业务处理。既可以以系统管理员（admin）的身份启用系统，也可以以账套主管的身份进行系统启用。在“系统启用”窗口中，选中要启用的系统名称前的复选框，系统弹出“日历”窗口。选择总账启用日期为“2012-11-01”，如图 2-13 所示，单击【确定】按钮，返回。

依次启用应收款管理、应付款管理、固定资产、薪资管理，启用日期必须为 11 月 1 日，结果如图 2-14 所示。

图 2-13 系统启用 1

图 2-14 系统启用 2

注意

- 各系统的启用会计期间必须大于等于账套的启用期间。

如果在建账完成后再启用系统，需要以账套主管身份登录到 U872 企业应用平台，执行“基础设置”|“基本信息”|“系统启用”命令，进行系统启用设置。

2.3.4 增加其他用户

1）执行“权限”|“用户”命令，进入“用户管理”窗口。

2）单击【增加】按钮，打开“操作员详细情况”对话框。

3）按图 2-15 中所提示的资料输入操作员编号、姓名、口令，从所属角色列表中选择操作员所属角色，本例要求增加刘云、自己名、陈敏，如图 2-15 所示。

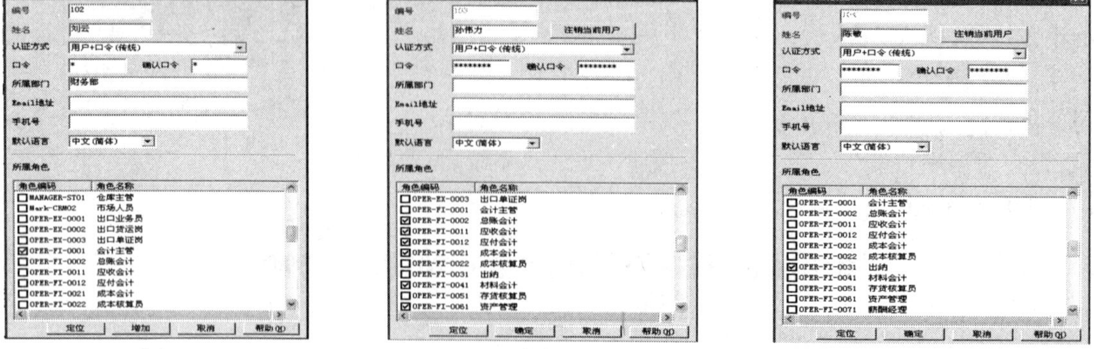

（a）　　（b）　　（c）

图 2-15 增加操作员

2.3.5　权限设置

设置操作员权限的工作应由系统管理员（admin）或该账套的主管，在系统管理中的权限功能中完成。在权限功能中既可以对角色赋权也可以对用户赋权。如果在设置账套时已经正确地选择了该账套的主管，则此时可以查看；否则，可以在权限功能中设置账套主管。如果在设置用户时已经指定该用户的所属角色，并且该角色已经被赋权，则该用户已经拥有了与所选角色相同的权限；如果经查看后发现该用户的权限并不与该角色完全相同，则可以在权限功能中进行修改；如果在设置用户时并未指定该用户所属的角色，或者虽已指定该用户所属的角色，但该角色并未进行权限设置，则该用户的权限应直接在权限功能中进行设置，或者应先设置角色的权限再设置用户并指定该用户所属的角色，则角色的权限就自动传递给用户了。

1. 查看 101 李武是否是当前账套的账套主管

1）在系统管理中，执行“权限”｜“权限”命令，打开“操作员权限”对话框。

2）在“账套主管”右边的下拉列表框中选中“[588]南方电器股份有限公司”账套。

3）在左侧的操作员列表中，选中“101”号操作员李武，如图 2-16 所示。

2. 指定/取消账套主管

可以在两个环节指定企业账套的账套主管：一个是在建立账套环节，如图 2-7 所示，在建账步骤已经介绍过了，不再赘述；另一个是在权限设置环节，由系统管理员指定账套主管。

指定账套主管的操作步骤如下。

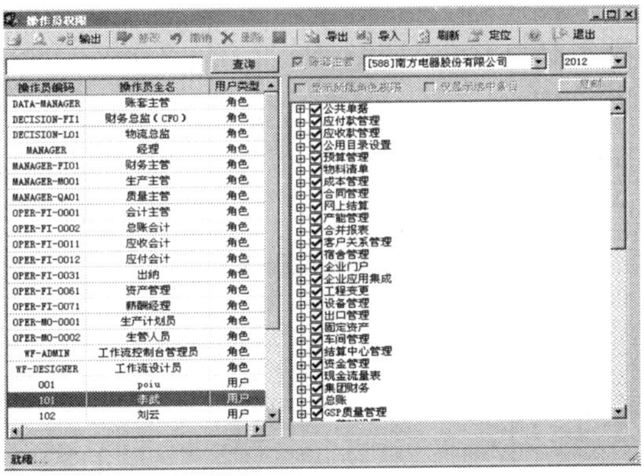

图 2-16　查询操作员权限

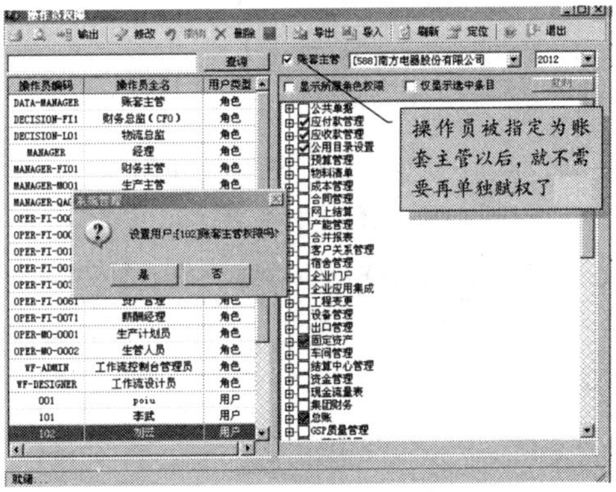

图 2-17　指定账套主管

1）以系统管理员（admin）身份注册进入系统管理，执行“权限”|“权限”命令，进入“操作员权限”窗口。

2）从账套列表下拉框中选择“[588]南方电器股份有限公司”。

3）在操作员列表中选择“102 刘云”，此时右边的权限窗口中显示为空白，表示当前操作员没有任何权限。

4）选中上面“账套主管”复选框，系统弹出提示“设置操作员[102]账套主管权限吗？”，如图 2-17 所示。

5）单击【是】按钮，此时，操作员权限列表中显示当前操作员所具有的权限。

6）单击上面“账套主管”复选框，取消操作员“102 刘云”的账套主管权限。

注意

- 一个账套可以设定多个账套主管，一个账套主管也可以被指定为多个账套的账套主管，但整个系统只有一个系统管理员。
- 账套主管自动拥有该账套的所有权限。
- 只有系统管理员（admin）才有权设置或取消账套主管，而账套主管只有权对所辖账套进行操作员的权限设置。
- 设置权限时应注意分别选中“账套”及相应的“用户”。
- 如果此时查看到 588 账套主管前的复选框为未选中状态，则可以单击该复选框将其选中，设置该用户为 588 账套的账套主管。

3. 给操作员赋权

系统管理员和账套主管都可以给操作员赋权。

给操作员赋权的操作步骤如下。

1）以系统管理员（admin）身份注册进入系统管理，执行“权限”|“权限”命令，进入“操作员权限”窗口。

2）给操作员“102 刘云”授权。在操作员权限窗口中，从账套列表下拉框中选择“[588]南方电器股份公司”，从操作员列表中选择“刘云”，单击【修改】按钮。在右侧窗口的产品分类选择列表中选中“应付款管理”、“应收款管理”、“公用目录设置”、“固定资产”、“总账”、“存货核算”、“UFO 报表”、“薪资管理”复选框，如图 2-18 所示。完成后，单击【保存】按钮。

3）给操作员 103 授权。从操作员列表中选择“103 自己名”，单击【修改】按钮。在右侧窗口的产品分类选择列表中单击“总账”前的“⊞”展开总账下的功能节点，再展开“凭证”，去掉“出纳签字、审核凭证、主管签字”功能项，去掉“出纳”功能组，如图 2-19 所示。完成后，单击【保存】按钮。

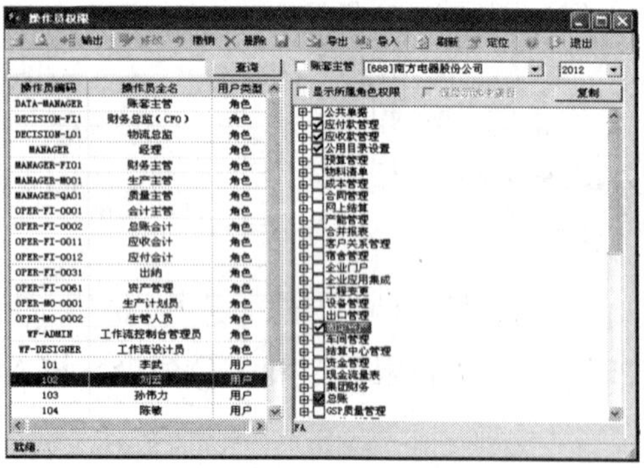

图 2-18　给操作员刘云赋权

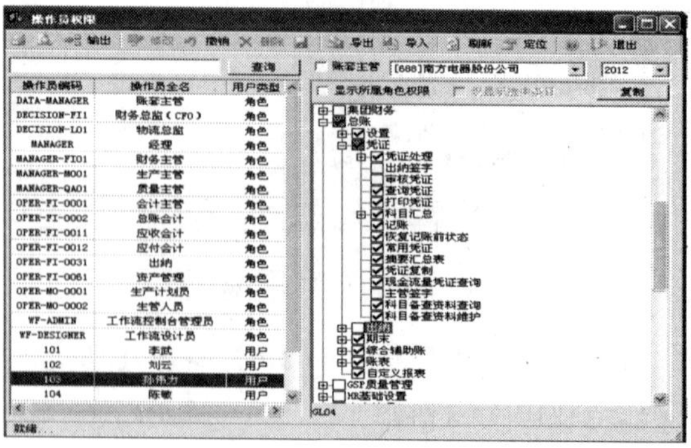

图 2-19　给操作员 103 赋权

4）给操作员陈敏授权。从操作员列表中选择“陈敏”，单击【修改】按钮。在右侧窗口的产品分类选择列表中单击“总账”前的“⊞”展开总账下的功能节点，再展开“凭证”，选中“出纳签字”功能项，选中“出纳”功能组，如图 2-20 所示。完成后，单击【保存】按钮。

5）以此类推，设置其他操作员的权限。

2.3.6　修改账套

修改账套的工作应由账套主管在系统管理中的“账套”｜“修改”功能中完成。

1）执行“系统”｜“注册”命令，打开“登录”系统管理对话框。

注意

如果此时已由其他操作员注册系统管理，则应先通过“系统”｜“注销”命令注销当前操作员后再由账套主管重新注册。

2）录入操作员“101”（或李武），密码“1”，单击“账套”栏的下三角按钮，选择“5+学号南方电器股份有限公司”，如图 2-21 所示。

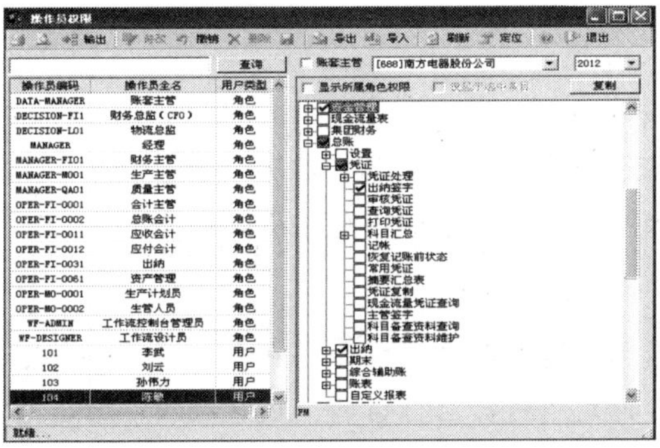

图 2-20　给操作员陈敏赋权

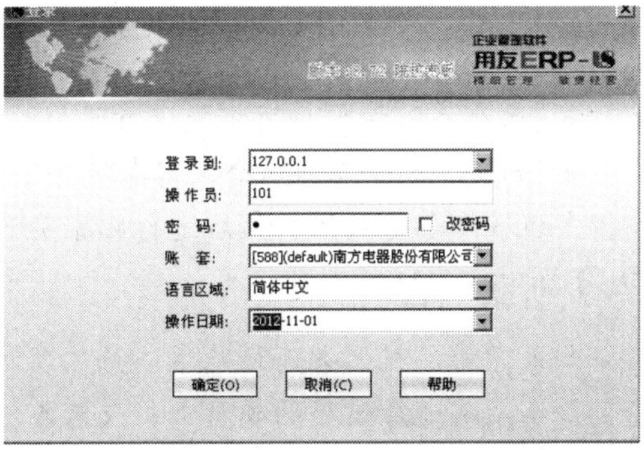

图 2-21　账套主管登录系统管理

3）单击【确定】按钮，以账套主管身份登录系统管理。

4）执行“账套”｜“修改”命令，打开“修改账套”对话框。

5）单击【下一步】按钮，打开“单位信息”对话框。

6）单击【下一步】按钮，打开“核算类型”对话框。

7）单击【下一步】按钮，打开“基础信息”对话框。

8）单击选中【存货是否分类】前的复选框。

9）单击【完成】按钮，系统弹出提示“确认修改账套了么?”。

10）单击【是】按钮，并在“分类编码方案”和“数据精度”窗口中分别单击【取消】和【确定】按钮后修改成功。

2.3.7　输出账套

进行账套输出的操作步骤如下。

1）在 D 盘中新建“姓名+学号账套备份”文件夹。

2）以系统管理员（admin）身份注册进入系统管理，执行“账套”|“输出”命令，打开“账套输出”对话框，如图 2-22 所示。

3）从“账套号”下拉列表中选择要输出的账套，如图 2-23 所示,单击【确认】按钮。

4）系统对所要输出的账套数据进行压缩处理，稍后，系统压缩完成，打开“请选择账套备份路径”对话框。

5）双击选中存放账套备份数据的文件夹，单击【确定】按钮，系统弹出提示“输出成功”，单击【确定】按钮返回系统管理。

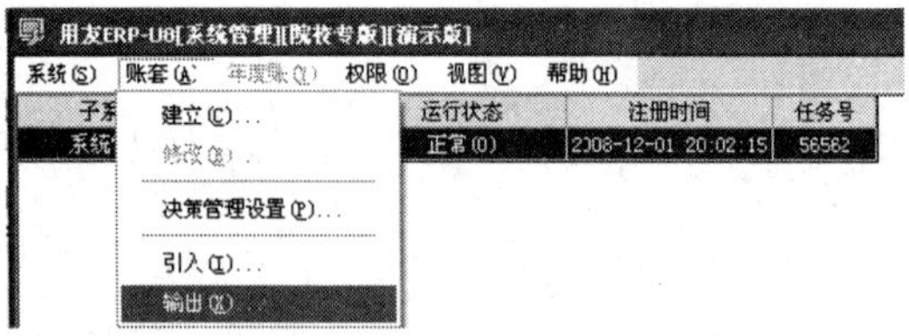

图 2-22　账套输出

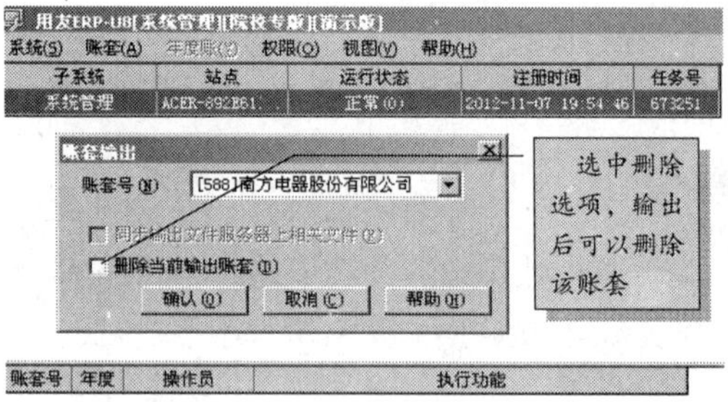

图 2-23　账套输出

注意

- 只有系统管理员有权限进行账套的输出和引入。
- 如果要删除当前账套，需在账套输出界面选中“删除当前输出账套”复选框，系统会先按常规程序备份数据，然后进行删除确认提示，确认后最终删除当前账套。

听我一言

如果学校的机器装有还原卡，每次实训之后需要进行账套输出，并且需要把账套文件备份到一个没有还原设置的硬盘上，或者备份之后再复制到自己的U盘，这样做的目的是保留本次实训结果，以作为下次实训的基础数据。如果自己有专用机器而且机器中并未装还原卡，就不必每次实训完都进行账套备份了。

2.3.8　账套恢复

账套备份的工作应由系统管理员在系统管理中的“账套”｜“引入”功能中完成。

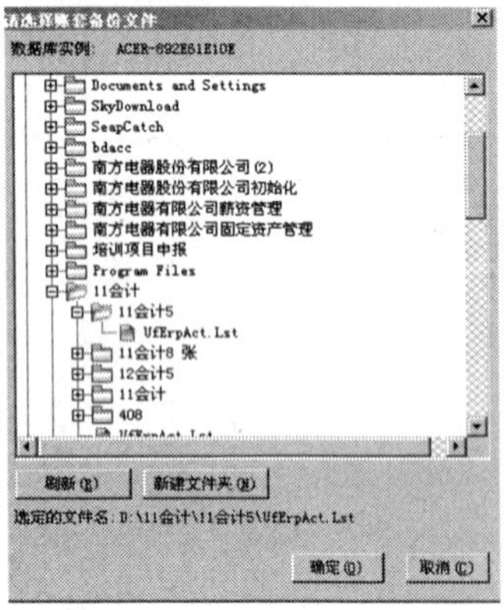

图 2-24　“账套引入”对话框

1）由系统管理员注册系统管理，执行“账套”｜“引入”命令，打开“账套输出”对话框。

2）选择U盘中“姓名+学号账套备份”文件夹中文件 UfErpAct.Lst，系统输出的备份文件有两个：UFDATA.BAK 和 UfErpAct.Lst。单击【确定】按钮，操作如图 2-24 所示。系统要求确认选择账套引入的目录，确定后，如果当前系统内已经有该账套数据存在，则系统弹出提示“此项操作将覆盖当前账套的所有信息，继续吗？”，单击【是】按钮，系统进行账套数据的引入，完成后提示“账套[588]引入成功！”，单击【确定】按钮返回。

听我一言

如果要恢复U盘上准备的备份账套，需要先将U盘上的账套备份文件复制到本地硬盘，然后去掉账套备份文件的只读属性，才能正常引入。

2.3.9　设置系统自动备份计划

设置系统自动备份计划的工作应由系统管理员（admin）在系统管理的“系统”｜“设置备份计划”功能中完成。

1）在 D 盘中新建“5+学号账套备份”文件夹。

2）在系统管理中，执行“系统”｜“设置备份计划”命令，打开“备份计划设置”对话框。

3）单击【增加】按钮，进入“增加备份计划”窗口。

4）录入计划编号“001”，计划名称“11 月份数据”，单击“发生频率”栏的下三角按钮，选择“每天”，在“开始时间”栏录入“16：00：00”，在“发生天数”栏录入或选择“1”，单击【增加】按钮，在“请选择备份路径”选项区中单击【浏览】按钮，打开“请选择账套备份路径”对话框。

5）选择“D：＼5+学号账套备份”文件夹为备份路径，单击【确定】按钮返回。

6）选中“5+学号南方电器股份有限公司”前的复选框，如图 2-25 所示。

7）单击【增加】按钮，保存备份计划设置，单击【退出】按钮退出。

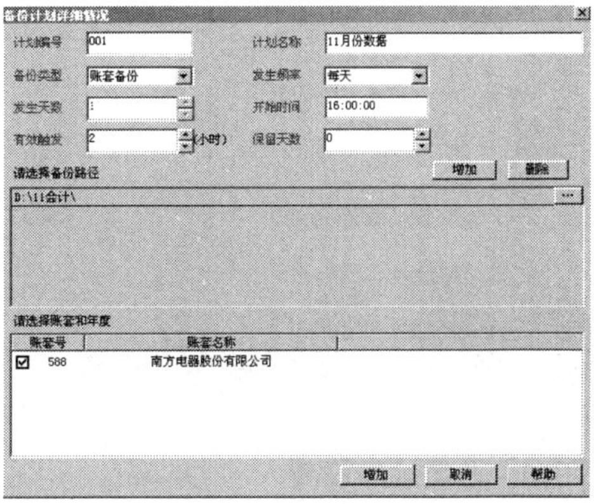

图 2-25　增加备份计划

课后巩固

1. 企业派一名车间负责人陈瑞到国外学习、考察三个月，由财务部刘冬暂时代理外地销售部管理工作，是否需要在软件中体现这一变化？如何体现？

2. 企业建立核算账套时并无外币业务，随着市场的快速拓展，企业开始有外币核算业务，如何修改账套信息以体现这一变化？

3. 系统是否允许增加两个姓名完全相同的操作员？

4. 谁可以进行系统启用的设置？

5. 如何删除已经建立的系统账套？

6. 账套备份后形成什么文件？

项目 3

基础设置——会计主管岗位

项目 2 创建了账套，但是不是有了账套就可以展开日常业务了呢？还不行，建立账套的本质只是在系统中建立了一个数据库的框架结构。在使用系统之前，还要做好一些基础性工作，如设置系统共享的公用的基础信息，那么，这些信息包括什么？又怎样来设置呢？

3.1 基础设置功能概述

1. 基本信息设置

在基本信息设置中，可以对建立企业账套时确定的编码方案和数据精度进行修改。

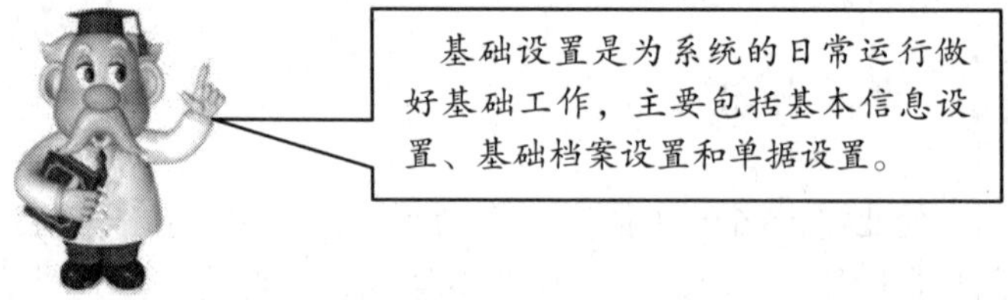

2. 基础档案设置

基础档案是系统日常业务处理必需的基础资料，是系统运行的基石。会计信息系统一般由若干个子系统构成，这些子系统可以共享公用的基础档案信息。在启用新账套之前，应根据企业的实际情况，结合系统基础档案设置的要求，事先做好基础数据的准备工作。

基础档案主要包括部门档案、职员档案、地区分类、客户分类、客户档案、供应商分类和供应商档案等。

3. 单据设置

不同企业各项业务处理中使用的单据可能存在细微的差别，用友 ERP-U8 管理软件中预置了常用单据模板，而且允许用户对各种单据进行设置，以定义本企业需要的单据格式。

重点、难点提示

系统的业务处理是建立在基础数据之上的，基础数据设置的正确性、完整性直接关系系统运行的效率和质量。下面对几项涉及财务处理的重要基础档案进行强调和说明。

1）客户档案。

2）供应商档案。

3.2 基础设置实训

3.2.1 实训概述

1. 实训目的

1）理解基础档案的作用。

2）掌握基础档案的录入方法。

2. 实训内容

1）部门档案。

2）人员档案。

3）地区分类。

4）客户分类。

5）供应商分类。

6）客户档案。

7）供应商档案。

8）结算方式。

9）外币核算。

3. 实训准备

引入项目 2 系统管理账套数据。

4. 实训要求

以“101 李武”的身份注册进行基础档案设置。

3.2.2 实训资料

1. 机构人员档案

（1）部门档案（见表 3-1）

表 3-1 部门档案

部门编码	部门名称	部门属性	部门编码	部门名称	部门属性
1	管理部门	管理部门	4	生产部	生产制造
101	办公室	综合管理	401	一车间	生产冰箱
102	财务部	财务管理	402	二车间	生产洗衣机
103	人事部	人力资源	403	三车间	生产电风扇
2	销售部	市场营销	5	仓储部	仓储
201	本地销售部	产品销售	501	材料库	材料库
202	外地销售部	产品销售	502	成品库	产品库
3	采购部	材料采购	6	研发中心	技术研发

（2）人员类别（见表 3-2）

表 3-2　人员类别

类别编码	类别名称
101	管理人员
102	经营人员
103	车间管理人员
104	生产工人

（3）人员档案（见表 3-3）

表 3-3　人员档案

职员编号	职员名称	所属部门	职员类别	职员属性
001	杨帆	办公室	管理人员	总经理
002	赵文建	办公室	管理人员	办公室主任
003	李武	财务部	管理人员	财务总监
004	刘云	财务部	管理人员	会计主管
005	自己名	财务部	管理人员	会计
006	陈敏	财务部	管理人员	出纳
007	刘冬	财务部	管理人员	办税员
008	张丽	采购部	经营人员	采购部长
009	陈凯	采购部	经营人员	采购人员
010	陈瑞	一车间	生产人员	工人
011	朱大林	二车间	生产人员	工人
012	徐力军	三车间	生产人员	工人
013	许芳	本地销售部	经营人员	销售人员
014	王林	外地销售部	经营人员	销售人员

2. 往来单位设置

（1）地区分类（见表 3-4）

表 3-4　地区分类

地区分类编码	地区分类名称
01	国内
02	国外

（2）客户、供应商分类（见表 3-5）

表 3-5　客户、供应商分类

客户分类编码	客户分类名称	供应商分类编码	供应商分类名称
1	本地	1	本地
2	外地	2	外地
201	华中	201	华中
202	华东	202	华东
203	华南	203	华南
204	华北	204	华北
205	西南	205	西南
206	西北	206	西北
207	东北	207	东北

（3）客户档案（见表 3-6）

表 3-6　客户档案

客户编号	客户名称	客户简称	客户分类	发展日期
001	广州光华机电公司	光华机电	本地	2005.11.30
002	杭州百货公司	杭州百货	华东	2006.07.01
003	深圳长城股份公司	深圳长城	华南	2007.07.01
004	北京王府井集团公司	王府井	华北	2009.09.01
005	广州百货股份公司	广州百货	本地	2006.09.01

（4）供应商档案（见表 3-7）

表 3-7　供应商档案

供应商编号	供应商名称	供应商简称	供应商分类	发展日期
001	东北物资供应公司	东北物资	东北	2006.10.30
002	上海机电股份公司	上海机电	华东	2003.09.01
003	云南铜业股份公司	云南铜业	西南	2004.10.01
004	广州钢铁厂	广州钢铁	本地	2005.09.01

3. 收付结算基础设置

结算方式，如表 3-8 所示。

表 3-8　结算方式

编码	结算方式名称	票据管理	编码	结算方式名称	票据管理
1	现金	否	4	汇兑	否
2	支票	否	401	电汇	否
201	现金支票	是	402	信汇	否
202	转账支票	是	5	委托收款	否
3	商业汇票	否	6	银行汇票	否
301	商业承兑汇票	否	7	托收承付	否
302	银行承兑汇票	否	8	其他	否

4. 外币汇率基础设置

1）币符：USD。币名：美元。保留 5 位小数。折算方式：外币*汇率=本位币。2012 年 11 月汇率：7.0。

2）币符：HKD。币名：港币。保留 5 位小数。折算方式：外币*汇率=本位币。2012 年 11 月汇率：0.8。

3.3　基础设置实训操作

3.3.1　机构人员档案

1. 部门档案

1）执行“开始”|“程序”|“用友 ERP-U872”|“企业应用平台”命令，打开“登录”对

话框。以账套主管身份注册，如图 3-1 所示，单击【确定】按钮，进入用友 ERP-U872 主界面。

2）执行基础设置中的“基础档案”|“机构人员”|“部门档案”命令，进入“部门档案”窗口。

3）单击【增加】按钮，输入部门编码、部门名称信息，单击【保存】按钮，如图 3-2 所示。

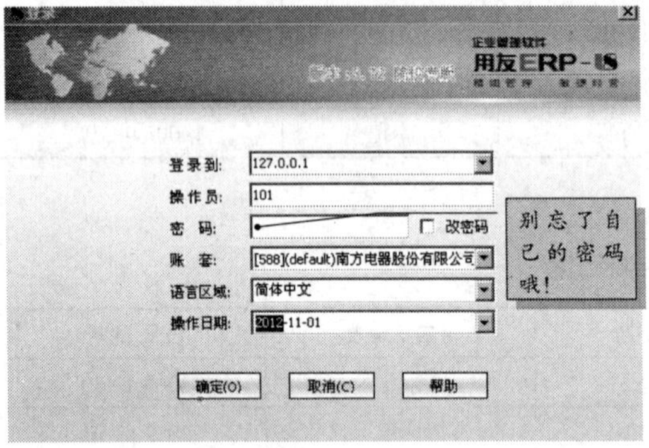

图 3-1　以账套主管身份登录用友 ERP-U872

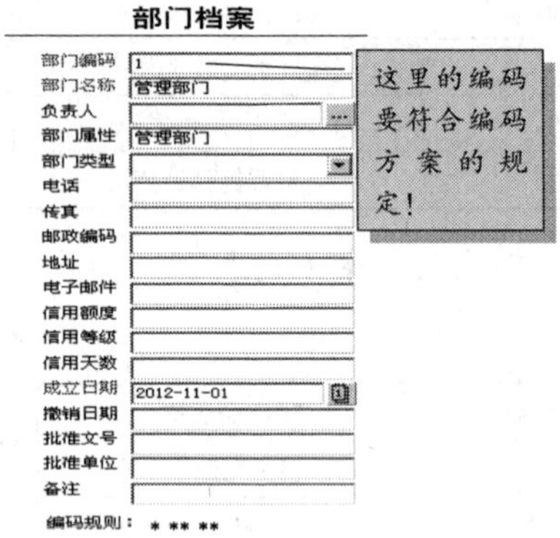

图 3-2　增加部门档案

4）所有部门录入完成后，如图 3-3 所示。

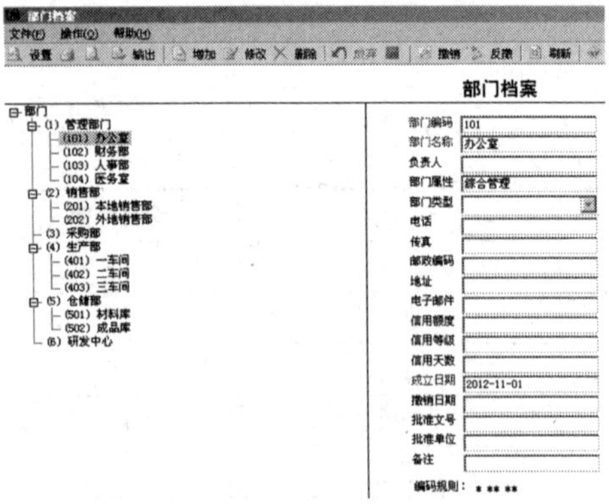

图 3-3　部门档案

注意

● 在未建立职员档案前，不能选择输入负责人信息。待职员档案建立完成后，通过“修改”功能补充输入负责人信息。

2. 建立人员类别

1）在 UFIDA ERP-U8 主界面，执行基础设置中的“基础档案”|“机构人员”|“人员类别”命令，进入“人员类别”窗口。

2）单击选择左窗口中的“在职人员”类别，单击【增加】按钮，进入“增加档案项”窗口。输入人员类别编码、人员类别名称，单击【确定】按钮。

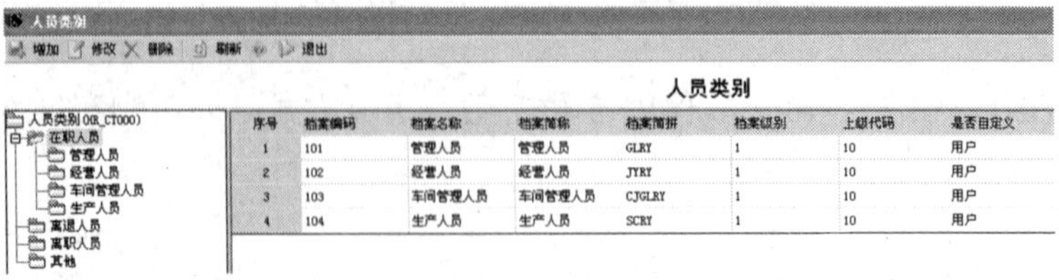

图 3-4　设置人员类别

注意

● 人员类别的划分要有利于对人员工资的统计，有利于工资费用的分配。

3. 人员档案

1）在 UFIDA ERP-U8 主界面，执行基础设置中的“基础档案”|“机构人员”|“人员档

案”命令，进入“人员列表”窗口。

2）单击左窗口中“部门分类”下的“办公室”，单击【增加】按钮，进入人员相关信息，按实训资料输入人员信息，输入完成后，单击【保存】按钮保存，如图 3-5 所示。

3）同理依次输入其他人员档案。

4）所有人员录入完成后，结果如图 3-6 所示。

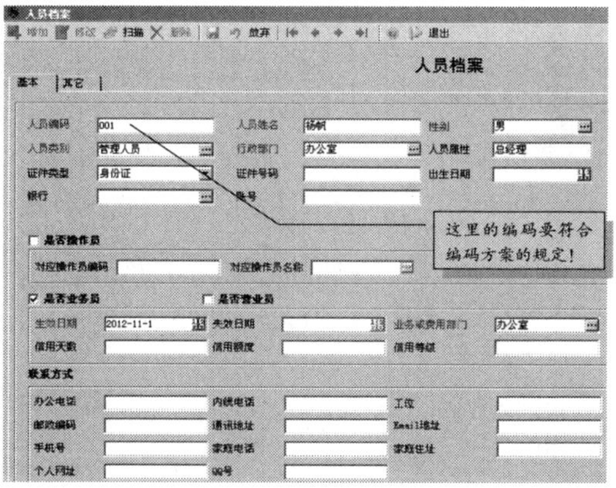

图 3-5　增加人员档案

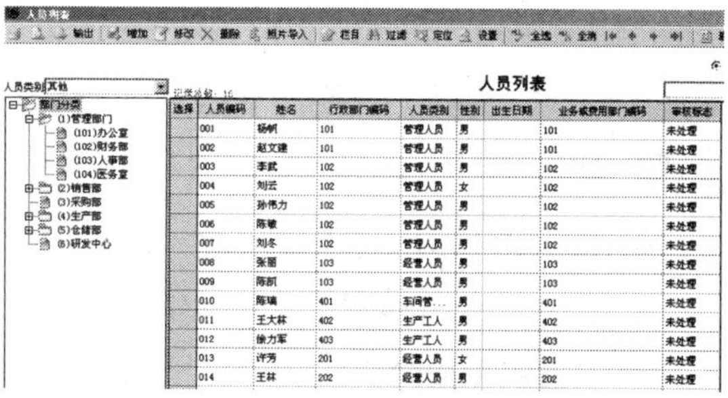

图 3-6　人员档案

注意

- 此处的人员档案应该包括企业所有员工。
- 人员编码必须唯一，行政部门只能是末级部门。
- 如果该员工需要在其他档案或其他单据的“业务员”项目中被参照，要选中“是否业务员”选项。
- 人员档案建立完成后，可重新进入部门档案，通过“修改”功能增加负责人信息。

3.3.2　往来单位基础设置

1. 建立地区分类

1）在“设置”选项卡中，执行“基础档案”｜“客商信息”｜“地区分类”，进入“地区分类”窗口。

2）单击【增加】按钮，按实训资料输入客户分类信息，如图 3-7 所示。

3）单击“保存”按钮。

4）同理依次录入其他的地区分类，结果如图 3-8 所示。

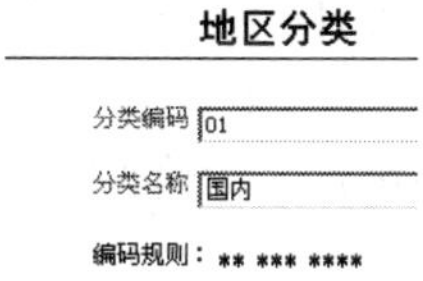

图 3-7　地区分类

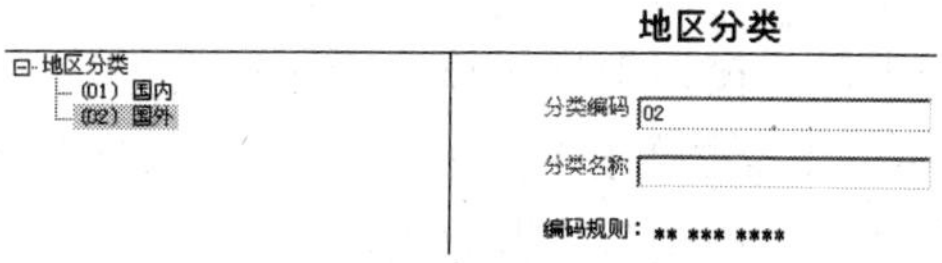

图 3-8　地区分类

2. 建立客户分类

1）在“设置”选项卡中，执行“基础档案”｜“客商信息”｜“客户分类”，进入“客户分类”窗口。

2）单击【增加】按钮，按实训资料输入客户分类信息，如图 3-9 所示。

3）单击【保存】按钮。

4）同理依次录入其他的客户分类，结果如图 3-10 所示。

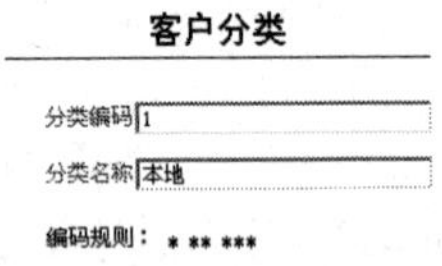

图 3-9　客户分类

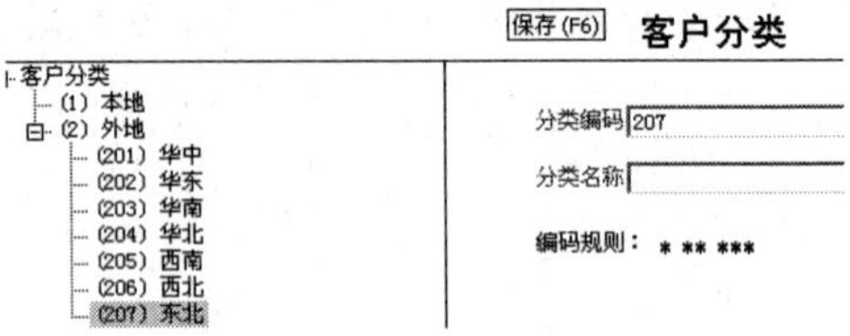

图 3-10　客户分类

注意

- 客户是否需要分类应在建立账套时确定。
- 客户分类编码必须符合编码规则。

3. 设置供应商分类

1）在“设置”选项卡中，执行“基础档案”｜“客商信息”｜“供应商分类”，进入“供应商分类”窗口。

2）单击【增加】按钮，按实训资料输入供应商分类信息，如图 3-11 所示。

3）单击【保存】按钮。

4）同理依次录入其他的供应商分类，结果如图 3-12 所示。

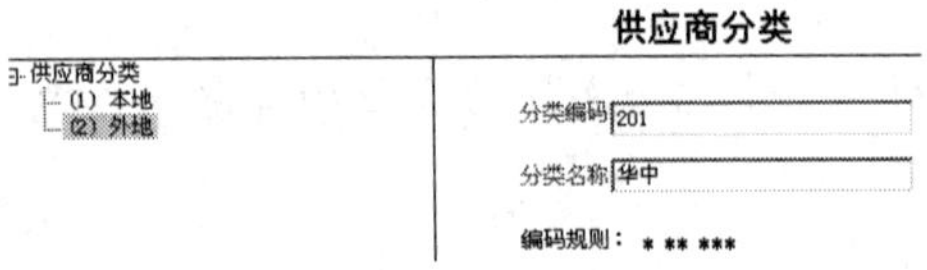

图 3-11　供应商分类

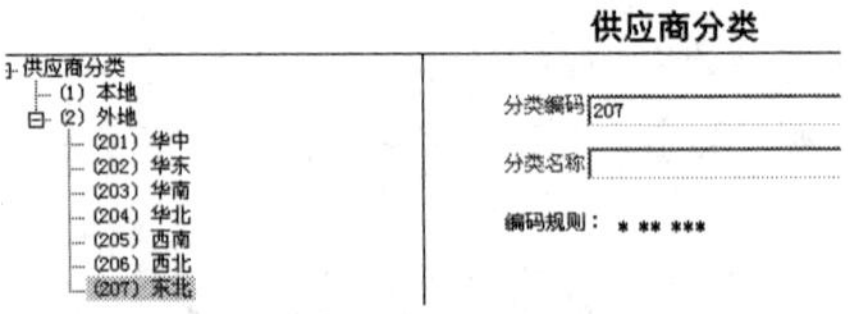

图 3-12　供应商分类

注意

- 供应商是否需要分类应在建立账套时确定。
- 供应商分类编码必须符合编码规则。

4. 建立客户档案

1）在“设置”选项卡中，执行“基础档案”｜“客商信息”｜“客户档案”命令，打开“客户档案”窗口。窗口分为左右两部分，左窗口显示已经设置的客户分类，单击鼠标选中某一客户分类，右窗口中显示该分类下所有的客户列表。

2）单击【增加】按钮，打开“增加客户档案”窗口。窗口中共包括 4 个选项卡，即“基本”、“联系”、“信用”、“其他”，用于对客户不同的属性分别归类记录。

3）按实训资料输入“客户编码”、“客户名称”、“客户简称”、“所属分类码”、“税号”、“分管部门”、“分管业务员”等相关信息，如图 3-13 所示。

4）单击【保存】按钮。

5）以此方法依次录入其他的客户档案，结果如图 3-14 所示。

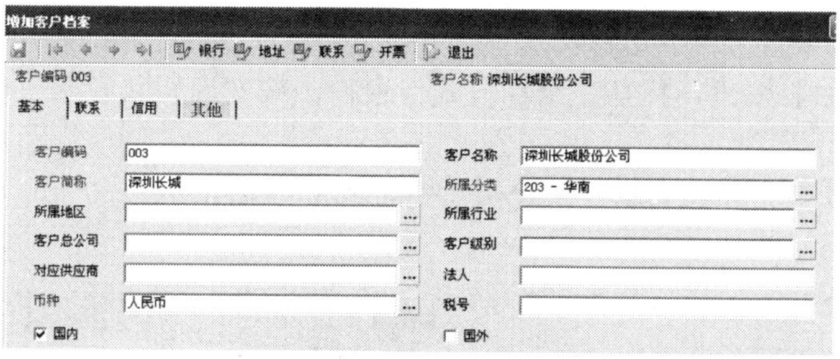

图 3-13　增加客户档案

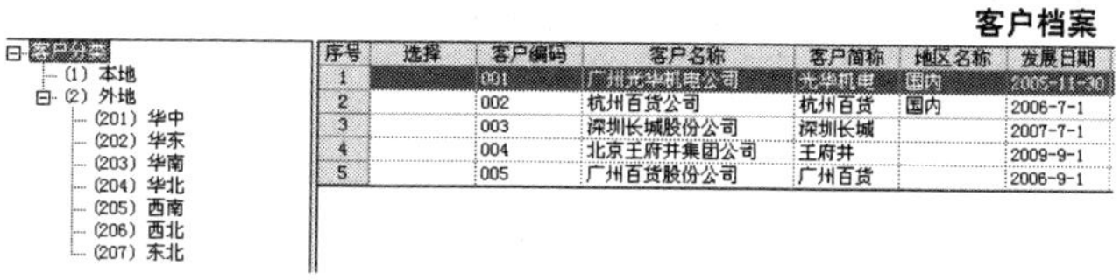

序号	选择	客户编码	客户名称	客户简称	地区名称	发展日期
1		001	广州光华机电公司	光华机电	国内	2005-11-30
2		002	杭州百货公司	杭州百货	国内	2006-7-1
3		003	深圳长城股份公司	深圳长城		2007-7-1
4		004	北京王府井集团公司	王府井		2009-9-1
5		005	广州百货股份公司	广州百货		2006-9-1

图 3-14　客户档案

注意

之所以设置“分管部门”、“分管业务员”，是为了在应收应付款管理系统填制发票等原始单据时能自动根据客户显示部门及业务员信息。

5. 供应商档案

1）在“设置”选项卡中，执行“基础档案”|“客商信息”|“供应商档案”命令，打开“供应商档案”窗口。窗口分为左右两部分，左窗口显示供应商分类，右窗口中显示所有的供应商列表。

2）单击【增加】按钮，打开“增加供应商档案”窗口，按实训资料输入供应商信息。

3）同理，依次录入其他的供应商档案，结果如图 3-15 所示。

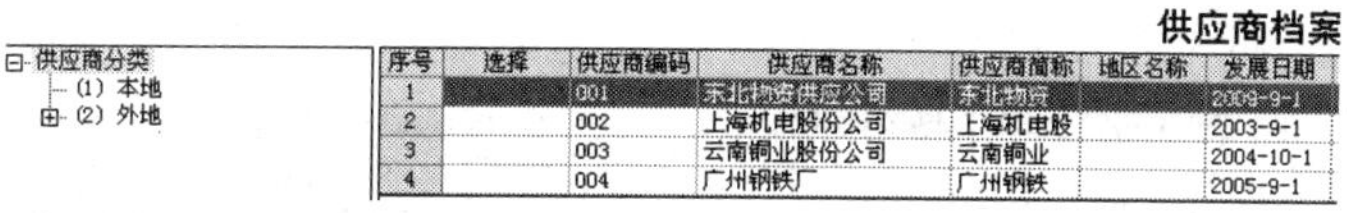

序号	选择	供应商编码	供应商名称	供应商简称	地区名称	发展日期
1		001	东北物资供应公司	东北物资		2009-9-1
2		002	上海机电股份公司	上海机电股		2003-9-1
3		003	云南铜业股份公司	云南铜业		2004-10-1
4		004	广州钢铁厂	广州钢铁		2005-9-1

图 3-15　供应商档案

注意

- 在录入供应商档案时，供应商编码及供应商简称必须录入。
- 供应商是否分类应在建立账套时确定，此时不能修改，如若修改只能在未建立供应商档案的情况下，在系统管理中以修改账套的方式修改。
- 供应商编码必须唯一。

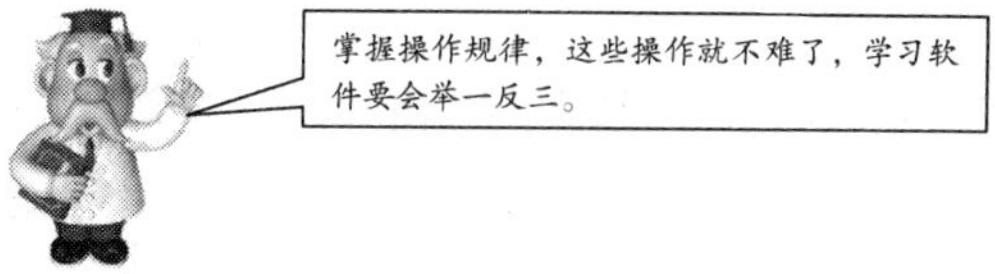

3.3.3　收付结算设置

1）在“设置”选项卡中，执行“基础档案”|“财务”|“收付结算”命令，打开“结算

方式”窗口。

2）单击【增加】按钮，打开“结算方式”窗口，按实训资料输入收付结算信息，如图 3-16 所示。

3）同理，依次录入其他的结算方式，结果如图 3-17 所示。

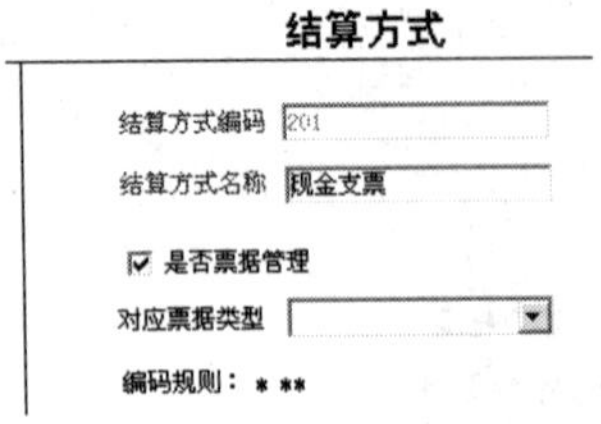

图 3-16　结算方式

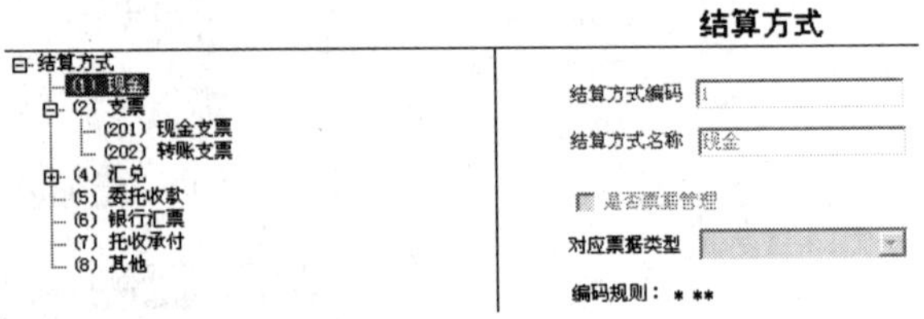

图 3-17　结算方式

3.3.4　外币设置

1）在 UFIDA ERP-U8 主界面，执行“基础设置”|“财务”|“外币设置”命令，进入“外币设置”窗口。

2）输入币符“USD”，币名“美元”，其他项目采用默认值，单击【确认】按钮。

3）输入 2012 年 11 月初的记账汇率 7，回车确认，如图 3-18 所示。

4）单击【退出】按钮，完成外币设置。

3.3.5　设置数据权限

1）在“业务工作”|“总账”|“设置”选项卡中，执行　“数据权限分配”命令，进入“权限浏览”窗口。

2）在左侧“用户及角色”列表中选择“102　刘云”，再单击【授权】按钮，打开“记录权限分配”对话框，如图 3-19 所示。

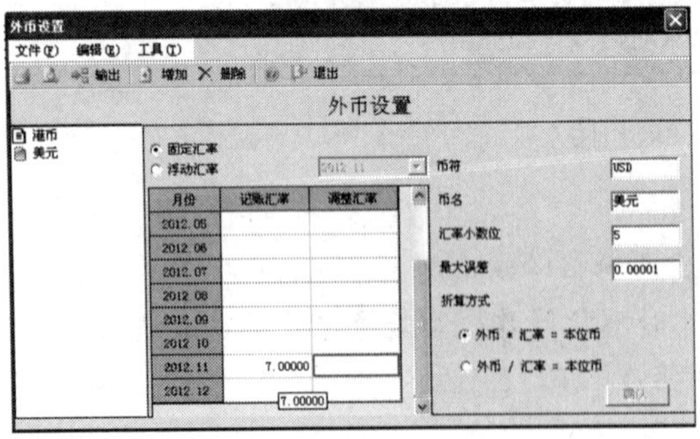

图 3-18　外币设置

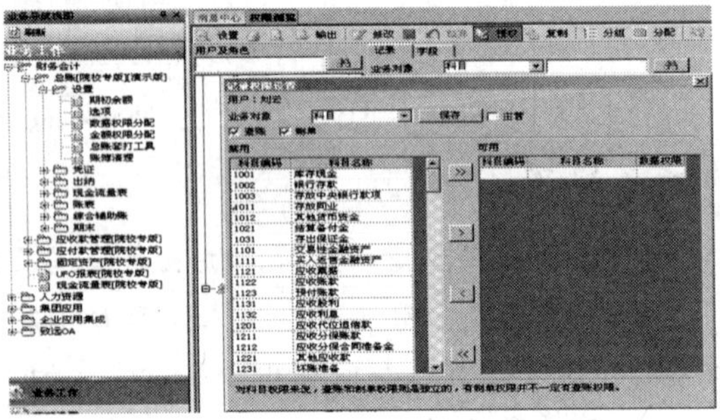

图 3-19　数据权限分配

3）单击“业务对象”栏的下三角按钮选“科目”，单击【>>】按钮选择所有科目，如图 3-20 所示。

4）单击“业务对象”栏的下三角按钮选“科目”，单击【>】按钮将“103 自己名”从“禁用”列表中选择到“可用”列表中，并取消“审核”、“弃审”权限，以此方法选择“101　李武”，如图 3-21 所示。

5）单击【保存】按钮，系统弹出“保存成功”信息提示框，单击【确定】按钮。

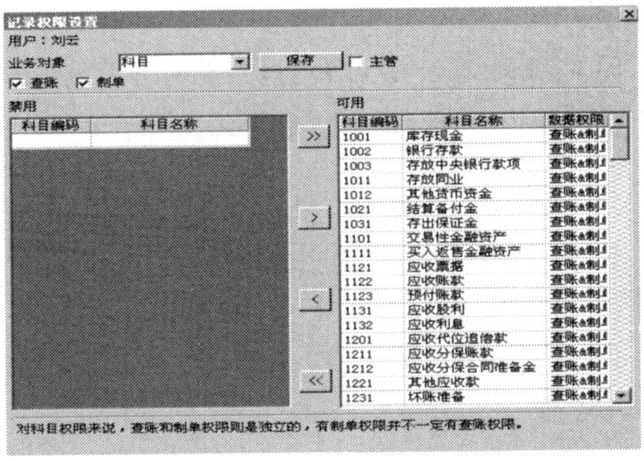

图 3-20　记录权限设置——科目

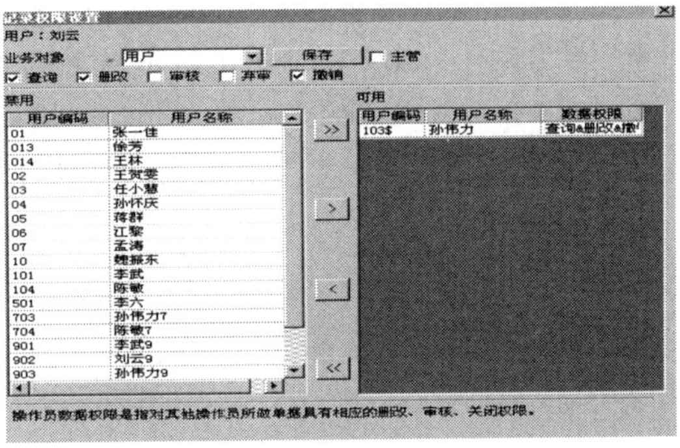

图 3-21　记录权限设置——用户

注意

- 必须在系统管理中定义角色或用户，并分配完功能级权限后才能进行数据权限分配。
- 数据权限包括记录级权限和字段级权限。可以分别进行授权。
- 可以在“数据权限控制设置”中选择需要进行设置的数据权限。

3.3.6　单据设计

1）在“单据设置”选项卡中，执行　“单据格式设置”命令，进入“单据格式设置”窗口。

2）在左侧窗口中执行“应收款管理”｜“应收单”｜“显示”｜“应收单显示模板”命令，进入“应收单”格式设置窗口，如图 3-22 所示。

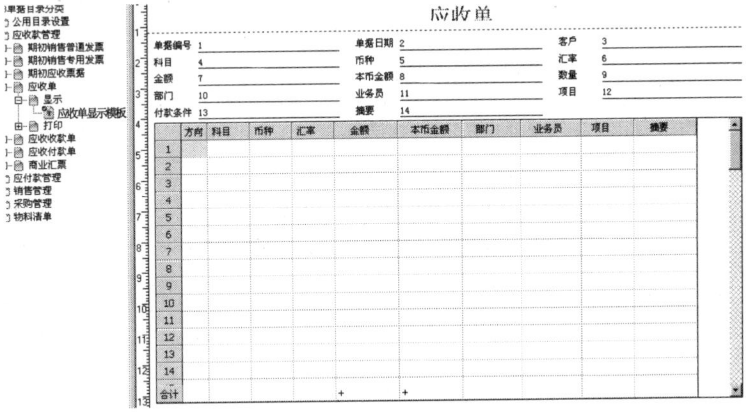

图 3-22　应收单显示模板

3）单击“应收单”中的表头项目“币种 5”，单击按钮，系统提示“是否删除当前选择项目?”信息，单击【是】按钮。同理删除“应收单”表头项目中的“汇率 6”。

4）单击【退出】按钮，系统提示“模板已修改，是否保存?”单击【是】确认。

注意

- 单据设计只能在“企业应用平台”中进行。

● 只有在启用了“应付”、“应收”系统或其他业务系统时，在“企业应用平台”的单据目录分类中才会列出与启用系统相对应的单据分类及内容。

● 单据设计功能可以分别进行不同模块中不同单据的显示格式和打印格式的设置。

● 可以分别就单据的显示格式和打印格式设置单据属性设计、表头项目设计、表体项目设计、单据项目属性设计、单据标题属性设计。

3.3.7 账套备份

在“D:\5+学号 账套备份”文件夹中新建“基础设置 3-1”文件夹，将账套输出至“基础设置 3-1”文件夹中。

课后巩固

1. 图 3-2 部门档案右窗口底部显示“编码规则：* ** **”，是何含义？若需要修改部门档案的编码规则，如何处理？

2. 操作员、职员、企业职工三者有什么关系吗？

3. 结算方式设置中的“票据管理”是何含义？

4. 系统管理员在系统管理中为账套主管李武设置了登录密码“1”，李武为防止系统管理员用其身份登录系统，需要修改密码，假定希望设置密码为“201211”，他应怎样做？

项目 4

总账系统初始化——会计主管岗位

为了适应不同行业、不同企业的管理需要，通用型管理软件一般在系统内设计了大量的参数，参数的不同组合决定了企业应用系统的方式和流程。因此，理解各项参数的意义，科学设置参数对于系统应用的影响是至关重要的。

设置完参数后就需要输入期初数据了，企业对于年初建账和年中建账需要准备的期初数据是不同的。年初建账，只需要整理会计科目的年初余额就可以了；年中某月建账，除了整理会计科目的月初余额以外，还需要整理出各科目的年初至建账月前一个月的累积借贷方发生额，如企业在 4 月建账，则需要整理 1 月 1 日的年初余额和 1 月至 3 月的累计借贷方发生额。设置了辅助核算的科目还要准备辅助账的期初数据。

4.1 总账系统初始化功能概述

录入基础档案后，系统中即含有企业账套所需的各项共享数据信息，就可以开始进入系统的核心子系统——总账系统了。

在进行日常业务处理之前，还须根据本企业自身的需要，对总账管理系统进行初始化设定，设定其应用环境，使 U8 系统变成更适合企业实际需要的专用系统。主要工作包括设置账务参数，明细账权限的设定，凭证类别、项目目录和期初余额的录入等。因此项目实施小组需要结合企业的自身需求设定总账的各项参数，并整理企业各会计科目的期初余额，准确地录入系统中，作为总账管理系统启动的先决条件。

总账管理系统成功启动后，就可以通过总账管理系统处理企业的各项日常业务，账簿查询及总账期末处理等工作。

在本项目中，项目组已预先整理好了各项资料，开始进行总账的初始化设置，由使用者根据本企业的具体需要建立会计核算的基础应用环境，将通用的总账系统变成适合本单位核算需要的专用系统。初始设置的主要工作包括设置各项业务参数、明细账权限的设定、设置会计科目体系、凭证类别、项目目录和期初余额的录入等。

重点、难点提示

系统的业务处理是建立在基础数据之上的，基础数据设置的正确性、完整性直接关系到系统运行的效率和质量。下面对几项涉及财务处理的重要初始化设置进行强调和说明。

1. 会计科目

企业最终的会计信息是以报表形式体现的，在会计信息系统中，报表的数据来自账簿，账簿中的数据来自凭证，凭证是记录各项业务的载体，企业对经济业务的确认和记录是由会计科目表示的。因此会计科目的设计决定了整个会计信息系统的效率和质量。

会计科目的设置包括增加、删除和修改会计科目体系，设置会计科目辅助核算标志，指定会计科目等内容。

辅助核算是用友 ERP-U8 管理系统的一个特色。随着企业管理的深化和细化，与财务相关的非会计信息越来越受到企业管理者的重视，会计信息系统已经不仅是提供资金信息了，为了满足企业对会计及相关信息的全面了解和管理，通常软件设置了辅助核算功能来提供资金辅助信息。灵活运用各种辅助核算可以有效提高系统的管理效率和管理水平。明确通常针对哪些科目设置哪些辅助核算达成怎样的管理目标是教学过程中的重点、难点内容。

指定会计科目是指定出纳的专管科目，指定科目以后，出纳就可以对现金和银行凭证执行签字，能够对现金和银行日记账进行管理了。如果不做指定科目，不能以出纳身份进行出纳签字，也不能查询现金日记账和银行日记账。

2. 项目

项目是系统提供的辅助核算之一，也是应用最为灵活的一种辅助核算。通常用于按对象核算收入和成本这类问题。设置项目时要理解项目大类、项目分类、项目目录、核算科目的具体含义。

3. 总账初始化

为了适应不同行业、不同企业的管理需要，通用型管理软件一般在系统内设计了大量的参数，参数的不同组合决定了企业应用系统的方式和流程。因此，理解各项参数的意义，科学设置参数对于系统应用的影响是至关重要的。

设置完参数后就需要输入期初数据了，企业对于年初建账和年中建账需要准备的期初数据是不同的。年初建账，只需要整理会计科目的年初余额就可以了；年中某月建账，除了整理会计科目的月初余额以外，还需要整理出各科目的年初至建账月前一个月的累积借贷方发生额，如企业在 4 月建账，则需要整理 1 月 1 日的年初余额和 1 月至 3 月的累计借贷方发生额。设置了辅助核算的科目还要准备辅助账的期初数据。

总账套打工具提供了使用用友标准套打表单与账簿进行套打设置，账表输出格式美观，是使企业管理工作规范化的工具。

4. 总账参数设置

系统参数的设置决定了企业的应用模式和应用流程。为了明确各项参数的适用对象，软件一般将参数分门别类进行管理。用友 V8.72 的总账管理系统将参数分为以下 4 个页签。

（1）凭证页签

1）制单控制。

2）凭证控制。

3）凭证编号方式。系统提供系统编号和手工编号两种方式。如果选用系统编号，系统在填制凭证时按照设置的凭证类别按月自动编号。

4）外币核算。有外币业务时，企业可以选择“固定汇率”或“浮动汇率”的处理方式。

5）预算控制。根据预算管理系统或财务分析系统设置的预算数对业务发生进行控制。

6）合并凭证显示、打印。选择此项，在填制凭证、查询凭证、出纳签字和凭证审核时，凭证按照“按科目、摘要相同方式合并”或“按科目相同方式合并”合并显示，在明细账显示界面提供是否“合并显示”的选项。

（2）账簿页签

用来设置各种账簿的输出方式和打印要求等。

（3）会计日历页签

在会计日历页签中可查看各会计期间的起始日期与结束日期，以及启用会计年度和启用日期。

（4）其他页签

在其他页签中可以设置以下内容。

1）可查看建立账套时的一些信息：账套名称、单位名称、账套存放的路径、行业性质和定义的科目级长等。

2）可以修改数量小数位、单价小数位和本位币精度。

3）排序方式：在参照部门目录、查询部门辅助账时，可以指定查询列表的内容是按编码顺序显示还是按名称顺序显示。对个人往来辅助核算和项目辅助核算也可以进行设置。

4.2 总账系统初始化实训

4.2.1 实训概述

1. 实训目的

掌握总账系统初始化基础设置的操作方法。

2. 实训内容

1）总账系统控制参数基础设置。

2）初始化基础设置：会计科目基础设置、凭证类别基础设置、明细权限基础设置、项目档案基础设置、选项设置、期初余额录入。

3）账套数据备份。实训准备。

3. 实训准备

引入“项目3 基础设置”备份数据。

4. 实训要求

以“101 李武”的身份注册进行总账系统初始化设置。

4.2.2 实训资料

1. 参数设置

总账参数列表如表 4-1 所示。

表 4-1 总账参数列表

选 项 卡	参 数 设 置
凭证	制单序时控制 资金及往来赤字控制 允许修改、作废他人填制的凭证 可以使用应收受控科目 可以使用应付受控科目 可以使用其他系统受控科目 自动填补凭证断号 凭证录入时结算方式及票据号必录 凭证编号方式采用系统编号 出纳凭证必须经由出纳签字 可查询他人凭证 打印凭证页脚姓名 外币核算采用固定汇率 其他采用系统默认
账簿	账簿打印位数按软件的标准设定 明细账查询权限控制到科目 明细账打印按年排页
会计日历	会计日历为 1 月 1 日～12 月 30 日，数量小数位和单价小数位设为 2 位
其他	部门、个人、项目按编码方式排序

2. 会计科目

（1）新增会计科目（见表 4-2）

表 4-2 新增会计科目

类型	级次	科目编码	科目名称	外币币种	计量单位	辅助账类型	账页格式	余额方向
资产	1	1001	库存现金			日记账	金额式	借
资产	1	1002	银行存款			日记账、银行账	金额式	借
资产	2	100201	工行存款			日记账、银行账	金额式	借
资产	2	100202	中行存款	美元		日记账、银行账	外币金额式	借
资产	2	100203	建行存款	港币		日记账、银行账	外币金额式	借
资产	2	100204	交行存款	港币		日记账、银行账	外币金额式	借
资产	1	1003	存放中央银行款项				金额式	借
资产	1	1011	存放同业				金额式	借
资产	1	1012	其他货币资金				金额式	借
资产	2	101206	存出投资款				金额式	借
资产	1	1021	结算备付金				金额式	借
资产	1	1031	存出保证金				金额式	借
资产	1	1101	交易性金融资产				金额式	借
资产	1	1111	买入返售金融资产				金额式	借
资产	1	1121	应收票据				金额式	借
资产	2	112101	商业承兑汇票			客户往来	金额式	借
资产	2	112102	银行承兑汇票			客户往来	金额式	借
资产	1	1122	应收账款			客户往来	金额式	借
资产	1	1123	预付账款			供应商往来	金额式	借
资产	1	1131	应收股利				金额式	借
资产	1	1132	应收利息				金额式	借
资产	1	1201	应收代位追偿款				金额式	借
资产	1	1212	应收分保合同准备金				金额式	借
资产	1	1221	其他应收款				金额式	借
资产	2	122101	备用金			部门核算	金额式	借
资产	2	122102	应收个人款			个人往来	金额式	借
资产	1	1231	坏账准备				金额式	贷
资产	1	1401	材料采购				数量金额式	借
资产	1	1402	在途物资				金额式	借
资产	1	1403	原材料				金额式	借

续表

类型	级次	科目编码	科目名称	外币币种	计量单位	辅助账类型	账页格式	余额方向
资产	2	140301	原料及主要材料				金额式	借
资产	3	14030101	铜材		吨		数量金额式	借
资产	3	14030102	铝材		吨		数量金额式	借
资产	3	14030103	钢材		吨		数量金额式	借
资产	3	14030104	塑料		吨		数量金额式	借
资产	2	140302	辅助材料				金额式	借
资产	3	14030201	润滑油		千克		数量金额式	借
资产	3	14030202	油漆		桶		数量金额式	借
资产	2	140303	外购半成品				金额式	借
资产	3	14030301	电动机		台		数量金额式	借
资产	3	14030302	轴承		套		数量金额式	借
资产	3	14030303	电器元件		个		数量金额式	借
资产	1	1404	材料成本差异				金额式	借
资产	1	1405	库存商品				金额式	借
资产	2	140501	冰箱		台		数量金额式	借
资产	2	140502	洗衣机		台		数量金额式	借
资产	2	140503	电风扇		台		数量金额式	借
资产	1	1406	发出商品				金额式	借
资产	1	1407	商品进销差价				金额式	贷
资产	1	1408	委托加工物资				金额式	借
资产	1	1411	周转材料				金额式	借
资产	2	141101	纸箱		个		数量金额式	借
资产	2	141102	泡沫箱		个		数量金额式	借
资产	1	1421	消耗性生物资产				金额式	借
资产	1	1431	贵金属				金额式	借
资产	1	1441	抵债资产				金额式	借

续表

类型	级次	科目编码	科目名称	外币币种	计量单位	辅助账类型	账页格式	余额方向
资产	1	1451	损余物资				金额式	借
资产	1	1461	融资租赁资产				金额式	借
资产	1	1471	存货跌价准备				金额式	贷
资产	1	1501	持有至到期投资				金额式	借
资产	1	1502	持有至到期投资减值准备				金额式	贷
资产	1	1503	可供出售金融资产				金额式	借
资产	1	1511	长期股权投资				金额式	借
资产	1	1512	长期股权投资减值准备				金额式	贷
资产	1	1521	投资性房地产				金额式	借
资产	1	1531	长期应收款				金额式	借
资产	1	1532	未实现融资收益				金额式	贷
资产	1	1541	存出资本保证金				金额式	借
资产	1	1601	固定资产				金额式	借
资产	1	1602	累计折旧				金额式	贷
资产	1	1603	固定资产减值准备				金额式	贷
资产	1	1604	在建工程				金额式	借
资产	1	1605	工程物资				金额式	借
资产	1	1606	固定资产清理				金额式	借
资产	1	1611	未担保余值				金额式	借
资产	1	1621	生产性生物资产				金额式	借
资产	1	1622	生产性生物资产累计折旧				金额式	贷
资产	1	1623	公益性生物资产				金额式	借
资产	1	1631	油气资产				金额式	借
资产	1	1632	累计折耗				金额式	贷
资产	1	1701	无形资产				金额式	借
资产	1	1702	累计摊销				金额式	贷
资产	1	1703	无形资产减值准备				金额式	贷
资产	1	1711	商誉				金额式	借
资产	1	1801	长期待摊费用				金额式	借
资产	1	1811	递延所得税资产				金额式	借
资产	1	1821	独立账户资产				金额式	借
资产	1	1901	待处理财产损溢				金额式	借
负债	1	2001	短期借款				金额式	贷
负债	1	2002	存入保证金				金额式	贷
负债	1	2003	拆入资金				金额式	贷
负债	1	2004	向中央银行借款				金额式	贷
负债	1	2012	吸收存款				金额式	贷
负债	1	2012	同业存放				金额式	贷
负债	1	2021	贴现负债				金额式	贷
负债	1	2101	交易性金融负债				金额式	贷

续表

类型	级次	科目编码	科目名称	外币币种	计量单位	辅助账类型	账页格式	余额方向
负债	1	2111	卖出回购金融资产款				金额式	借
负债	1	2201	应付票据				金额式	贷
负债	2	220101	商业承兑汇票			供应商往来	金额式	贷
负债	2	220102	银行承兑汇票			供应商往来	金额式	贷
负债	1	2202	应付账款			供应商往来	金额式	贷
负债	1	2203	预收账款			客户往来	金额式	贷
负债	1	2211	应付职工薪酬				金额式	贷
负债	2	221101	应付工资				金额式	贷
负债	2	221102	应付福利费				金额式	贷
负债	1	2221	应交税费				金额式	贷
负债	2	222101	应交增值税				金额式	贷
负债	3	22210101	进项税额				金额式	贷
负债	3	22210102	已交税金				金额式	贷
负债	3	22210103	转出未交增值税				金额式	贷
负债	3	22210105	销项税额				金额式	贷
负债	3	22210109	转出多交增值税				金额式	贷
负债	2	222102	未交增值税				金额式	贷
负债	2	222106	应交所得税				金额式	贷
负债	2	222108	应交城市建设维护税				金额式	贷
负债	2	222112	应交个人所得税				金额式	贷
负债	2	222113	教育费附加				金额式	贷
负债	1	2231	应付利息				金额式	贷
负债	1	2232	应付股利				金额式	贷
负债	1	2241	其他应付款				金额式	贷
负债	1	2251	应付保单红利				金额式	贷
负债	1	2261	应付分保账款				金额式	贷
负债	1	2311	代理买卖证券款				金额式	贷
负债	1	2312	代理承销证券款				金额式	贷
负债	1	2313	代理兑付证券款				金额式	贷
负债	1	2314	代理业务工作负债				金额式	贷
负债	1	2401	递延收益				金额式	贷
负债	1	2501	长期借款				金额式	贷
负债	2	250101	借款本金				金额式	贷
负债	2	250102	借款利息				金额式	贷
负债	1	2502	应付债券				金额式	贷
负债	1	2601	未到期责任准备金				金额式	贷
负债	1	2602	保险责任准备金				金额式	贷
负债	1	2611	保户储金				金额式	贷
负债	1	2621	独立账户负债				金额式	借
负债	1	2701	长期应付款				金额式	贷

续表

类型	级次	科目编码	科目名称	外币币种	计量单位	辅助账类型	账页格式	余额方向
负债	1	2702	未确认融资费用				金额式	借
负债	1	2711	专项应付款				金额式	贷
负债	1	2801	预计负债				金额式	贷
负债	1	2901	递延所得税负债				金额式	贷
共同	1	3001	清算资金往来				金额式	借
共同	1	3002	货币兑换				金额式	借
共同	1	3101	衍生工具				金额式	借
共同	1	3201	套期工具				金额式	借
共同	1	3202	被套期项目				金额式	借
权益	1	4001	实收资本				金额式	贷
权益	1	4002	资本公积				金额式	贷
权益	2	400201	资本溢价				金额式	贷
权益	2	400203	接受现金捐赠				金额式	贷
权益	1	4101	盈余公积				金额式	贷
权益	2	410101	法定盈余公积				金额式	贷
权益	1	4102	一般风险准备				金额式	贷
权益	1	4103	本年利润				金额式	贷
权益	1	4104	利润分配				金额式	贷
权益	2	410415	未分配利润				金额式	贷
权益	1	4201	库存股				金额式	借
成本	1	5001	生产成本				金额式	借
成本	2	500101	基本生产成本			项目核算	金额式	借
成本	3	50010101	直接材料			项目核算	金额式	借
成本	3	50010102	直接人工			项目核算	金额式	借
成本	3	50010103	制造费用			项目核算	金额式	借
成本	1	5101	制造费用				金额式	借
成本	2	510101	工资及福利费			部门核算	金额式	借
成本	2	510102	折旧			部门核算	金额式	借
成本	2	510103	办公费			部门核算	金额式	借
成本	2	510104	水电费			部门核算	金额式	借
成本	2	510105	修理费			部门核算	金额式	借
成本	2	510120	其他			部门核算	金额式	借
成本	1	5201	劳务成本				金额式	借
成本	1	5301	研发支出				金额式	借
成本	1	5401	工程施工				金额式	借
成本	1	5402	工程结算				金额式	贷
成本	1	5403	机械作业				金额式	借
损益	1	6001	主营业务收入			复制	金额式	贷

续表

类型	级次	科目编码	科目名称	外币币种	计量单位	辅助账类型	账页格式	余额方向
损益	2	600101	冰箱		台		数量金额式	贷
损益	2	600102	洗衣机		台		数量金额式	贷
损益	2	600103	电风扇		台		数量金额式	贷
损益	1	6011	利息收入				金额式	贷
损益	1	6021	手续费及佣金收入				金额式	贷
损益	1	6031	保费收入				金额式	贷
损益	1	6041	租赁收入				金额式	贷
损益	1	6051	其他业务工作收入				金额式	贷
损益	1	6061	汇兑损益				金额式	贷
损益	1	6101	公允价值变动损益				金额式	贷
损益	1	6111	投资收益				金额式	贷
损益	1	6201	摊回保险责任准备金				金额式	贷
损益	1	6202	摊回赔付支出				金额式	贷
损益	1	6203	摊回分保费用				金额式	贷
损益	1	6301	营业外收入				金额式	贷
损益	1	6401	主营业务成本			复制	金额式	借
损益	2	640101	冰箱		台		数量金额式	借
损益	2	640102	洗衣机		台		数量金额式	借
损益	2	640103	电风扇		台		数量金额式	借
损益	1	6402	其他业务工作成本				金额式	借
损益	1	6403	营业税金及附加				金额式	借
损益	1	6411	利息支出				金额式	借
损益	1	6421	手续费及佣金支出				金额式	借
损益	1	6501	提取未到期责任准备金				金额式	借
损益	1	6502	提取保险责任准备金				金额式	借
损益	1	6511	赔付支出				金额式	借
损益	1	6521	保单红利支出				金额式	借
损益	1	6531	退保金				金额式	借
损益	1	6541	分出保费				金额式	借
损益	1	6542	分保费用				金额式	借
损益	1	6601	销售费用			复制	金额式	借
损益	2	660101	工资及福利费			部门核算	金额式	借
损益	2	660102	折旧			部门核算	金额式	借
损益	2	660103	办公费			部门核算	金额式	借

续表

类型	级次	科目编码	科目名称	外币币种	计量单位	辅助账类型	账页格式	余额方向
损益	2	660104	水电费			部门核算	金额式	借
损益	2	660105	修理费			部门核算	金额式	借
损益	2	660120	其他			部门核算	金额式	借
损益	1	6602	管理费用			复制	金额式	借
损益	2	660201	工资及福利费			部门核算	金额式	借
损益	2	660202	折旧			部门核算	金额式	借
损益	2	660203	办公费			部门核算	金额式	借
损益	2	660204	水电费			部门核算	金额式	借
损益	2	660205	修理费			部门核算	金额式	借
损益	2	660220	其他			部门核算	金额式	借
损益	1	6603	财务费用				金额式	借
损益	2	660301	利息支出				金额式	借
损益	2	660302	手续费				金额式	借
损益	1	6604	勘探费用				金额式	借
损益	1	6701	资产减值损失				金额式	借
损益	1	6711	营业外支出				金额式	借
损益	1	6801	所得税费用				金额式	借
损益	1	6901	以前年度损益调整				金额式	借

（2）修改会计科目（见表 4-3）

表 4-3　修改会计科目

科目代码	科目名称	类型	外币	计量单位	辅助核算类型	账页格式
1001	库存现金	资产			日记账	金额式
1002	银行存款	资产			日记账、银行账	金额式
1122	应收账款	资产			客户往来	金额式
1123	预付账款	资产			供应商往来	金额式
2202	应付账款	负债			供应商往来	金额式
2203	预收账款	负债			客户往来	金额式

1）将部分会计科目基础设置为辅助核算科目，如部门核算、个人往来、客户往来、供应商往来、项目核算。

2）删除 100204 会计科目。

（3）指定科目

指定“现金总账科目”、“银行总账科目”、“现金流量科目”（包括现金、银行存款、其他货币资金的明细科目）。

3. 凭证类别（见表 4-4）

表 4-4 凭证类别

凭证字	类型	限制类型	限制科目
收	收款凭证	借方必有	1001，100201，100202，100203
付	付款凭证	贷方必有	1001，100201，100202，100203
转	转账凭证	凭证必无	1001，100201，100202，100203

4. 项目档案（见表 4-5）

表 4-5 项目档案

项目大类	核算项目	项目分类定义		项目目录	
生产成本	基本生产成本（500101）	1	普通产品	101	冰箱
	直接材料（50010101）			102	洗衣机
	直接人工（50010102）	2	节能产品	201	电风扇
	制造费用（50010103）			202	无氟冰箱

5. 期初数据

操作员：101（账套主管、财务总监）。

1）灰色处为不可录入区、白色处为可录入区。

2）黄色处的期初余额要双击录入，在明细录入中单击“行”录入明细。累计借方，累计贷方可直接录入。（注意：带有个人往来，部门核算和客户往来、供应商往来等辅助核算的会计科目，请参照“辅助核算科目期初余额”相关数据录入）。

说明：年初建账只需录入期初数，如果是年中建账则要录入累计发生数及期初余额。

（1）期初余额表（见表 4-6）

表 4-6 期初余额表　　单位：元

科目名称	方向	币别/计量	年初余额	累计借方	累计贷方	期初余额
库存现金（1001）	借		12 076	1 096 713.20	1 097 813.20	10 976.00
银行存款（1002）	借		1 402 336	18 909 246.00	17 690 500.00	2 621 082.00
工行存款（100201）	借		917 946	18 909 246.00	17 690 500.00	2 136 692.00
中行存款（100202）	借		404 390	0.00	0.00	404 390.00
	借	美元	57 770	0.00	0.00	57 770.00
建行存款（100203）	借		80 000	0.00	0.00	80 000.00
	借	港币	100 000	0.00	0.00	100 000.00
其他货币资金（1012）	借		30 000	1 600 000.00	1 200 000.00	430 000.00
外埠存款（101205）	借		30 000	0	0	30 000.00
存出投资款（101206）	借		0	1 600 000.00	1 200 000.00	400 000.00
交易性金融资产（1101）	借		78 000	0.00	66 000.00	12 000.00
应收票据（1121）	借		589 600	4 820 800.00	4 820 400.00	590 000.00
商业承兑汇票（112101）	借		589 600	4 820 800.00	4 820 400.00	590 000.00
应收账款（1122）	借		2 531 000	17 207 900.00	17 333 700.00	2 405 200.00
预付账款（1123）	借		360 000	1 360 000.00	1 360 000.00	360 000.00

续表

科目名称	方向	币别/计量	年初余额	累计借方	累计贷方	期初余额
其他应收款（1221）	借		8 800	1 760 000.00	1 760 000.00	8 800.00
备用金（122101）	借		6 000	1 760 000.00	1 760 000.00	6 000.00
应收个人款（122102）	借		2 800	0.00	0.00	2 800.00
坏账准备（1231）	贷		12 680	0.00	0.00	12 680.00
原材料（1403）	借		2 829 416	56 710 000.00	56 558 852.00	2 980 564.00
原料及主要材料（140301）	借		1 706 412	52 026 000	51 608 412	2 124 000
铜材（14030101）	借		48 000	13 720 000	13 708 000	60 000
	借	吨	2	1 564	1 564	2
铝材（14030102）	借		304 412	20 400 000	20 320 412	384 000
	借	吨	148	836	824	160
钢材（14030103）	借		1 354 000	17 906 000	17 580 000	1 680 000
	借	吨	168	1 638	1 596	210
辅助材料（140302）	借		326 804	1 306 800	1 410 640	222 964
润滑油（14030201）	借		3 044	30 560	30 640	2 964
	借	千克	782	7 834	7 856	760
油漆（14030202）	借		323 760	1 276 240	1 380 000	220 000
	借	桶	32 376	127 624	138 000	22 000
外购半成品（140303）	借		796 200	3 377 200	3 539 800	633 600
电动机（14030301）	借		280 000	1 512 000	1 632 000	160 000
	借	台	350	1 890	2 040	200
轴承（14030302）	借		382 000	1 468 000	1 570 000	280 000
	借	套	1 090	4 194	4 484	800
电器元件（14030303）	借		134 200	397 200	337 800	193 600
	借	个	6 710	19 860	16 890	9 680
库存商品（1405）	借		1 305 000	22 992 000	22 857 000	1 440 000
冰箱（140501）	借		528 000	9 840 000	9 600 000	768 000
	借	台	220	4 100	4 000	320
洗衣机（140502）	借		537 000	7 980 000	8 040 000	477 000
	借	台	358	5 320	5 360	318
电风扇（140503）	借		240 000	5 172 000	5 217 000	195 000
	借	台	400	8 620	8 695	325
周转材料（1411）	借		87 594	898 806	704 000	282 400
纸箱（141101）	借		87 594	898 806	704 000	282 400
	借	个	220	2246	1 760	706
可供出售金融资产（1503）	借		640 630	2 39820	478 900	401 550.00
固定资产（1601）	借		14 312 000	760 000.00	0.00	15 072 000.00
房屋及建筑物（160101）			14 312 000	760 000.00	0.00	15 072 000.00
累计折旧（1602）	贷		4 845 028	0.00	633 000.00	5 478 028.00
无形资产（1801）	借		280 000	0.00	0.00	280 000.00
累计摊销（1702）	贷		26 001.8	26 001.80	32 000.00	32 000.00
待处理财产损益（1901）	借		76 120			76 120
短期借款（2001）	贷		1 200 000	0.00	800 000.00	2 000 000.00

续表

科目名称	方向	币别/计量	年初余额	累计借方	累计贷方	期初余额
应付票据（2201）	贷		526 500	0.00	0.00	526 500.00
商业承兑汇票（220101）	贷		526 500	0.00	0.00	526 500.00
应付账款（2202）	贷		2 164 632	28 720 200.00	28 006 368.00	1 450 800.00
预收账款（2203）	贷		30 000	0	0	30 000.00
应付职工薪酬（2211）	贷		426 646.8	1 368 637.20	1 121 990.40	180 000.00
应付工资（221101）	贷		346 646.8	1 263 879.20	1 017 232.40	100 000.00
应付福利费（221102	贷		80 000	104 758.00	104 758.00	80 000.00
应交税金（2221）	贷		304 043.4	37 610 683.62	37 557 944.22	251 304.00
应交增值税（222101）	贷		0	32 497 934.00	32 497 934.00	0.00
进项税额（22210101）	贷		0	16 248 966.00	16 248 966.00	0.00
已交税金（22210102）	贷		0	4 088 298.00	4 088 298.00	0.00
转出未交增值税（22210103）	贷		0	4 088 298.00	4 088 298.00	0.00
销项税额（22210105）	贷		0	4 036 186.00	4 036 186.00	0.00
转出多交增值税（22210109）	贷		0	4 036 186.00	4 036 186.00	0.00
未交增值税（222102）	贷		106 932	4 036 186.00	4 088 298.00	159 044.00
应交所得税（222106）	贷		181 616.42	915 834.00	805 901.20	71 683.62
应交城市维护建设税（222108）	贷		7 484	79 108.92	82 758.00	11 133.08
应交个人所得税（222112）	贷		4 742.38	47 716.04	47 585.04	4 611.38
教育费附加（222113）	贷		3 268.6	33 904.66	35 467.98	4 831.92
其他应付款（2241）	贷		248 840	297 540.00	198 700.00	150 000.00
长期借款（2501）	贷		600 000	600 000.00	920 000.00	920 000.00
借款本金（250101）	贷		400 000	400 000.00	920 000.00	920 000.00
借款利息（250102）	贷		200 000	200 000.00	0.00	0.00
实收资本（或股本）（4001）	贷		13 000 000	0.00	0.00	13 000 000.00
资本公积（4002）	贷		595 400	0.00	0.00	595 400.00
资本（或股本）溢价（400201）	贷		595 400	0.00	0.00	595 400.00
盈余公积（4101）	贷		586 000	0.00	0.00	586 000.00
法定盈余公积（410101）	贷		586 000	0.00	0.00	586 000.00
本年利润（4103）	贷		0	22 346 768.00	24 048 808.00	1 702 040.00
利润分配（4104）	贷		545 600	0.00	0.00	545 600.00
未分配利润（410405）	贷		545 600	0.00	0.00	545 600.00
生产成本（5001）	借		568 800	25 552 720.00	25 631 860.00	489 660.00
基本生产成本（500101）	借		568 800	25 552 720.00	25 631 860.00	489 660.00
直接材料（50010101）	借		299 752	18 692 066.00	18 598 938.00	392 880.00
直接人工（50010102）	借		117 002	2 902 800.00	2 979 822.00	39 980.00
制造费用（50010103）	借		152 046	3 957 854.00	4 053 100.00	56 800.00
制造费用（5101）	借		0	1 145 660.00	1 145 660.00	0.00
工资及福利费（510101）	借		0	98 340.00	98 340.00	0.00
折旧（510102）	借		0	392 560.00	392 560.00	0.00

续表

科目名称	方向	币别/计量	年初余额	累计借方	累计贷方	期初余额
其他（510106）	借		0	654 760.00	654 760.00	0.00
主营业务收入（6001）	贷		0	173 052 640.00	173 052 640.00	0.00
冰箱（600101）			0	85 463 040.00	85 463 040.00	0.00
		台	0	22 256.00	22 256.00	0.00
洗衣机（600102			0	87 589 600.00	87 589 600.00	0.00
		台	0	31 282.00	31 282.00	0.00
主营业务成本（6401）	借		0	100 337 400.00	100 337 400.00	0.00
冰箱（640101）			0	53 414 400.00	53 414 400.00	0.00
		台	0	22 256.00	22 256.00	0.00
洗衣机（640102）			0	46 923 000.00	46 923 000.00	0.00
		台	0	31 282.00	31 282.00	0.00
营业税金及附加（6403）	借		0	138 226.00	138 226.00	0.00
销售费用（6601）	借		0	5 703 754.00	5 703 754.00	0.00
工资及福利费（660101）	借		0	5 703 754.00	5 703 754.00	0.00
管理费用（6602）	借		0	3 089 873.00	3 089 873.00	0.00
工资及福利费（660201）	借		0	317 905.20	317 905.20	0.00
折旧（660202）	借		0	1 298 662.60	1 298 662.60	0.00
其他（660220）	借		0	1 473 305.20	1 473 305.20	0.00
财务费用（6603）	借		0	97 600.00	97 600.00	0.00
利息支出（660301）	借		0	96 000.00	96 000.00	0.00
手续费（660302）	借		0	1 600.00	1 600.00	0.00
所得税费用（6801）	借		0	838 516.00	838 516.00	0.00

备注：制造费用部门选一车间；销售费用部门选本地销售部；管理费用部门选办公室。

（2）辅助账期初数据

1）应收票据科目——商业承兑汇票（112101）期初数据，如表4-7所示。

表4-7　应收票据科目——商业承兑汇票（112101）期初数据

客户	业务员	方向	累计借方金额	累计贷方金额	金　额
深圳长城	许芳	借	4 820 800	4 820 400	590 000

往来明细资料，如表4-8所示。

表4-8　往来明细资料

时间	凭证号	客户	摘要	方向	金　额	业务员	票号
12.10.01	转-25	深圳长城	销售产品	借	590 000	许芳	X201

2）应收账款科目（1122）期初数据，如表4-9所示。

表4-9　应收账款科目（1122）期初数据

客户	业务员	方向	累计借方金额	累计贷方金额	金　额
杭州百货	王林	借	5 002 300	5 002 300	580 000
杭州百货	许芳	借	2 003 300	2 003 300	590 000

续表

客户	业务员	方向	累计借方金额	累计贷方金额	金 额
深圳长城	许芳	借	1 005 500	1 005 500	327 600
王府井	王林	借	6 007 900	6 007 900	600 000
王府井	许芳	借	3 188 900	3 314 700	307 600

往来明细资料，如表 4-10 所示。

表 4-10　往来明细资料

时间	凭证号	客户	摘要	方向	金 额	业务员	票号
12.7.01	转-23	杭州百货	销售产品	借	580 000	王林	X202
12.7.23	转-76	杭州百货	销售产品	借	590 000	许芳	X203
12.8.28	转-28	深圳长城	销售产品	借	327 600	许芳	X204
12.10.12	转-6	王府井	销售产品	借	600 000	王林	X205
12.10.18	转-13	王府井	销售产品	借	307 600	许芳	X206

3）其他应收款科目——备用金（122101）期初数据，如表 4-11 所示。

表 4-11　其他应收款科目——备用金（122101）期初数据

部门	方向	累计借方金额	累计贷方金额	金 额
办公室	借	1 760 000	1 760 000	6 000

4）其他应收款科目——应收个人款（122102）期初数据，如表 4-12 所示。

表 4-12　其他应收款科目——应收个人款（122102）期初数据

部门	个人	方向	累计借方金额	累计贷方金额	金 额
采购部	陈凯	借	0	0	2 800

往来明细资料，如表 4-13 所示。

表 4-13　往来明细资料

时间	凭证号	部门	个人名称	摘要	方向	金 额	票号
12.10.28	付-36	采购部	陈凯	出差借款	借	2 800	G001

5）预付账款科目（1123）期初数据，如表 4-14 所示。

表 4-14　预付账款科目（1123）期初数据

供应商	业务员	方向	累计借方金额	累计贷方金额	金 额
上海机电	张丽	借	1 360 000	1 360 000	360 000

往来明细资料，如表 4-15 所示。

表 4-15　往来明细资料

时间	凭证号	供应商	业务员	摘要	方向	金 额	票号
12.9.01	转-16	上海机电	张丽	采购材料	借	360 000	C102

6）应付票据科目——商业承兑汇票（220101）期初数据，如表 4-16 所示。

表 4-16　应付票据科目——商业承兑汇票（220101）期初数据

供应商	业务员	方向	累计借方金额	累计贷方金额	金 额
东北物资	张丽	贷	0	0	526 500

往来明细资料，如表 4-17 所示。

表 4-17　往来明细资料

时间	凭证号	供应商	摘要	方向	金 额	业务员	票号
12.10.10	转-2	东北物资	采购材料	贷	526 500	张丽	C101

7）应付账款科目（2202）期初余额，如表 4-18 所示。

表 4-18　应付账款科目（2202）期初余额

供应商	业务员	方向	累计借方金额	累计贷方金额	金 额
云南铜业	张丽	贷	15 020 000	15 000 000	187 200
广州钢铁	张丽	贷	13 700 200	13 006 368	795 600
广州钢铁	陈凯	贷	0	0	468 000

往来明细资料，如表 4-19 所示。

表 4-19　往来明细资料

时间	凭证号	供应商	摘要	方向	金 额	业务员	票号
12.10.18	转-10	云南铜业	采购材料	贷	187 200	张丽	C103
12.10.20	转-20	广州钢铁	采购材料	贷	795 600	张丽	C104
12.10.23	转-28	广州钢铁	采购材料	贷	468 000	陈凯	C105

8）预收账款科目（2203）期初数据，如表 4-20 所示。

表 4-20　预收账款科目（2203）期初数据

客户	业务员	方向	累计借方金额	累计贷方金额	金 额
伟达公司	王林	贷	0	0	30 000

备注：石家庄伟达公司（006），发展日期：2012.8.30。

往来明细资料，如表 4-21 所示。

表 4-21　往来明细资料

时间	凭证号	客户	摘要	方向	金 额	业务员	票号
12.9.01	转-76	伟达公司	预收款	贷	30 000	王林	X207

9）项目核算——基本生产成本期初数据。

①直接材料（50010101）期初数据，如表 4-22 所示。

表 4-22　直接材料（50010101）期初数据

项目	方向	累计借方金额	累计贷方金额	金额
冰箱	借方	11 010 000	11 000 000	213 400
洗衣机	借方	7 682 066	7 598 938	179 480
合计		18 692 066	18 598 938	

②直接人工（50010102）期初数据，如表 4-23 所示。

表 4-23　直接人工（50010102）期初数据

项目	方向	累计借方金额	累计贷方金额	金额
冰箱	借方	2 102 800	2 100 000	17 000
洗衣机	借方	800 000	879 822	22 980
合计		2 902 800	2 979 822	

③制造费用（50010103）期初数据，如表 4-24 所示。

表 4-24　制造费用（50010103）期初数据

项目	方向	累计借方金额	累计贷方金额	金额
冰箱	借方	2 257 854	2 153 100	32 400
洗衣机	借方	1 700 000	1 900 000	24 400
合计		3 957 854	4 053 100	

10）制造费用期初数据。

①制造费用——工资及福利费（510101）期初数据，如表 4-25 所示。

表 4-25　制造费用——工资及福利费（510101）期初数据

部门	方向	累计借方金额	累计贷方金额	金 额
一车间	借	98 340	98 340	

②制造费用——折旧（510102）期初数据，如表 4-26 所示。

表 4-26　制造费用——折旧（510102）期初数据

部门	方向	累计借方金额	累计贷方金额	金 额
一车间	借	392 560	392 560	

③制造费用——其他（510120）期初数据，如表 4-27 所示。

表 4-27　制造费用——其他（510101）期初数据

部门	方向	累计借方金额	累计贷方金额	金 额
一车间	借	654 760	654 760	

11）销售费用——工资及福利费（660101）期初数据，如表 4-28 所示。

表 4-28　销售费用——工资及福利费（660101）期初数据

部门	方向	累计借方金额	累计贷方金额	金 额
本地销售部	借	5 703 754	5 703 754	

12）管理费用期初数据。

①管理费用——工资及福利费（660201）期初数据，如表 4-29 所示。

表 4-29　管理费用——工资及福利费（660201）期初数据

部门	方向	累计借方金额	累计贷方金额	金 额
办公室	借	317 905.2	317 905.2	

②管理费用——折旧（660202）期初数据，如表 4-30 所示。

表 4-30　管理费用——折旧（660202）期初数据

部门	方向	累计借方金额	累计贷方金额	金 额
办公室	借	1 298 662.6	1 298 662.6	

③管理费用——其他（660220）期初数据，如表 4-31 所示。

表 4-31　管理费用——其他（660220）期初数据

部门	方向	累计借方金额	累计贷方金额	金 额
办公室	借	1 473 305.2	1 473 305.2	

说明：期初余额录完后，再进行如下操作。

1)进行试算平衡，检查借贷方是否相等；期初试算平衡结果应该是(资产+成本=21937644=负债+损益+权益)。

2）进行对账，检查总账和明细账相等。

注：只有期初试算平衡、对账正确后表示期初录入正确，可以进行填制凭证；若期初试算不平衡，可以进行填制凭证，但系统不允许进行期末记账。

4.3　系统初始化实训操作

4.3.1　总账参数设置

以 101 账套主管身份进入用友 V8.72 中，选择“总账”，执行“设置”|“选项”命令，打开“选项”对话框。

1. 凭证选项卡

1）单击【编辑】按钮。

2）击“凭证”选项卡，按资料中所示进行相应的设置。

3）在选择可以使用应收受控科目时，系统提示如图 4-1 所示。单击【确定】按钮返回。

4）同样，依次选择可以使用应付受控科目、自动填补凭证断号、凭证录入时结算方式及票据号必录，设置完成后，如图 4-2 所示。单击【确定】按钮返回。

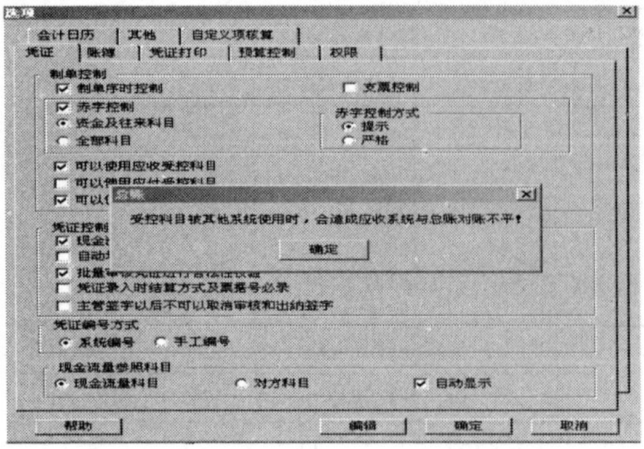

图 4-1　选项——使用应收受控科目提示

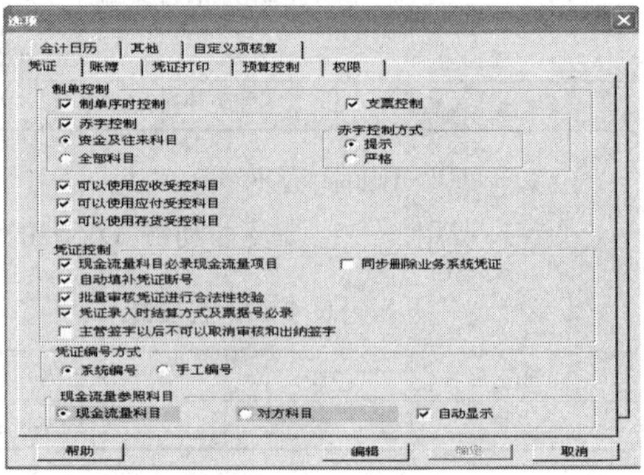

图 4-2　选项——凭证

2. 账簿选项卡

单击“账簿”选项卡，按资料中所示进行相应的设置。设置完成后，如图 4-3 所示。单击【确定】按钮返回。

3. 凭证打印选项卡

单击“凭证打印”选项卡，按资料中所示进行相应的设置。设置完成后，如图 4-4 所示。单击【确定】按钮返回。

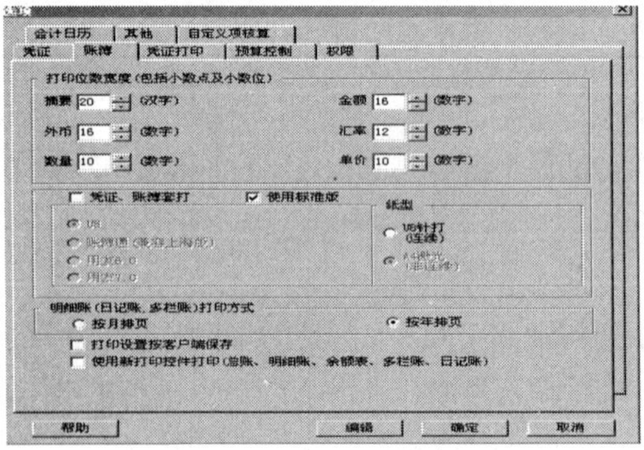

图 4-3　选项——账簿

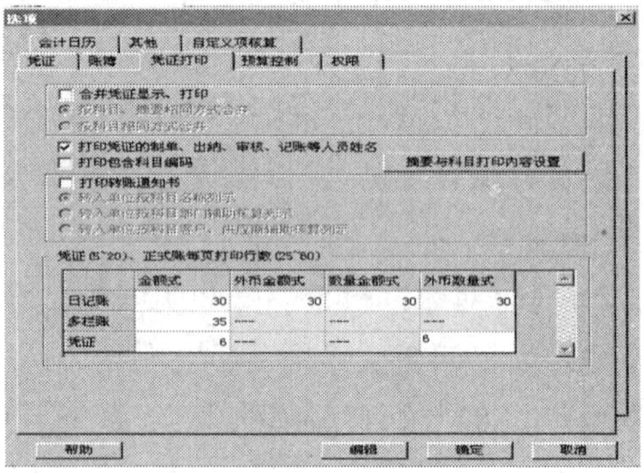

图 4-4　选项——凭证打印

4. 权限选项卡

单击“权限”选项卡，选择“出纳凭证必须由出纳签字”、“凭证必须由主管签字”选项，设置完成后，如图 4-5 所示。单击【确定】按钮返回。

5. 会计日历选项卡

单击“会计日历”选项卡，将数量小数位、单价小数位设为 2，设置完成后，如图 4-6 所示。单击【确定】按钮返回。

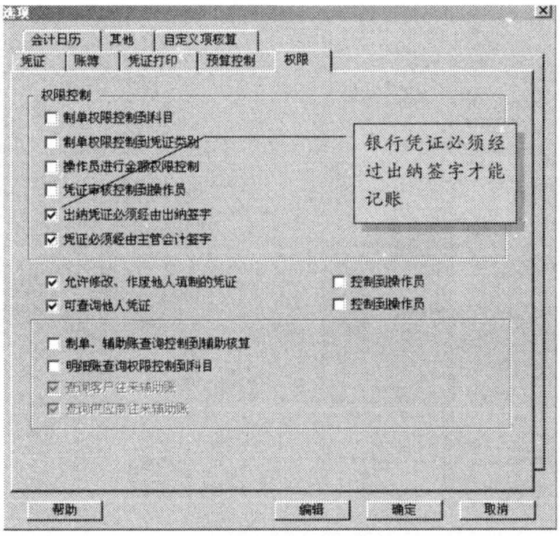

图 4-5　选项——权限

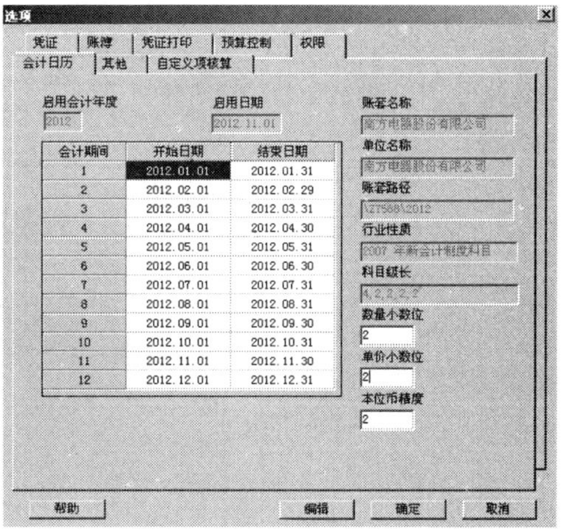

图 4-6　选项——会计日历

6. 其他选项卡

单击“其他”选项卡，按资料中所示进行相应的设置。设置完成后，如图 4-7 所示。单击【确定】按钮返回。

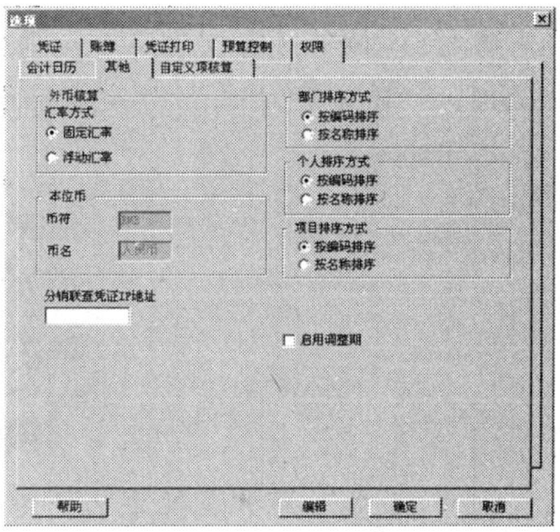

图 4-7　选项——其他

7. 预算控制、自定义项目核算

按系统默认即可，完成后，单击【确定】按钮返回。

4.3.2　设置会计科目

1. 会计科目

（1）增加会计科目

1）在 UFIDA ERP-U8 主界面基础设置中，执行“基础档案”|“财务”|“会计科目”命令，进入“会计科目”窗口。

2）单击【增加】按钮，打开“新增会计科目”对话框，如图 4-8（a）～图 4-8（c）所示。

3）逐个输入实训资料会计科目表中需要“新增”的科目，单击【确定】按钮保存。

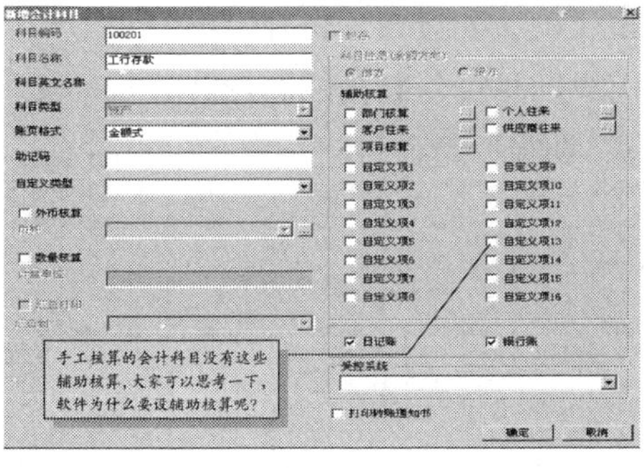

图 4-8（a）　增加会计科目

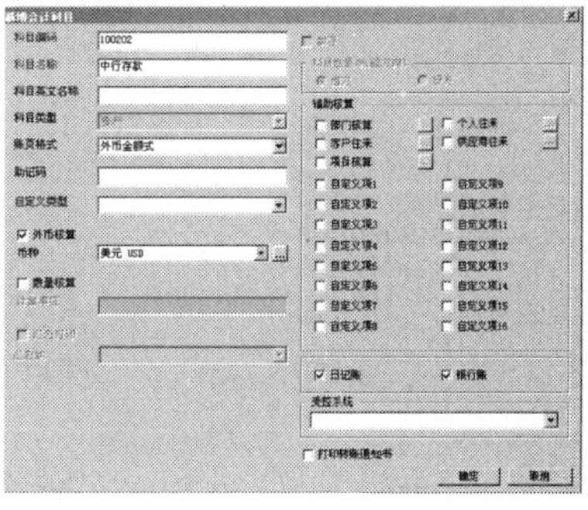

图 4-8（b）　增加有外币核算的会计科目

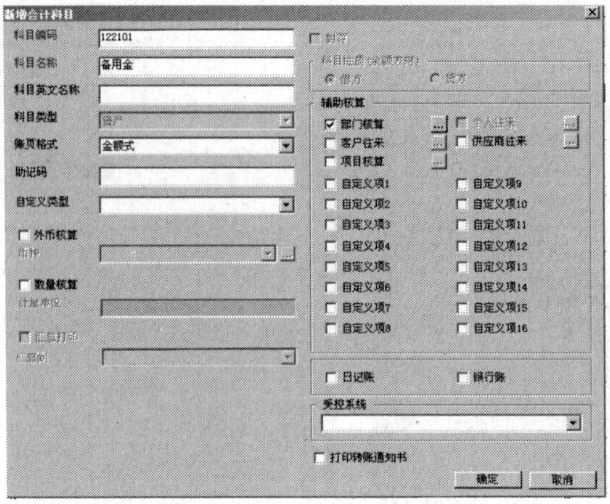

图 4-8（c）　增加有辅助核算的会计科目

注意

● 会计科目只需增加二、三级科目，即列表框级次为 2、3 的科目；一级科目不用增加，只需通过“修改”功能修改会计属性。

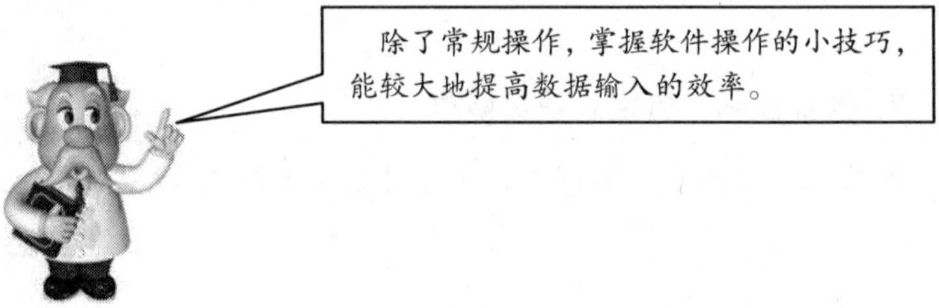

（2）“复制”或“成批复制”会计科目

当完成管理费用下明细科目的增加后，可以利用成批复制功能增加营业费用下的明细科目，操作步骤如下。

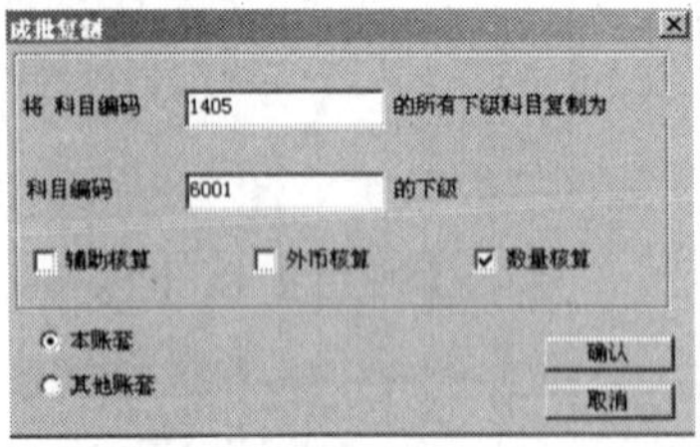

图 4-9　成批复制会计科目

1）在会计科目窗口中，执行“编辑”|“成批复制”命令，打开“成批复制”对话框。

2）输入复制源科目编码“1405”和目标科目编码“6001”，选择“数量核算“，如图 4-9 所示。

3）单击【确认】按钮，保存。

4）利用成批科目复制功能增加会计科目及表备注栏中标记为“复制”的科目。

（3）修改会计科目

1）双击“1001 库存现金”科目，进入“会计科目——修改”窗口。

2）单击【修改】，修改会计科目辅助核算标志，选中“日记账”复选框，单击【确定】按钮。

3）单击▶按钮，调入其他需要修改的科目，继续修改。

要注意这里的指定科目要和出纳签字联系起来，如果出纳签字不了，可以查看一下这里是否没有指定科目。

（4）指定会计科目

操作步骤。

1）会计科目窗口中，执行“编辑”|“指定科目”命令，打开“指定科目”对话框。

2）单击左边“现金科目”单选项，从待选科目列表框中选择“1001 库存现金”科目，单击 > 按钮，将现金科目添加到已选科目列表中，如图 4-10 所示。

3）根据以上步骤，将银行存款科目设置为银行总账科目，如图 4-11 所示。

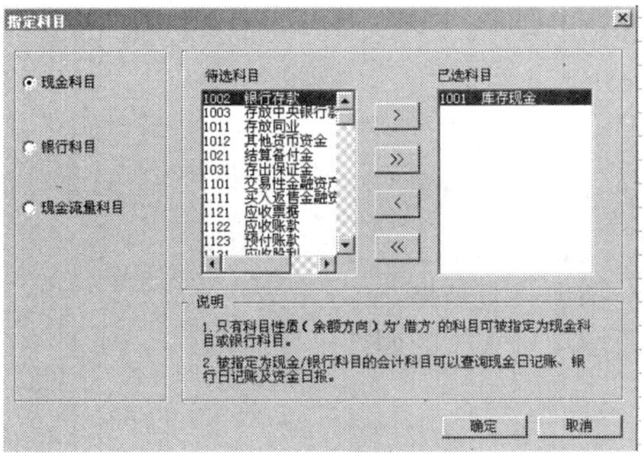

图 4-10 指定现金科目

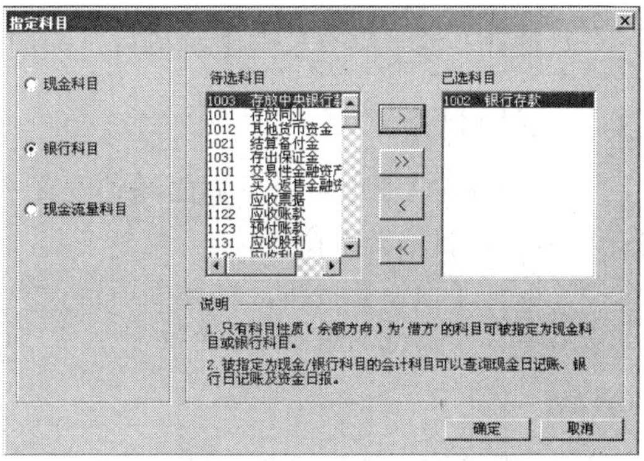

图 4-11 指定银行存款科目

4）单击【确定】按钮，保存。

5）根据以上步骤，将银行存款科目设置为银行总账科目，如图 4-12 所示。

6）单击【确定】按钮，保存。

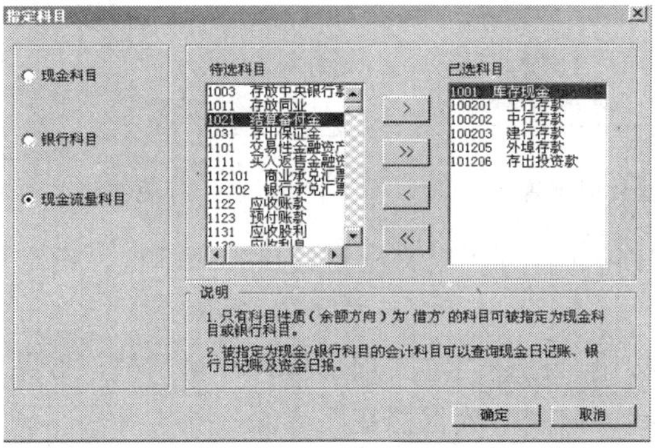

图 4-12 指定现金流量科目

注意

- 如果不编制现金流量表，可不设定现金流量科目。

4.3.3 凭证类别

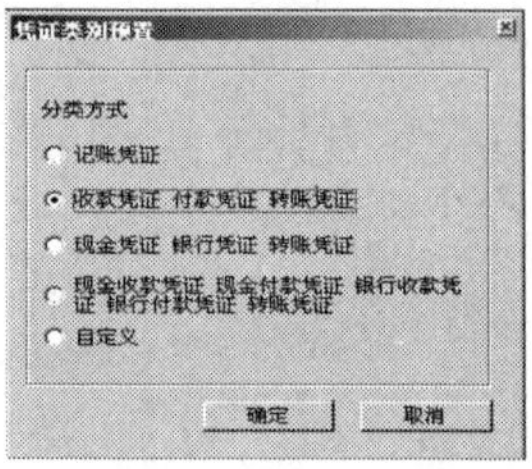

图 4-13 凭证类别预置

1）在 UFIDA ERP-U8 主界面基础设置中，执行“基础档案”|“财务”|“凭证类别”命令，打开“凭证类别设置”对话框。

2）单击“收款凭证 付款凭证 转账凭证”按钮，如图 4-13 所示。

3）单击【确定】按钮，进入“凭证类别”窗口。

4）双击限制类型，出现下拉箭头，选择“借方必有”，选择或输入限制科目“1001，100201，00202，100203”。

注意

● 限制科目之间的标点符号一定为半角符号。操作时，如果不小心增加行了，单击“Esc”键可以退出增加状态。

5）设置其他限制类型和限制科目，如图 4-14 所示。

4.3.4 项目目录

1）在 UFIDA ERP-U8 主界面基础设置中，执行“基础档案”|“财务”|“项目目录”命令，进入“项目档案”窗口。

2）单击【增加】按钮，打开“项目大类定义-增加”对话框。

3）输入新项目大类名称“生产成本”，选择新增项目大类的属性“普通项目”，如图 4-15 所示。

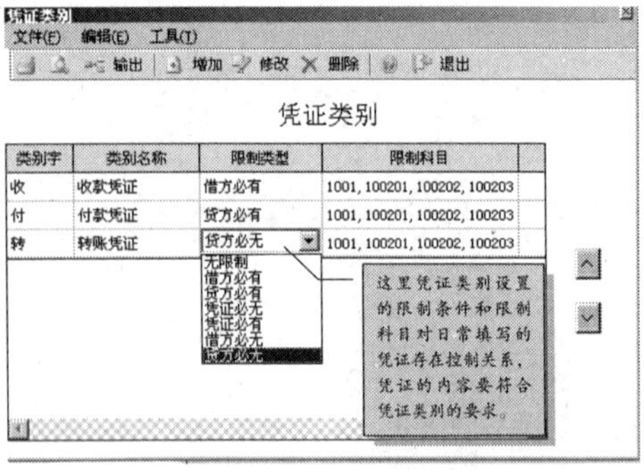

图 4-14 凭证类别设置

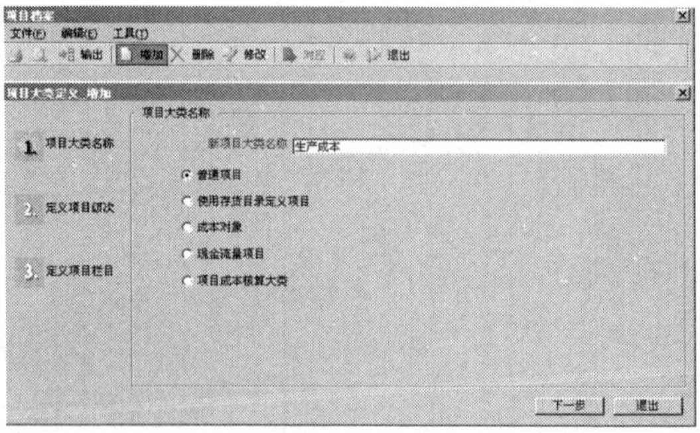

图 4-15 新增项目大类

4）单击【下一步】按钮，打开“定义项目级次”对话框，设定项目级次：一级 1 位，如图 4-16 所示。

5）单击【下一步】按钮，打开“定义项目栏目”对话框，取系统默认，不做修改。

6）单击【完成】按钮，返回“项目档案”界面。

7）从项目大类下拉列表中选择“生产成本”，单击“核算科目”，单击“»”按钮将全部待选科目选择为按产品项目大类核算的科目，单击【确定】按钮保存，如图 4-17 所示。

8）单击“项目分类定义”，单击【增加】按钮，输入分类编码“1”，分类名称“普通产品”，必须单击【确定】按钮，再输入分类编码“2”，分类名称“节能产品”，如图 4-18 所示，单击【确定】按钮。

9）单击“项目目录”，单击【维护】按钮，进入“项目目录维护”窗口。

10）单击【增加】按钮，输入项目“冰箱”、“洗衣机”、“电风扇”和“无氟冰箱”项目，如图 4-19 所示。

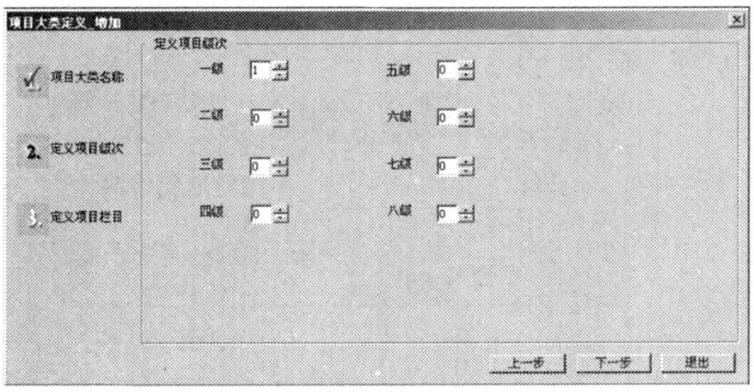

图 4-16　定义项目级次

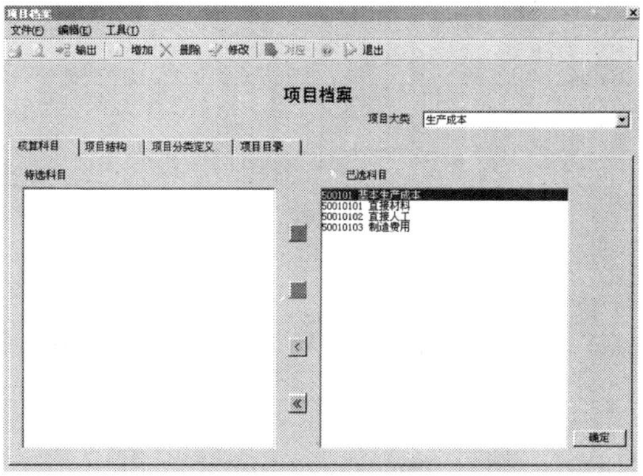

图 4-17　选择项目核算科目

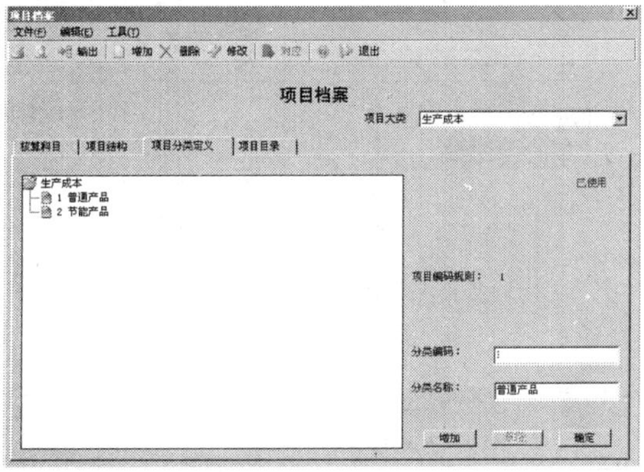

图 4-18　项目分类定义

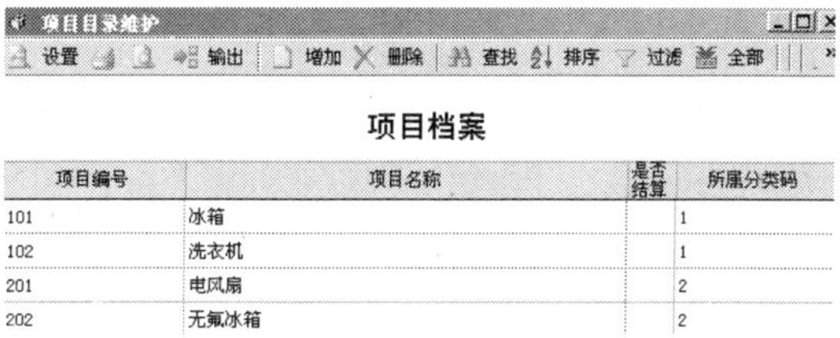

图 4-19　项目目录维护

4.3.5　输入期初余额

1）执行“总账”|“设置”|“期初余额”命令，进入“期初余额录入”窗口。

2）直接输入末级科目（底色为白色）期初余额，上级科目的余额自动汇总计算。

3）灰色的单元为非末级科目，不允许录入期初余额，待下级科目余额录入完成后自动汇总生成。

4）设置了辅助核算的科目底色显示为蓝色，其累计发生额可直接输入，但期初余额的录入要到相应的辅助账中进行。方法是：双击设置有辅助核算属性科目的期初余额栏，如应收账款，进入辅助期初余额窗口，单击【往来明细】按钮，按明细输入每笔业务的金额，如图 4-20 所示。

5）完成后单击【汇总】按钮，完成往来明细到辅助期初表的汇总。单击【退出】按钮，返回辅助期初余额窗口，如图 4-21 所示。单击【退出】按钮，辅助账余额汇总数自动带到总账。

6）同样输入供应商往来业务，具体如图 4-22 所示。

7）依次输入部门、个人、项目往来期初，具体如图 4-23～4-25 所示。

日期	凭证号	客户	业务员	摘要	方向	金额	票号	票据日期
2012-07-01	转-23	杭州百货	王林	销售产品	借	580,000.00	X202	2012-07-01
2012-07-23	转-76	杭州百货	许芳	销售产品	借	590,000.00	X203	2012-07-23
2012-08-28	转-28	深圳长城	许芳	销售产品	借	327,600.00	X204	2012-08-28
2012-10-12	转-6	王府井	王林	销售产品	借	600,000.00	X205	2012-10-12
2012-10-18	转-13	王府井	许芳	销售产品	借	307,600.00	X206	2012-10-18

图 4-20 客户往来期初明细数据

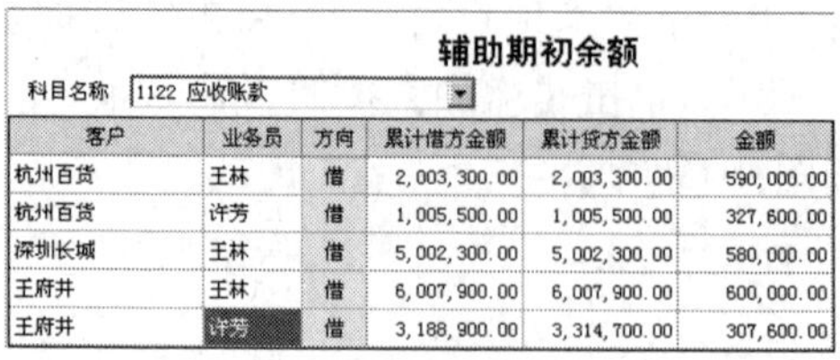

客户	业务员	方向	累计借方金额	累计贷方金额	金额
杭州百货	王林	借	2,003,300.00	2,003,300.00	590,000.00
杭州百货	许芳	借	1,005,500.00	1,005,500.00	327,600.00
深圳长城	王林	借	5,002,300.00	5,002,300.00	580,000.00
王府井	王林	借	6,007,900.00	6,007,900.00	600,000.00
王府井	许芳	借	3,188,900.00	3,314,700.00	307,600.00

图 4-21 客户往来期初汇总数据

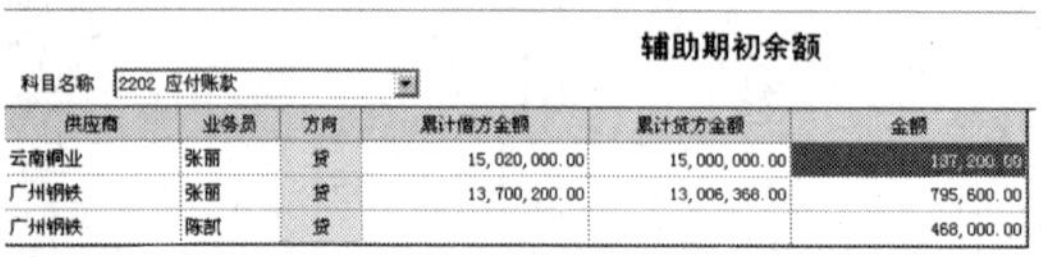

供应商	业务员	方向	累计借方金额	累计贷方金额	金额
云南铜业	张丽	贷	15,020,000.00	15,000,000.00	137,200.00
广州钢铁	张丽	贷	13,700,200.00	13,006,368.00	795,600.00
广州钢铁	陈凯	贷			468,000.00

图 4-22 供应商往来期初余额

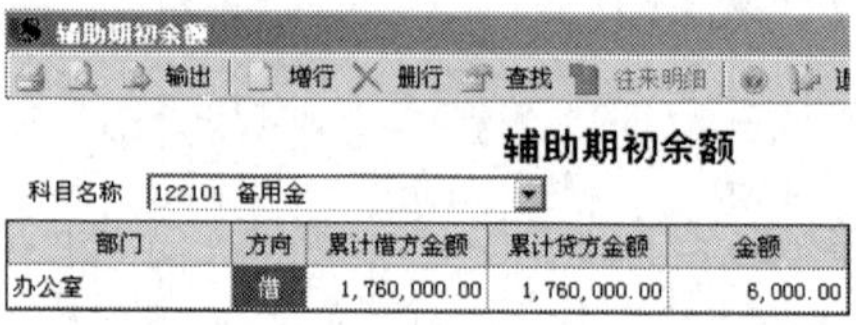

部门	方向	累计借方金额	累计贷方金额	金额
办公室	借	1,760,000.00	1,760,000.00	6,000.00

图 4-23 部门往来期初余额

部门	个人	方向	累计借方金额	累计贷方金额	金额
采购部	陈凯	借			2,800.00

图 4-24 个人往来期初余额

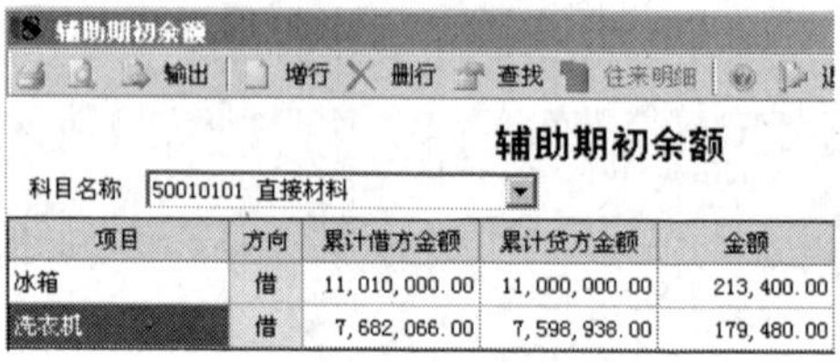

项目	方向	累计借方金额	累计贷方金额	金额
冰箱	借	11,010,000.00	11,000,000.00	213,400.00
洗衣机	借	7,682,066.00	7,598,938.00	179,480.00

图 4-25 项目往来期初余额

8）输完所有科目余额后，单击【试算】按钮，打开“期初试算平衡表”对话框，如图 4-26 所示。

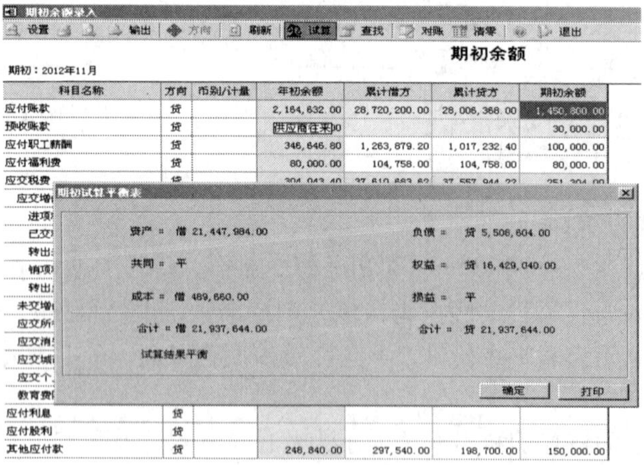

图 4-26 期初试算平衡

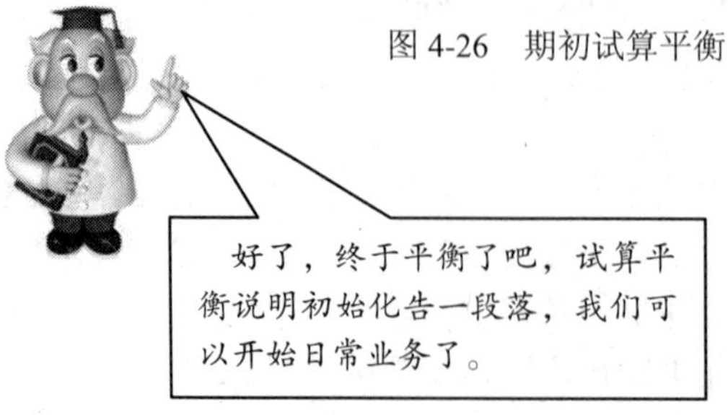

9）若期初余额不平衡，系统会出现红字警告信息，需要修改期初余额直到平衡；若期初余额试算平衡，单击【确定】按钮，即可开始进入到日常业务。

注意

- 只需输入末级科目的余额，非末级科目的余额由系统自动计算生成。
- 如果要修改余额的方向，可以在未录入余额的情况下，单击【方向】按钮改变余额的方向。
- 总账科目与其下级科目的方向必须一致。如果所录明细余额的方向与总账余额方向相反，则用“-”号表示。
- 如果录入余额的科目有辅助核算的内容，则在录入余额时必须录入辅助核算的明细内容，而修改时也应修改明细内容。
- 如果某一科目有数量（外币）核算的要求，录入余额时还应输入该余额的数量（外币）。
- 如果年中某月开始建账，需要输入启用月的月初余额及年初到该月的借贷方累计发生额（年初余额由系统根据月初余额及借贷方累计发生额自动计算生成）。
- 系统只能对月初余额的平衡关系进行试算，而不能对年初余额进行试算。
- 如果期初余额不平衡，可以填制凭证但是不允许记账。
- 凭证记账后，期初余额变为只读状态，不能再输入、修改期初余额，也不能执行“结转上年余额”功能。

4.3.6　账套备份

在“D：\账套备份”文件夹中新建“总账初始化 4-1”文件夹，将账套输出至“总账初始化 4-1”文件夹中。

课后巩固

1. 会计科目界面中的“封存”是什么含义？如何选择？
2. 是否只能对“现金”科目和“银行存款”科目选择“日记账”选项？
3. 辅助账类应该设置在上级科目上，还是应该设置在末级科目上？还是上级科目和末级科目都要设置？有什么区别吗？
4. 举例说明辅助核算各适用于哪些科目。
5. 选择不同的凭证类别对会计业务处理的结果是否有影响？
6. 对建筑施工单位、旅游、工业企业、学校来说，如何活用“项目”来管理业务？
7. 建立会计科目需要遵循的原则有哪些？
8. 为什么要指定会计科目？

项目 5 总账管理——会计岗位

总账系统是 ERP 管理软件中最重要的模块，那么它的主要功能是什么？它为什么那么重要？

在会计信息系统中，企业的日常及期末的业务处理都要做一些什么具体工作？这些都是总账系统要解决的问题。

5.1 总账功能概述

总账系统的任务就是利用建立的会计科目体系，输入和处理各种记账凭证，完成审核、出纳签字、记账、结账及对账工作，输出各种总分类账、明细账、日记账和各种辅助账。

总账系统按照处理流程划分，主要分为初始设置、凭证管理、账簿管理、辅助核算管理等。

1. 初始设置

由使用者根据本企业的具体需要建立会计核算的基础应用环境，将通用的总账系统变成适合本单位核算需要的专用系统。初始设置的主要工作包括设置各项业务参数、设置基础档案、明细账权限的设定和期初余额的录入等。

2. 凭证管理

企业需要通过严密的制单控制保证填制凭证的正确性。软件提供有资金赤字控制、支票控制、预算控制、外币折算误差控制及查看最新余额等功能，加强对发生业务的及时管理和控制。凭证管理的主要工作内容包括凭证的录入、审核、记账、查询、打印，以及出纳签字、常用凭证定义等。

3. 账簿管理

总账系统强大的查询功能能够实现总账、明细账、日记账、凭证的立体式联查，并可查询包含未记账凭证的最新数据。可随时提供总账、余额表、明细账、日记账等标准账表的查询。

4. 辅助核算管理

总账管理系统除了提供总账、明细账、日记账等传统会计账簿以外，还提供有丰富的辅助账核算管理，包括个人往来核算、部门核算、往来管理、现金管理和项目管理。辅助核算信息是对主体账簿的补充和完善，能极大地丰富了会计核算的信息，拓宽了会计管理的视野，从而强化企业的会计管理。

重点、难点提示

1. 凭证管理

凭证管理包括填制凭证、审核凭证、记账、修改凭证、作废/整理凭证、删除凭证、冲销凭证、出纳签字等功能。不同功能针对的操作对象是不同的，如修改凭证只能针对未记账凭证，记账只能针对已审核凭证。

如果凭证上所用到的明细科目设置有辅助核算，那么在录入凭证时必须同时记录辅助核算内容。

2. 账簿管理

账簿分为基本会计核算账簿和辅助核算账簿。

基本会计核算账簿包括总账、余额表、明细账、序时账、多栏账、日记账等。其中，多栏账必须先定义，再查询。

辅助核算账簿包括客户往来辅助账、供应商往来辅助账、个人往来辅助账、部门辅助账和项目辅助账等，辅助账管理必须要事先要在科目中定义辅助核算标志。

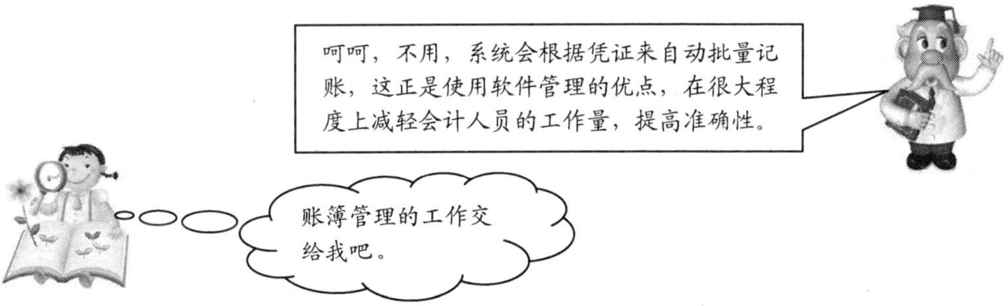

3. 往来管理

往来账款主要发生在企业的购销业务中，包括赊销引起的客户应收往来和赊购引起的供应商应付往来。往来管理主要包括设置往来账的管理模式、往来账记录与核销、往来账查询等内容。

4. 项目管理

项目管理包括设置项目、按项目归集成本和费用、项目辅助账查询等。项目辅助账包括项目总账、项目明细账和项目统计分析。

5.2 凭证处理实训

5.2.1 实训概述

1. 实训目的

掌握用友 ERP-U8 管理软件中总账系统日常业务处理的相关内容，熟悉总账系统日常业务处理的各种操作，掌握凭证管理和账簿管理的具体内容和操作方法。

2. 实训内容

1）凭证管理：定义常用摘要、填制凭证。

2）凭证查询、凭证修改、作废凭证。

3）出纳签字、审核凭证、凭证记账。

4）冲销凭证、取消记账。

3. 实训准备

引入项目 4 账套数据或光盘中的“实训账套/初始余额”。

4. 实训要求

1）以“103　自己名”的身份进行填制凭证，凭证查询操作。

2）以“104 陈敏”的身份进行出纳签字，现金、银行存款日记账和资金日报表的查询，支票登记。

3）以“102 刘云”的身份进行主管签字、审核、记账、账簿查询操作。

4）每 10 天审核记账 1 次，输出科目汇总表。

5.2.2 凭证处理实训资料

1. 1～10 日凭证处理

2012 年 11 月经济业务如下。

1）11 月 1 日，收到信汇收款通知（票号：H5001），深圳长城公司汇来 8 月 28 日的欠款 327 600 元，业务员王林（附单据 1 张）

借：银行存款（1002）——工行存款（01）　　327 600

　贷：应收账款（1122，票号 X204）　　327 600

2）11 月 2 日，从广发证券营业部购进 A 股票 10 000 股，买价、佣金、手续费合计 200 000 元。（附单据 2 张）

借：交易性金融资产（1101）　　200 000

　贷：其他货币资金（1012）——存出投资款（06）　　200 000

3）11 月 3 日，出纳员陈敏通过工行缴纳上月应交未交所得税 71 683.62 元，增值税 159 044 元，城建税 11 133.62 元和教育费附加 4 831.92 元，代交上月已代扣的个人所得税 4 611.38 元。当即收到各有关税金及附加缴款书收据联。（转账支票号：ZZ1001）（附单据 4 张）

借：应交税金（2221）——未交增值税（02）　　159 044.00
——应交所得税（06）　　71 683.62
——应交城建税（08）　　11 133.08
——应交个人所得税（12）　　4 611.38
——教育费附加（13）　　4 831.92
贷：银行存款（1002）——工行存款（01）　　251 304

4）11月4日，财务科收到市冰箱厂交来的专有技术100 000元转让收入。（支票号：ZZ2001）（附单据2张）

借：银行存款（1002）——工行存款（01）　　100 000
贷：其他业务收入（6051）　　100 000

5）11月5日，办公室赵文建支付空调维修保养费8600元，（转账支票号：ZZ1002）（附单据2张）

借：管理费用（6602）——修理费（05）（部门101）　　8 600
贷：银行存款（1002）——工行存款（01）　　8 600

6）11月8日，本地销售部支付产品展销费6 000元，开出转账支票（支票号：ZZ1003）1张。（附单据2张）

借：营业费用（6601）——产品展销费　　6 000
贷：银行存款（（1002）——工行存款（01）　　6 000

7）11月8日，办公室以委托收款（票号：WT2167）方式支付电信费12 400元。（附单据2张）

借：管理费用（6602）——电信费（07）　　12 400
贷：银行存款（（1002）——工行存款（01）　　12 400

8）11月10日，以银行存款（结算方式：其他，票号：QT001）发放职工工资79 600元。（附单据2张）

借：应付职工薪酬（2211）——应付工资（01）　　79 600
贷：银行存款（1002）——工行存款（01）　　79 600

★ 104操作员（陈敏）出纳签字，102操作员（刘云）主管签字、审核、记账。

操作：以“102 会计主管”身份登录，在总账界面点击“凭证”菜单下的“审核凭证”——选择凭证类别，单击【确定】，在“审核凭证”窗口单击“成批审核凭证”或直接单击【审核】，审核单张凭证，单击退出。

注：凭证审核由会计主管刘云进行，凭证制单人与审核人不能为同一人。

2. 11～20日凭证处理

9）11月12日，采购部采购员陈凯出差归来，报销差旅费3 072元，出纳员以现金补足差额。（附单据2张）

A. 借：管理费用（6602）——差旅费（08）　　2 800
贷：其他应收款（1221）——应收个人款（票号G001）　　2 800

B. 借：管理费用（6602）——差旅费（08）　　272
贷：现金（1001）　　272

10）11月12日，一车间工人陈瑞因违章操作，经厂长办公室决定，对其罚款500元。（附

单据1张）

借：其他应收款（1221）——应收个人款（02）（票号 G002）　　500

贷：营业外收入（6301）　　500

11）11月14日，出纳员陈敏开出现金支票（票号：XJ2001），从银行提取现金10 000元。（附单据1张）

借：现金（1001）　　10 000

贷：银行存款（1002）——工行存款（01）　　10 000

12）11月15日，采购部陈凯以电汇（H4001）方式归还云南铜业欠款189 760元。（附单据1张）

借：应付账款（2202）（票号 C103）　　189 760

贷：银行存款（1002）——工行存款（01）　　189 760

13）11 月 15 日，收到美华公司捐赠资金 40 000 美元，存入中行美元户，银行汇票号（H6001）。（附单据 2 张）

借：银行存款（1002）——中行存款（02）　　280 000

贷：资本公积（4002）——接受现金捐赠（03）　　280 000

14）11 月 15 日，通过银行汇票（H6002）结算方式从贵州冶炼厂购进铜材料 2 吨，单价 42 000 元，铝材料 10 吨，单价 30 000 元，通过银行汇票（H6003）结算方式从武汉塑料厂购进塑料 12 吨，单价 5 000 元，增值税税率 17%。专用发票（F533000）。材料已验收入库。（附单据 2 张）

借：原材料（1403）——原料及主要材料（01）——铜材（01）　　84 000

原材料（1403）——原料及主要材料（01）——铝材（02）　　300 000

原材料（1403）——原料及主要材料（01）——塑料（04）　　60 000

应交税金（2221）——应交增值税（01）——进项税额（01）　　75 480

贷：银行存款（1002）——工行存款（01）　　449 280

银行存款（1002）——工行存款（01）　　70 200

15）11月16日，根据供货合同，企业向广州百货公司发出洗衣机100台，每台2 800元，电风扇200台，每台1 500元。全部货税款已办理银行汇票（H6004）进账手续。增值税税率17%，发票号码（F1140287）。（附单据3张）

借：银行存款（1002）——工行存款（01）　　678 600

贷：主营业务收入（6001）——洗衣机（02）　　280 000

主营业务收入（6001）——电风扇（03）　　300 000

应交税金（2221）——应交增值税（01）——销项税额（05）　　98 600

16）11月17日，上海机电发来电动机100台，单价800元，增值税税率17%，专用发票（F1700001），货款尚未支付。电动机已验收入库。（业务员陈凯）（附单据2张）

借：原材料（1403）——外购半成品（03）——电动机（01）　　80 000

应交税金（2221）——应交增值税（01）——进项税额（01）　　13 600

贷：应付账款（2202）　　93 600

17）11月18日，杭州百货购电冰箱100台，每台3 840元。款项尚未收到，增值税税率17%，发票号码（F1700002）。（业务员王林）（附单据1张）

借：应收账款（1122）　　449 280
　贷：主营业务收入（6001）——电冰箱（01）　　384 000
　　应交税金（2221）——应交增值税（01）——销项税额（05）　　65 280

18）11月20日，杭州百货交来一张不带息银行承兑汇票（票号X203）以归还7月23日的欠款，期限3个月。（业务员王林）（附单据1张）

借：应收票据（1121）——商业承兑汇票（01）　　590 000
　贷：应收账款（1122）　　590 000

★ 104操作员（陈敏）出纳签字，102操作员（刘云）主管签字、审核、记账。

3. 21～30日凭证处理

19）11月21日，支付借款利息26 000元，结算方式：其他（QT002）。（附单据1张）

借：财务费用（6603）——利息支出（01）　　10 000
　其他应付款（2241）　　16 000
　贷：银行存款（1002）——工行存款（01）　　26 000

20）11月25日，杭州百货退回1日购买的电冰箱5台，每台3 840元，增值税税率17%（附单据1张）。

借：应收账款（1122）（票号：X207）　　−22 464
　贷：主营业务收入（6001）——电冰箱（01）　　−19 200
　　应交税金（2221）——应交增值税（01）——销项税额（05）　　−3 264

21）11月30日，结转耗用材料成本。（附件2张）

借：生产成本——基本生产成本——直接材料（50010101）冰箱　　636 000
　生产成本——基本生产成本——直接材料（50010101）洗衣机　　428 000
　制造费用（5101）——其他费用（06）　（部门：一车间）　　19 170
　贷：原材料——原料及主要材料——铜材（14030101）2吨　　84 000
　　　　　　　　　　——铝材（14030102）10吨　　320 000
　　　　　　　　　　——钢材（14030103）40吨　　320 000
　　　　——辅助材料——润滑油（14030201）300千克　　1 170
　　　　　　　　——油漆（14030202）6 000桶　　60 000
　　　　——外购半成品——电动机（14030301）160台　　128 000
　　　　　　　　——轴承（14030302）360套　　126 000
　　　　　　　　——电器元件（14030303）1 400个　　28 000
　　周转材料——纸箱（141101）400个　　16 000

22）11月30日，分配本月职工工资。（为简化核算，管理费用分部门核算全部计入办公室，下同）（附件1张）

借：生产成本——基本生产成本——直接人工（50010102）冰箱　　34 500
　生产成本——基本生产成本——直接人工（50010102）洗衣机　　23 900
　制造费用（5101）——工资及福利费（01）（部门：一车间）　　6 000
　管理费用（6602）——工资及福利费（（01）（部门：办公室）　　15 200
　贷：应付职工薪酬（2211）——应付工资（01）　　79 600

23）11月30日，计提本月职工福利费。（附件1张）

借：生产成本——基本生产成本——直接人工（50010102）冰箱　　4 830
　　生产成本——基本生产成本——直接人工（（50010102）洗衣机　　3 346
　　制造费用（5101）——工资及福利费（01）（部门：一车间）　　840
　　管理费用（6602）——工资及福利费（01）（部门：办公室）　　2 128
　贷：应付工资（2211）——应付福利费（02）　　11 144

24）11月30日，计提本月固定资产折旧。（附件1张）

借：制造费用（5101）——折旧费用（02）（部门：一车间）　　41 042
　　管理费用（6602）——折旧费用（02）（部门：办公室）　　17 590
　贷：累计折旧（1602）　　58 632

25）11月30日，分配本月制造费用。（部门：一车间）（附件1张）

借：生产成本——基本生产成本——制造费用（50010103）冰箱　　36 880
　　生产成本——基本生产成本——制造费用（50010103）洗衣机　　30 172
　贷：制造费用（5101）——工资及福利费（（01）　　6 840
　　　制造费用（5101）——折旧费用（02）　　41 042
　　　制造费用（5101）——其他费用（20）　　19 170

26）11月30日，结转本月完工产品成本。（附件2张）

借：库存商品（1405）——冰箱（01）260 台　　624 000
　　库存商品（1405）——洗衣机（02）208 台　　312 000
　贷：生产成本——基本生产成本——直接材料（50010101）冰箱　　546 000
　　　生产成本——基本生产成本——直接材料（50010101）洗衣机　　265 400
　　　生产成本——基本生产成本——直接人工（50010102）冰箱　　35 880
　　　生产成本——基本生产成本——直接人工（50010102）洗衣机　　21 560
　　　生产成本——基本生产成本——制造费用（50010103）冰箱　　44 120
　　　生产成本——基本生产成本——制造费用（50010103）洗衣机　　23 040

27）11月30日，计提公积金309 964元，应分配投资者利润1 053 800元。

借：利润分配（4104）——提取法定盈余公积（（02）　　309 964
　　利润分配（4104）——应付普通股股利（10）　　1 053 800
　贷：盈余公积（4101）——法定盈余公积（01）　　309 964
　　　应付股利（2232）　　1 053 800

5.2.3 凭证修改、审核、记账

1. 修改凭证

1）经查，8 日办公室支付维修费 9 600 元，误录为 8 600 元。

2）经查，14 日采购部系从“武汉塑料厂”购入的塑料应为 10 吨，单价 6 000 元。

3）经查，15 日采购部以电汇方式归还云南铜业欠款应为 187 200 元。

4）11月15日，购买原材料业务分录登记错误，改为如下分录。

借：原材料（1403）——原料及主要材料（01）——铜材（01）　84 000
　　原材料（1403）——原料及主要材料（01）——铝材（02）　300 000
　　原材料（1403）——原料及主要材料（01）——塑料（04）　60 000
　　应交税金（2221）——应交增值税(01）——进项税额（01）　75 480
　贷：应付账款（2202）　449 280
　　　应付账款（2202）　70 200
借：应付账款（2202）　449 280
　　应付账款（2202）　70 200
　贷：银行存款（1002）——工行存款（01）　449 280
　贷：银行存款（1002）——工行存款（01）　70 200

5）11月16日，根据供货合同，企业向广州百货公司发出洗衣机100台，业务分录登记错误，改为如下分录。

借：应收账款（1122）　678 600
　贷：主营业务收入（6001）——洗衣机（02）　280 000
　　　主营业务收入（6001）——电风扇（03）　300 000
　　　应交税金（2221）——应交增值税（01）——销项税额（05）　98 600
借：银行存款（1002）——工行存款（01）　678 600
　贷：应收账款（1122）　678 600

2. 出纳签字

由出纳 104（陈敏）对所有涉及现金和银行科目的凭证签字。

3. 主管签字

由会计主管 102 （刘云）对所有凭证签字。

4. 审核凭证

由会计主管刘云对所有凭证进行审核。

5. 记账

由会计主管刘云对凭证进行记账。输出科目汇总表，测试系统提供的取消记账功能，然后重新记账。

6. 查询凭证

查询银行存款支出在 10 000 元以上的凭证。

7. 冲销凭证

经查，付款 2 号凭证登记错误，冲销。

8. 删除凭证

经再次审查确认，付款 2 号凭证没有错误，将冲销的凭证做删除处理。

5.3 凭证处理实训操作

以 103（自己名）的身份注册进入用友 ERP-U8 主界面。

5.3.1 凭证管理-填制 1～10 日凭证

1. 填制凭证

（1）辅助核算：银行科目、客户往来

1）执行“总账”|“凭证”|“填制凭证”命令，进入“填制凭证”窗口。

2）单击【增加】按钮，系统自动增加一张空白收款凭证。

3）凭证类型：在凭证左上角单击【参照】按钮，选择凭证类型“收款凭证”，回车，凭证号由计算机自动连续产生。

4）制单日期：每类凭证要求序时，本业务选择输入制单日期为“2012.11.01”。

5）输入摘要：摘要力求简单，一般不超过 20 字，本业务摘要为“收到欠货款”。

6）附单据数：附原始凭证张数，此处输入“1”。

7）会计科目，直接输入科目号或选择科目名称“100201，弹出“辅助项”对话框。

8）输入结算方式“402”，票号“H5001”，发生日期“2012.11.01”，如图 5-1 所示，单击【确定】按钮。

9）输入借方金额“327600”，回车；摘要自动带到下一行。

10）输入贷方科目“1122”，弹出“辅助项”对话框。输入客户“003 深圳长城”，业务员“王林”，票号“X204”，发生日期“2012.08.28”，如图 5-2 所示，单击【确定】按钮。

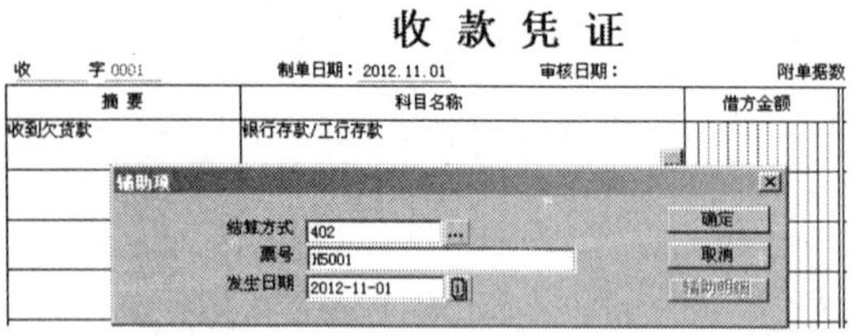

图 5-1 结算方式

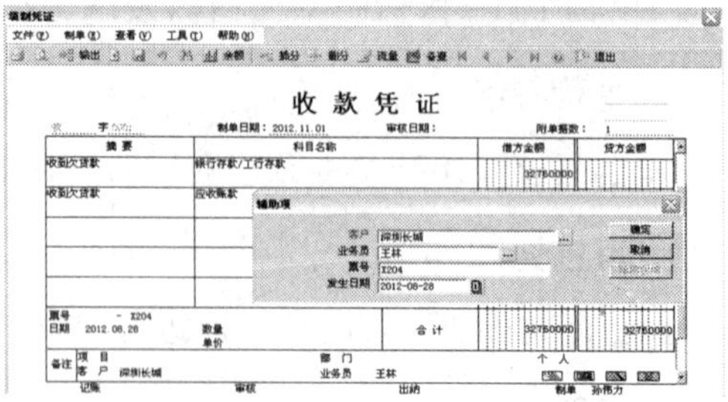

图 5-2 客户往来

辅助核算是会计软件的特色，能有效地提高企业会计核算水平，希望同学们好好体会辅助核算的功能。

11）输入贷方金额“327600”。

12）单击工具栏上“流量”按钮，弹出“辅助项”对话框输入现金流量项目编码“01”，或单击 ...，选择 01，如图 5-3 所示，单击【确定】按钮。

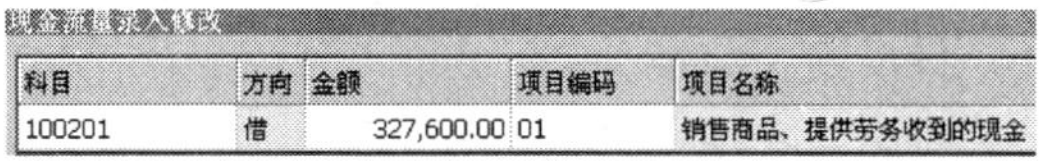

科目	方向	金额	项目编码	项目名称
100201	借	327,600.00	01	销售商品、提供劳务收到的现金

图 5-3　现金流量

13）填制凭证结果如图 5-4 所示。

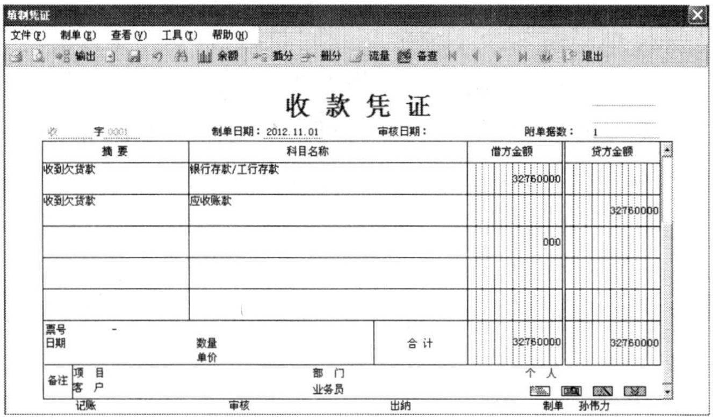

图 5-4　填制凭证

14）单击【保存】按钮，系统弹出“凭证已成功保存！”信息提示框，单击【确定】按钮。

注意

- 制单日期不能滞后于当前系统日期，即制单日期不能在当前系统日期之后。
- 采用序时控制时，凭证日期应大于等于总账启用日期，即凭证日期不能在总账启用日期之前。
- 发生日期不能大于制单日期。
- 凭证一旦保存，凭证类别、凭证编号不能修改。
- 正文中不同行的摘要可以相同也可以不同，但不能为空。每行摘要将随相应的会计科目在明细账、日记账中出现。
- 科目编码必须是末级的科目编码。
- 金额不能为“零”；红字以［—］号表示。
- 用空格键切换借贷方金额方向。
- 在英文输入模式下，可按“=”键取凭证借贷方金额的差额到当前金额栏位置。
- 可以输入一借多贷、一贷多借、多借多贷的凭证，最多可以输入200行。
- 计算机自动进行平衡校验，借贷不平的凭证不能保存到计算机。
- 凭证保存后，不能修改凭证字、凭证号。
- 凭证保存后，才能作废和删除。
- 签字、审核、记账后的凭证不能修改、作废和删除，只能冲销。
- 只能在填制凭证状态修改，查询凭证状态不能修改。
- 外部凭证不能在总账中修改。
- 单击【增加】按钮在保存凭证的同时增加一张新凭证。

（2）无辅助核算的一般业务

1）执行“总账”|“凭证”|“填制凭证”命令，进入“填制凭证”窗口。

2）单击【增加】按钮，系统自动增加一张空白收款凭证。

3）在凭证左上角单击【参照】按钮，选择凭证类型“转账凭证”；输入制单日期“2012.11.02”；输入附单据数“2”。

4）输入摘要“购入 A 股票”；选择科目名称“1101”，借方金额“200000”，回车；摘要自动带到下一行，输入贷方科目“101206”，贷方金额“200000”。

5）单击工具栏上【流量】按钮，弹出“辅助项”对话框输入现金流量项目编码“14”，或单击 ...，选择 14，如图 5-5 所示，单击【确定】按钮。

6）填制凭证结果如图 5-6 所示。

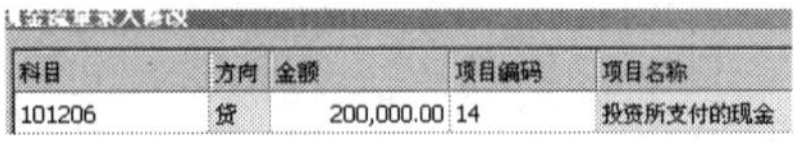

图 5-5　现金流量

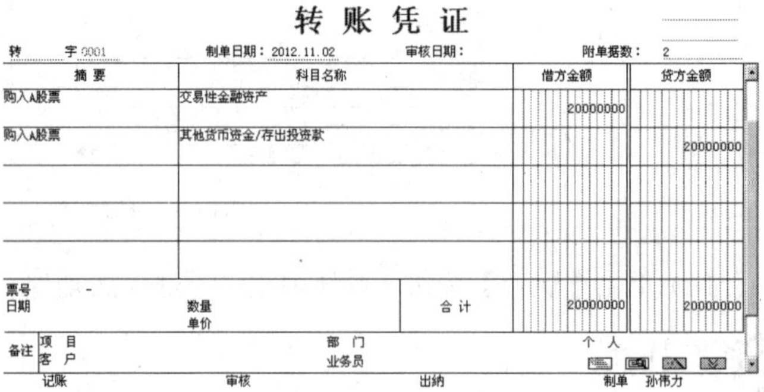

图 5-6　填制凭证

7）单击【保存】按钮，系统弹出“凭证已成功保存！”信息提示框，单击【确定】按钮。

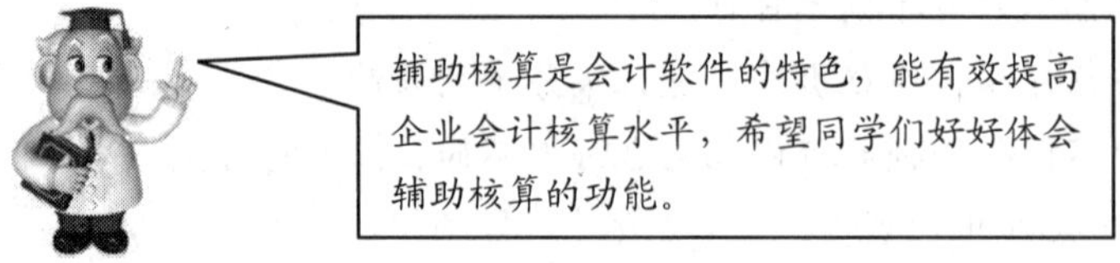

（3）辅助核算——银行科目 1

1）在总账填制凭证功能中，增加一张付款凭证，输入摘要“交税费”。

2）按下列顺序输入科目。

①输入应交税金科目“222102”，输入金额 159044，回车；

②输入应交税费科目“222106”，输入金额 71683.62，回车。

③输入应交税费科目“222108”，输入金额 11133.08，回车。

④输入应交税费科目“222112”，输入金额 4611.38，回车。

⑤输入应交税费科目“222113”，输入金额 4831.92，回车。

3）输入银行科目“100201”，弹出“辅助项”对话框。

4）输入结算方式“202”，票号“ZZ1001”，发生日期“2012.11.03”，如图 5-7 所示，单击【确定】按钮。

5）凭证保存时，若此张支票未登记，则弹出“此支票尚未登记，是否登记？”对话框。

6）单击【是】按钮，弹出“票号登记”对话框，如图 5-8 所示。

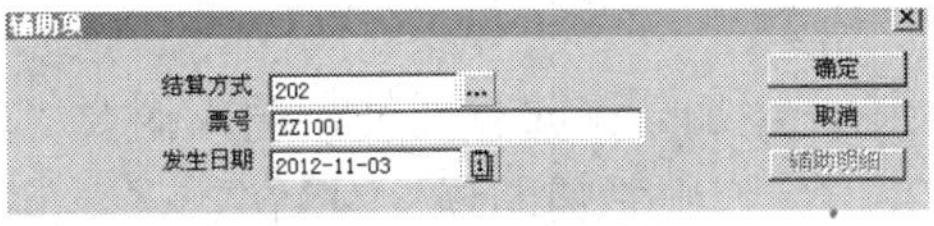

图 5-7　银行辅助核算

7）输入领用日期“2012-11-03”，领用部门“财务部”，姓名“陈敏”，限额“251304”，用途“交税费”，单击【确定】。

8）单击工具栏上【流量】按钮，弹出“辅助项”对话框输入现金流量项目编码“06”，或者单击 ... ，选择 06，如图 5-9 所示，单击【确定】按钮。

9）填制凭证结果如图 5-10 所示。

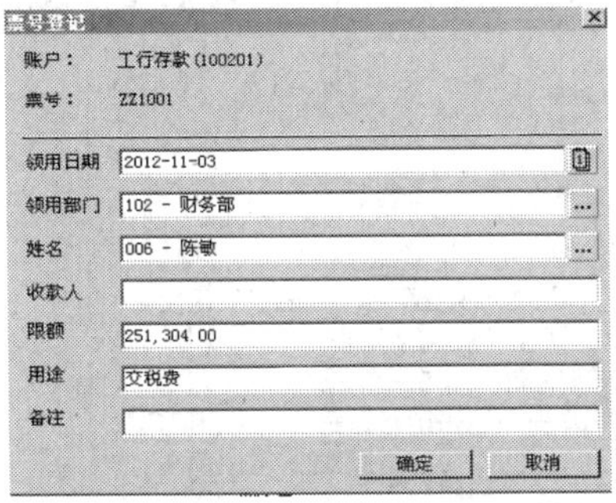

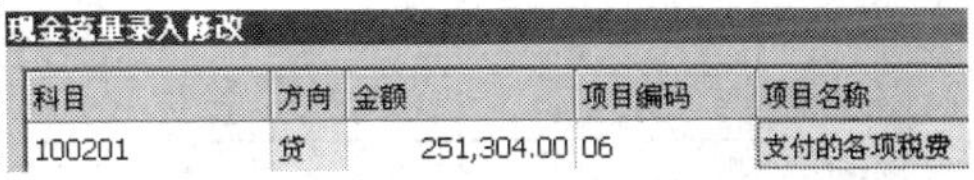

图 5-8　票号登记　　　　图 5-9　现金流量

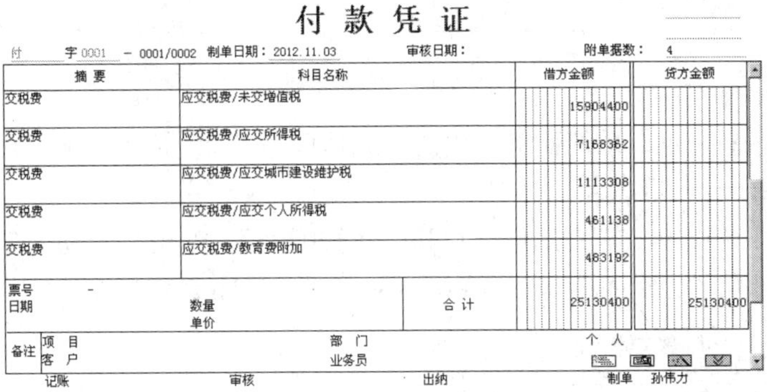

图 5-10　填制凭证

10）单击【保存】按钮，系统弹出“凭证已成功保存！”信息提示框，单击【确定】按钮。

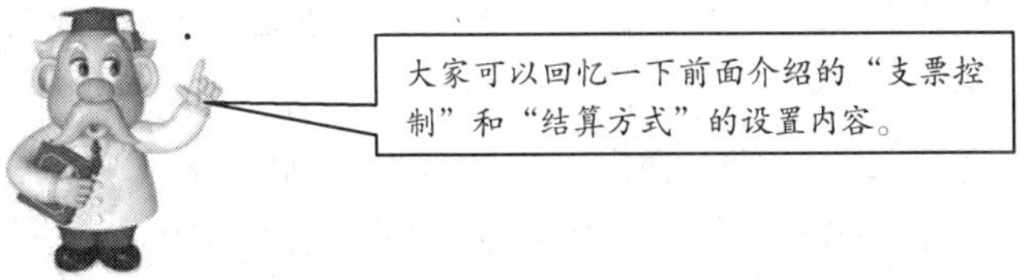

注意

- 总账参数中选择“支票控制”，同时该结算方式。
- 设为“支票管理”，银行账辅助信息不能为空，而且该方式的票号应在支票登记簿中有记录。

（4）辅助核算——银行科目 2

1）在总账填制凭证功能中，增加一张收款凭证，输入摘要“转让专有技术收入”。

2）输入银行科目“100201”，弹出“辅助项”对话框。

3）输入结算方式“202”，票号“ZZ2001”，发生日期“2012.11.04”，如图 5-11 所示，单击【确定】按钮。

4）单击工具栏上【流量】按钮，弹出“辅助项”对话框输入现金流量项目编码“10”，或单击...，选择 10，如图 5-12 所示，单击【确定】按钮。

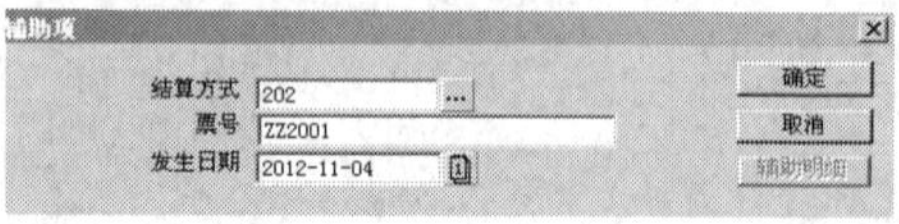

图 5-11　结算方式

图 5-12　现金流量

5）填制凭证结果，如图 5-13 所示。

图 5-13　填制凭证

6）单击【保存】按钮，系统弹出“凭证已成功保存！”信息提示框，单击【确定】按钮。

（5）辅助核算——部门核算

1）在填制凭证过程中，输完部门核算科目“660205”，弹出“辅助项”对话框。

2）选择输入部门“办公室”，单击【确定】按钮，如图 5-14 所示。

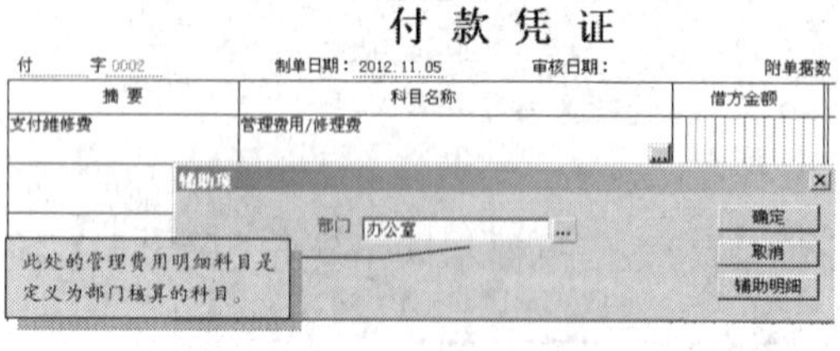

图 5-14　部门核算业务

图 5-15　现金流量

3）单击工具栏上【流量】按钮，弹出“辅助项”对话框输入现金流量项目编码“07”，或单击...，选择 07，如图 5-15 所示，单击【确定】按钮。

4）填制凭证结果，如图 5-16 所示。

（6）辅助核算——部门核算，增加会计科目

1）在填制凭证过程中，在会计科目行右下角单击...，弹出“会计科目”对话框，单击

【编辑】按钮，单击“增加”，输入科目编码“660107”，科目名“产品展销费”，选择部门辅助核算，单击【确定】按钮，如图 5-17 所示。

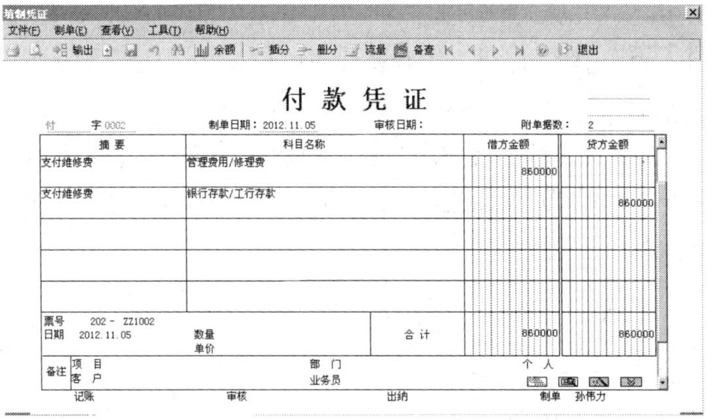

图 5-16　填制凭证

图 5-17　增加科目

2）填制凭证结果，如图 5-18 所示。

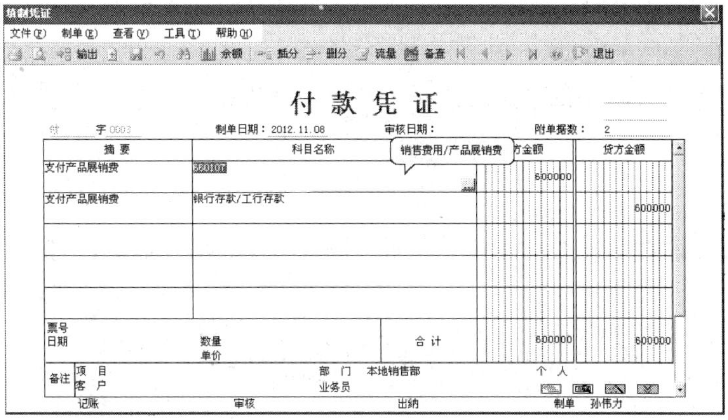

图 5-18　填制凭证

2. 修改凭证

案例 1. 经查，8 日办公室支付维修费 9 600 元，误录为 8 600 元。

1）操作员 103 执行“总账”|“凭证”|“填制凭证”命令，进入“填制凭证”窗口。

2）单击“
”按钮，找到要修改的付款 2 号凭证。

3）对于凭证上的基本项目，如金额，将光标放在要修改的地方，直接修改；如果要修改凭证的辅助项信息，首先选中辅助核算科目行，再将光标置于备注栏辅助项，待鼠标变形为“”时双击，弹出“辅助项”对话框，在对话框中修改相关信息，本例将金额改为 9 600，如图 5-19 所示。

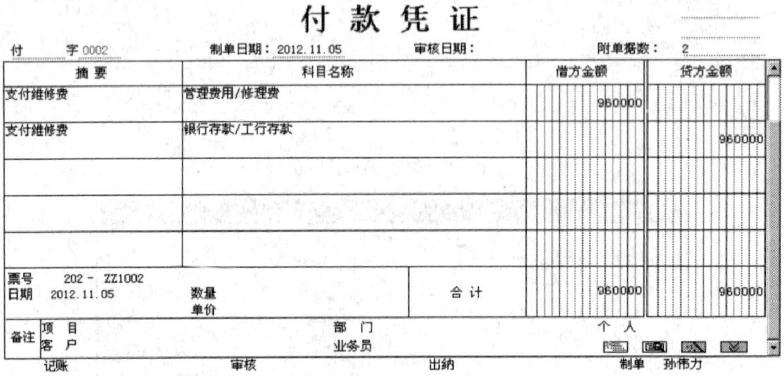

图 5-19 修改凭证

4）单击【保存】按钮，保存相关信息。

注意

- 未经审核的错误凭证可通过“填制凭证”功能直接修改；已审核的凭证应先取消审核后，再进行修改。
- 若已采用制单序时控制，则在修改制单日期时，不能在上一张凭证的制单日期之前。
- 若选择“不允许修改或作废他人填制的凭证”权限控制，则不能修改或作废他人填制的凭证。
- 如果涉及银行科目的分录已录入支票信息，并对该支票做过报销处理，修改操作将不影响“支票登记簿”中的内容。
- 外部系统传过来的凭证不能在总账系统中进行修改，只能在生成该凭证的系统中进行修改。

3. 出纳签字

1）更换操作员，在用友 ERP-U8 主界面，执行“重注册”命令，打开“登录”对话框。

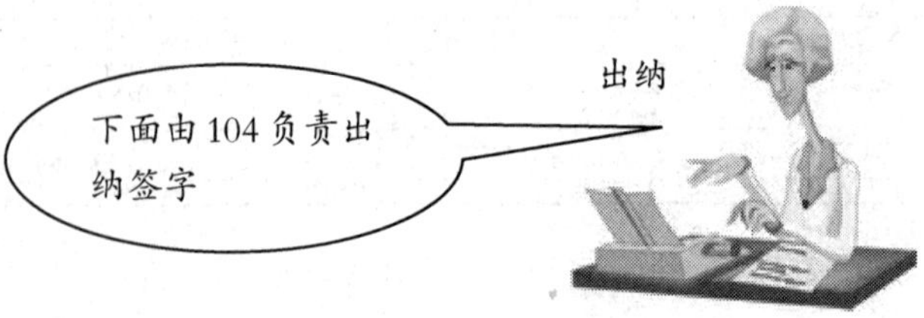

操作员选择“104”，账套选“588”，日期选“2012.11.10”，如图 5-20 所示。

注意

- 凭证填制人和出纳签字人可以为不同的人，也可以为同一个人。
- 按照会计制度规定，凭证的填制与审核不能是同一个人。
- 在进行出纳签字和审核之前，通常需先更换操作员。

2）执行“总账”|“凭证”|“出纳签字”命令，打开“出纳签字”查询条件对话框。

3）输入查询条件：单击【全部】单选按钮。

4）单击【确定】按钮，进入“出纳签字”的凭证列表窗口，如图 5-21 所示。

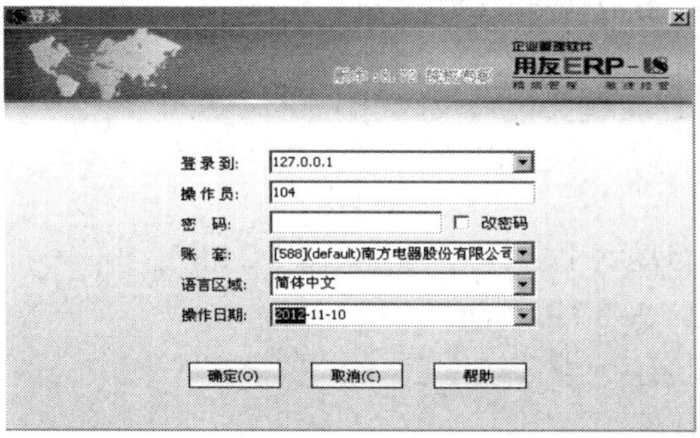

图 5-20　重注册

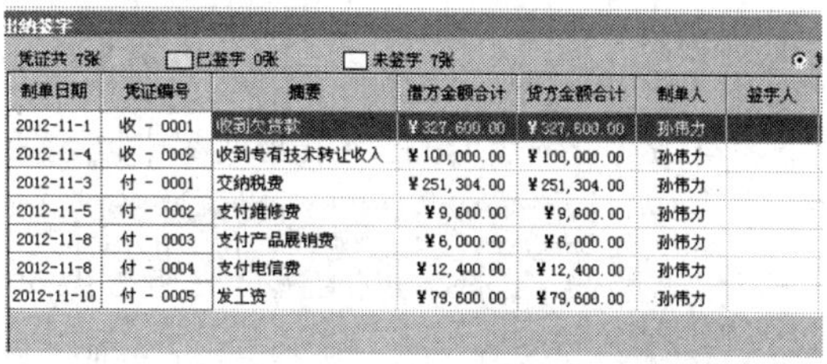

制单日期	凭证编号	摘要	借方金额合计	贷方金额合计	制单人	签字人
2012-11-1	收 - 0001	收到欠货款	¥327,600.00	¥327,600.00	孙伟力	
2012-11-4	收 - 0002	收到专有技术转让收入	¥100,000.00	¥100,000.00	孙伟力	
2012-11-3	付 - 0001	交纳税费	¥251,304.00	¥251,304.00	孙伟力	
2012-11-5	付 - 0002	支付维修费	¥9,600.00	¥9,600.00	孙伟力	
2012-11-8	付 - 0003	支付产品展销费	¥6,000.00	¥6,000.00	孙伟力	
2012-11-8	付 - 0004	支付电信费	¥12,400.00	¥12,400.00	孙伟力	
2012-11-10	付 - 0005	发工资	¥79,600.00	¥79,600.00	孙伟力	

图 5-21　出纳签字 1

5）双击某一要签字的凭证或单击【确定】按钮，进入“出纳签字”的签字窗口。

6）单击【签字】按钮，凭证底部的“出纳”处自动签上出纳人姓名，如图 5-22 所示。

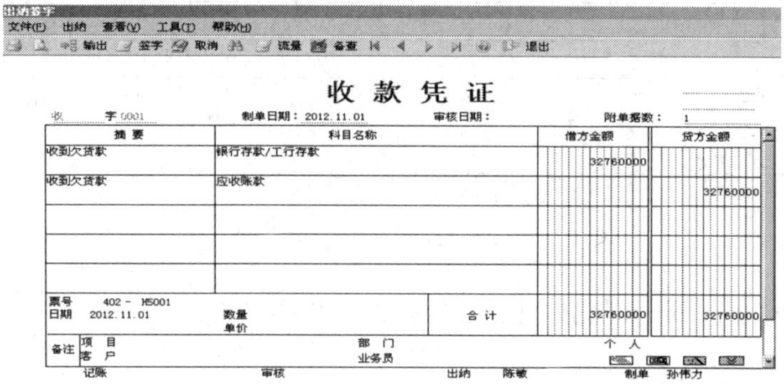

图 5-22　出纳签字 2

7）单击【下张】按钮，对其他凭证签字，最后单击【退出】按钮。

注意

- 涉及指定为现金科目和银行科目的凭证才需出纳签字。
- 凭证一经签字，就不能被修改、删除，只有取消签字后才可以修改或删除，取消签字只能由出纳自己进行。
- 凭证签字并非审核凭证的必要步骤。若在设置总账参数时，不选择“出纳凭证必须经由出纳签字”，则可以不执行“出纳签字”功能。
- 可以执行“出纳”|“成批出纳签字”功能对所有凭证进行出纳签字。

4. 主管签字

1）以“102 刘云”的身份“重注册”，操作员选择“102”，账套选“588”，日期选“2012.11.10”。

2）执行“总账”|“凭证”|“主管签字”命令，打开“主管签字”查询条件对话框。单击【确定】按钮，进入“主管签字”的凭证列表窗口，如图 5-23 所示。

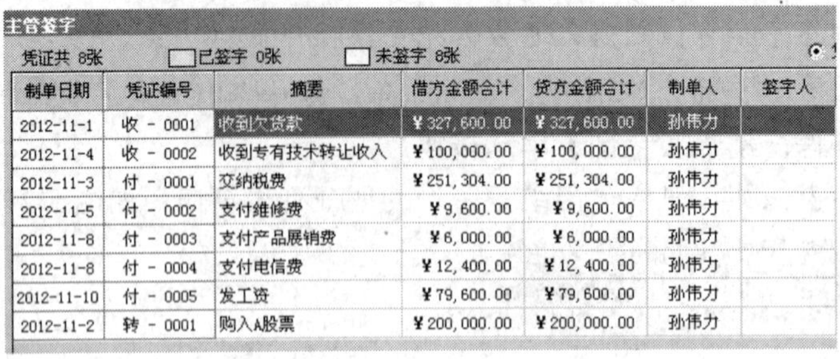

制单日期	凭证编号	摘要	借方金额合计	贷方金额合计	制单人	签字人
2012-11-1	收 - 0001	收到欠货款	¥327,600.00	¥327,600.00	孙伟力	
2012-11-4	收 - 0002	收到专有技术转让收入	¥100,000.00	¥100,000.00	孙伟力	
2012-11-3	付 - 0001	交纳税费	¥251,304.00	¥251,304.00	孙伟力	
2012-11-5	付 - 0002	支付维修费	¥9,600.00	¥9,600.00	孙伟力	
2012-11-8	付 - 0003	支付产品展销费	¥6,000.00	¥6,000.00	孙伟力	
2012-11-8	付 - 0004	支付电信费	¥12,400.00	¥12,400.00	孙伟力	
2012-11-10	付 - 0005	发工资	¥79,600.00	¥79,600.00	孙伟力	
2012-11-2	转 - 0001	购入A股票	¥200,000.00	¥200,000.00	孙伟力	

图 5-23　主管签字

3）单击【签字】按钮，凭证顶部中间位置处自动签上主管姓名，如图 5-24 所示。

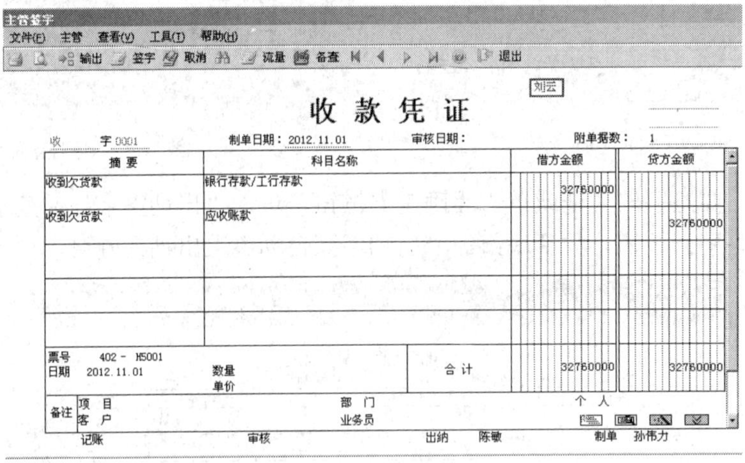

图 5-24　主管签字

4）单击【下张】按钮，对其他凭证签字，最后单击【退出】按钮。

5. 审核凭证

1）以“102 刘云”的身份重新注册。

2）执行“总账”|“凭证”|“审核凭证”命令，打开“凭证审核”查询条件对话框。

3）输入查询条件，单击【确定】按钮，进入“凭证审核”的凭证列表窗口。

4）双击要审核的凭证或单击【确定】按钮，进入“凭证审核”的审核凭证窗口。

5）检查要审核的凭证，无误后，单击【审核】按钮，凭证底部的“审核”处自动签上审核人姓名，并自动进入下一张待审核凭证。审核完成的凭证，如图 5-25 所示。

6）对其他凭证审核，最后单击【退出】按钮。

注意

● 审核人必须具有审核权。当通过“凭证审核权限”设置了明细审核权限时，还需要有对制单人所制凭证的审核权。

● 作废凭证不能被审核，也不能被标错。

● 审核人和制单人不能是同一个人，凭证一经审核，不能被修改、删除，只有取消审核签字后才可修改或删除，已标记作废的凭证不能被审核，需先取消作废标记后才能审核。

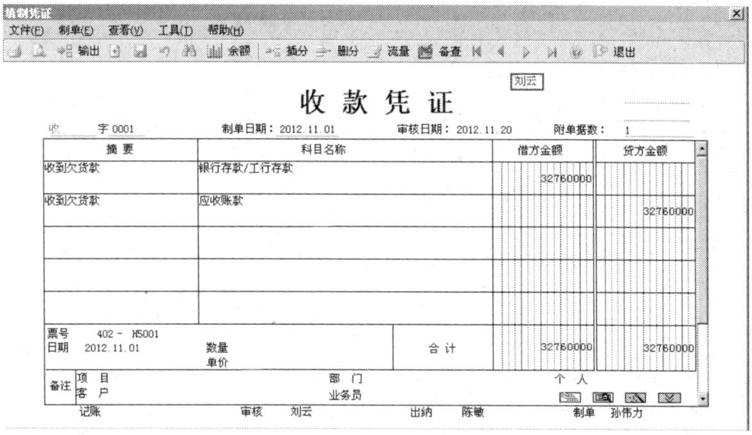

图 5-25　凭证审核

6. 记账

1）执行“总账”|“凭证”|“记账”命令，进入“记账”窗口。

2）第一步选择要进行记账的凭证范围。例如，在付款凭证的“记账范围”栏中输入“1-4”，本例单击【全选】按钮，选择所有凭证，如图 5-26 所示，单击【记账】按钮。

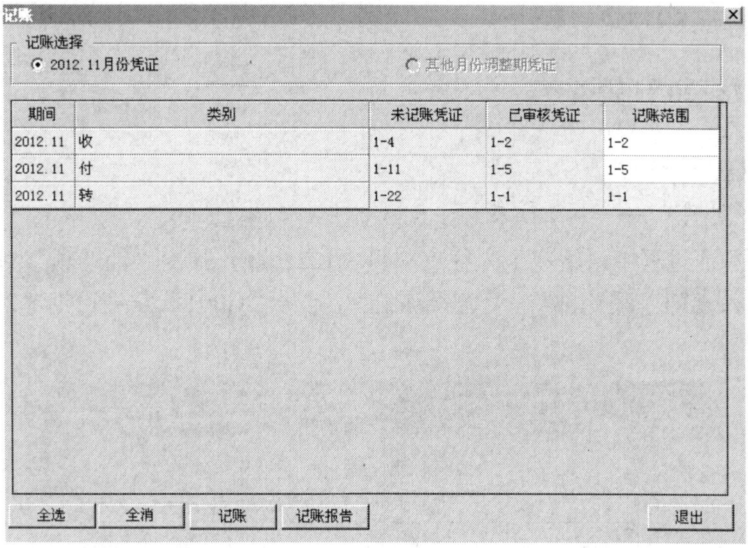

图 5-26　记账——选择本次记账范围

3）系统显示期初试算平衡表，单击【确定】按钮。

4）系统进行自动记账处理。登记完后，弹出“记账完毕！”信息提示对话框。

5）单击【确定】，记账完毕。

注意

- 第一次记账时，若期初余额试算不平衡，不能记账。
- 上月未记账，本月不能记账。
- 未审核凭证不能记账，记账范围应小于等于已审核范围。
- 作废凭证不需审核可直接记账。
- 记账过程一旦断电或由其他原因造成中断后，系统将自动调用“恢复记账前状态”恢复数据，然后再重新记账。

7. 科目汇总

1）执行“总账”|“凭证”|“科目汇总”命令，进入“科目汇总”窗口，如图 5-27 所示。

2）选择“已记账凭证”，单击【汇总】按钮，结果如图 5-28 所示。

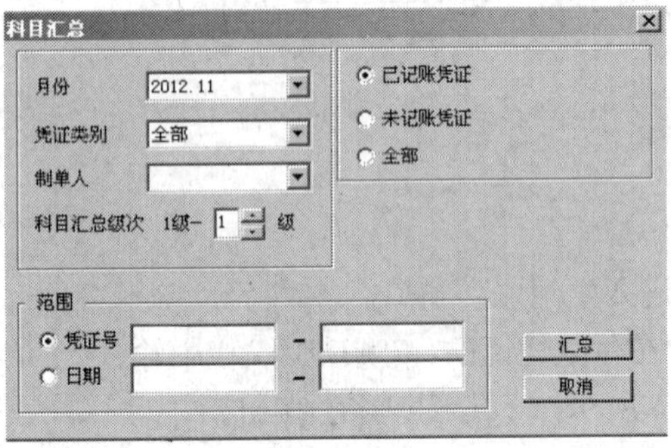

图 5-27 科目汇总

科目汇总表

日期：11.01-11.10共8张凭证，其中作废凭证0张，原始单据共17张

科目编码	科目名称	外币名称	计量单位	金额合计 借方	金额合计 贷方
1002	银行存款			427,600.00	358,904.00
1012	其他货币资金				200,000.00
1101	交易性金融资产			200,000.00	
1122	应收账款				327,600.00
资产 小计				627,600.00	886,504.00
2211	应付职工薪酬			79,600.00	
2221	应交税费			251,304.00	
负债 小计				330,904.00	
6051	其他业务收入				100,000.00
6601	销售费用			6,000.00	
6602	管理费用			22,000.00	
损益 小计				28,000.00	100,000.00
合计				986,504.00	986,504.00

图 5-28 1～10 日科目汇总结果

5.3.2 填制 11～20 日凭证

1. 填制凭证

（1）辅助核算科目——个人往来

1）在填制凭证过程中，输完个人往来科目“122102”，弹出“辅助项”对话框。

2）选择输入部门“采购部”，个人“陈凯”，票号“G001”发生日期“2012.11.12”，如图 5-29 所示。

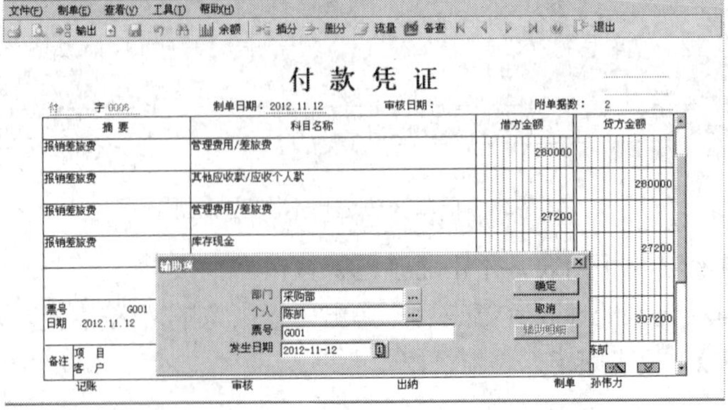

图 5-29 个人往来业务

3）单击【确定】按钮。

注意

● 在输入个人信息时，若不输“部门名称”只输“个人名称”时，系统将根据所输个人名称自动输入其所属的部门。

（2）辅助核算——供应商往来

1）在填制凭证过程中，输完供应商往来科目“2202”，弹出“辅助项”对话框。

2）选择输入供应商“云南铜业”，发生日期“2012.11.15”，如图 5-30 所示。

3）单击【确定】按钮。

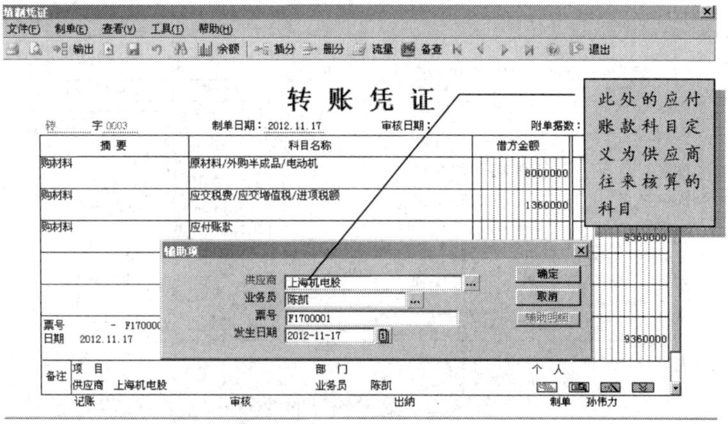

图 5-30　供应商往来业务

（3）辅助核算——外币科目

1）在填制凭证过程中，输完外币科目“100202”，系统自动显示外币汇率“7.0”，输入外币金额“40000”，系统自动算出并显示本币金额“280000”，如图 5-31 所示。

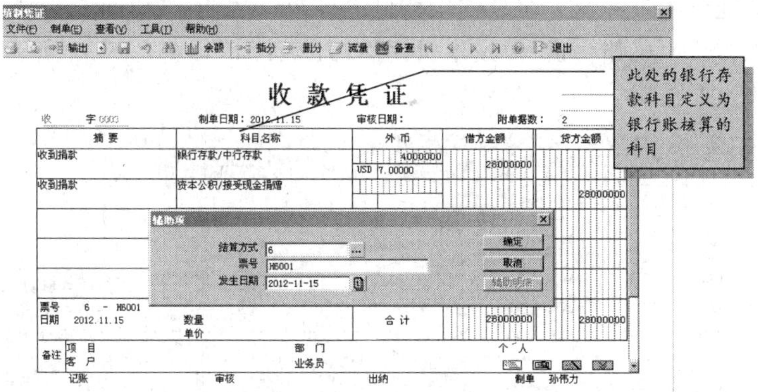

图 5-31　外币核算业务

2）现金流量选择“19 收到的其他与筹资活动有关的现金”，全部输完后，单击【保存】按钮，保存凭证。

注意

● 外币业务需要事先在科目设置中为带有外币核算的会计科目指定为“外币核算”，并且指定适用的外币。

● 汇率栏中内容是固定的，不能输入或修改。如使用浮动汇率，汇率栏中显示最近一次汇率，可以直接在汇率栏中修改。

（4）辅助核算——数量科目

1）在填制凭证过程中，输完数量科目“14030101”，弹出“辅助项”对话框。

2）输入数量“2”，单价“42 000”，如图 5-32 所示，单击【确定】按钮。

3）保存凭证时，登记支票登记簿。

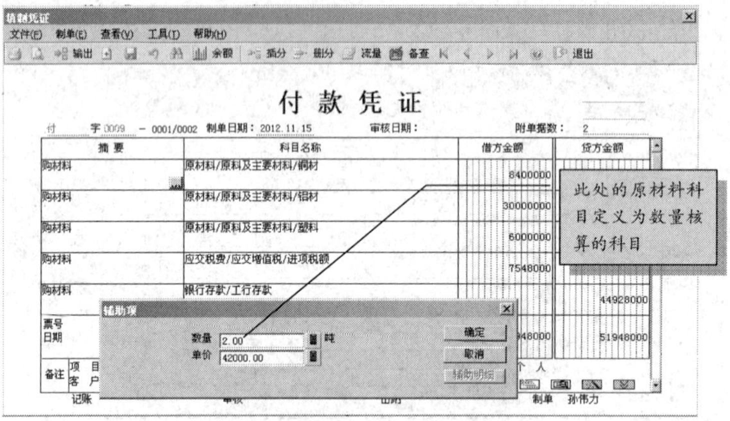

图 5-32　数量核算的业务

注意

● 系统根据数量×单价自动计算出金额，并将金额先放在借方，如果方向不符，可按空格键即可调整金额方向。

（5）辅助核算——客户往来

1）在填制凭证过程中，输完客户往来科目“1122”，弹出“辅助项”对话框。

2）选择输入客户“杭州百货”，发生日期“2012.11.18”，如图 5-33 所示。

3）单击【确定】按钮。

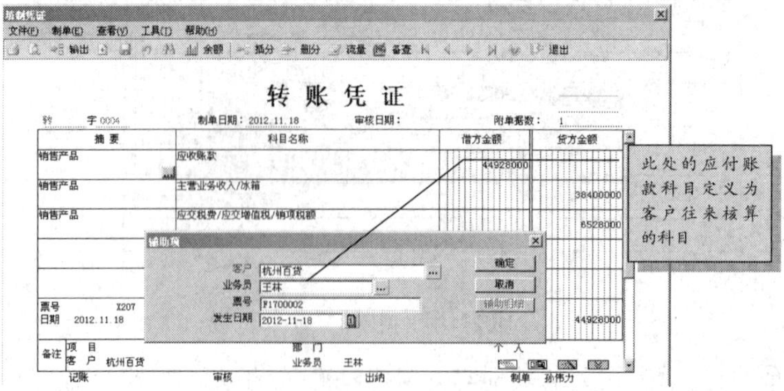

图 5-33　客户往来

注意

● 在输入个人信息时，若不输“部门名称”只输“个人名称”时，系统将根据所输个人名称自动输入其所属的部门。

2. 修改凭证

案例 2. 经查，14 日采购部系从“武汉塑料厂”购入的塑料应为 10 吨，单价 6 000 元。

1）操作员 103 执行“总账”|“凭证”|“填制凭证”命令，进入“填制凭证”窗口。

2）单击“
”按钮，找到要修改的付款 9 号凭证。

3）单击“塑料”所在行，将光标置于备注栏辅助项，待鼠标变形为“”时双击，弹出“辅助项”对话框，数量输入：10 吨，单价：6000，如图 5-34 所示。

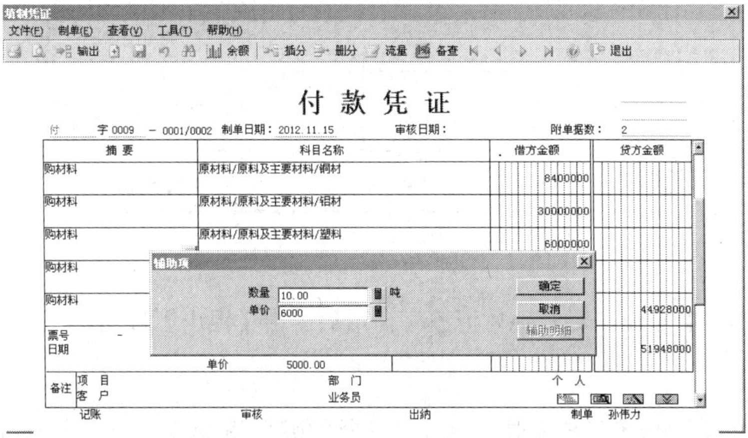

图 5-34　修改凭证

案例 3、4、5，请根据提示自己修改。

3. 出纳签字

1）更换操作员，在用友 ERP-U8 主界面，执行“重注册”命令，打开“登录”对话框。操作员选择“104”，账套选“588”，日期选“2012.11.20”　。

2）执行“总账”|“凭证”|“出纳签字”命令，打开“出纳签字”查询条件对话框。

3）输入查询条件：单击【全部】单选按钮。

4）单击【确定】按钮，进入“出纳签字”的凭证列表窗口，如图 5-35 所示。

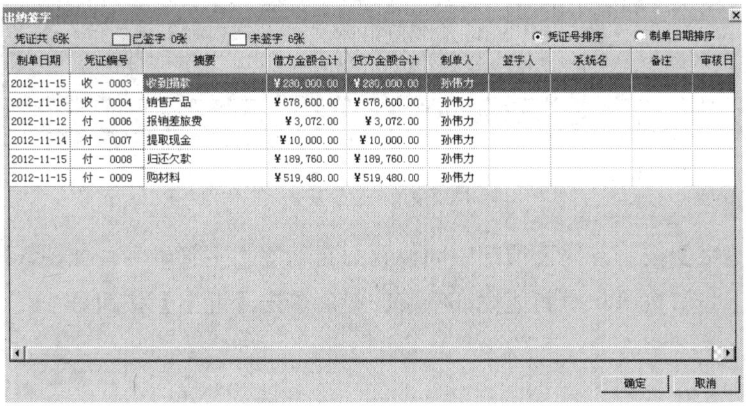

图 5-35　出纳签字

5）双击某一要签字的凭证或单击【确定】按钮，进入“出纳签字”的签字窗口。

6）单击【签字】按钮，凭证底部的“出纳”处自动签上出纳人姓名，如图 5-36 所示。

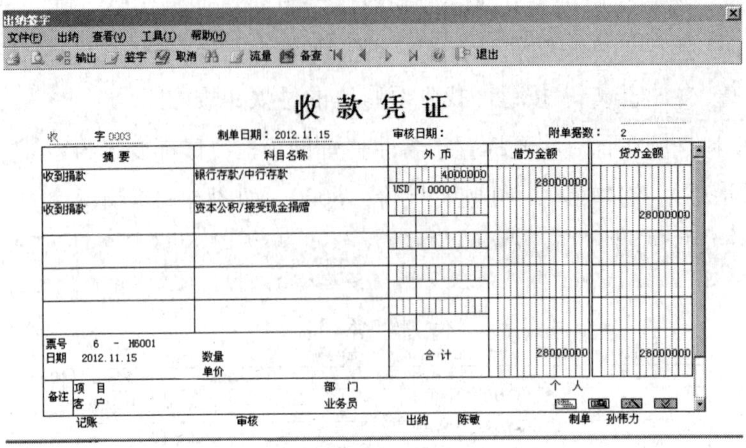

图 5-36 出纳签字

7）单击【下张】按钮，对其他凭证签字，最后单击【退出】按钮。

4. 主管签字

1）以“102 刘云”的身份“重注册”，操作员选择“102”，账套选“588”，日期选“2012.11.20”。

2）执行“总账”|“凭证”|“主管签字”命令，打开“主管签字”查询条件对话框。单击【确定】按钮，进入“主管签字”的凭证列表窗口，如图 5-37 所示。

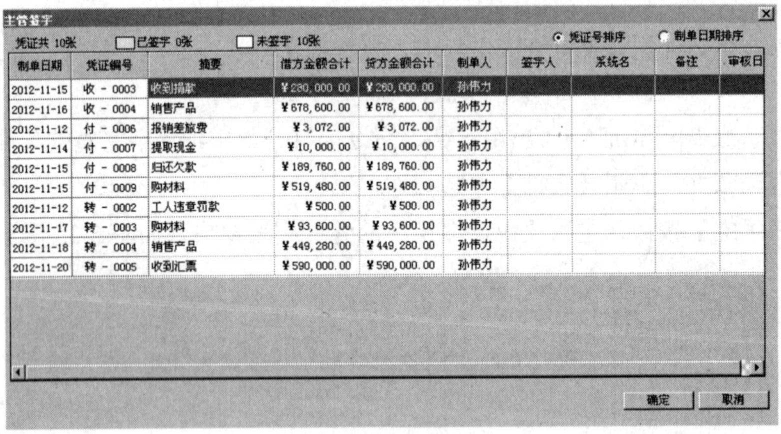

图 5-37 主管签字

3）单击【签字】按钮，凭证顶部中间位置处自动签上主管姓名，如图 5-38 所示。

4）单击【下张】按钮，对其他凭证签字，最后单击【退出】按钮。

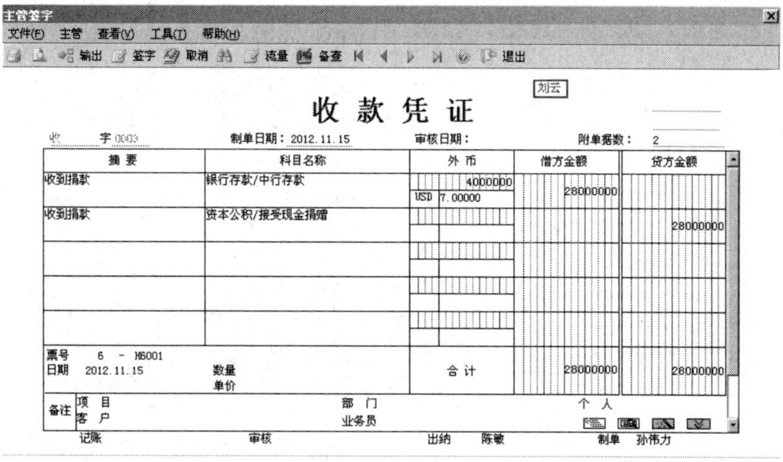

图 5-38　主管签字

5. 审核凭证

1）以“102 刘云”的身份重新注册。

2）执行“总账”|“凭证”|“审核凭证”命令，打开“凭证审核”查询条件对话框。

3）输入查询条件，单击【确定】按钮，进入“凭证审核”的凭证列表窗口。

4）双击要审核的凭证或单击【确定】按钮，进入“凭证审核”的审核凭证窗口。

5）检查要审核的凭证，无误后，单击【审核】按钮，凭证底部的“审核”处自动签上审核人姓名，并自动进入下一张待审核凭证。审核完成的凭证，如图 5-39 所示。

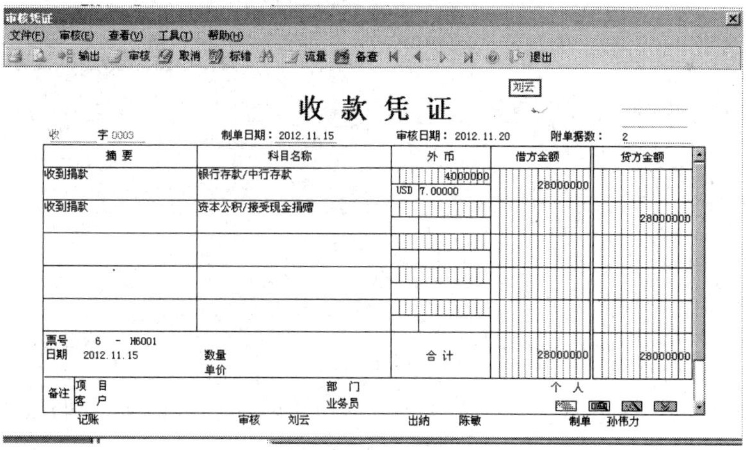

图 5-39　凭证审核

6）对其他凭证审核，最后单击【退出】按钮。

6. 记账

1）执行“总账”|“凭证”|“记账”命令，进入“记账”窗口。

2）第一步选择要进行记账的凭证范围。例如，在付款凭证的“记账范围”栏中输入“6-9”，本例单击【全选】按钮，选择所有凭证，如图 5-40 所示，单击【记账】按钮。

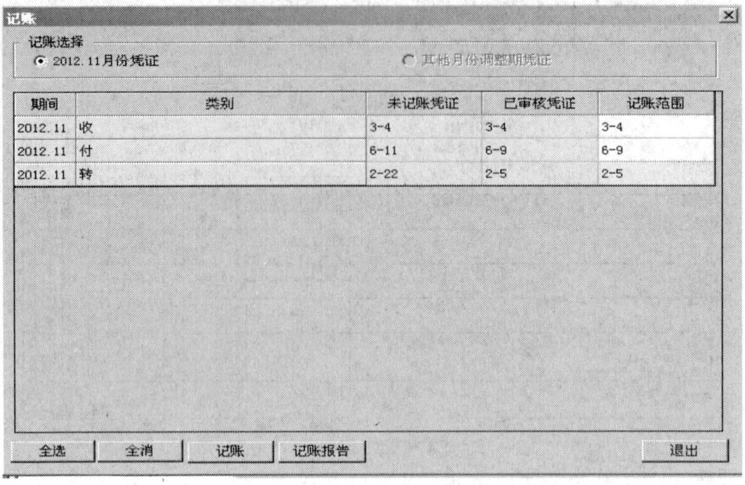

图 5-40　记账——选择本次记账范围

3）系统显示期初试算平衡表，单击【确定】按钮。

4）系统进行自动记账处理。登记完后，弹出“记账完毕！”信息提示对话框。

5）单击【确定】，记账完毕。

7. 科目汇总

1）执行“总账”|“凭证”|“科目汇总”命令，进入“科目汇总”窗口，日期选择 11～20 日。

2）选择“已记账凭证”，单击【汇总】按钮，结果如图 5-41（a）、图 5-41（b）所示。

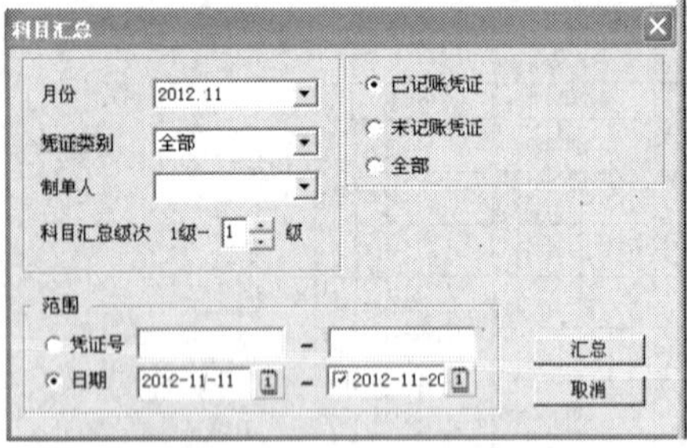

消息中心 科目汇总表

科目汇总表

日期：11.11-11.20共10张凭证，其中作废凭证0张，原始单据共16张

科目编码	科目名称	外币名称	计量单位	金额合计		外币
				借方	贷方	借方
1001	库存现金			10,000.00	272.00	
1002	银行存款			958,600.00	719,240.00	
1121	应收票据			590,000.00		
1122	应收账款			449,280.00	590,000.00	
1221	其他应收款			500.00	2,800.00	
1403	原材料			524,000.00		
资产 小计				2,532,380.00	1,312,312.00	
美元						40,000.00
2202	应付账款			189,760.00	93,600.00	
2221	应交税费			89,080.00	163,880.00	
负债 小计				278,840.00	257,480.00	
4002	资本公积				280,000.00	
权益 小计					280,000.00	
6001	主营业务收入				964,000.00	
6301	营业外收入				500.00	
6602	管理费用			3,072.00		
损益 小计				3,072.00	964,500.00	
合计				2,814,292.00	2,814,292.00	
美元						40,000.00

图 5-41（a）　科目汇总　　　　图 5-41（b）　11～20 日科目汇总结果

5.3.3　填制 21～30 日凭证

1. 填制凭证

（1）辅助核算——银行科目

1）在填制凭证过程中，输入完科目号或选择科目名称“100201，弹出“辅助项”对话框。

2）输入结算方式“8”，票号“QT002”，发生日期“2012.11.21”，如图 5-42 所示，单击【确定】按钮。

3）保存凭证时，输入现金流量“21　分配股利、利润或偿还利息所支付的现金”。

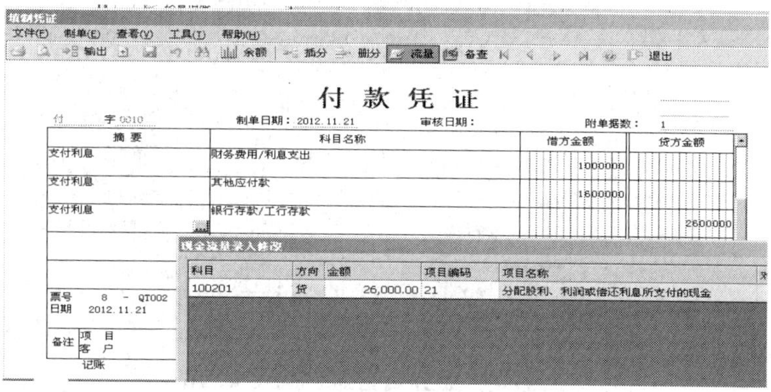

图 5-42　填制凭证

（2）辅助核算——客户往来、数量科目及红字处理

1）在填制凭证过程中，输完客户往来科目 1122，弹出“辅助项”对话框，往来单位输入“杭州百货”，票号输入 X207，实践输入 11 月 25 日，输完数量科目“600101”，弹出“辅助项”对话框。

2）输入数量“−5”，单价“3840”，如图 5-43 所示，单击【确定】按钮。

3）金额必须为红字，如果金额不为红字，可输入“−”号。

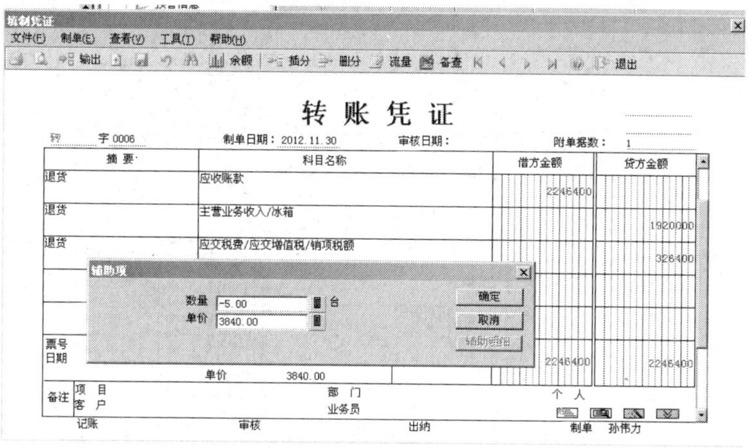

图 5-43　填制退货凭证

（3）辅助核算科目——项目核算

1）在填制凭证过程中，输完项目核算科目“50010101”，弹出“辅助项”对话框。

2）选择输入项目名称“冰箱”，单击【确定】按钮，如图 5-44 所示。

2. 出纳签字

1）更换操作员，在用友 ERP-U8 主界面，执行“重注册”命令，打开“登录”对话框。操作员选择“104”，账套选“588”，日期选“2012.11.30”。

2）执行“总账”|“凭证”|“出纳签字”命令，打开“出纳签字”查询条件对话框。

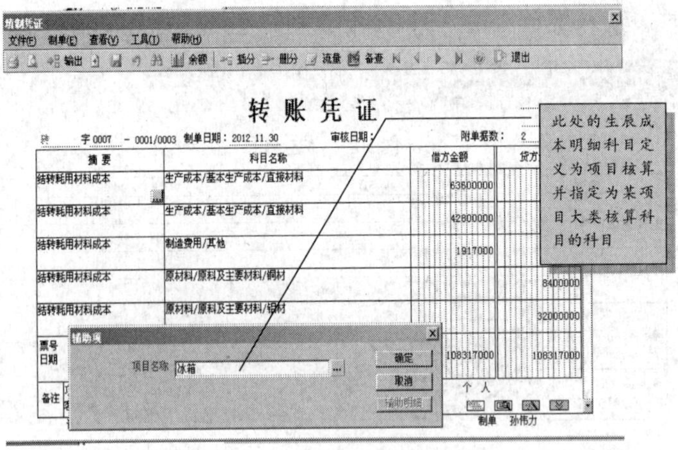

图 5-44　项目核算业务

3）输入查询条件：单击【全部】单选按钮。

4）单击【确定】按钮，进入“出纳签字”的凭证列表窗口，如图 5-45 所示。

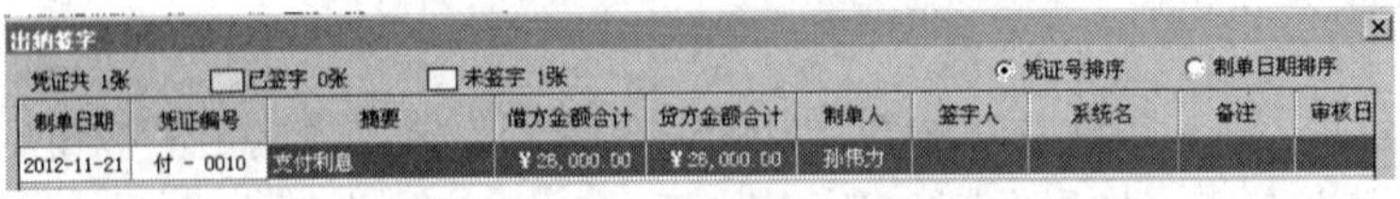

图 5-45　出纳签字

5）双击某一要签字的凭证或单击【确定】按钮，进入“出纳签字”的签字窗口。

6）单击【签字】按钮，凭证底部的“出纳”处自动签上出纳人姓名，如图 5-46 所示。

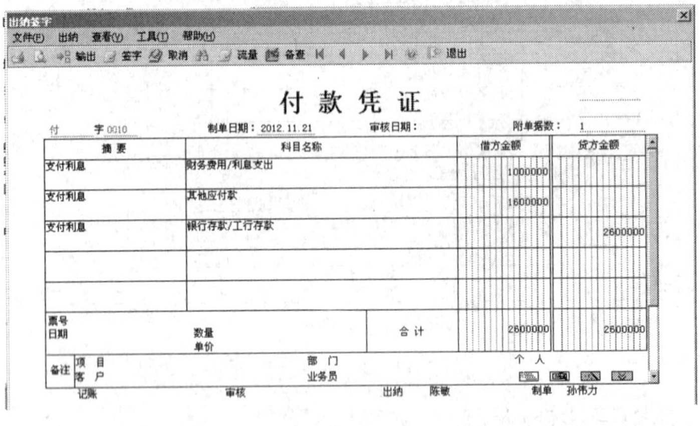

图 5-46　出纳签字

7）单击【下张】按钮，对其他凭证签字，最后单击【退出】按钮。

3. 主管签字

1）以“102 刘云”的身份“重注册”，操作员选择“102”，账套选“588”，日期选“2012.11.30”。

2）执行“总账”|“凭证”|“主管签字”命令，打开“主管签字”查询条件对话框。单击【确定】按钮，进入“主管签字”的凭证列表窗口，如图 5-47 所示。

3）单击【签字】按钮，凭证顶部中间位置处自动签上主管姓名，如图 5-48 所示。

4）单击【下张】按钮，对其他凭证签字，最后单击【退出】按钮。

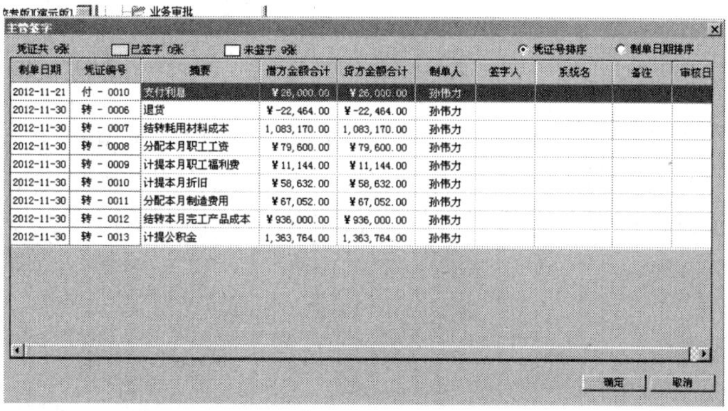

图 5-47　主管签字

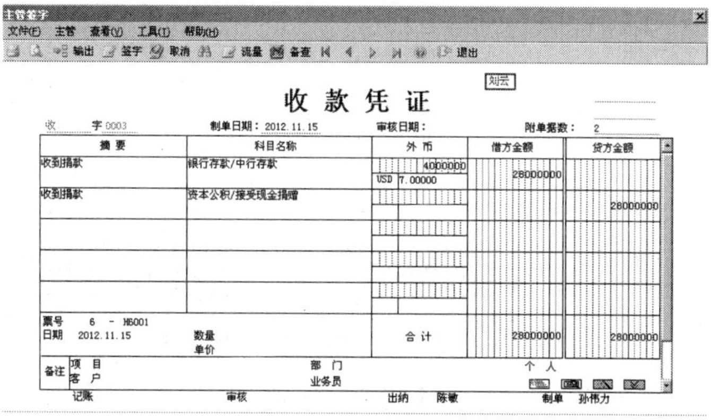

图 5-48　主管签字

4. 审核凭证

1）以“102 刘云”的身份重新注册。

2）执行“总账”|“凭证”|“审核凭证”命令，打开“凭证审核”查询条件对话框。

3）输入查询条件，单击【确定】按钮，进入“凭证审核”的凭证列表窗口。

4）双击要审核的凭证或单击【确定】按钮，进入“凭证审核”的审核凭证窗口。

5）检查要审核的凭证，无误后，单击“审核”菜单的【成批审核凭证】按钮，如图 5-49 所示，单击【确定】按钮。

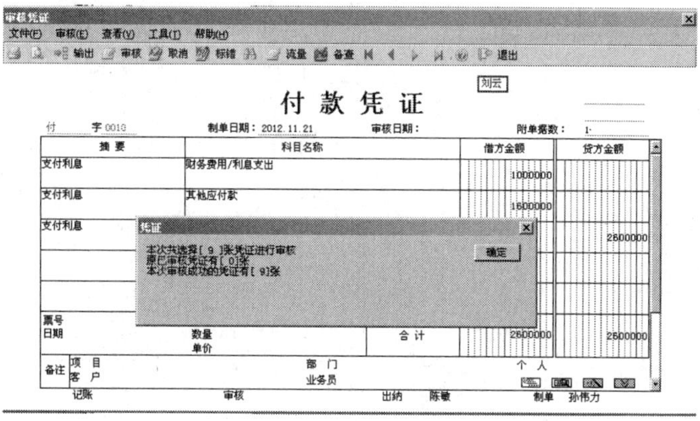

图 5-49　凭证审核

6）对其他凭证审核，最后单击【退出】按钮。

5. 记账

1）执行“总账”|“凭证”|“记账”命令，进入“记账”窗口。

2）第一步选择要进行记账的凭证范围。例如，在转账凭证的“记账范围”栏中输入“6-13”，本例单击【全选】按钮，选择所有凭证，如图 5-50 所示，单击【记账】按钮。

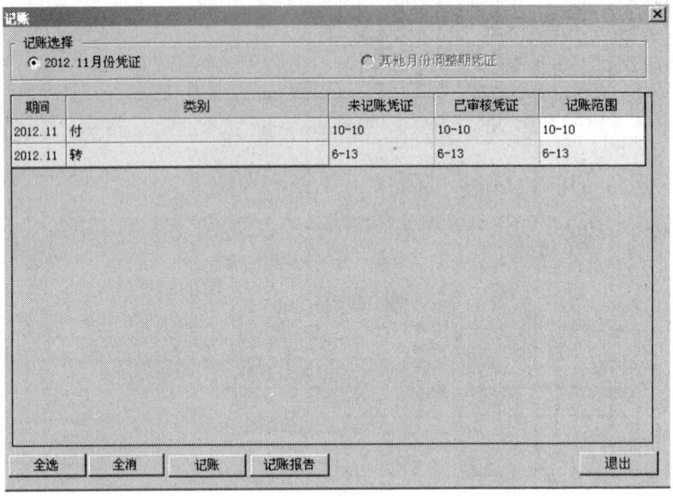

图 5-50　记账——选择本次记账范围

3）系统显示期初试算平衡表，单击【确定】按钮。

4）系统进行自动记账处理。登记完后，弹出“记账完毕！”信息提示对话框。

5）单击【确定】，记账完毕。

6. 科目汇总

1）执行“总账”|“凭证”|“科目汇总”命令，进入“科目汇总”窗口，如图 5-51 所示。

2）选择“已记账凭证”，单击【汇总】按钮，结果如图 5-52 所示。

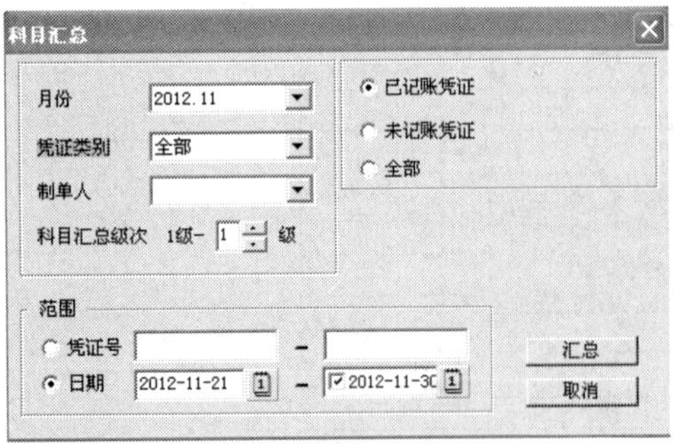

图 5-51　科目汇总

科目汇总表

日期:11.21-11.30共9张凭证,其中作废凭证0张,原始单据共9张

科目编码	科目名称	外币名称	计量单位	金额合计	
				借方	贷方
1002	银行存款				26,000.00
1122	应收账款			-22,464.00	
1403	原材料				1,067,170.00
1405	库存商品			936,000.00	
1411	周转材料				16,000.00
1602	累计折旧				58,632.00
资产 小计				913,536.00	1,167,802.00
2211	应付职工薪酬				79,600.00
2213	应付福利费				11,144.00
2221	应交税费				-3,264.00
2232	应付股利				1,053,800.00
2241	其他应付款			16,000.00	
负债 小计				16,000.00	1,141,280.00
4101	盈余公积				309,964.00
4104	利润分配			1,363,764.00	
权益 小计				1,363,764.00	309,964.00
5001	生产成本			1,197,628.00	936,000.00
5101	制造费用			67,052.00	67,052.00
成本 小计				1,264,680.00	1,003,052.00
6001	主营业务收入				-19,200.00
6602	管理费用			34,918.00	
6603	财务费用			10,000.00	
损益 小计				44,918.00	-19,200.00
合计				3,602,898.00	3,602,898.00

图 5-52　21～30 日科目汇总结果

5.3.4　凭证其他操作

1. 冲销凭证（可选做）

案例：经查，付款 2 号凭证登记错误，冲销。

1）在“填制凭证”窗口，执行“制单”|“冲销凭证”命令，打开“冲销凭证”对话框。

2）输入条件：选择“月份”、凭证类别选择“付款凭证”；凭证号输入“2”等，如图 5-53 所示。

3）单击【确定】按钮，系统自动生成一张红字冲销凭证，如图 5-54 所示。

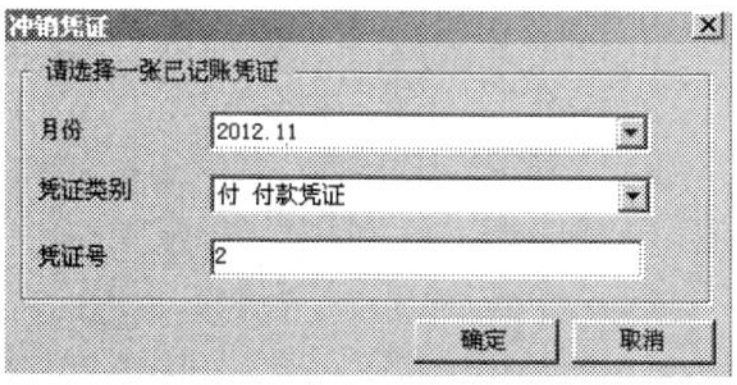

图 5-53　冲销凭证设置

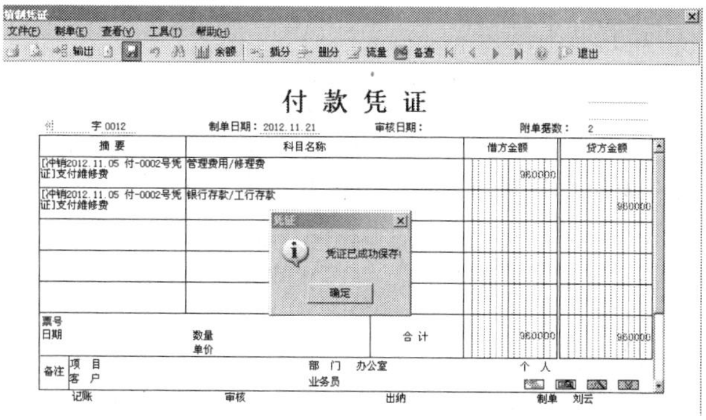

图 5-54　冲销凭证生成

注意

- 通过红字冲销法增加的凭证，应视同正常凭证进行保存和管理。
- 红字冲销只能针对已记账凭证进行。

2. 删除凭证

案例：经再次审查确认，付款 2 号凭证没有错误，将冲销的付款 12 号凭证做删除处理。

（1）作废凭证

1）在“填制凭证”窗口中，先查询到要作废的凭证“付-0012”。

2）执行“制单”|“作废/恢复”命令。

3）凭证的左上角显示“作废”，表示该凭证已作废，如图 5-55 所示。

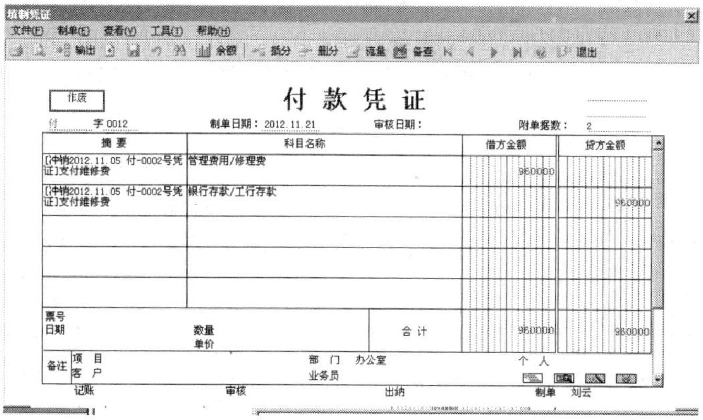

图 5-55　作废凭证

注意

- 作废凭证仍保留凭证内容及编号，只显示“作废”字样。
- 作废凭证不能修改，不能审核。
- 在记账时，已作废的凭证应参与记账，否则月末无法结账，但不对作废凭证作数据处理，相当于一张空凭证。
- 账簿查询时，查不到作废凭证的数据。
- 若当前凭证已作废，可执行“编辑”|“作废/恢复”命令，取消作废标志，并将当前凭证恢复为有效凭证。

（2）整理凭证

1）在“填制凭证”窗口中，执行“制单”|“整理凭证”命令，打开“选择凭证期间”对话框。选择要整理的“月份”，单击【确定】按钮，打开“作废凭证表”对话框。

2）选择真正要删除的作废凭证，如图 5-56 所示。

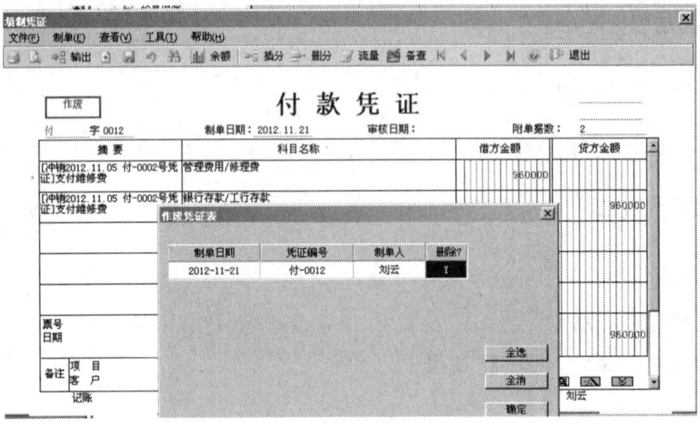

图 5-56　删除凭证

3）单击【确定】按钮，系统将弹出“是否还需整理凭证断号”信息提示框，单击【是】按钮，如图 5-57 所示，系统将这些凭证从数据库中删除并对剩下凭证重新排号。

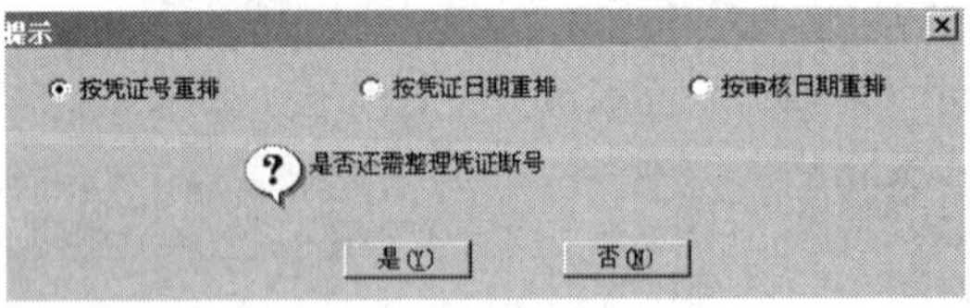

图 5-57　删除凭证提示

注意

- 如果作废凭证不想保留时，则可以通过“整理凭证”功能，将其彻底删除，并对未记账凭证重新编号。
- 只能对未记账凭证作凭证整理。
- 已记账凭证作凭证整理，应先恢复本月月初的记账前状态，再做凭证整理。

在实务操作里，并不建议频繁使用恢复记账功能，以保证财务上记账的严肃性。

3. 取消记账

（1）激活“恢复记账前状态”菜单

1）用户101执行“总账”|“期末”|“对账”命令，进入“对账”窗口。

2）按【Ctrl+H】组合键，弹出“恢复记账前状态功能已被激活。”信息提示框，如图5-58所示，单击【确定】按钮返回，在“凭证”菜单下显示“恢复记账前状态功能”菜单项。

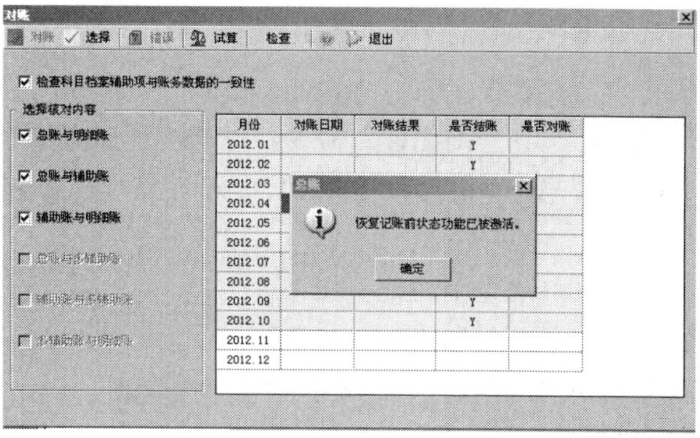

图5-58 激活恢复记账前状态功能

3）单击【确定】按钮，单击【退出】按钮。

注意

● 如果退出系统后又重新进入系统或在“对账”中按【Ctrl+H】组合键将重新隐藏“恢复记账前状态”功能。

（2）取消记账（只有账套主管101有权取消记账）

1）执行“总账”|“凭证”|“恢复记账前状态”命令，打开“恢复记账前状态”对话框。

2）单击“最近一次记账前状态”单选按钮，如图5-59所示。

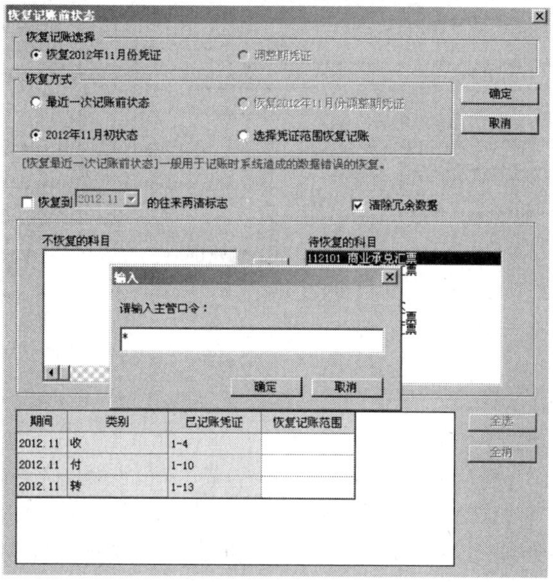

图5-59 恢复记账前状态

3）单击【确定】按钮，弹出“请输入主管口令”信息提示框。

4）输入账套主管口令，单击【确定】按钮，稍候，系统弹出“恢复记账完毕！”信息提示对话框，单击【确定】按钮。

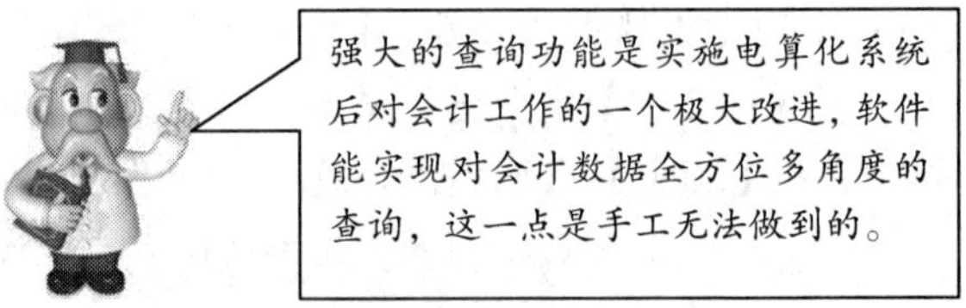

注意

- 已结账月份的数据不能取消记账。
- 取消记账后，一定要重新记账。

4. 查询凭证

1）执行“总账”|“凭证”|“查询凭证”命令，打开“凭证查询”对话框。

2）单击【辅助条件】按钮，设置科目为“100201”、方向为“贷”、金额为“10000-50000”，如图 5-60 所示。

3）单击【确认】按钮，进入“查询凭证”窗口。

4）双击某一凭证行，则屏幕可显示出此张凭证。

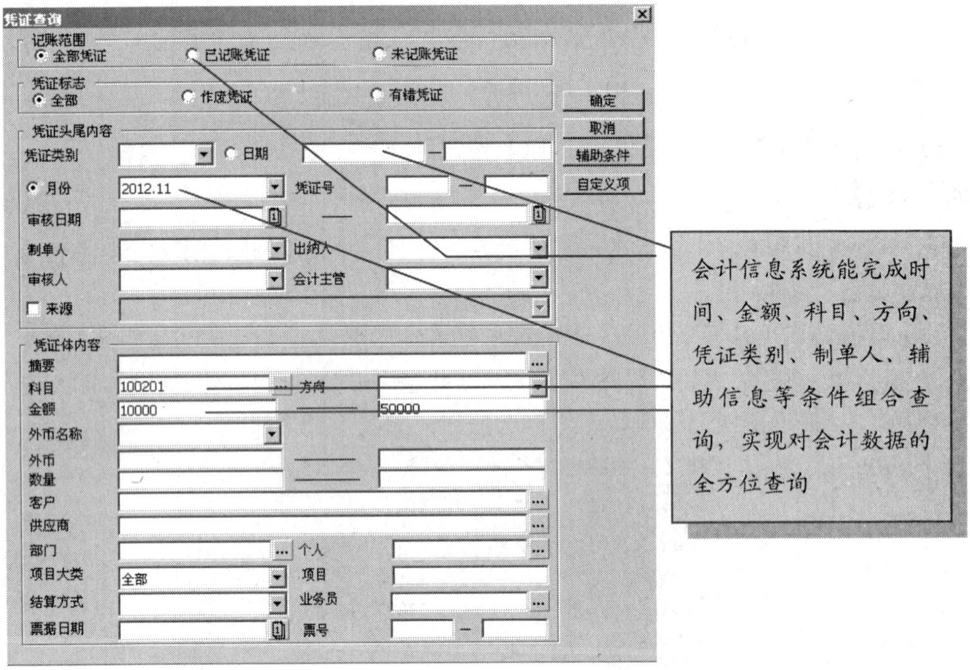

图 5-60　查询凭证

5.3.5 数据备份

项目结束，备份项目 5 账套数据。

课后巩固

1. 如果企业的财务处理程序首先输入凭证，再是出纳对涉及现金收支的凭证进行出纳签字、然后审核记账。如何进行设置才能满足这一需求？

2. 如果期初余额试算不平衡能否开始填制凭证？

3. 录入科目余额后发现该科目下需要再增加明细科目，如何处理？

4. 如果明细科目的余额方向与上级科目不一致，如何录入？

5. 如果在填制凭证时发现未事先设置相应的会计科目，如何处理？

6. 凭证录入保存时，如果系统弹出图 5-61 的提示，你判断哪个环节出了问题？应如何改正？

7. 如果凭证上的辅助核算项目输入错误，应该如何修改？

8. 如果你看到如图 5-62 所示的界面，你是否可以判断企业哪个角色正欲进行什么操作？

9. 在审核凭证界面上能够看到 8 张凭证，在出纳签字界面上只能看到 7 张凭证，这是为什么？

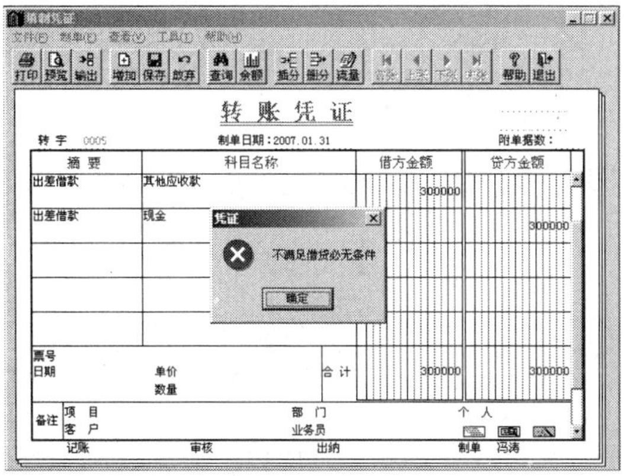

图 5-61　系统提示

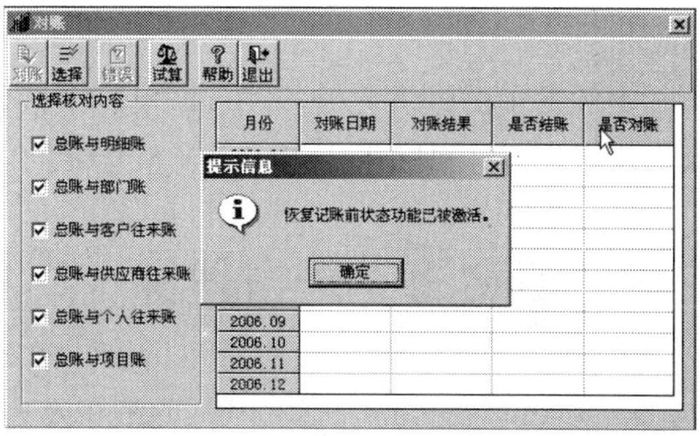

图 5-62　系统提示

10. 凭证上的哪些信息不允许修改？

11. 如果凭证已经记账后才发现错误，如何改正？

项目 6

账簿处理

企业发生的经济业务，经过制单、审核、记账等操作之后，就形成了正式的会计账簿。查询账簿是会计日常工作中一个非常重要的内容。

6.1 账簿处理功能概述

账簿查询包括总账、余额表、明细账及多栏账等的查询。

1. 总账

总账是借贷余三栏账，通过总账查询功能，不但可以查询各税账科目的年初余额、各月发生额和月末余额，而且还可查询所有二至五级明细科目的年初余额、各月发生额合计和月末余额。

2. 余额表

余额表用于查询及统计各级会计科目的本月发生额、累计发生额和余额等信息，可输出某月或某几个月的所有总账科目或明细科目的期初余额、本期发生额、累计发生额、期末余额等。本功能提供了强大的统计功能，可灵活运用，该功能不仅可以查询统计人民币金额账还可查询统计外币和数量发生额及余额。

余额表用于平时查询各账户的明细发生情况及按任意条件组合查询明细账。余额表提供了三种明细账的查询格式：普通明细账、按科目排序明细账、月份明细账。其中，普通账是按科目查询，按发生日期排序的明细账；按科目排序明细账是按非末级科目查询，按其有发生的末级科目排序的明细账；月份明细账是按非末级科目查询，包含非末级科目总账数据及末级科目明细数据的综合明细账。

3. 明细账

明细账用于平时查询各账户的明细发生情况及按任意条件组合查询明细账。U8 提供了三种明细账的查询格式：普通明细账、按科目排序明细账、月份明细账。其中，普通账是按科目查询，按发生日期排序的明细账；按科目排序明细账是按非末级科目查询，按其有发生的末级科目排序的明细账；月份明细账是按非末级科目查询，包含非末级科目总账数据及末级科目明细数据的综合明细账。

4. 多栏账

在总账系统中，普通多栏账由系统将要分析科目的下级科目自动生成“多栏账”。一般地，负债、收入类科目分析其下级科目的贷方发生额，资产、费用类科目分析其下级科目借方发生额，并允许随时调整。多栏账的栏目内容可自定义，可以对科目的分析方向、分析内容、输出内容进行定义，同时可定义多栏账格式，便于满足核算管理需要。

5. 项目核算管理

项目核算管理功能主要用于核算项目的收支情况，归集项目发生的各项费用、成本、系统还提供项目统计表，进一步帮助企业管理人员及时地掌握项目完成进度、项目超预算情况。

项目总账查询用于查询各项目所发生业务的汇总情况，系统提供了以下几种查询方式：科目总账、项目总账、三栏式总账、部门项目总账和分类总账。项目明细账查询用于查询项目业务发生的明细情况，系统提供以下几种查询方式：科目明细账、项目明细账、三栏式明细账、多栏式明细账、部门项目明细账和分类明细账。

6.2 账簿处理实训

6.2.1 实训概述

1. 实训目的

1）理解账簿查询的原理及流程。

2）掌握如何查询总账、明细账、日记账、多栏账、辅助账。

3）掌握如何查询余额表、资金平衡表。

2. 实训内容

1）查询总账、明细账、日记账、多栏账、辅助账。

2）查询余额表、资金平衡表。

3. 实训准备

引入项目 5 账套数据。

4. 实训要求

以会计主管“102 刘云”的身份进行账簿查询操作。

6.2.2 账簿处理实训资料

1）查询余额表。

2）查询余额表：查询所有余额范围在 10 000～50 000 元所有“资产类”科目的期末余额，查看资产期末借方小计：（20 704）。

3）查询现金日记账：2012 年 11 月的当前累计借方数：（1 106 713.2）。

4）查询数量金额式明细账，以 14030101 为例。

5）查询下列科目的明细账，并且联查凭证查看结果。

查询“主营业务收入”（6001）的转 0004 号凭证，借方科目名称为：应收账款（449 280）。

6）查询多栏账（以管理费用、应交增值税为例）。

操作：单击“账表”→“科目账”→“多栏账”→在“多栏账窗口”，单击”增加”→选择核算科目“应交增值税”→点击“自动编制”→点击“确定”，在多栏账窗口点击查询，当前累计:借方金额为 32 587 014，贷方金额为 32 658 550，余额为 71 536。

注:若要同时查看借方发生和贷方发生，要选择“分析栏前置”，并对栏目定义中的科目方向，进行定义。

7）查询部门总账。

查询“销售部”的本期借方发生合计数：（6 000.00）。

8）查询个人明细账。

查陈凯的本月贷方合计数（2 800.00）。

9）查询采购部陈凯个人往来清理情况。

10）查询客户往来余额表。

查看“杭州百货公司”余额表，其期末余额为：（1 596 816）。

11）客户往来账龄分析。

查询“1122 应收账款”的客户账龄分析（自定义账龄分析区间）。应收账款所有应收款单的余额合计（1 914 416）。

12）查询项目明细账。

13）进行项目统计分析。

6.3 账簿处理实训操作

6.3.1 查询余额表

1）执行“总账” “账表”|“科目账”|“余额表”命令，打开“发生额及余额查询条件”对话框，如图 6-1 所示。

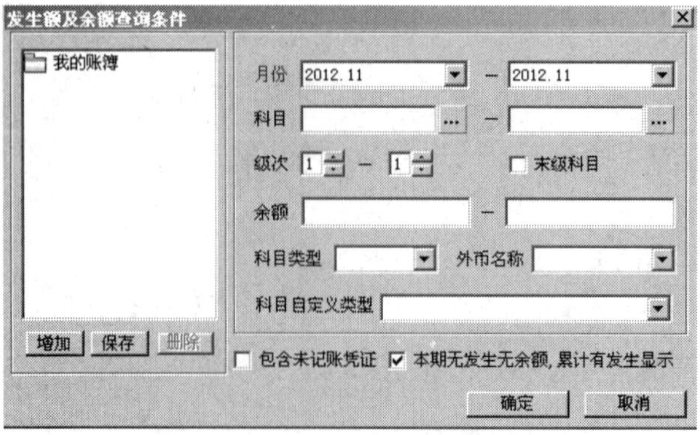

图 6-1 余额表查询条件

2）选择查询条件，单击【确定】按钮，进入“发生额及余额表”窗口，如图 6-2 所示。

3）单击【累计】按钮，系统自动增加借贷方累计发生额两个栏目。

消息中心　发生额及余额表

发生额及余额表

科目编码	科目名称	期初余额		本期发生		期末余额	
		借方	贷方	借方	贷方	借方	贷方
1001	库存现金	10,976.00		10,000.00	272.00	20,704.00	
1002	银行存款	2,621,082.00		1,386,200.00	1,101,584.00	2,905,698.00	
1012	其他货币资金	430,000.00			200,000.00	230,000.00	
1101	交易性金融资产	12,000.00		200,000.00		212,000.00	
1121	应收票据	590,000.00		590,000.00		1,180,000.00	
1122	应收账款	2,405,200.00		1,105,416.00	1,596,200.00	1,914,416.00	
1123	预付账款	360,000.00				360,000.00	
1221	其他应收款	8,800.00		500.00	2,800.00	6,500.00	
1231	坏账准备		12,680.00				12,680.00
1403	原材料	2,980,564.00		524,000.00	1,067,170.00	2,437,394.00	
1405	库存商品	1,440,000.00		936,000.00		2,376,000.00	
1411	周转材料	282,400.00			16,000.00	266,400.00	
1503	可供出售金融资产	401,550.00				401,550.00	
1601	固定资产	15,072,000.00				15,072,000.00	
1602	累计折旧		5,478,028.00		58,632.00		5,536,660.00
1701	无形资产	280,000.00				280,000.00	
1702	累计摊销		32,000.00				32,000.00
1901	待处理财产损溢	76,120.00				76,120.00	
资产小计		26,970,692.00	5,522,708.00	4,752,116.00	4,042,658.00	27,738,782.00	5,581,340.00
2001	短期借款		2,000,000.00				2,000,000.00
2201	应付票据		526,500.00				526,500.00
2202	应付账款		1,450,800.00	706,680.00	613,080.00		1,357,200.00
2203	预收账款		30,000.00				30,000.00
2211	应付职工薪酬		180,000.00	79,600.00	90,744.00		191,144.00
2221	应交税费		251,304.00	340,384.00	160,616.00		71,536.00
2232	应付股利				1,053,800.00		1,053,800.00
2241	其他应付款		150,000.00	16,000.00			134,000.00
2501	长期借款		920,000.00				920,000.00
负债小计			5,508,604.00	1,142,664.00	1,918,240.00		6,284,180.00
4001	实收资本		13,000,000.00				13,000,000.0
4002	资本公积		595,400.00		280,000.00		875,400.0
4101	盈余公积		586,000.00		309,964.00		895,964.0
4103	本年利润		1,702,040.00				1,702,040.0
4104	利润分配		545,600.00	1,363,764.00		818,164.00	
权益小计			16,429,040.00	1,363,764.00	589,964.00	818,164.00	16,473,404.0
5001	生产成本	489,660.00		1,197,628.00	936,000.00	751,288.00	
5101	制造费用			67,052.00	67,052.00		
成本小计		489,660.00		1,264,680.00	1,003,052.00	751,288.00	
6001	主营业务收入				944,800.00		944,800.0
6051	其他业务收入				100,000.00		100,000.0
6301	营业外收入				500.00		500.0
6401	主营业务成本						
6403	营业税金及附加						
6601	销售费用			6,000.00		6,000.00	
6602	管理费用			59,990.00		59,990.00	
6603	财务费用			10,000.00		10,000.00	
6801	所得税费用						
损益小计				75,990.00	1,045,300.00	75,990.00	1,045,300.0
合计		27,460,352.00	27,460,352.00	8,599,214.00	8,599,214.00	29,384,224.00	29,384,224.0

图 6-2　余额表

6.3.2　余额表条件查询

1）执行“总账”|“账表”|“科目账”|“余额表”命令，打开“发生额及余额查询条件”对话框，余额输入 10000～50000，科目类型选“资产”，如图 6-3 所示。

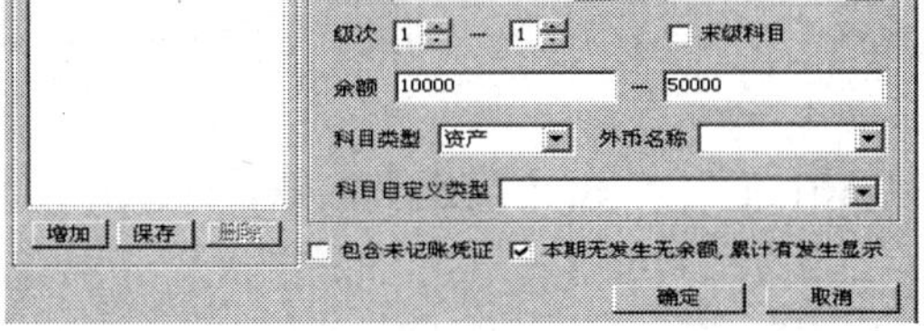

图 6-3　余额表查询条件

2）选择查询条件，单击【确定】按钮，进入“发生额及余额表”窗口，如图 6-4 所示。

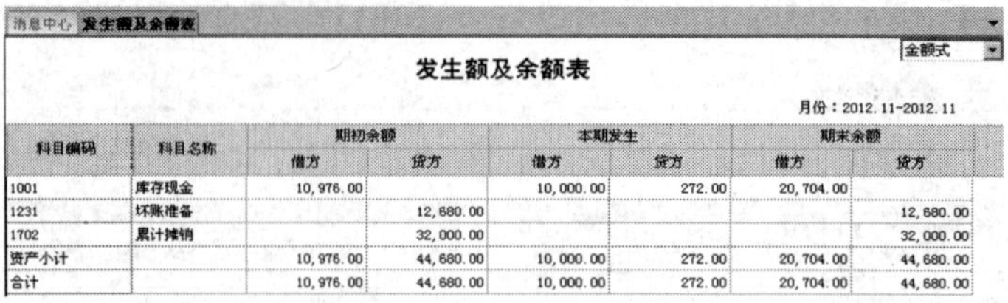
消息中心 发生额及余额表

金额式

发生额及余额表

月份：2012.11-2012.11

科目编码	科目名称	期初余额		本期发生		期末余额	
		借方	贷方	借方	贷方	借方	贷方
1001	库存现金	10,976.00		10,000.00	272.00	20,704.00	
1231	坏账准备		12,680.00				12,680.00
1702	累计摊销		32,000.00				32,000.00
资产小计		10,976.00	44,680.00	10,000.00	272.00	20,704.00	44,680.00
合计		10,976.00	44,680.00	10,000.00	272.00	20,704.00	44,680.00

图 6-4　余额表查询

3）单击【累计】按钮，系统自动增加借贷方累计发生额两个栏目。

6.3.3　查询现金日记账

1）执行“总账”|“出纳”|“现金日记账”命令，打开“日记账查询条件”对话框，如图 6-5 所示。

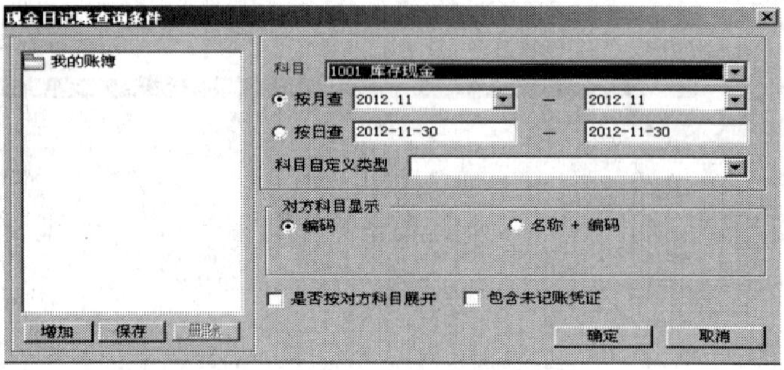

图 6-5　现金日记账查询条件

2）选择查询科目“14030101”，单击【确定】按钮，进入“现金日记账”窗口，如图 6-6 所示。

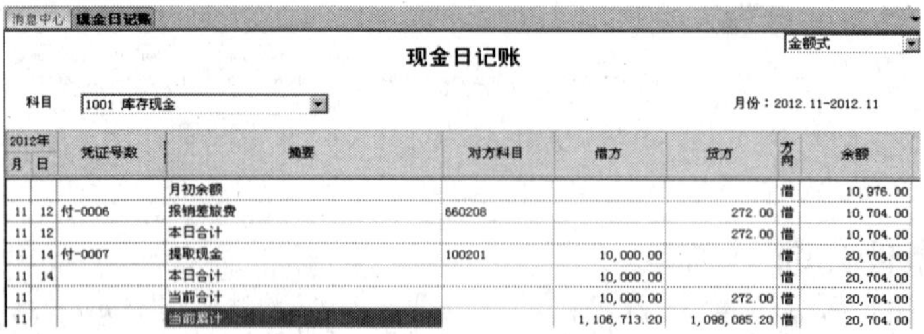
消息中心 现金日记账

金额式

现金日记账

科目 1001 库存现金　　月份：2012.11-2012.11

2012年 月	日	凭证号数	摘要	对方科目	借方	贷方	方向	余额
			月初余额				借	10,976.00
11	12	付-0006	报销差旅费	660208		272.00	借	10,704.00
11	12		本日合计			272.00	借	10,704.00
11	14	付-0007	提取现金	100201	10,000.00		借	20,704.00
11	14		本日合计		10,000.00		借	20,704.00
11			当前合计		10,000.00	272.00	借	20,704.00
11			当前累计		1,106,713.20	1,098,085.20	借	20,704.00

图 6-6　现金日记账查询

6.3.4　查询明细账

1）执行“总账”|“账表”|“科目账”|“明细账”命令，打开“明细账查询条件”对话框。

2）选择查询科目“14030101”，单击【确定】按钮，进入“明细账”窗口，如图 6-7 所示。

3）选择“数量金额式”账页形式，显示如图 6-8 所示。

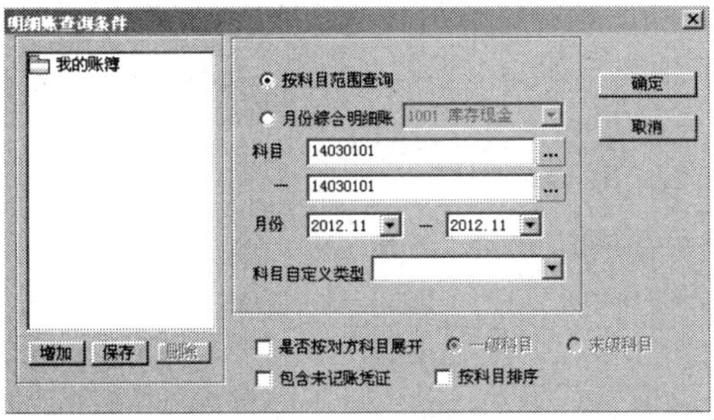

图 6-7　明细账查询条件

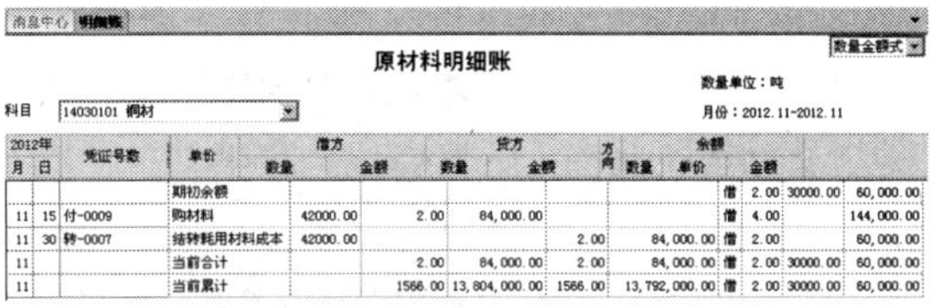

图 6-8　数量金额式明细账

6.3.5　查询明细账：证账联查

1）执行“总账”|“账表”|“科目账”|“明细账”命令，打开“明细账查询条件”对话框。

2）选择查询科目“6001”，单击【确定】按钮，进入“明细账”窗口，如图 6-9 所示。

3）双击“转-004”所在行，打开转-004 号凭证，显示如图 6-10 所示。

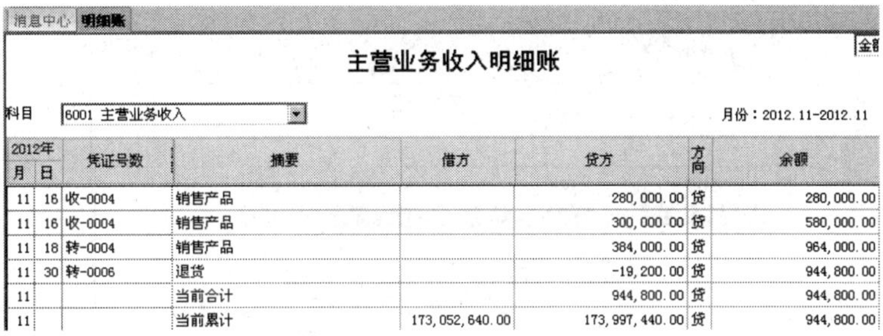

主营业务收入明细账

科目 6001 主营业务收入　　月份：2012.11-2012.11

2012年 月	日	凭证号数	摘要	借方	贷方	方向	余额
11	16	收-0004	销售产品		280,000.00	贷	280,000.00
11	16	收-0004	销售产品		300,000.00	贷	580,000.00
11	18	转-0004	销售产品		384,000.00	贷	964,000.00
11	30	转-0006	退货		-19,200.00	贷	944,800.00
11			当前合计		944,800.00	贷	944,800.00
11			当前累计	173,052,640.00	173,997,440.00	贷	944,800.00

图 6-9　明细账

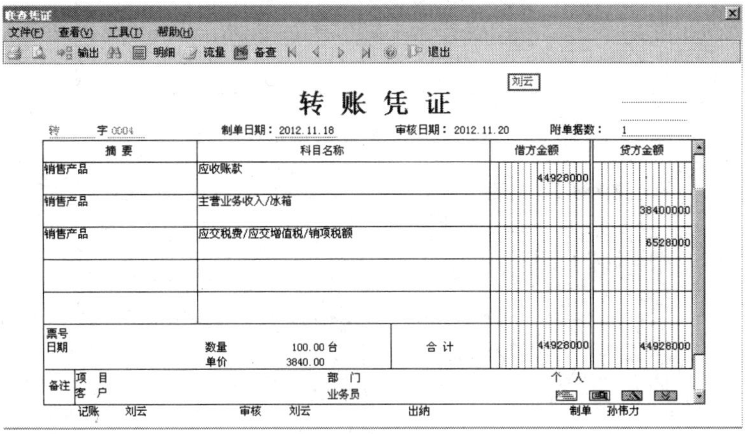

图 6-10　证账联查

6.3.6　查询多栏账

1. 定义并查询管理费用多栏账

1）执行“总账”|“账表”|“科目账”|“多栏账”命令，打开“多栏账”对话框。

2）单击【增加】按钮，打开“多栏账定义”对话框。选择核算科目“222101 应交增值税”，单击【自动编制】按钮，系统自动将管理费用下的明细科目作为多栏账的栏目，如图 6-11 所示。

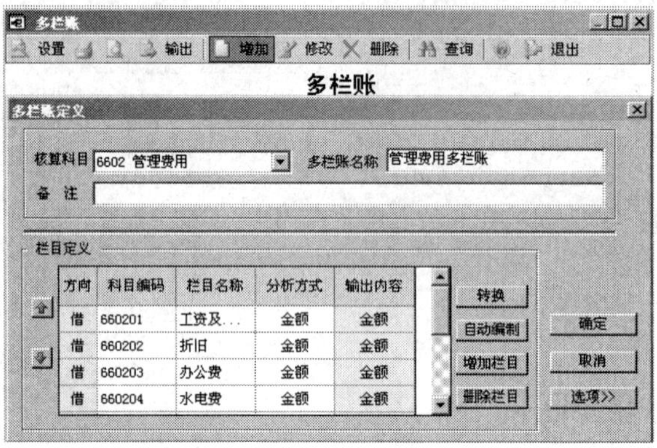

图 6-11　多栏账定义

3）单击【确定】按钮，完成管理费用多栏账的定义。

4）单击【查询】按钮，打开“多栏账查询”对话框，单击【确定】按钮，显示管理费用多栏账如图 6-12、图 6-13 所示。

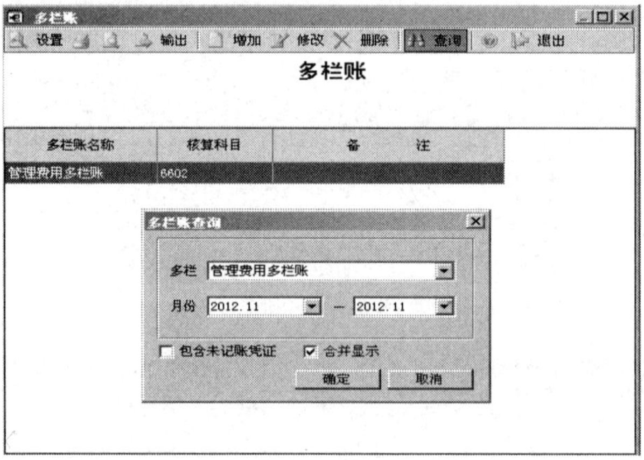

图 6-12　多栏账查询条件

图 6-13　管理费用多栏账

2. 定义并查询应交增值税多栏账

1）执行“总账”|“账表”|“科目账”|“多栏账”命令，打开“多栏账”对话框。

2）单击【增加】按钮，打开“多栏账定义”对话框。选择核算科目“222101 应交增值税”，单击【自动编制】按钮，系统自动将应交增值税下的明细科目作为多栏账的栏目，如图 6-14 所示。

图 6-14　多栏账定义

3）单击【确定】按钮，完成应交增值税多栏账的定义。

4）单击【查询】按钮，打开“多栏账查询”对话框，单击【确定】按钮，显示应交增值税多栏账，如图 6-15 所示。

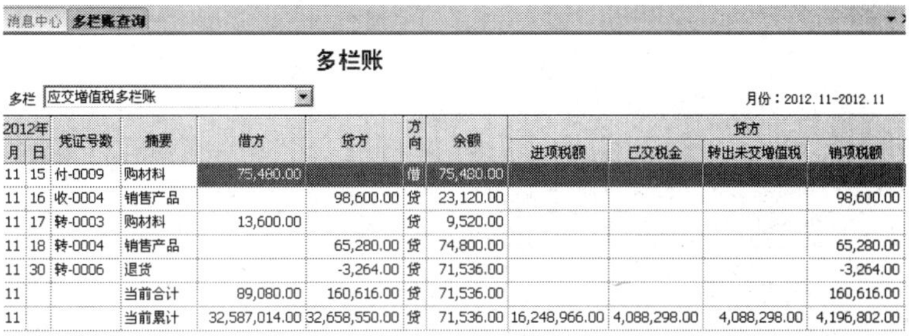

2012年 月	日	凭证号数	摘要	借方	贷方	方向	余额	贷方 进项税额	已交税金	转出未交增值税	销项税额
11	15	付-0009	购材料	75,480.00		借	75,480.00				
11	16	收-0004	销售产品		98,600.00	贷	23,120.00				98,600.00
11	17	转-0003	购材料	13,600.00		贷	9,520.00				
11	18	转-0004	销售产品		65,280.00	贷	74,800.00				65,280.00
11	30	转-0006	退货		-3,264.00	贷	71,536.00				-3,264.00
11			当前合计	89,080.00	160,616.00	贷	71,536.00				160,616.00
11			当前累计	32,587,014.00	32,658,550.00	贷	71,536.00	16,248,966.00	4,088,298.00	4,088,298.00	4,196,802.00

图 6-15　应交增值税多栏账

6.3.7　查询部门辅助账

1. 查询部门总账

1）执行“总账”|“账表”|“部门辅助账”|“部门总账”命令，打开“部门总账条件”对话框。

2）选择部门“销售部”，如图 6-16 所示。

图 6-16　部门总账查询条件

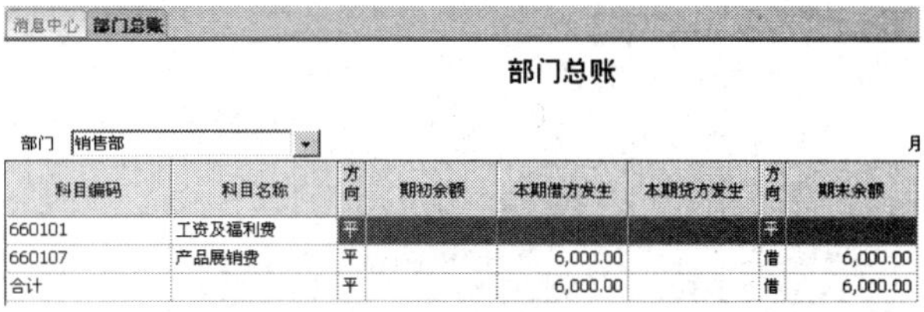

科目编码	科目名称	方向	期初余额	本期借方发生	本期贷方发生	方向	期末余额
660101	工资及福利费	平				平	
660107	产品展销费	平		6,000.00		借	6,000.00
合计		平		6,000.00		借	6,000.00

图 6-17　部门总账

3）单击【确定】按钮，系统显示部门总账，如图 6-17 所示。

2. 查询部门收支分析表

1）执行“总账”|“账表”|“部门辅助账”|“部门收支分析”命令，打开“部门收支分析条件”对话框。

2）选择管理费用下的所有明细科目作为分析科目，单击【下一步】按钮，如图 6-18 所示。

3）选择所有部门作为分析部门，单击【下一步】按钮，如图 6-19 所示。

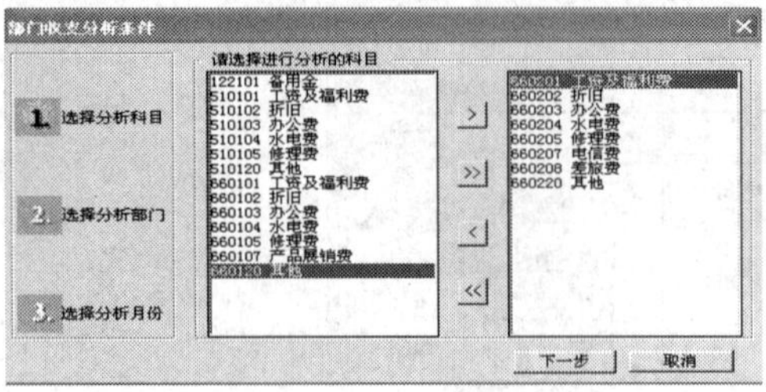

图 6-18　部门收支分析条件

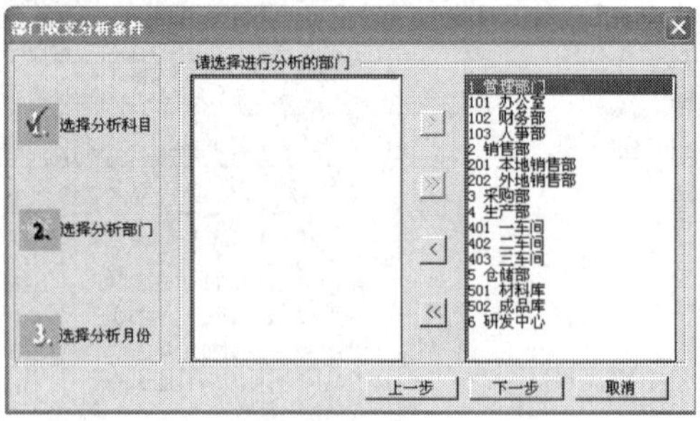

图 6-19　部门收支分析条件

4）选择“2012.11”作为分析月份，单击【完成】按钮，系统显示部门收支分析表，如图 6-20、图 6-21 所示。

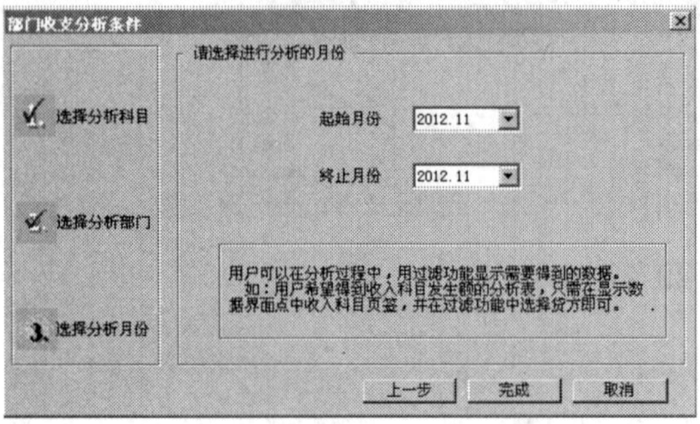

图 6-20　部门收支分析条件

图 6-21　部门收支分析

6.3.8　查询个人明细账

1）执行“总账”|“账表”|“个人往来账”|“个人往来明细”命令，打开“个人往来明细账查询”对话框。

2）选择部门“采购部”；个人“陈凯”；单击【确定】按钮，进入“个人往来明细账查询”窗口，如图 6-22、图 6-23 所示。

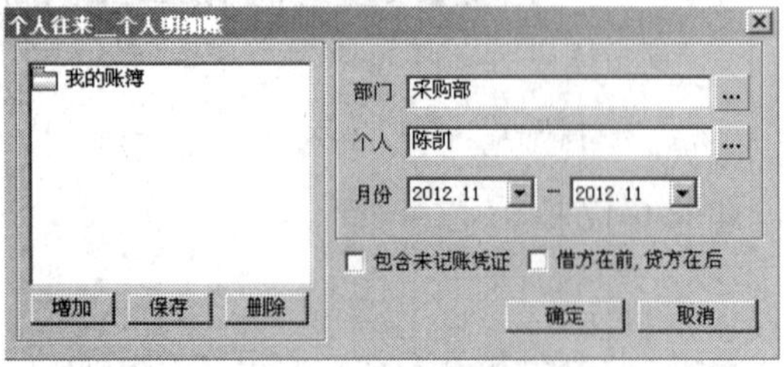

图 6-22　个人往来查询

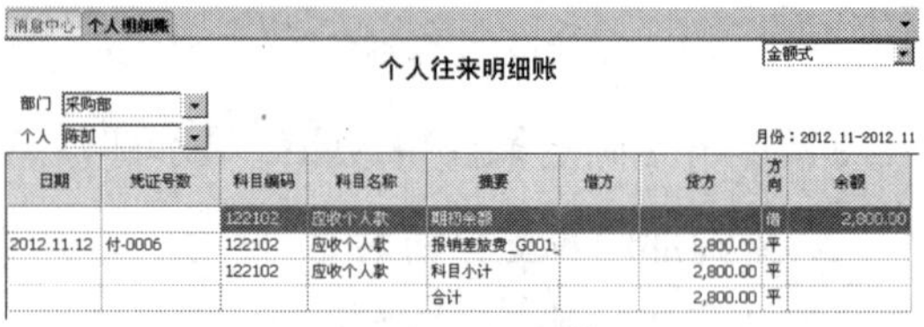

图 6-23　个人往来明细账

6.3.9　查询采购部陈凯个人往来清理情况

1）执行“总账”|“账表”|“个人往来账”|“个人往来清理”命令，打开“个人往来两清条件”对话框。

2）选择部门“采购部”；个人“陈凯”；选中“显示已两清”复选框，单击【确定】按钮，进入“个人往来两清”窗口，如图 6-24 所示。

3）单击【勾对】按钮，系统自动将已达账项打上已结清的标志，如图 6-25、图 6-26 所示。

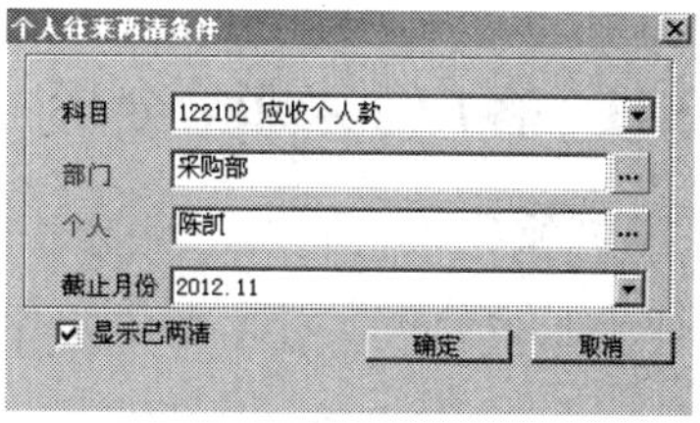

图 6-24　个人往来两清条件

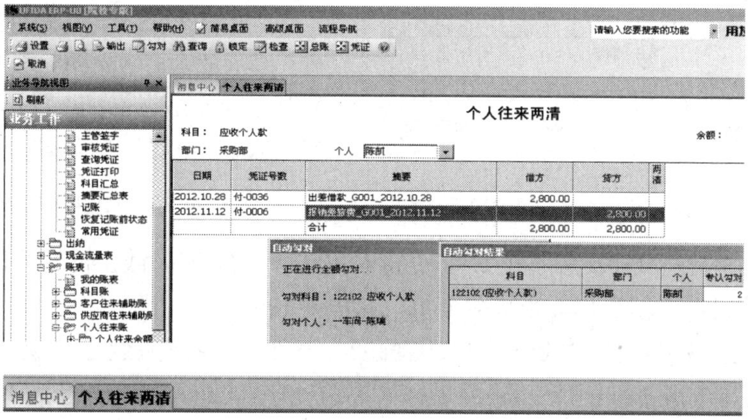

图 6-25　个人往来两清自动勾对

图 6-26　个人往来两清

6.3.10　查询客户往来余额表

1）执行“总账”|“账表”| “客户往来辅助账”|“客户往来余额表”|“客户余额表”命令，打开“客户余额表条件”对话框，如图 6-27 所示。

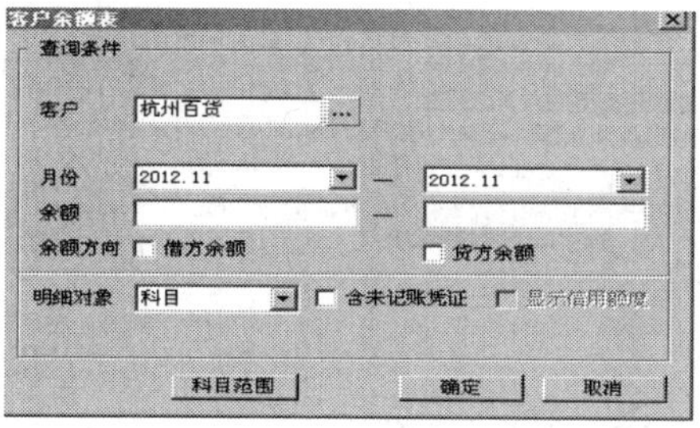

图 6-27　客户余额表查询条件

2）选择客户“杭州百货”，月份为“11 月”，单击【确定】按钮，显示客户余额表，如图 6-28 所示。

6.3.11　客户往来账龄分析

1）执行“总账”|“账表”|“客户往来辅助账”|“客户往来账龄分析”命令，打开“客户往来账龄分析”对话框，如图 6-29 所示。

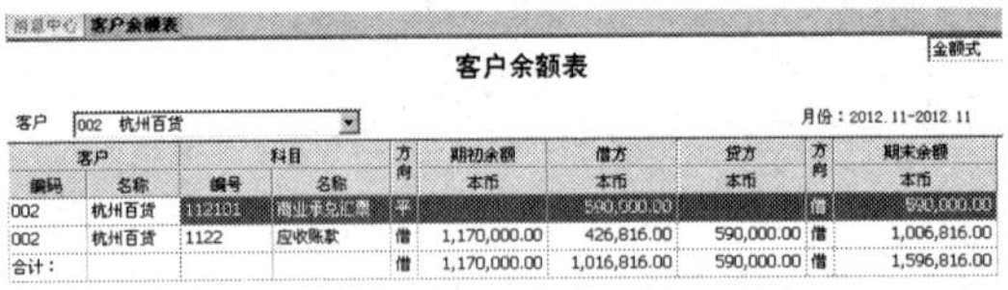

图 6-28　客户余额表

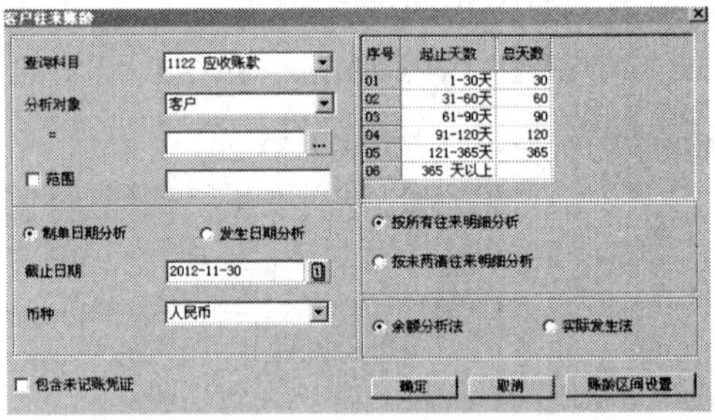

图 6-29　客户往来账龄查询条件

2）选择查询科目“1122 应收账款”，分析对象选择“客户”，截止日期选择“2012.11.30”单击【确定】按钮，显示客户往来账龄分析，如图 6-30 所示。

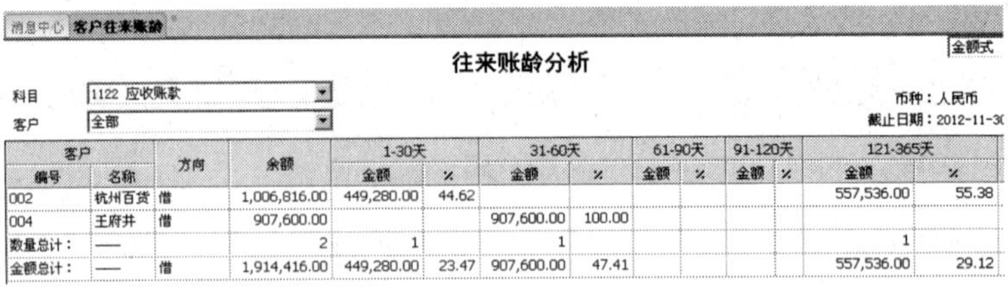

图 6-30　客户往来账龄分析

6.3.12　查询项目明细账

1）执行“总账”|“账表”|“项目辅助账”|“项目明细账”|“项目明细账”命令，打开“项目明细账条件”对话框。

2）选择项目大类“生产成本”，项目“冰箱”，单击【确定】按钮，显示项目明细账，如图 6-31、图 6-32 所示。

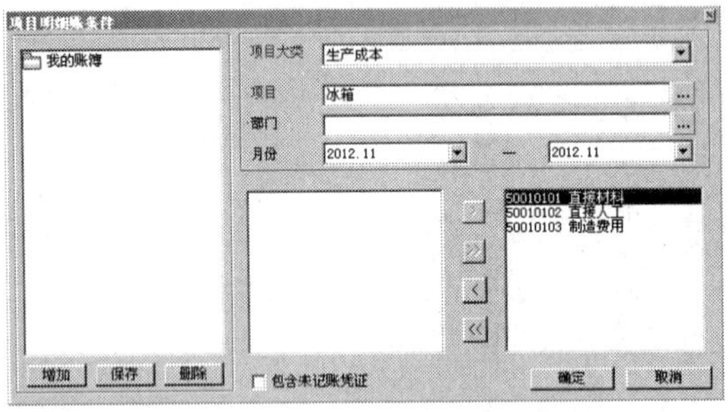

图 6-31　项目明细账条件

图 6-32　项目明细账

6.3.13　项目统计分析

1）执行“总账”|“账表”|“项目辅助账”|“项目统计分析”命令，打开“项目统计条件”对话框。

2）选择项目大类“生产成本”，如图 6-33 所示，单击【下一步】按钮。

3）选择所有列示科目作为统计科目，如图 6-34 所示，单击【下一步】按钮。

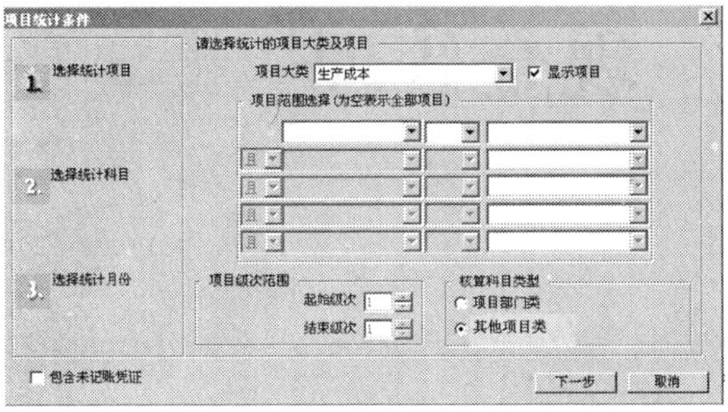

图 6-33　项目统计条件 1

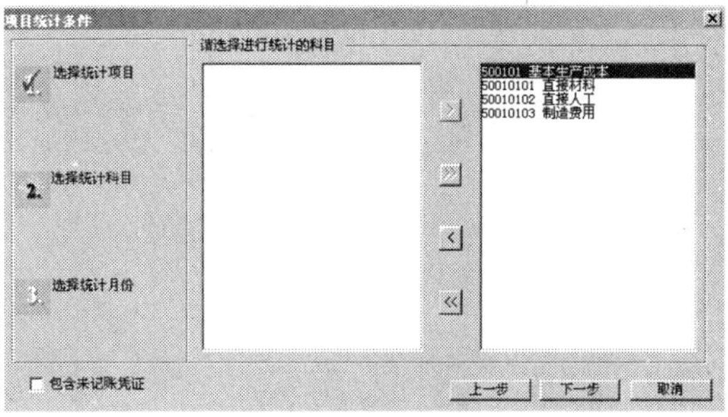

图 6-34　项目统计条件 2

4）选择统计月份“2012.11”，单击【完成】按钮，显示项目统计情况，如图 6-35、图 6-36 所示。

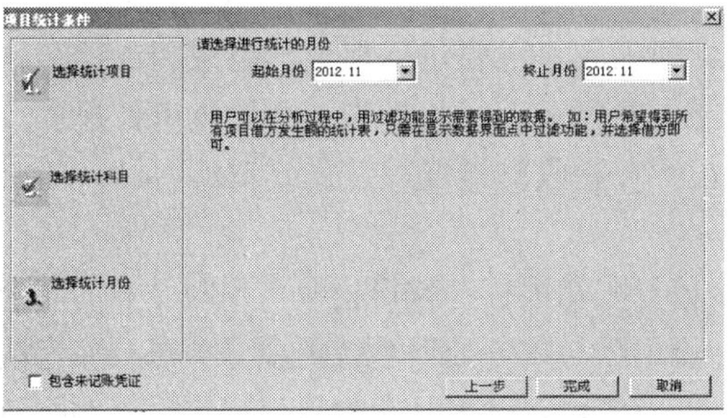

图 6-35　项目统计条件 3

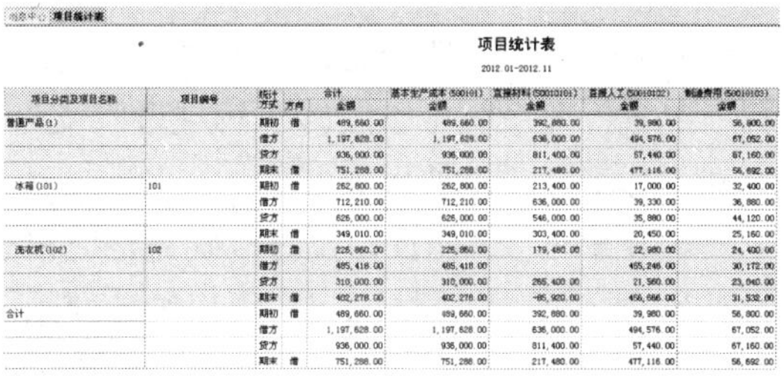

项目统计表

2012.01-2012.11

项目分类及项目名称	项目编号	统计方式	方向	合计 金额	基本生产成本(500101) 金额	直接材料(50010101) 金额	直接人工(50010102) 金额	制造费用(50010103) 金额
普通产品(1)		期初	借	489,660.00	489,660.00	392,880.00	39,980.00	56,800.00
		借方		1,197,628.00	1,197,628.00	636,000.00	494,576.00	67,052.00
		贷方		936,000.00	936,000.00	811,400.00	57,440.00	67,160.00
		期末	借	751,288.00	751,288.00	217,480.00	477,116.00	56,692.00
冰箱(101)	101	期初	借	262,800.00	262,800.00	213,400.00	17,000.00	32,400.00
		借方		712,210.00	712,210.00	636,000.00	39,330.00	36,880.00
		贷方		626,000.00	626,000.00	546,000.00	35,880.00	44,120.00
		期末	借	349,010.00	349,010.00	303,400.00	20,450.00	25,160.00
洗衣机(102)	102	期初	借	226,860.00	226,860.00	179,480.00	22,980.00	24,400.00
		借方		485,418.00	485,418.00		455,246.00	30,172.00
		贷方		310,000.00	310,000.00	265,400.00	21,560.00	23,040.00
		期末	借	402,278.00	402,278.00	-85,920.00	456,666.00	31,532.00
合计		期初	借	489,660.00	489,660.00	392,880.00	39,980.00	56,800.00
		借方		1,197,628.00	1,197,628.00	636,000.00	494,576.00	67,052.00
		贷方		936,000.00	936,000.00	811,400.00	57,440.00	67,160.00
		期末	借	751,288.00	751,288.00	217,480.00	477,116.00	56,692.00

图 6-36　项目统计表

课后巩固

同学们两个人一组，自己设定条件查询，互相提问查询。

项目 7

现金管理

7.1 现金管理概述

1. 现金管理

现金、银行存款是企业的货币资金，由于它们的特性，管好、用好企业货币资金是现代企业管理的一项重要内容。

现金管理是总账系统为出纳人员提供的一套管理工具，主要包括现金日记账和银行存款日记账的管理、支票登记簿的管理及银行对账功能，并可对银行长期未达账提供审计报告。利用现金管理系统可以及时了解现金收支记录和银行存款收支情况，并做到日清月结，随时查询、打印有关出纳报表。

现金管理系统的目标及时准确完整地记录现金日记账和银行存款日记账，反映企业的现金收支和银行存款收支情况 ；实现出纳管理系统现金日记账与账务处理系统现金分类账及库存现金实盘数相互核对，体现账账相符、账实相符的要求 ；实现企业银行存款日记账与银行对账单的核对，生成银行存款余额调节表 ；对支票的购置、使用和核销进行有效管理；及时准确地输出资金日报表和长期未达账等有关出纳报表。现金管理系统使用的基本流程，如图 7-1 所示。

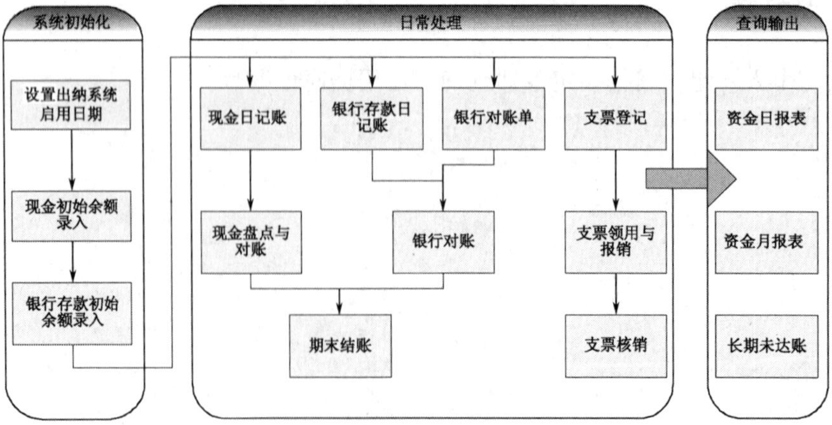

图 7-1　现金管理系统使用的基本流程

2. 银行对账

由于企业与银行的处理和入账时间不一致，往往会发生双方账面不一致的情况，即所谓"未达账项"。为了能够准确掌握银行存款的实际，了解实际可以运用的货币资金数额，防止记账发生差错，企业必须定期将银行存款日记账与银行出具的对账单进行核对，并编制银行存款余额调节表。在计算机总账系统中，银行对账的科目是指在"会计科目设置"界面"编辑"菜单下"指定科目"中指定为银行存款的科目。银行对账包括输入银行对账期初数据、输入银行对账单、对账、输出银行存款余额调节表、查询对账勾对情况及核销银行账等内容。

为了保证银行对账的正确性，在使用"银行对账"功能进行对账之前，必须在开始对账的月初先将日记账、银行对账单未达项输入系统中。使用总账系统处理日常业务后，系统将自动形成银行日记账的未达账项。

7.2 现金管理实训

7.2.1 实训概述

1. 实训目的

掌握用友 ERP-U8 管理软件中总账系统现金处理的相关内容，熟悉总账系统现金处理业务的各种操作，掌握银行对账、自动转账设置与生成、对账和月末结账的操作方法。

2. 实训内容

1）现金日记账。　　2）银行存款日记账。

3）银行对账单。　　4）银行对账。

5）银行对账单余额调节表。

3. 实训准备

引入项目 5 账套数据。

4. 实训要求

以"104 陈敏"的身份进行银行对账操作。

7.2.2 现金管理实训资料

1. 日记账查询

1）查询现金日记账。　　2）查询银行存款日记账。　　3）查询资金日报表。

2. 支票登记簿

2012 年 11 月 5 日，办公室赵文建领用支票 1 张（票号"ZZ1002"），限额 9600，用于支付空调维修保养费。

3. 银行对账

（1）银行对账期初（工行）

银行存款日记账（工行）月初余额为 2 216 692 元，银行对账单（工行）月初余额为 2 544 292

元。未达账项一笔，系 2012 年 10 月 30 日信汇（H5001）收款 327 600 元，银行已收企业未收。

（2）银行对账单（见表 7-1）

表 7-1　11 月银行对账单

日期	结算方式	票号	借方金额	贷方金额	余额
2012-11-03	转账支票	ZZ1001		251 304	2 292 988
2012-11-04	转账支票	ZZ2001	100 000	0	2 392 988
2012-11-05	转账支票	ZZ1002		9 600	2 383 388
2012-11-08	转账支票	ZZ1003		6 000	2 377 388
2012-11-08	委托收款	WT2167		12 400	2 364 988
2012-11-10	其他	QT001		79 600	2 285 388
2012-11-14	现金支票	XJ2001		10 000	2 275 388
2012-11-15	电汇	H4001		187 200	2 088 188
2012-11-15	银行汇票	H6002		449 280	1 638 908
2012-11-16	银行汇票	H6004	678 600	0	2 317 508
2012-11-21	其他	QT002		26 000	2 291 508

（3）进行银行对账（工行）

利用自动对账功能进行自动对账，再进行手工对账。

（4）查询银行存款余额调节表（工行），查询对账勾对情况

（5）核销银行账（工行），并练习反核销

7.3　现金管理实训操作

7.3.1　出纳管理

1. 银行存款日记账

1）操作员 104 执行“总账”|“出纳”|“银行存款日记账”命令，打开“银行存款日记账查询条件”对话框。

2）选择科目“100201 工行存款”，默认月份“2012.11”，单击【确定】按钮，进入“现金日记账”窗口，如图 7-2、图 7-3 所示。

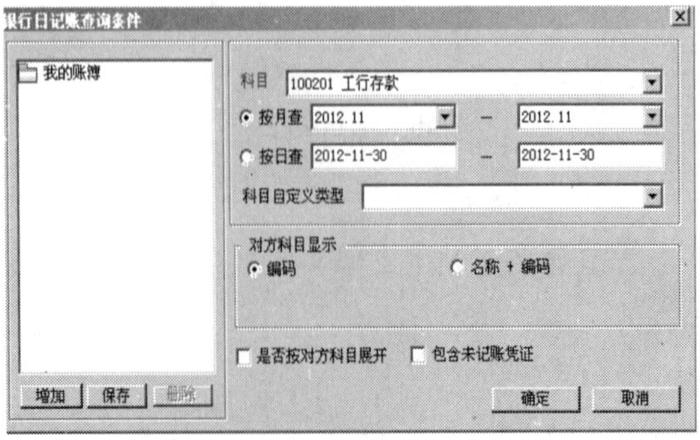

图 7-2　银行存款日记账查询条件

2012年 月	日	凭证号数	摘要	结算号	对方科目	借方	贷方	方向	余额
			月初余额					借	2,136,692.00
11	01	收-0001	收到欠货款_402_H5001_2012.11.	信汇-H5001	1122	327,600.00		借	2,464,292.00
11	01		本日合计			327,600.00		借	2,464,292.00
11	03	付-0001	缴纳税金_202_ZZ1001_2012.11.(	转账支票-ZZ1001	222102,22210		251,304.00	借	2,212,988.00
11	03		本日合计				251,304.00	借	2,212,988.00
11	04	收-0002	转让专有技术收入_202_ZZ2001_2	转账支票-ZZ2001	6051	100,000.00		借	2,312,988.00
11	04		本日合计			100,000.00		借	2,312,988.00
11	05	付-0002	支付修理费_202_ZZ1002_2012.1	转账支票-ZZ1002	660205		9,600.00	借	2,303,388.00
11	05		本日合计				9,600.00	借	2,303,388.00
11	08	付-0003	支付展销费_202_ZZ1003_2012.1	转账支票-ZZ1003	660107		6,000.00	借	2,297,388.00
11	08	付-0004	支付电信费_5_WT2167_2012.11.(	委托收款-WT2167	660207		12,400.00	借	2,284,988.00
11	08		本日合计				18,400.00	借	2,284,988.00
11	10	付-0005	发工资_8_QT001_2012.11.10	其他-QT001	221101		79,600.00	借	2,205,388.00
11	10		本日合计				79,600.00	借	2,205,388.00
11	14	付-0007	提现金_201_XJ2001_2012.11.14	现金支票-XJ2001	1001		10,000.00	借	2,195,388.00
11	14		本日合计				10,000.00	借	2,195,388.00
11	15	付-0008	支付欠款_401_H4001_2012.11.1	电汇-H4001	2202		187,200.00	借	2,008,188.00
11	15	付-0009	采购材料_6_H6002_2012.11.15	银行汇票-H6002	14030101,140		449,280.00	借	1,558,908.00
11	15	付-0009	采购材料_6_H6003_2012.11.15	银行汇票-H6003	14030101,140		70,200.00	借	1,488,708.00
11	15		本日合计				706,680.00	借	1,488,708.00
11	16	收-0004	收到货款_6_H6004_2012.11.16	银行汇票-H6004	600102,60010	678,600.00		借	2,167,308.00
11	16		本日合计			678,600.00		借	2,167,308.00
11	21	付-0010	支付利息_8_QT002_2012.11.21	其他-QT002	660301,2241		26,000.00	借	2,141,308.00
11	21		本日合计				26,000.00	借	2,141,308.00
11			当前合计			1,106,200.00	1,101,584.00	借	2,141,308.00
11			当前累计			20,015,446.00	18,792,084.00	借	2,141,308.00

图 7-3　银行存款日记账

3）双击某行或将光标定在某行再单击“凭证”按钮，可查看相应的凭证。

4）单击【总账】按钮，可查看此科目的三栏式总账。

2. 资金日报表

1）执行“出纳”|“资金日报”命令，打开“资金日报表查询条件”对话框。

2）输入查询日期“2012.11.15”。选择“有余额无发生也显示”复选框。

3）单击【确定】按钮，进入“资金日报表”窗口，如图 7-4 所示。

3. 支票登记簿

案例：2012 年 11 月 5 日，办公室赵文建领用支票 1 张（票号“ZZ1002”），限额 9600，用于支付空调维修保养费。

1）执行“总账”|“出纳”|“支票登记簿”命令，打开“银行科目选择”对话框。

2）选择科目：人民币户“100201”，单击【确定】按钮，进入支票登记窗口。

3）单击【增加】按钮。

4）输入领用日期“2012.11.05”，领用部门“办公室”，领用人“赵文建”，支票号“ZZ1002”，金额“9600”，用途“支付空调维修保养费”，单击【保存】按钮，如图 7-5 所示。

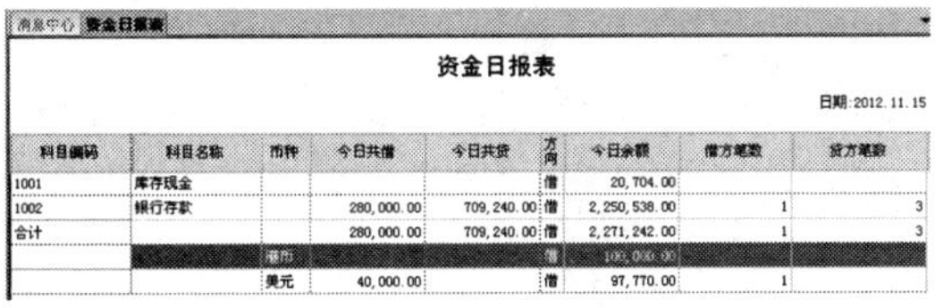

科目编码	科目名称	币种	今日共借	今日共贷	方向	今日余额	借方笔数	贷方笔数
1001	库存现金				借	20,704.00		
1002	银行存款		280,000.00	709,240.00	借	2,250,538.00	1	3
合计			280,000.00	709,240.00	借	2,271,242.00	1	3
		港币			借	100,000.00		
		美元	40,000.00		借	97,770.00	1	

图 7-4　资金日报表

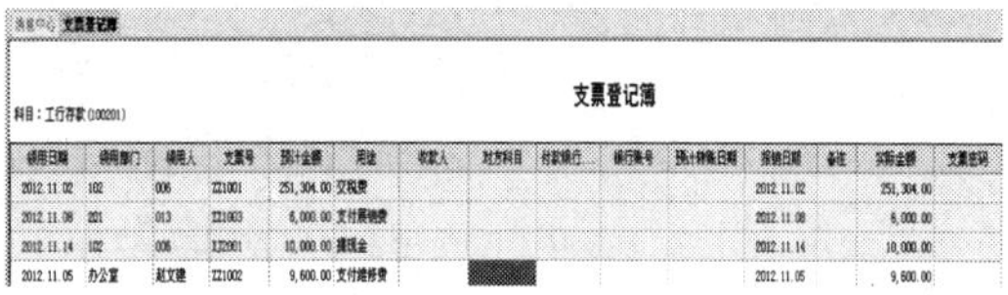

图 7-5　支票登记

注意

- 只有在结算方式设置中选择“票据管理标志”功能才能在此选择登记。
- 领用日期和支票号必须输入，其他内容可输可不输。
- 报销日期不能在领用日期之前。
- 已报销的支票可成批删除。

7.3.2 银行对账

以“104 陈敏”的身份注册进入用友 ERP-U8 主界面。

1. 输入银行对账期初数据

1）执行“总账”|“出纳”|“银行对账”|“银行对账期初录入”命令，打开“银行科目选择”对话框。

2）选择科目“100201 人民币户”，单击【确定】按钮，进入“银行对账期初”窗口。

3）确定启用日期“2012.11.01”。

4）输入单位日记账的调整前余额“2216692”；输入银行对账单的调整前余额“2544292”，如图 7-6 所示。

5）单击【对账单期初未达项】按钮，进入“银行方期初”窗口。

6）单击【增加】按钮，输入日期“2012.10.30”，结算方式“402”，借方金额“327600”，如图 7-7 所示。

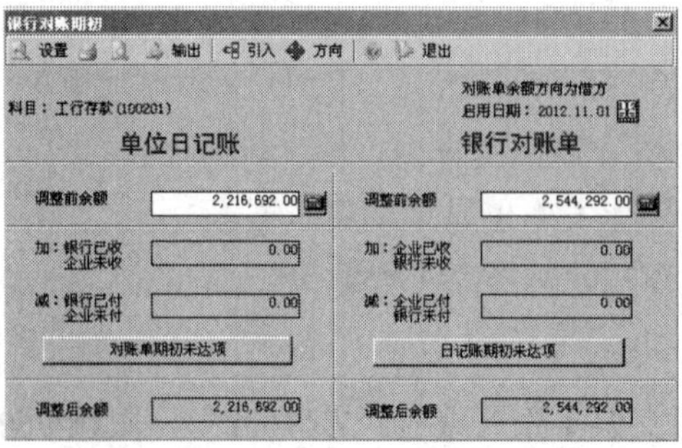

图 7-6 银行对账期初数据

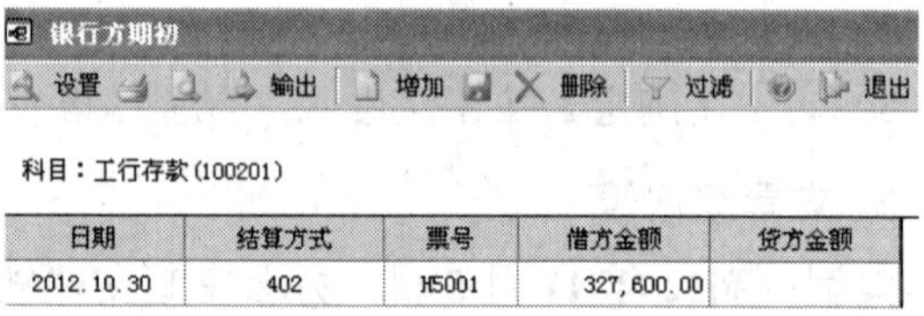

图 7-7 银行对账期初未达数据

7）单击【保存】按钮，单击【退出】按钮，如图 7-8 所示。

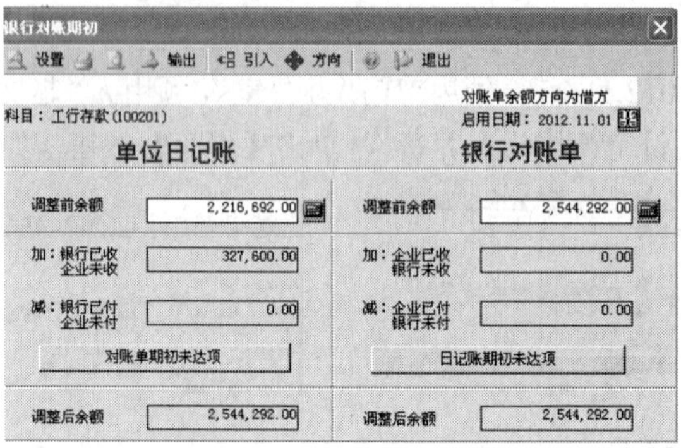

图 7-8 银行对账期初

注意

● 银行期初录入功能用于第一次使用银行对账功能前，录入日记账及对账单未达账项，在开始使用银行对账之后一般不再使用。

● 在录入完单位日记账、银行对账单期初未达账项后，请不要随意调整启用日期，尤其是向前调，这样可能会造成启用日期后的期初数不能再参与对账。

2. 录入银行对账单

1）执行“总账”|“出纳”|“银行对账”|“银行对账单”命令，打开“银行科目选择”对话框。

2）选择科目“100201 人民币户”，月份“2012.11-2012.11”，单击【确定】按钮，进入“银行对账单”窗口，如图 7-9 所示。

3）单击【增加】按钮，输入银行对账单数据，如图 7-10 所示，单击【保存】按钮。

图 7-9　进入银行对账单

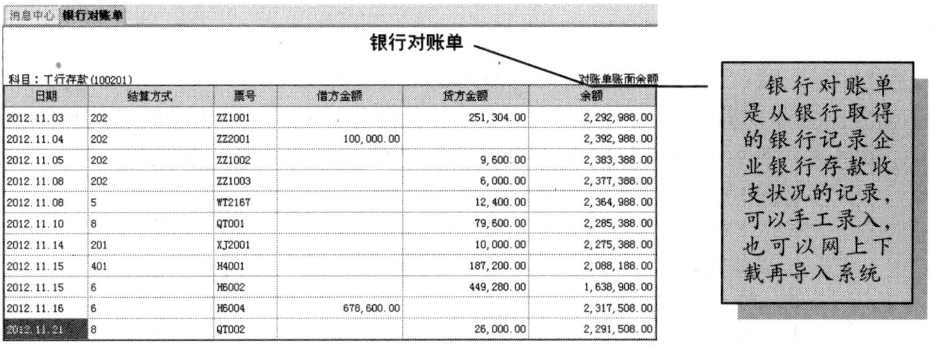

日期	结算方式	票号	借方金额	贷方金额	余额
2012.11.03	202	ZZ1001		251,304.00	2,292,988.00
2012.11.04	202	ZZ2001	100,000.00		2,392,988.00
2012.11.05	202	ZZ1002		9,600.00	2,383,388.00
2012.11.08	202	ZZ1003		6,000.00	2,377,388.00
2012.11.08	5	WT2167		12,400.00	2,364,988.00
2012.11.10	8	QT001		79,600.00	2,285,388.00
2012.11.14	201	XJ2001		10,000.00	2,275,388.00
2012.11.15	401	H4001		187,200.00	2,088,188.00
2012.11.15	6	H6002		449,280.00	1,638,908.00
2012.11.16	6	H6004	678,600.00		2,317,508.00
2012.11.21	8	QT002		26,000.00	2,291,508.00

图 7-10　录入银行对账单

3. 银行对账

（1）自动对账

1）执行“总账”|“出纳”|“银行对账”|“银行对账”命令，打开“银行科目选择”对话框。

2）选择科目“100201 人民币户”，月份开始日期为“2012.01”，截止日期至“2012.11”，单击【确定】按钮，进入“银行对账”窗口，如图 7-11 所示。

3）单击【对账】按钮，打开“自动对账”条件对话框，如图 7-12 所示。

图 7-11　自动对账科目选择

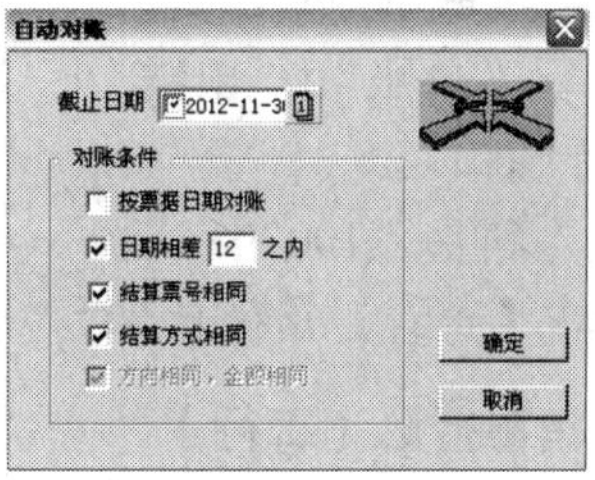

图 7-12　自动对账条件

4）输入截止日期“2012.11.30”，默认系统提供的其他对账条件。

5）单击【确定】按钮，显示自动对账结果，如图 7-13 所示。

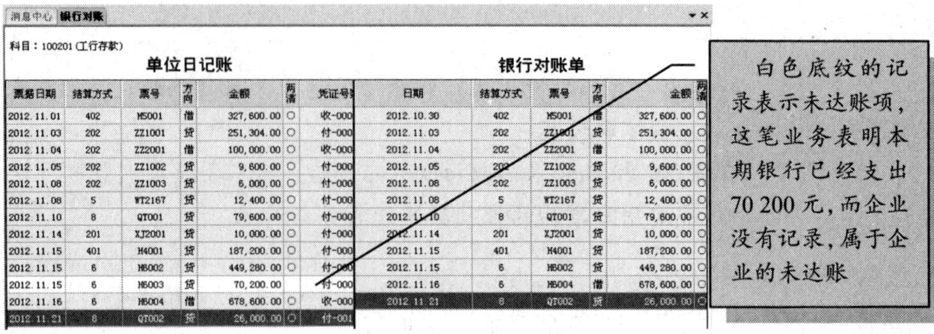

图 7-13　银行自动对账

注意

- 对账条件中的方向、金额相同是必选条件，对账截止日期可输入可不输。
- 对于已达账项，系统自动在银行存款日记账和银行对账单双方的“两清”栏打上圆圈标志。

（2）手工对账

1）在银行对账窗口，对于一些应勾对而未勾对上的账项，可分别双击“两清”栏，直接进行手工调整。手工对账的标记为“Y”，以区别于自动对账标记，如图 7-14 所示。

2）对账完毕，单击【检查】按钮，检查结果平衡，单击【确定】按钮。

图 7-14　银行手工对账

注意

- 在自动对账不能完全对上的情况下，可采用手工对账。

4. 输出余额调节表

1）执行“总账”|“出纳”|“银行对账”|“余额调节表查询”命令，进入“银行存款余额调节表”窗口。

2）选中科目“100201 人民币户”。

3）单击【查看】或双击该行，即显示该银行账户的银行存款余额调节表，如图 7-15 所示。

5. 核销银行账（工行）

1）执行“总账”|“出纳”|“银行对账”|“核销银行账”命令，选中 核销银行科目“100201 人民币户”，单击【确定】按钮。出现提示“你是否要进行银行账核销”，如图 7-16 所示。

2）选择【是】按钮，出现如图 7-17 所示提示。

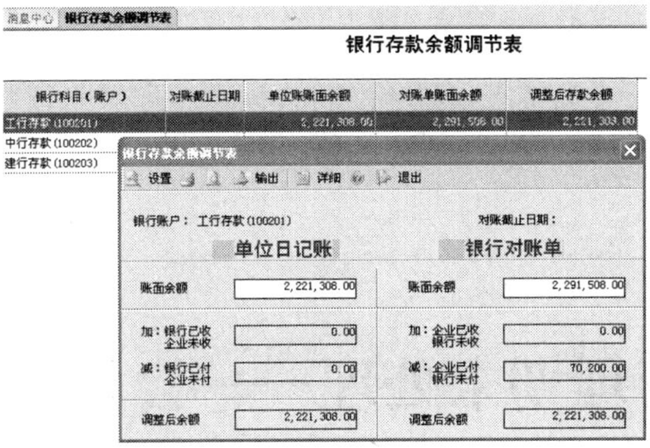

图 7-15　银行存款余额调节表

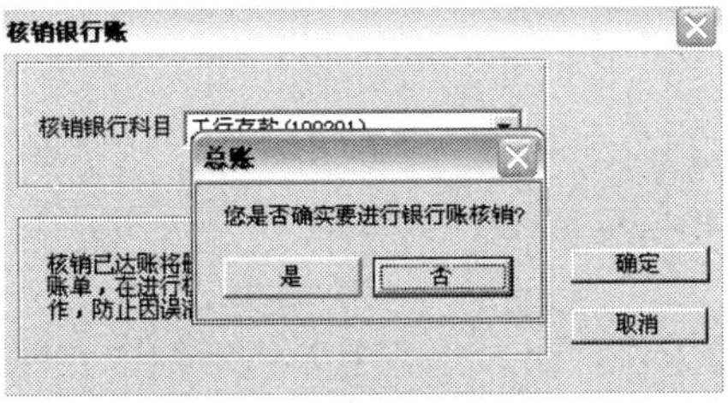

图 7-16　核销银行账提示

图 7-17　核销银行账

6. 反核销

执行“总账”|“出纳”|“银行对账”|“核销银行账”命令，按键盘上【ALT+U】组合键，出现图 7-18，选择【是】按钮。

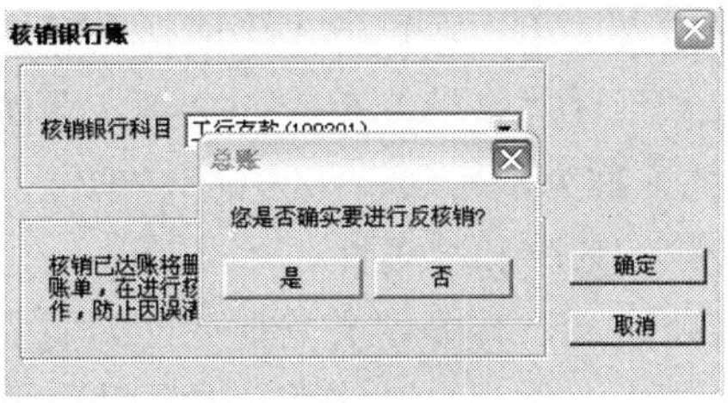

图 7-18　反核销银行账

课后巩固

1. 谁可以进行日记账的查询？
2. 如何进行手工对账？
3. 如何核销银行账？
4. 如果想查询本月现金支出在 2 000 元以上的凭证，应如何查询？
5. 如果企业的财务核算要求是出纳必须对涉及现金收支的业务进行确认，那么需要在系统中做哪些设置？
6. 银行对账功能是否必须和总账同一期间启用？

项目 8

总账管理期末处理——会计主管岗位

8.1 期末业务处理概述

每个会计期末，会计人员都需要完成一些特定的工作，期末业务主要包括期末转账处理、试算平衡、对账、结账等。

1. 自动转账

在会计业务中，许多会计事项每月有规律地重复出现，例如，每月提取折旧费、按月上交税金、按月发工资、月底结转费用到损益账户等。这些凭证的摘要、借贷方科目各月基本相同、金额的来源或计算方法也基本不变。因此，可以把这类凭证的摘要、借贷方科目、金额的来源或计算方法预先进行定义，用户在执行“生成转账凭证”时，计算机根据预先定义的金额来源或计算方法自动取数或计算来填制相应的金额，从而生成相应的转账凭证，这个过程叫“自动转账”，这样的凭证称为“自动转账凭证”。通过自动转账避免了每月重复填制类似的转账凭证，并提高了转账的效率和准确性。

自动转账需要事先进行转账定义，转账定义是把凭证的摘要、会计科目、借贷方向及金额的计算公式预先设置成凭证模板，称为自动转账分录，待需要转账时调用相应的自动转账分录生成凭证，生成的凭证是未经记账的，需要进行记账，如图 8-1 所示。

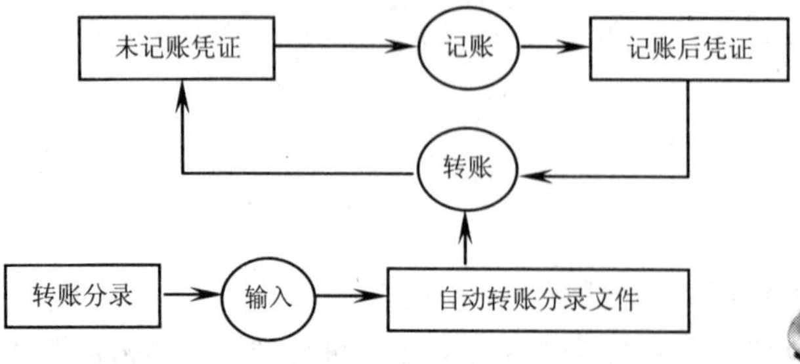

图 8-1　自动转账流程

系统提供 5 种类型的转账定义，其中自定义转账是应用最为广泛和灵活的。归纳整理自定义转账能处理哪些类型的业务，理解凭证各项数据的来源及如何利用金额公式表述是自定义转账最核心的内容。

2. 结账

每月月末，需要计算各账簿的本期发生额和期末余额，并结转到下一个会计期间，称之为结账。结账会终止本期工作，每月只能进行一次。因此需要了解结账的工作要求和工作程序。

重点、难点提示

月末处理

总账系统提供有灵活的自定义转账功能、各种取数公式可满足各类业务的转账工作；能自动完成月末分摊、计提、对应转账、销售成本、汇兑损益、期间损益结转等业务；进行试算平衡、对账、结账、生成月末工作报告。

8.2 期末处理实训

8.2.1 实训概述

1. 实训目的

掌握总账系统期末处理的操作方法。

2. 实训内容

1）自定义结转、对应结转、损益结转基础设置。

2）自定义结转、对应结转、损益结转生成。

3）期末凭证审核、记账。

4）对账、结账。

5）账套数据备份。

3. 实训准备

引入“项目5中的凭证处理”备份数据或光盘中的“实训财套/凭证处理27”。

4. 实训要求

1）以“102　刘云”的身份进行转账定义、转账凭证生成操作。

2）以“104 陈敏”的身份进行出纳签字，现金、银行存款日记账和资金日报表的查询，支票登记。

3）以“101 李武”的身份进行主管签字、审核、记账、账簿查询操作。

8.2.2 实训资料

期末处理由操作员 102 刘云进行，生成的凭证由李武审核、记账。

1. 期末转账定义

（1）自定义结转

1）计提坏账准备，按应收账款账户借方发生额的 5‰计提。

【操作提示】：转账序号：0001。转账说明：计提坏账准备。凭证类别：转账凭证。借方科目：670101（资产减值损失——坏账准备）。金额公式：FS（1122，月，借）*0.005。贷方科目：1231，金额公式：CE（ ）。

2）计提所得税，按利润总额的 25%计提。

【操作提示】：转账序号：0002。转账说明：计提所得税。凭证类别：转账凭证。借方科目：6801（所得税费用）。金额公式：（FS（6001,月,贷）+FS（6051,月,贷）+FS（6301,月,贷）-FS（6401,月,借）-FS（6402,月,借）-FS（6601,月,借）-FS（6602,月,借）-FS（6603,月,借）-FS（6701,月,借））*0.25。贷方科目：222106，金额公式：JG（ ）。

备注：也可以先计算利润总额=469175.92，再乘以 0.25。

（2）定义对应结转 0001-0005

1）“进项税额（22210101）”转“转出多交增值税（22210109）”。

2）“销项税额（22210105）”转“转出未交增值税（22210103）”。

3）年度利润结转。“本年利润（4103）”转“利润分配——未分配利润（410415）”。

4）已分配利润结转。“利润分配——提取盈余公积（410402）”转“利润分配——未分配利润（410415）”。

5）已分配利润结转。“利润分配——应付普通股股利（410410）”转“利润分配——未分配利润（410415）”。

（3）结转产品销售成本

主营业务收入：6001，主营业务成本6401。库存商品：1405；结转冰箱95台，每台2 400元；洗衣机100台，每台1 500元；电风扇200台，每台600元（附件1张）。

（4）期末调汇

凭证类别：付款凭证。期末汇率：6.9、0.75。汇兑损益科目：6061。

1）先调整期末汇率（美元的期末调整汇率为 6.9，港币的期末调整汇率为 0.75）。

2）定义汇兑损益结转，汇兑损益的入账科目为“6061 汇兑损益”。

3）生成汇兑损益结转凭证，并进行审核、记账。

（5）期间损益结转定义

凭证类别：转账凭证。本年利润科目：4103。

2. 期末转账生成

1）刘云生成自定义结转，计提坏账准备，生成转0014号凭证。

2）刘云进行对应结转0001—0002号凭证，生成转0015、0016号凭证。

3）刘云结转产品销售成本，生成转0017号凭证。

4）刘云进行汇兑损益结转，生成付0011号凭证。

5）李武对已生成的凭证进行审核、记账。

6）刘云生成自定义结转，计提所得税，生成转0018号凭证。

7）李武对已生成的凭证进行审核、记账。

8）刘云进行期间损益结转凭证，收支分别结转，生成转0019、0020号凭证。

9）李武对已生成的凭证进行审核、记账。

10）刘云进行0003—0005号凭证对应结转，生成转0021—0023号凭证。

11）李武对已生成的凭证进行审核、记账。

3. 对账、结账

4. 实训操作时间与地点

操作时间：2 课时。　　　　　　　　操作地点：多媒体机房。

8.3 期末处理实训操作

2012 年 11 月 30 日，以“102 刘云”的身份重新注册总账系统。

8.3.1 自定义转账

1. 计提坏账准备

1）执行“总账”|“期末”|“转账定义”|“自定义转账”命令，进入“自动转账设置”窗口。

2）单击【增加】按钮，打开“转账目录”设置对话框。

3）输入转账序号“0001”，转账说明“计提坏账准备”；选择凭证类别“转账凭证”，如图 8-2 所示。

4）单击【确定】按钮，继续定义转账凭证分录信息。

5）单击【增行】按钮，确定分录的借方信息。选择科目编码“670101，方向“借”，输入金额公式“**FS（1122，月，借）*0.005**”。

6）在金额公式栏单击 ... 按钮，打开“公式向导”对话框，选择“ 借方发生额 FS（）”，单击【下一步】按钮，如图 8-3 所示。

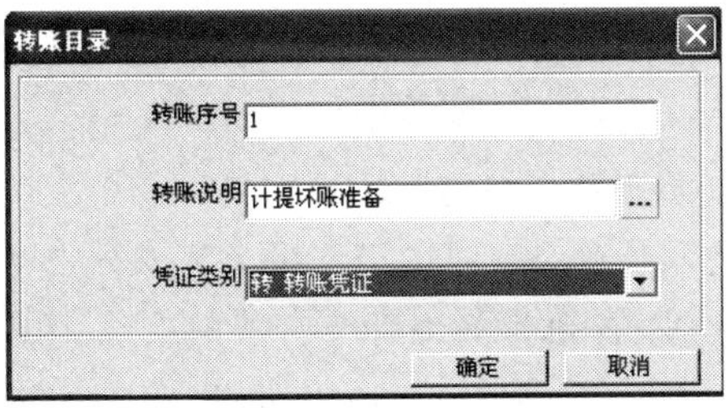

图 8-2　自定义转账——转账目录

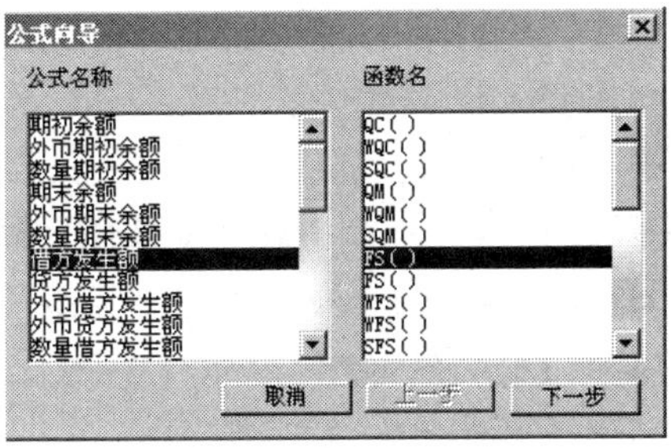

图 8-3　公式向导 1

7）选择科目“1122”，期间“月”，方向“借”，如图 8-4、图 8-5 所示。单击【完成】按钮，返回金额公式栏。

8）单击【增行】按钮，确定分录的借方信息。选择科目编码“1231”，方向“借”，输入金额公式“CE（）”，如图 8-6 所示。

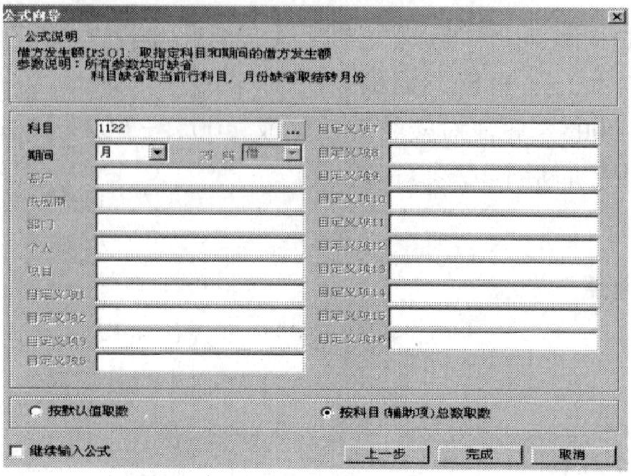

图 8-4　公式向导 2

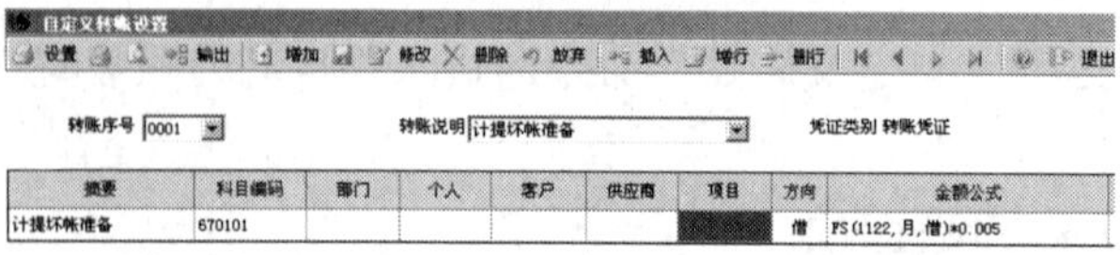

图 8-5　公式设置

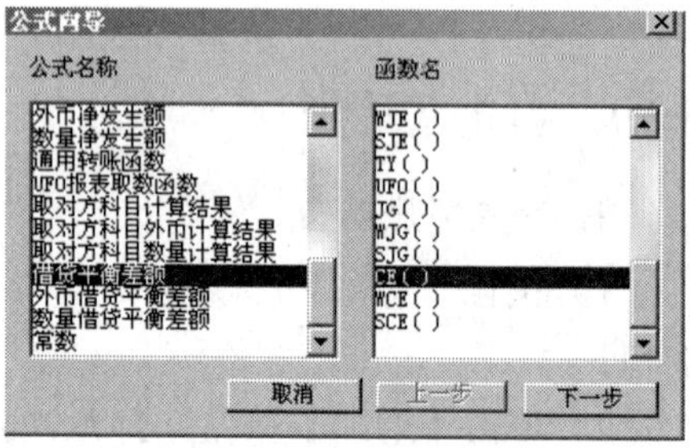

图 8-6　公式向导 3

9）单击【保存】按钮，出现如图 8-7 所示窗口。

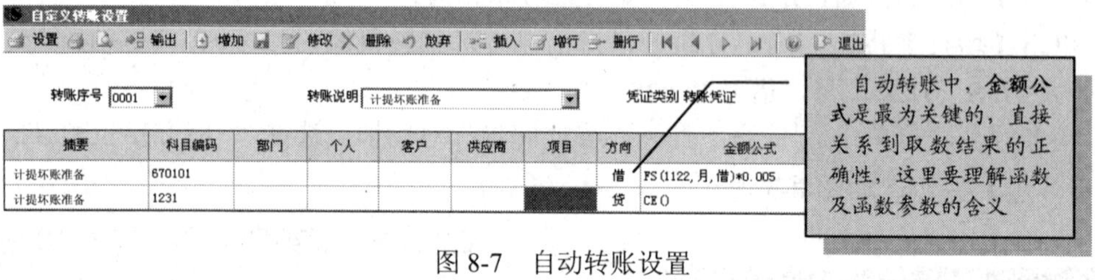

图 8-7　自动转账设置

注意

- 转账科目可以为非末级科目、部门可为空，表示所有部门。
- 输入转账计算公式有两种方法：一是直接输入计算公式；二是引导方式录入公式。
- （CE）含义为“取借贷差额”，其中的“(　)”必须为英文符号，否则系统提示“金额公式不合法：未知函数名”。

2. 计提本月所得税

1）执行“总账”|“期末”|“转账定义”|“自定义转账”命令，进入“自动转账设置”窗口。

2）单击【增加】按钮，打开“转账目录”设置对话框。

3）输入转账序号“0002”，转账说明“计提本月所得税”；选择凭证类别“转账凭证”，如图 8-8 所示。

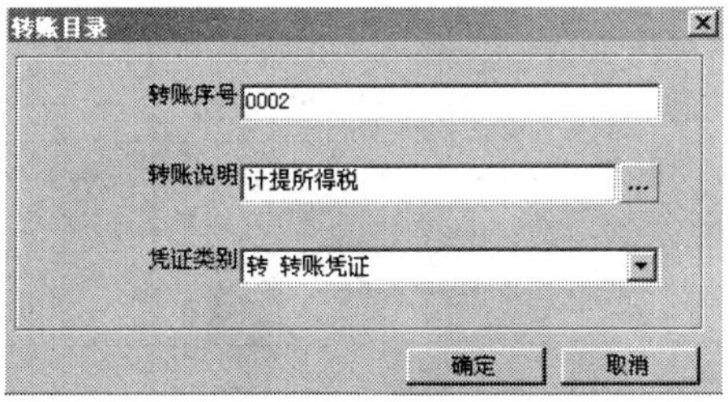

图 8-8　自定义转账——转账目录

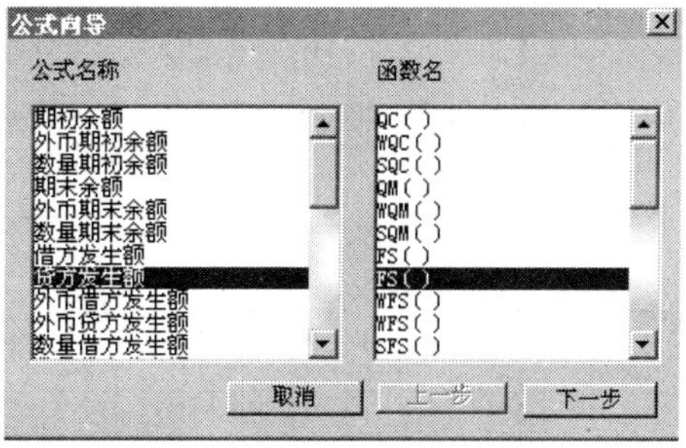

图 8-9　公式向导 1

4）单击【确定】按钮，继续定义转账凭证分录信息。

5）单击【增行】按钮，确定分录的借方信息。选择科目编码“6801，方向“借”，输入金额公式“**(FS(6001,月,贷)+FS(6051,月,贷)+FS(6301,月,贷)-FS(6401,月,借)-FS(6402,月,借)-FS(6601,月,借)-FS(6602,月,借)-FS(6603,月,借)-FS(6701,月,借))*0.25**”。

6）在金额公式栏单击 ... 按钮，打开“公式向导”对话框，选择“贷方发生额 FS()”，单击【下一步】按钮，如图 8-9 所示。

7）选择科目“6001”，期间“月”，方向“贷”，单击“继续输入公式”，单击“+或-”单击“下一步”，继续选择单击“继续输入公式”，单击“+或-”单击“下一步”，直到输完公式为止，如图 8-10、图 8-11 所示。单击【完成】按钮，返回金额公式栏。

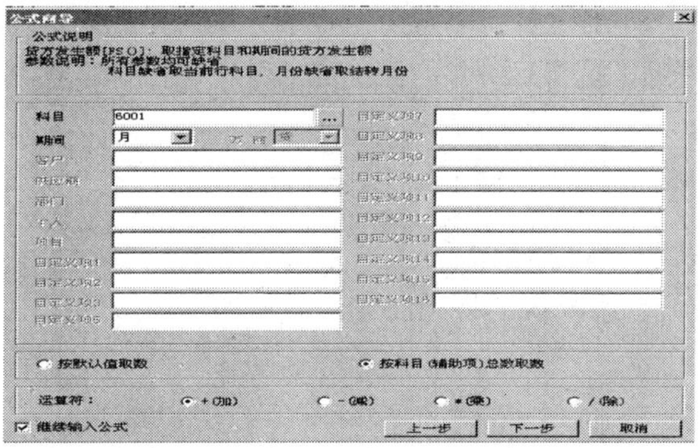

图 8-10　公式向导 2

8）单击【增行】按钮，确定分录的借方信息。选择科目编码“222106”，方向“贷”，输入金额公式“JG()”，如图 8-12 所示。

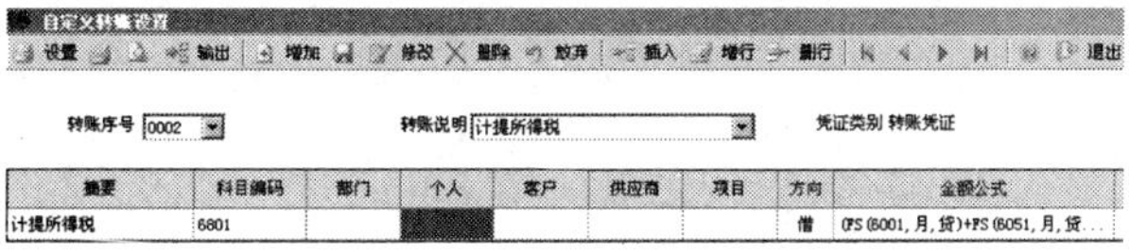

图 8-11　公式设置

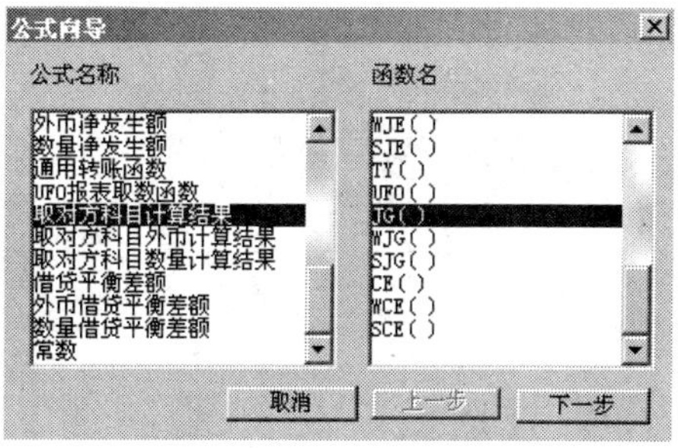

图 8-12　公式向导 3

9）单击【保存】按钮，生成结果如图 8-13 所示。

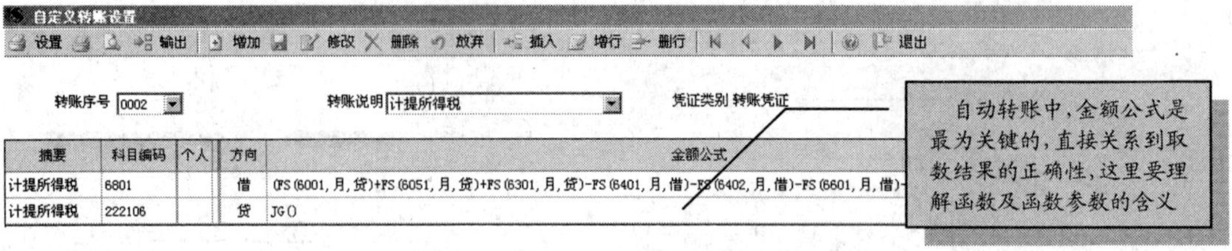

图 8-13　自动转账设置

3. 自定义转账生成——凭证生成

1）执行“总账”|“期末”|“转账生成”命令，进入“转账生成”窗口。

2）单击“自定义转账”单选按钮，双击【001 是否结转】按钮，如图 8-14 所示。

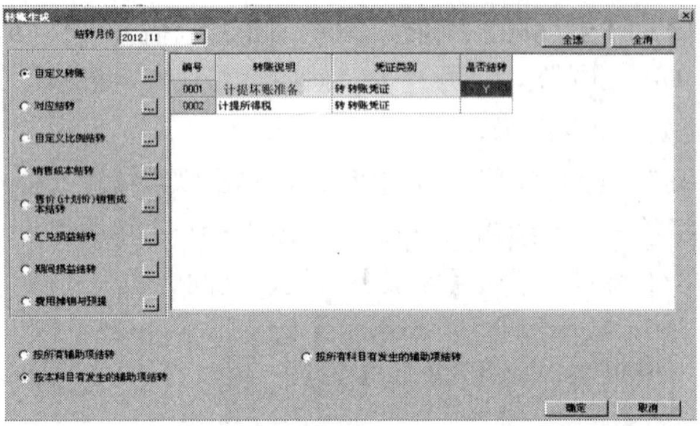

图 8-14　转账生成设置

3）单击【确定】按钮，系统生成转账凭证。

4）单击【保存】按钮，系统自动将当前凭证追加到未记账凭证中，凭证左上角出现“已生成”标志，如图 8-15 所示。

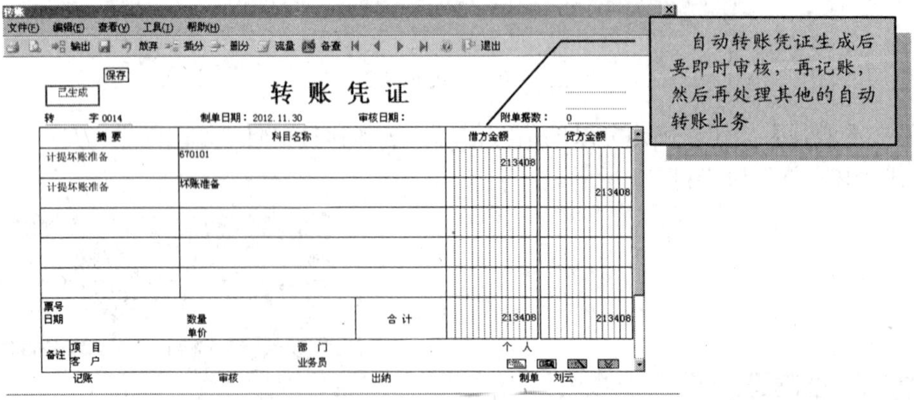

图 8-15　自定义转账生成

注意

- 转账生成之前，注意转账月份为当前会计月份。
- 进行转账生成之前，先将相关经济业务的记账凭证登记入账。

- 转账凭证每月只生成一次。
- 生成的转账凭证，仍需审核、才能记账。
- 以“101 李武”身份将生成的自动转账凭证审核、记账。

8.3.2 对应结转

1. 对应结转定义

1）执行“总账”|“期末”|“转账定义”|“对应结转”命令，进入“自动转账设置”窗口。

2）单击【增加】按钮，打开“转账目录”设置对话框。

3）输入转账序号“0001”，摘要“转出进项税额”；选择凭证类别“转账凭证”，如图 8-16 所示。

4）单击【增加】按钮，打开“转账目录”设置对话框。输入转账序号“0002”，摘要“转出销项税额”；选择凭证类别“转账凭证”，如图 8-17 所示。

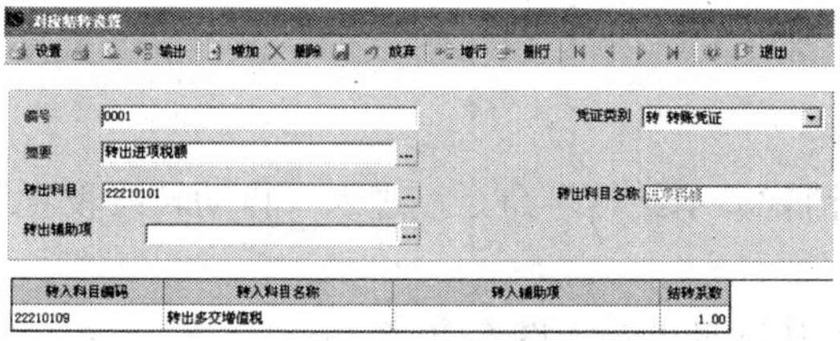

图 8-16 对应结转设置 1

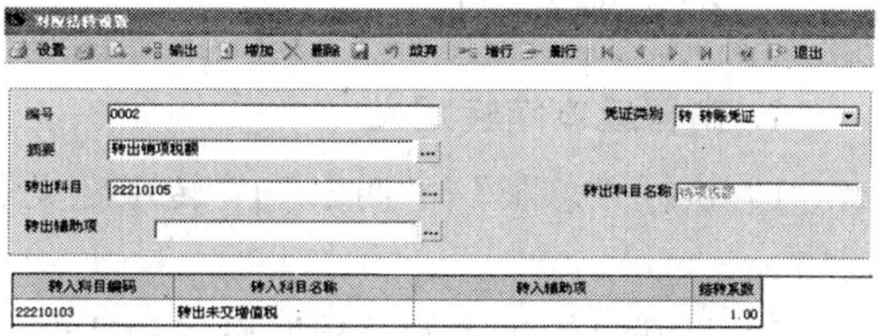

图 8-17 对应结转设置 2

2. 对应结转生成

1）执行“总账”|“期末”|“转账生成”命令，进入“转账生成”窗口。

2）单击“对应结转”单选按钮，单击【全选】按钮。

3）单击【确定】按钮，系统生成转账凭证。

4）单击【保存】按钮，系统自动将当前凭证追加到未记账凭证中，凭证左上角出现“已生成”标志，如图 8-18、图 8-19 所示。

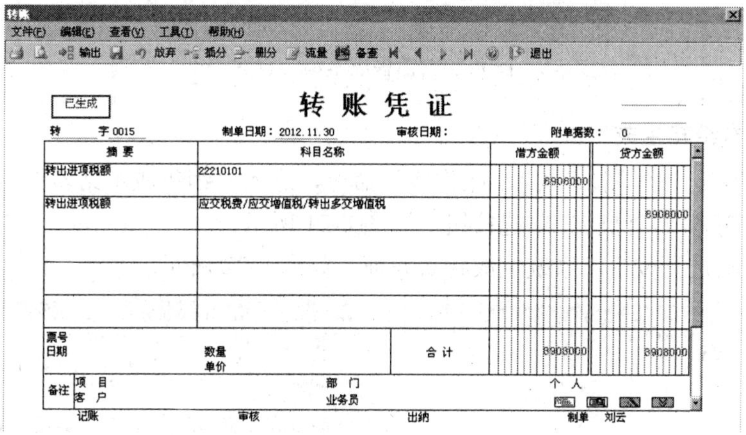

图 8-18 对应结转 1

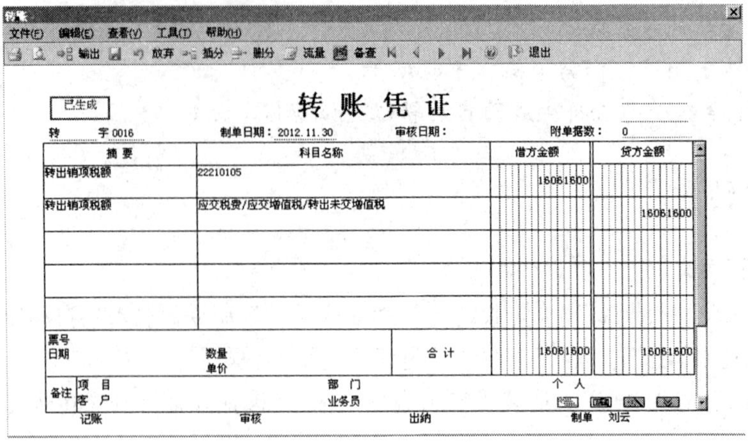

图 8-19 对应结转 2

8.3.3 销售成本结转

1. 销售成本结转定义

1）执行“总账”|“期末”|“转账定义”|“销售成本结转”命令，进入“自动转账设置”窗口。

2）打开“销售成本结转”设置对话框，依次从键盘上输入图 8-20 资料。

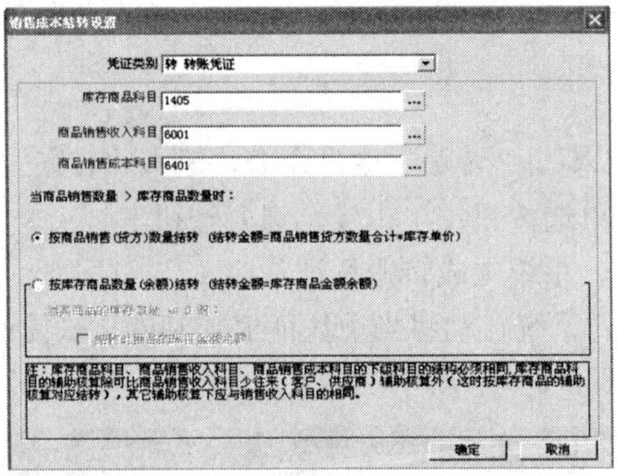

图 8-20 销售成本结转设置

2. 销售成本结转生成

1）执行“总账”|“期末”|“转账生成”命令，进入“销售成本结转”窗口。

2）单击“销售成本结转”单选按钮，如图 8-21 所示。

3）单击【确定】按钮，系统生成转账凭证，如图 8-22 所示。

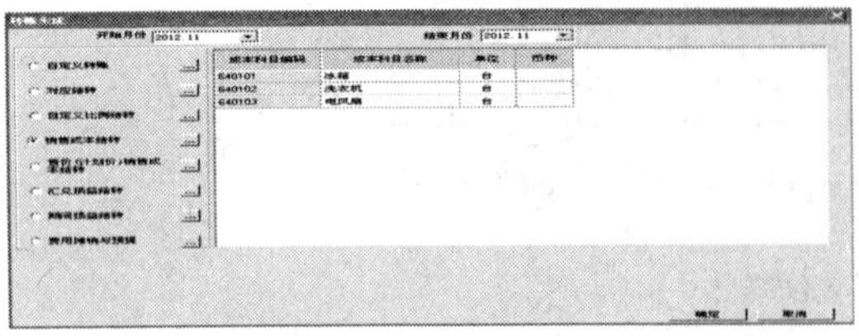

图 8-21 销售成本结转 1

图 8-22 销售成本结转 2

4）单击【确定】按钮，系统自动将当前凭证追加到未记账凭证中，凭证左上角出现“已生成”标志，如图 8-23 所示。

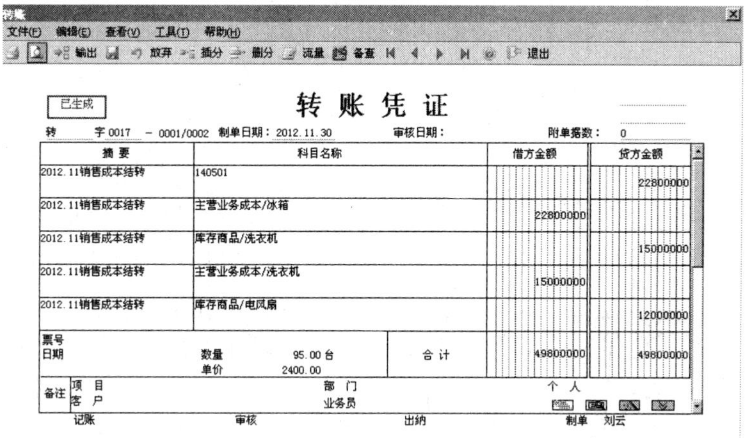

图 8-23　销售成本结转结果

8.3.4　汇兑损益结转

1. 汇兑损益定义

1）单击企业应用平台左下角的“基础设置”页签→基础档案→财务，单击“外币设置”，输入美元期末调整汇率：6.9，港币的期末调整汇率为 0.75，如图 8-24、图 8-25 所示。

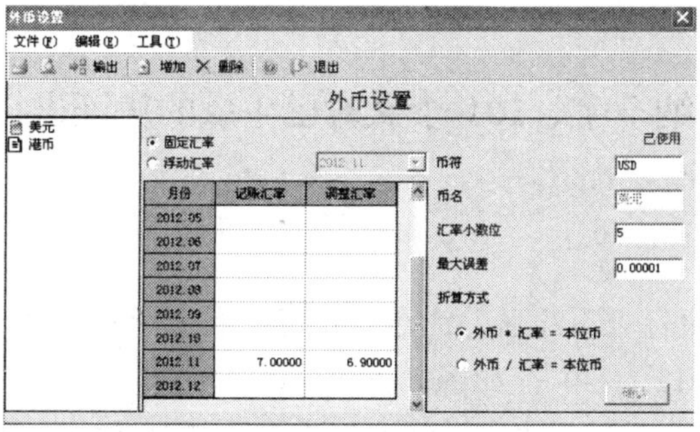

图 8-24　外币设置 1

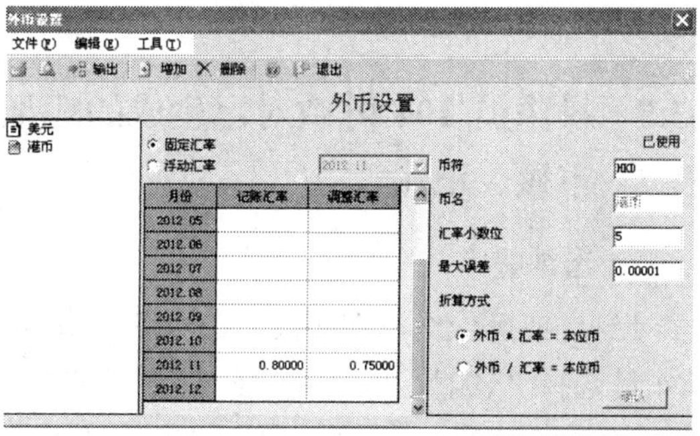

图 8-25　外币设置 2

2）执行“总账”|“期末”|“转账定义”|“汇兑损益”命令，进入“汇兑损益转账设置”窗口。

3）选择凭证类别“付款凭证”，汇兑损益入账科目：“6061”，如图 8-26 所示。单击【确定】按钮。

2. 汇兑损益生成

1）执行“总账”|“期末”|“转账生成”命令，进入“汇兑损益结转”窗口。

2）单击【全选】按钮，如图 8-27、图 8-28 所示。

3）银行存款结算方式，其他“8”，票号为 QT003 和 QT004，现金流量选“23 汇率变动对现金的影响”。

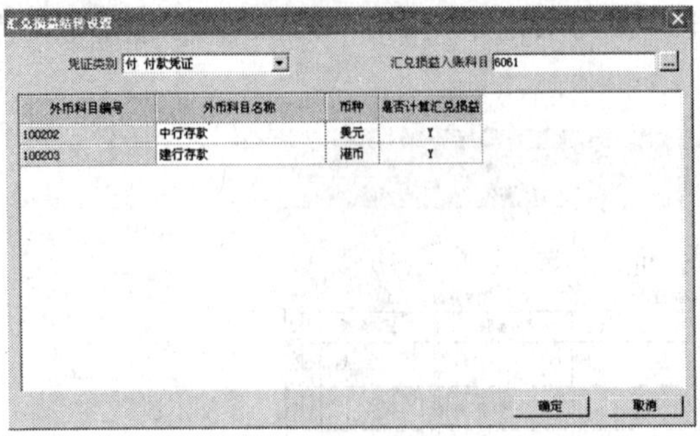

图 8-26　汇兑损益结转设置 1

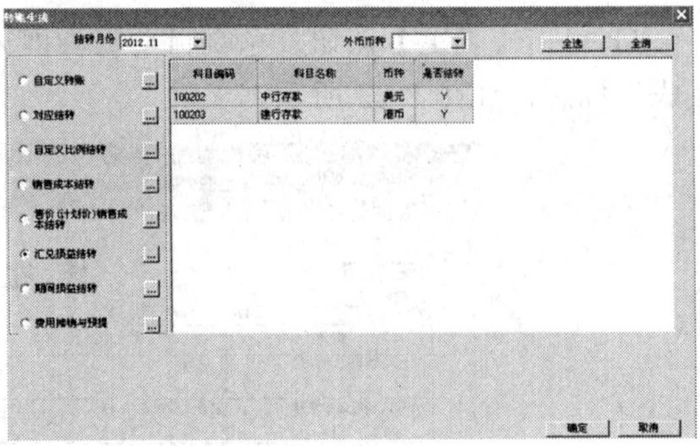

图 8-27　汇兑损益结转设置 2

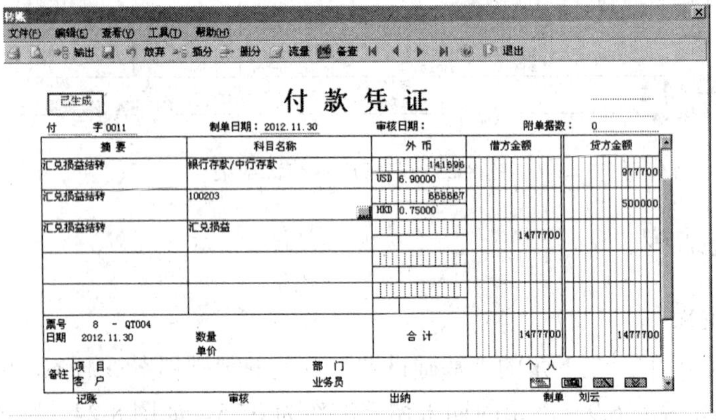

图 8-28　汇兑损益

8.3.5　操作员 104 陈敏对已生成的凭证出纳签字，101 李武对已生成的凭证进行审核、记账

1. 出纳签字

1）更换操作员，在用友 ERP-U8 主界面，执行“重注册”命令，打开“登录”对话框。操作员选择“104”，账套选“588”，日期选“2012.11.30”，如图 8-29 所示。

2）执行“总账”|“凭证”|“出纳签字”命令，打开“出纳签字”查询条件对话框。

3）输入查询条件：单击【全部】单选按钮。

4）单击【确定】按钮，进入“出纳签字”的凭证列表窗口，如图 8-30 所示。

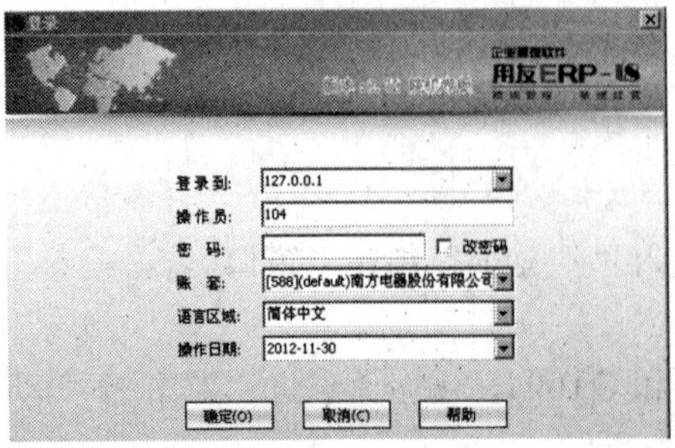

图 8-29　重注册

图 8-30　出纳签字 1

5）双击某一要签字的凭证或单击【确定】按钮，进入“出纳签字”的签字窗口。

6）单击【签字】按钮，凭证底部的“出纳”处自动签上出纳人姓名，如图 8-31 所示。

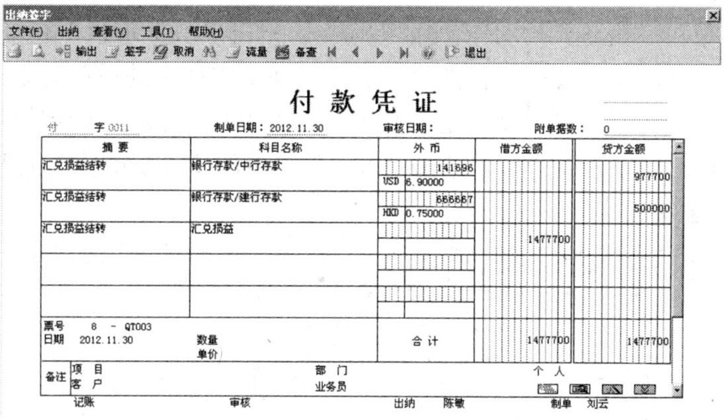

图 8-31 出纳签字 2

7）单击【下张】按钮，对其他凭证签字，最后单击【退出】按钮。

2. 主管签字

1）以“101 李武”的身份“重注册”，操作员选择“101”，账套选“588”，日期选“2012.11.30”。

2）执行“总账”|“凭证”|“主管签字”命令，打开“主管签字”查询条件对话框。单击【确定】按钮，进入“主管签字”的凭证列表窗口，如图 8-32 所示。

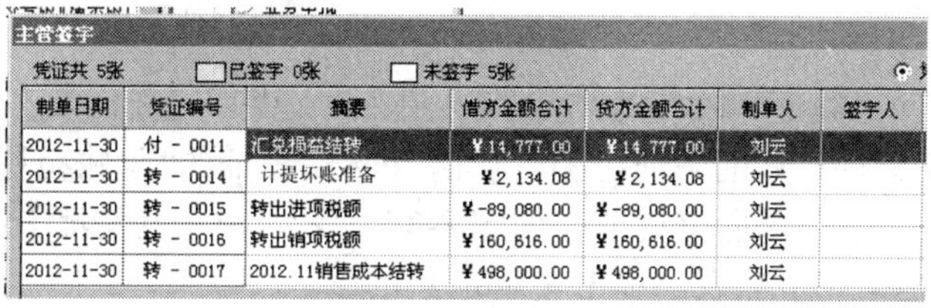

主管签字

凭证共 5张　已签字 0张　未签字 5张

制单日期	凭证编号	摘要	借方金额合计	贷方金额合计	制单人	签字人
2012-11-30	付 - 0011	汇兑损益结转	¥14,777.00	¥14,777.00	刘云	
2012-11-30	转 - 0014	计提坏账准备	¥2,134.08	¥2,134.08	刘云	
2012-11-30	转 - 0015	转出进项税额	¥-89,080.00	¥-89,080.00	刘云	
2012-11-30	转 - 0016	转出销项税额	¥160,616.00	¥160,616.00	刘云	
2012-11-30	转 - 0017	2012.11销售成本结转	¥498,000.00	¥498,000.00	刘云	

图 8-32 主管签字 1

3）单击【签字】按钮，凭证顶部中间位置处自动签上主管姓名，如图 8-33 所示。

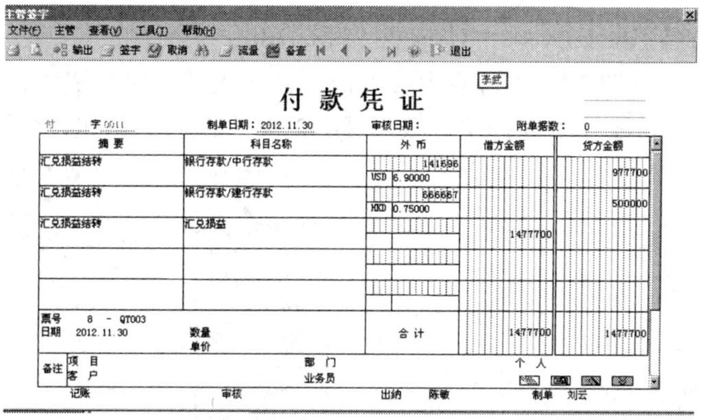

图 8-33 主管签字 2

4）单击【下张】按钮，对其他凭证签字，最后单击【退出】按钮。

3. 审核凭证

1）以“101 李武”的身份重新注册。

2）执行“总账”|“凭证”|“审核凭证”命令，打开“凭证审核”查询条件对话框。

3）输入查询条件，单击【确定】按钮，进入“凭证审核”的凭证列表窗口。

4）双击要审核的凭证或单击【确定】按钮，进入“凭证审核”的审核凭证窗口。

5）检查要审核的凭证，无误后，单击“审核”菜单的【成批审核凭证】按钮，如图 8-34 所示，单击【确定】按钮。

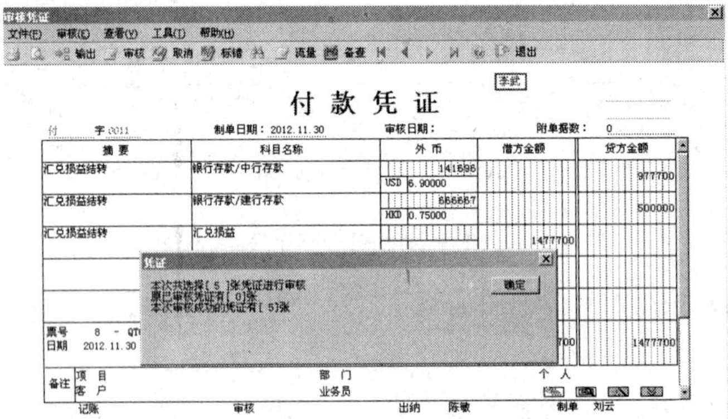

图 8-34 凭证审核

6）最后单击【退出】按钮。

4. 记账

1）执行“总账”|“凭证”|“记账”命令，进入“记账”窗口。

2）第一步选择要进行记账的凭证范围。例如，在转账凭证的“记账范围”栏中输入“14-17”，本例单击【全选】按钮，选择所有凭证，如图 8-35 所示，单击【记账】按钮。

3）系统显示期初试算平衡表，单击【确定】按钮。

4）系统进行自动记账处理。登记完后，弹出“记账完毕！”信息提示对话框。

5）单击【确定】，记账完毕。

8.3.6 自定义转账凭证生成——计提所得税凭证

1）执行“总账”|“期末”|“转账生成”命令，进入“转账生成”窗口。

2）单击“自定义转账”单选按钮，双击【002 是否结转】按钮，如图 8-36 所示。

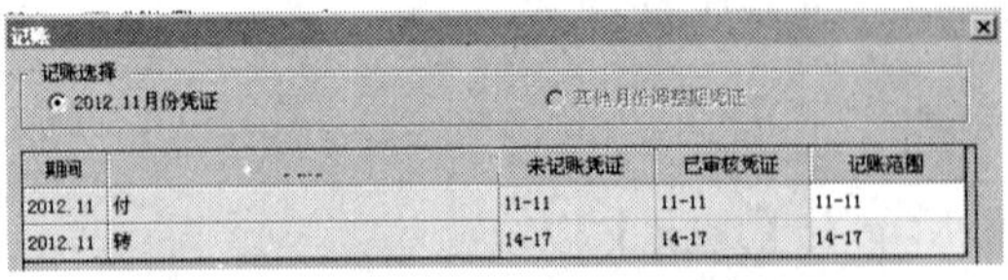

图 8-35 记账——选择本次记账范围

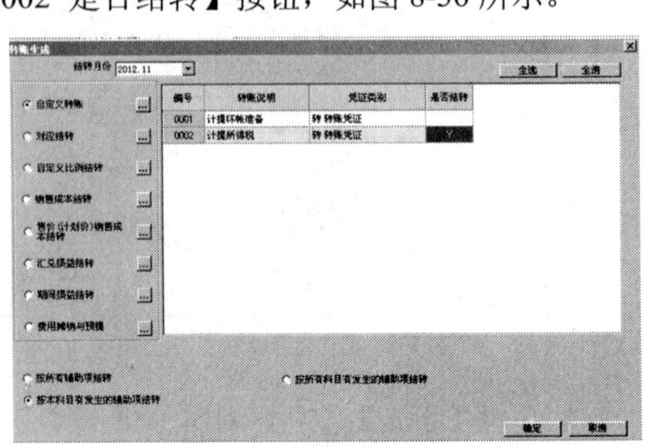

图 8-36 转账生成设置

3）单击【确定】按钮，系统生成转账凭证。

4）单击【保存】按钮，系统自动将当前凭证追加到未记账凭证中，凭证左上角出现“已生成”标志，如图 8-37 所示。

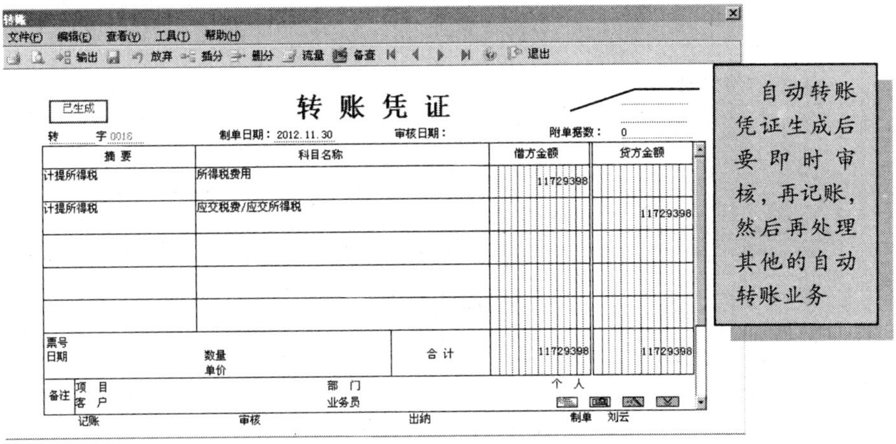

图 8-37　自定义转账生成

5）操作员 101 李武对已生成的凭证进行审核、记账。

操作步骤参考 8.3.5。

8.3.7　期间损益结转

1. 期间损益定义

1）操作员 102 执行“总账”|“期末”|“转账定义”|“期间损益”命令，进入“期间损益转账设置”窗口。

2）选择凭证类别“转账凭证”，本年利润科目：“4103”，如图 8-38 所示，单击【确定】按钮。

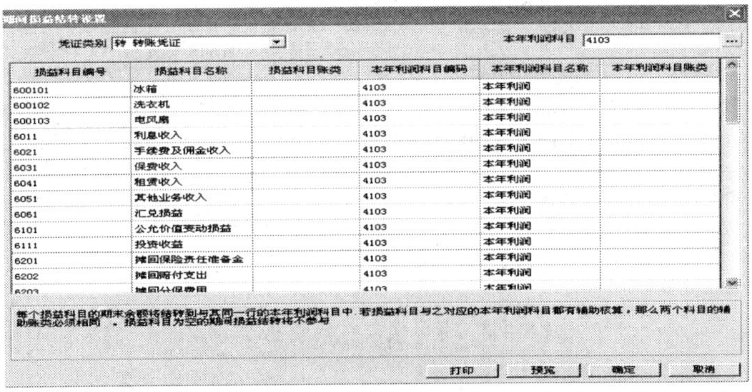

图 8-38　期间损益设置

2. 期间损益生成

1）执行“总账”|“期末”|“转账生成”命令，进入“期间损益结转”窗口。

2）类型选“收入”或“支出”，单击“全选”按钮，如图 8-39～图 8-41 所示。

3）操作员 101 李武对已生成的凭证进行审核、记账。

操作步骤参考 8.3.5。

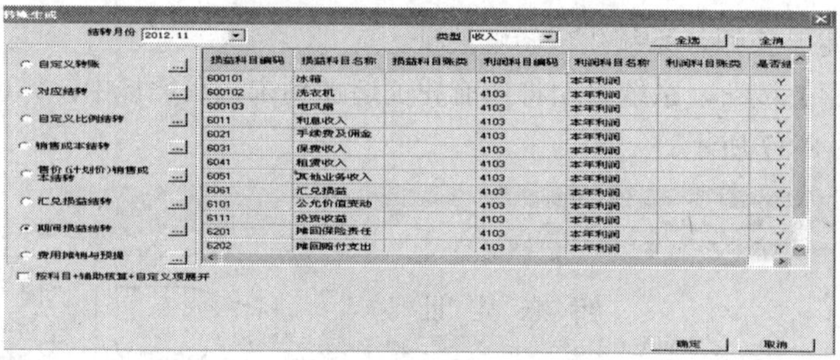

图 8-39　期间损益转账生成

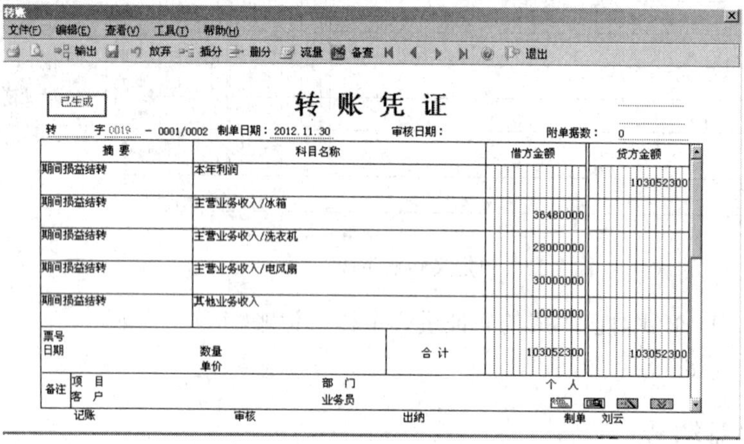

图 8-40　期间损益结转生成凭证 1

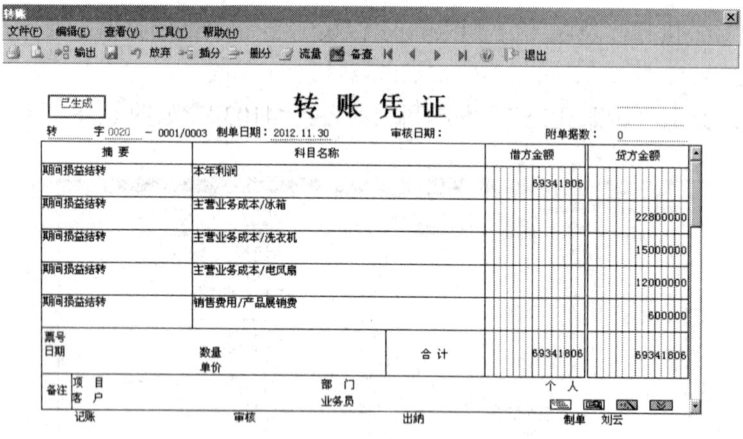

图 8-41　期间损益结转生成凭证 2

8.3.8　对应结转 3、4、5

1. 对应结转定义

1）执行“总账”|“期末”|“转账定义”|“对应结转”命令，进入“自动转账设置”窗口。

2）单击【增加】按钮，打开“转账目录”设置对话框。

3）输入转账序号“0003～0005”，如图 8-42～图 8-44 所示。

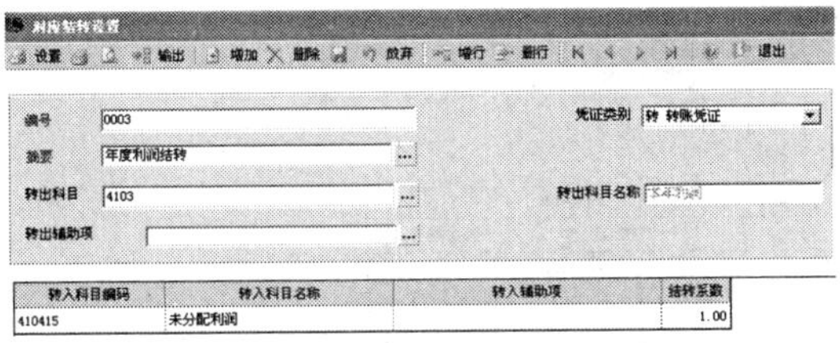

图 8-42　对应结转设置 3

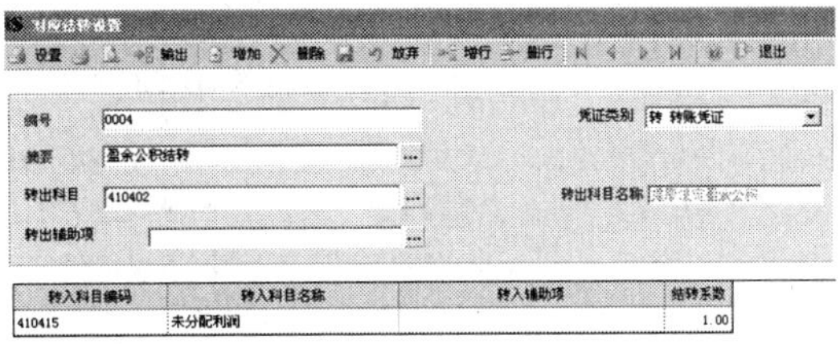

图 8-43　对应结转设置 4

2. 对应结转生成

1）执行“总账”|“期末”|“转账生成”命令，进入“转账生成”窗口。

2）单击“对应结转”单选按钮，选择对应结转 3、4、5（用鼠标双击），如图 8-45 所示。

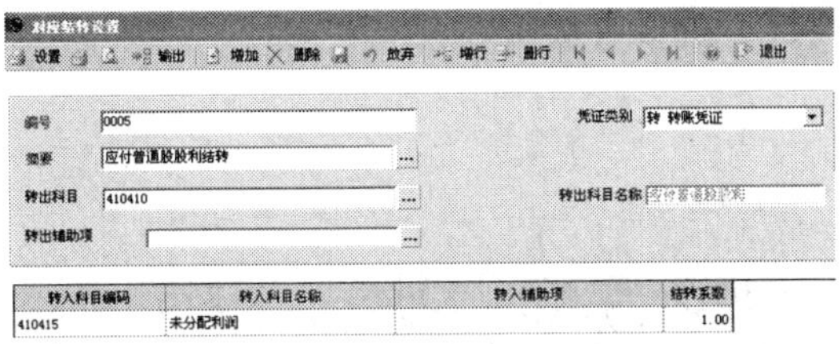

图 8-44　对应结转设置 5

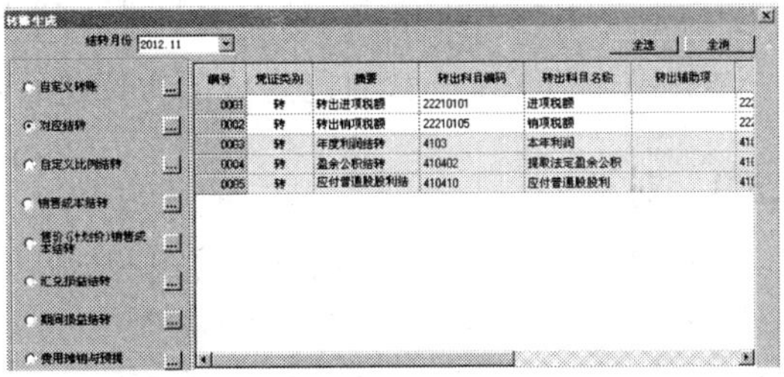

图 8-45　对应结转选择

3）单击【确定】按钮，系统生成转账凭证。

4）单击【保存】按钮，系统自动将当前凭证追加到未记账凭证中，凭证左上角出现“已生成”标志，如图 8-46～图 8-48 所示。

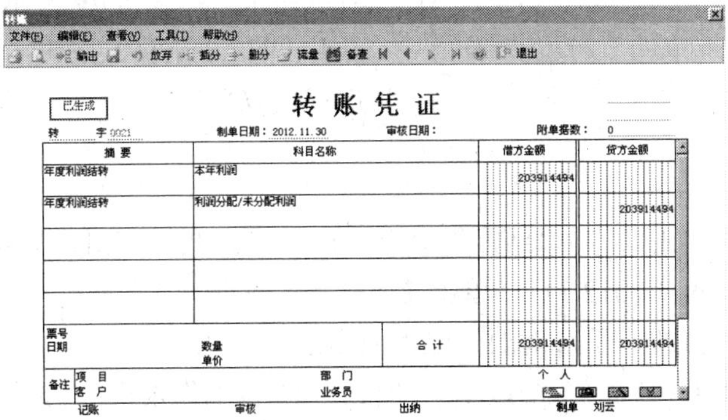

图 8-46　对应结转生成凭证 1

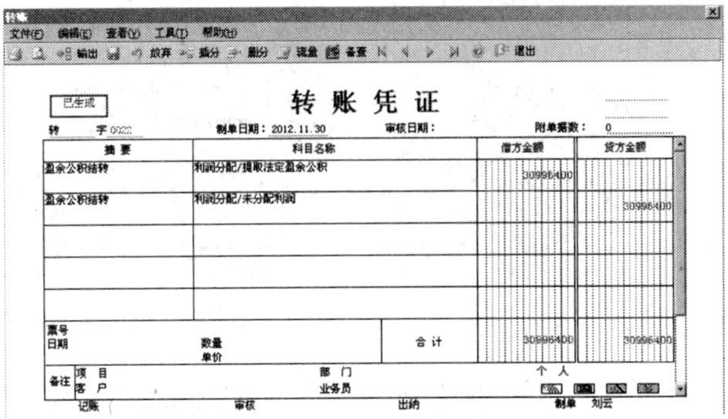

图 8-47　对应结转生成凭证 2

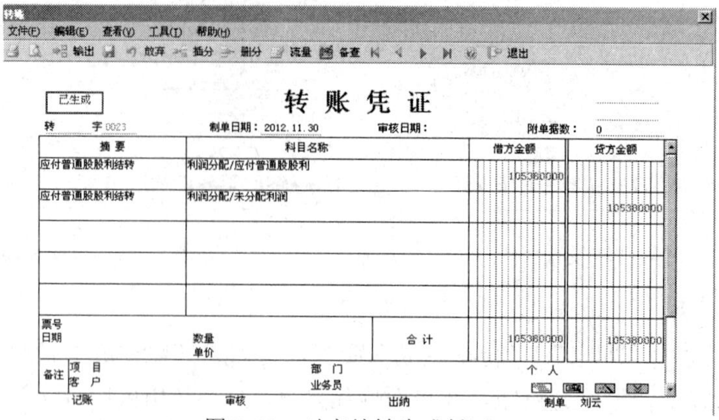

图 8-48　对应结转生成凭证 3

5）操作员 101 李武对已生成的凭证进行审核、记账参考步骤 8.3.5。

8.3.9　对账

以“101 李武”的身份进行对账、结账。

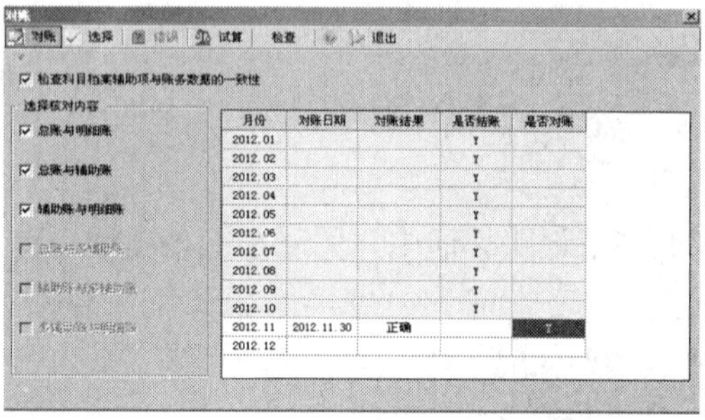
图 8-49　对账

1）执行“总账”|“期末”|“对账”命令，进入“对账”窗口。

2）将光标定位在要进行对账的月份“2012.11”，单击【选择】按钮。

3）单击【对账】按钮，开始自动对账，并显示对账结果，如图 8-49 所示。

4）单击【试算】按钮，可以对各科目类别余额进行试算平衡。

8.3.10　结账

1）执行“总账”|“期末”|“结账”命令，进入“结账”窗口，如图 8-50 所示。

2）单击要结账月份“2012.11”，单击【下一步】按钮。

3）单击【对账】按钮，系统对要结账的月份进行账账核对。

4）单击【下一步】按钮，系统显示“2012 年 11 月工作报告”，如图 8-51 所示。

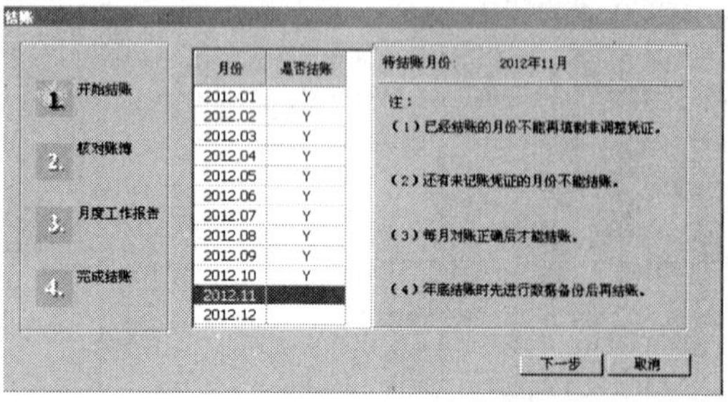
图 8-50　结账

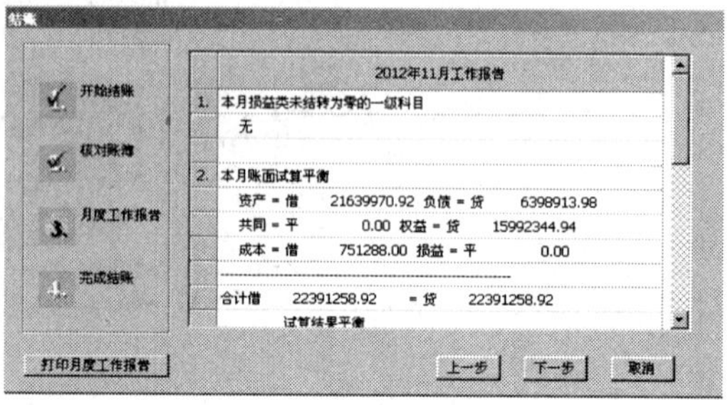
图 8-51　结账报告

5）查看工作报告后，单击【下一步】按钮，单击【结账】按钮，若符合结账要求，系统将进行结账，否则不予结账。

注意

- 结账只能由有结账权限的人进行。
- 本月还有未记账凭证时，则本月不能结账。
- 结账必须按月连续进行，上月未结账，则本月不能结账。
- 若总账与明细账对账不符，则不能结账。
- 如果与其他系统联合使用，其他子系统未全部结账，则本月不能结账。
- 结账前，要进行数据备份。

8.3.11　取消结账

1）执行“总账”|“期末”|“结账”命令，进入“结账”窗口。

2）选择要取消结账的月份“2012.11”。

3）按【Ctrl+Shift+F6】键激活“取消结账”功能。

4）输入主管口令，单击【确认】按钮，取消结账标记。

注意

- 当在结完账后，由于非法操作或计算机病毒或其他原因可能会造成数据被破坏，这时可以在此使用“取消结账”功能。

8.3.12　数据备份

全部项目完成后，备份项目 8 账套数据。

课后巩固

1. 如果你看到如图 8-52 所示的界面，你是否可以判断企业哪个角色正欲进行什么操作？

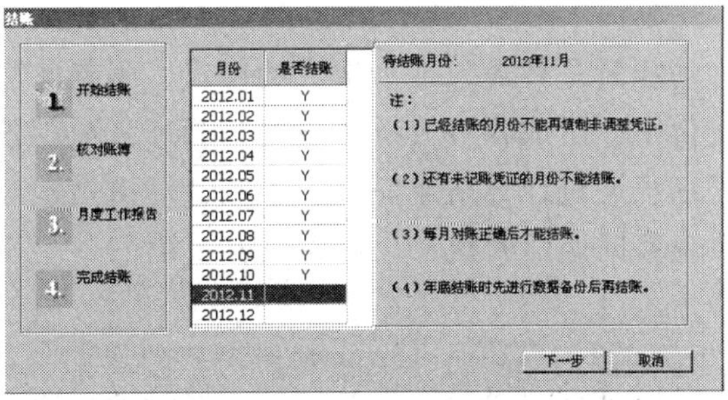

图 8-52　系统提示

2. 如果凭证上的辅助核算项目输入错误，应该如何修改？

3. 利用自定义转账设置计提福利费凭证（应付福利费按照应付工资总额的 14%提取）。

4. 企业中有哪些业务适用于自动转账处理？

5. 如果企业目前尚有未记账凭证，是否可以进行期间损益结转，是否可能产生不好的后果？举例说明。

6. 如果结账时未能通过工作检查，那么最有可能的问题出在哪里？

7. 结账之后发现记账凭证有误，是否还能够无痕迹修改？

项目 9

报表管理——会计主管岗位

企业的财务状况和经营成果等信息最终要通过报表提供给使用者，那么，利用用友 ERP-U8 如何来生成这些报表呢？

财务报表系统为会计信息使用者提供了一套通用的制表工具，也内置了各个行业对外报表的制表模板，可以方便地自行设计并制作出符合不同群体要求的会计报表。

9.1 会计报表功能概述

报表管理系统的基本功能就是按需求设计报表的格式、编制并输出报表，并对报表进行审核、汇总、挖掘数据的价值，生成各种分析图表，为管理者提供各种管理信息。会计电算化后，各类财务报表的编制也通过计算机来完成。根据计算机技术与会计报表的编制方法相结合设计出的专门用于报表数据处理的软件，称为报表系统。

1. 报表格式设计

一张报表中相对固定的内容称为报表的格式。报表格式设计在格式状态下进行，主要包括以下几项内容。

（1）表样设计

表样设计包括确定报表的行数和列数、定义行高列宽、画表格线、输入表中文字、定义单元属性、设置单元风格等。以上这些项目确定了一张报表的大小和外观。

（2）关键字定义

关键字可以唯一标识一个表页。财务报表系统中提供了六种关键字：单位名称、单位编号、年、季、月、日，另外还可以根据需要自定义关键字。

（3）设置公式

财务报表系统提供了计算公式、审核公式、舍位平衡公式。计算公式用于为报表中的单元赋值。报表中的数据可以通过财务报表系统内置的函数从总账系统或其他系统获取，也可以根据表内数据计算生成，还可以从本表他页或他表获得。审核公式用于利用报表数据之间存在的钩稽关系验证报表编制的正确性。舍位平衡公式用于报表金额单位的进位转换时确保原有的平衡关系不致被破坏。

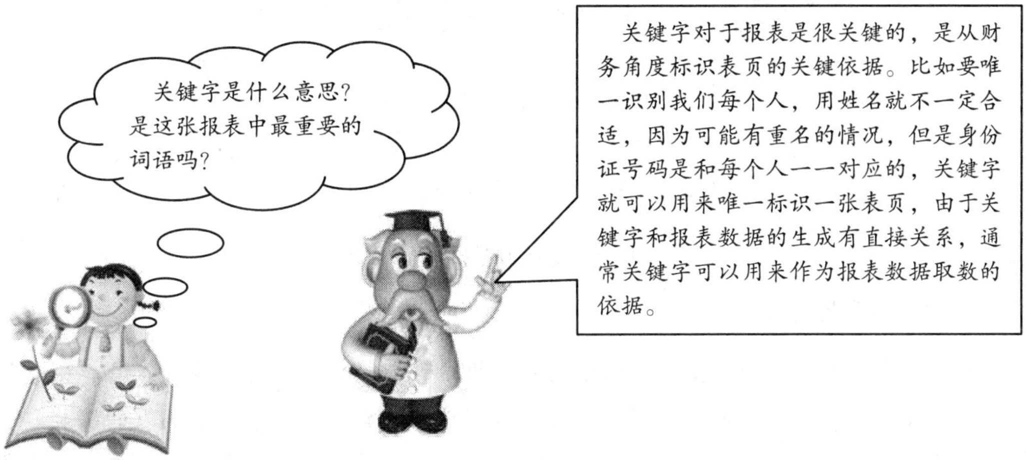

2. 数据处理功能

按照设定的公式完成报表编制称为数据处理。在“数据”状态下，录入生成报表所必需的关键字，进行表页重算，即可生成报表。之后，可以对报表进行审核，汇总等。

3. 利用模板编制报表

财务报表系统内置了多个行业的各种标准财务报表格式，用户可以在此基础上根据本单位具体情况稍微做些修改，省去了从头自定义一张报表的烦琐工作。会计报表流程如图 9-1 所示。

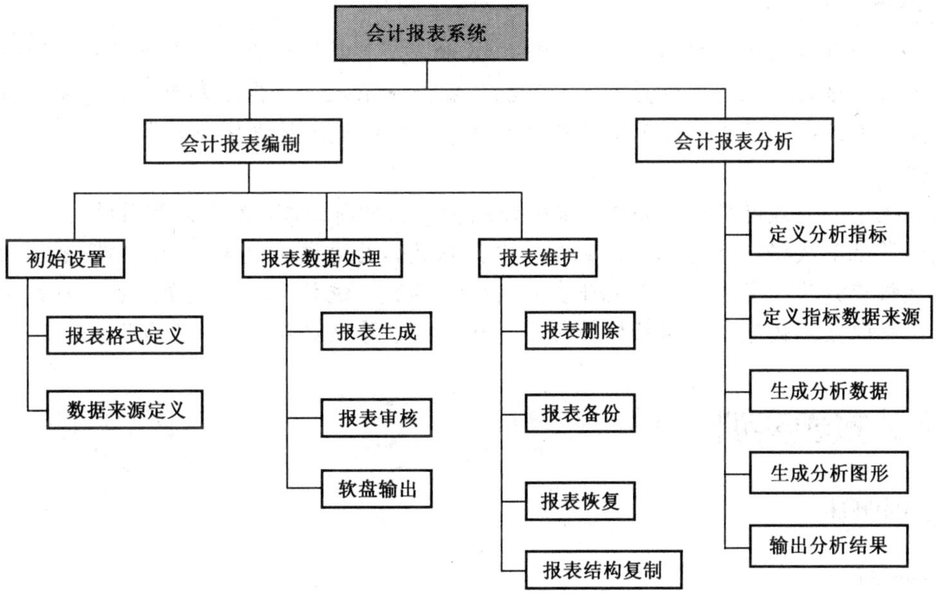

图 9-1　会计报表工作流程

会计报表处理流程如图 9-2 所示。

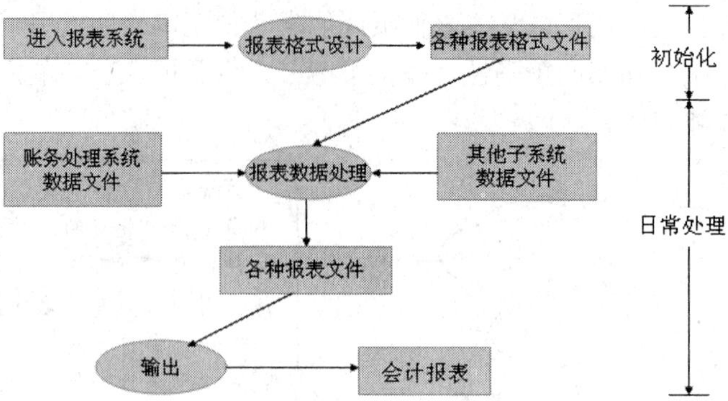

图 9-2　会计报表处理流程

重点、难点提示

财务报表系统不能自动提供企业需要的所有报表，它仅仅是一套制表的工具。报表模板生成报表提供了快速制表的方法，利用报表模板可以解决资产负债表、利润表的编制。企业内部管理报表一般需要进行自定义。自定义报表时，注意区分不同单元类型所存放的数据类型（见表 9-1），设置关键字、定义公式几个关键步骤。

1. 单元数据类型

表 9-1　单元类型

单元类型	特　征
表样型	在格式状态下输入和修改
数值型	单元的默认类型，在数据状态下输入、修改
字符型	在格式状态下定义，在数据状态下输入、修改

2. 关键字

关键字是一种特殊的数据单元，可以唯一标识一个表页，用于在大量表页中快速选择表页。关键字在“格式”状态下设置，在“数据”状态下录入。一张报表中，只有明确哪些项目必须设置为关键字，哪些项目不必设置为关键字，才能提高数据处理效率。

3. 公式定义

报表系统中的公式包括计算公式、审核公式和舍位平衡公式，其中最常用的是计算公式。财务报表中的很多数据都来自账簿，从账簿中获取数据是通过函数实现的，按照数据的来源不同，函数相应分为账务函数、其他业务系统取数函数、统计函数、数学函数、日期时间函数、本表他页取数函数等。掌握函数的用法，就能从账簿中取得数据，生成报表。

9.2　会计报表实训

9.2.1　实训概述

1. 实训目的

1）理解报表编制的原理及流程。

2）掌握报表格式定义、公式定义的操作方法；掌握报表单元公式的用法。

3）掌握报表数据处理、表页管理及图表功能等操作。
4）掌握如何利用报表模板生成一张报表。

2. 实训内容

1）自定义一张报表。
2）利用报表模板生成资产负债表、利润表、现金流量表等报表。

3. 实训准备

引入项目 8 中的账套数据或光盘中的“实训账套/期末处理 8-1”。

4. 实训要求

以账套主管“103 自己名”的身份进行报表管理操作。

9.2.2 实训资料

1）自定义报表——货币资金表，如表 9-2 所示。
2）格式设计。
3）要求如下。
①报表标题居中；行高 10 毫米，第一行 15 毫米，报表各列等宽，宽度为 40 毫米。
②区域画线。
③单元公式。
④生成 2012 年 11 月货币资金表。
要求：增加 2 张表页；生成报表；报表审核。
⑤定义审核公式，检查合计数是否相等，如果不等，提示“报表不平”提示信息。

表 9-2 货币资金表

编制单位：　　　　年　月　日　　　　单位：元

科目名称	行次	期初数	借方发生额	贷方发生额	期末数
现金	1				
银行存款	2				
工行存款	3				
中行存款	4				
建行存款	5				
其他货币资金	6				
合　计					

单位负责人：　　　　会计主管：　　　　制表人：

9.3 会计报表实训指导

9.3.1 自定义货币资金表

1. 报表格式设计

（1）新建报表名称

1）以会计“103”身份登录企业应用平台 UF0 报表系统。

2）执行“文件”|“新建”命令，建立一张空白报表，报表名默认为“report1”。

3）报表格式定义。

查看空白报表底部左下角的【格式/数据】按钮，使当前状态为“格式”状态。

（2）设置报表尺寸

1）执行“格式”|“表尺寸”命令，打开“表尺寸”对话框。

2）输入行数“11”，列数“6”，如图 9-3 所示，单击【确认】按钮。

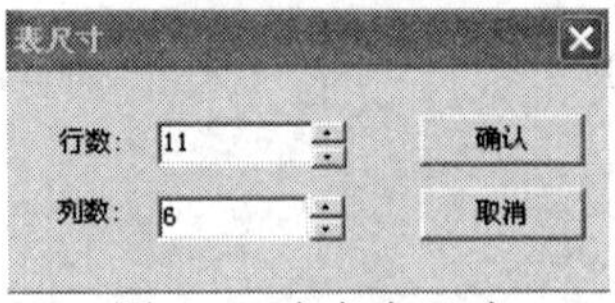

图 9-3　定义表尺寸

（3）定义组合单元

1）选择需合并的区域“A1：F1”。

2）执行“格式”|“组合单元”命令，打开“组合单元”对话框。

3）选择组合方式“整体组合”或“按行组合”，即合并成一个组合单元。

（4）画表格线

1）选中报表需要画线的区域“A4:F11”。

2）执行“格式”|“区域画线”命令，打开“区域画线”对话框。

3）选择“网线”，单击【确认】按钮，将所选区域画上表格线。

（5）输入报表项目

1）选中需要输入内容的单元或组合单元。

2）在该单元或组合单元中输入相关文字内容，如在 A1 组合单元输入“货币资金表”，居中。

注意

● 报表项目是指报表的文字内容，主要包括表头内容、表体项目、表尾项目等。不包括关键字。

● 日期一般不作为文字内容输入，而是需要设置为关键字。

（6）定义报表行高、列宽

1）选中需要调整的 2～11 行。

2）执行“格式”|“行高”命令，打开“行高”对话框，如图 9-4 所示。

3）输入行高：“10”，单击【确认】按钮。

4）同理将第 1 行懂得行高设为 15 毫米。

5）选中需要调整的 A～F 列。

6）执行“格式”|“列宽”命令，打开“列宽”对话框。

7）输入列宽：“40”，单击【确认】按钮，如图 9-5 所示。

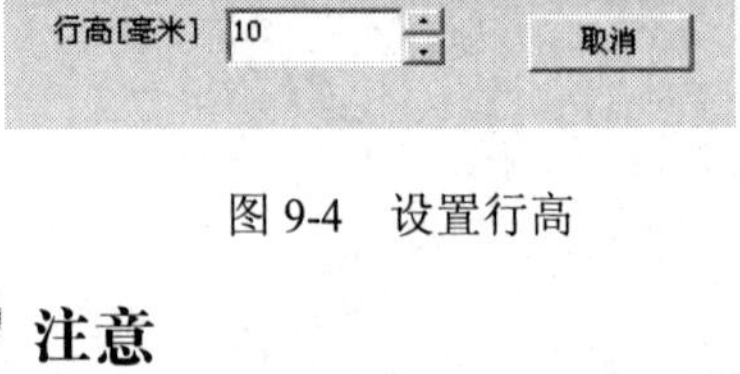

图 9-4　设置行高

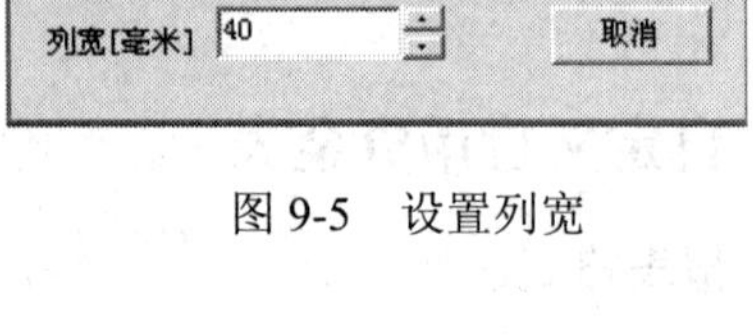

图 9-5　设置列宽

注意

● 行高、列宽的单位为毫米。

（7）定义单元属性

1）选定单元“A、B 列”。

2）执行“格式”|“单元属性”命令，打开“单元属性”对话框。

3）单击“单元类型”选项卡，单击“字符”选项，单击【确定】按钮。

注意

● 格式状态下输入内容的单元均默认为表样单元，未输入数据的单元均默认为数值单元，在数据状态下可输入数值。若希望在数据状态下输入字符，应将其定义为字符单元。

● 字符单元和数值单元输入后只对本表页有效，表样单元输入后对所有表页有效。

（8）设置关键字

1）选中需要输入关键字的单元“A3”。

2）执行“数据”|“关键字”|“设置”命令，打开“设置关键字”对话框。

3）单击“单位名称”单选按钮，单击【确定】按钮，如图 9-6 所示。

4）同理，在 D3 单元中分别设置“年”、“月”和“日”关键字，单击【确定】按钮，如图 9-7 所示。

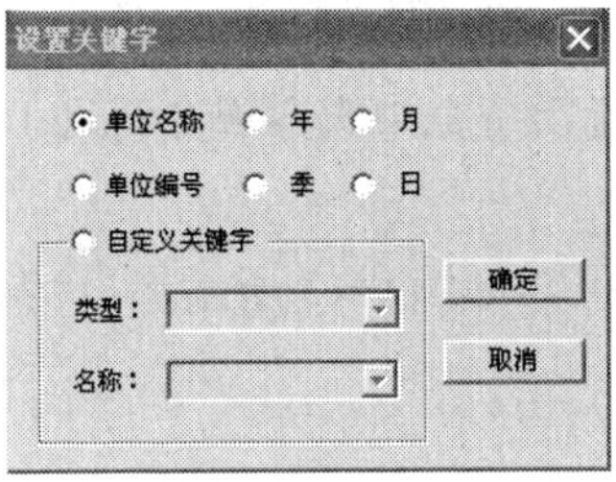

图 9-6　设置关键字

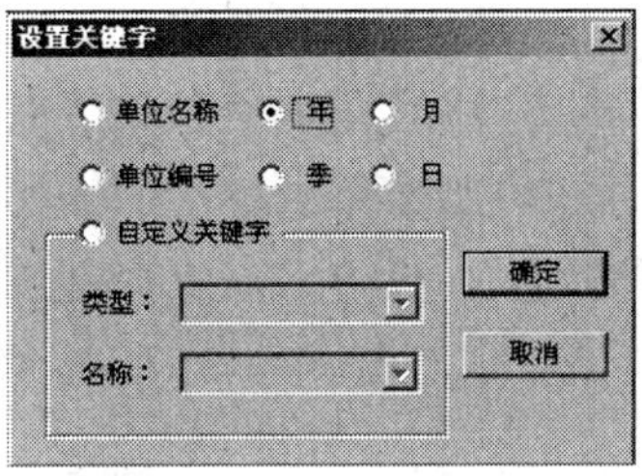

图 9-7　设置关键字

5）执行“数据”|“关键字”|“偏移”命令，打开“关键字偏移”对话框，并设置“年”“月”“日”分别向左偏移“-120、-90 和-60”，如图 9-8 所示。

注意

● 每个报表可以同时定义多个关键字。

● 如果要取消关键字，须执行“数据”|“关键字”|“取消”命令。

（9）报表公式定义

1）定义单元公式——账务取数函数定义:以期初数为例。

● 选定需要定义公式的单元“C6”，即“银行存款”的期初数。单击 *fx* 或执行“数据”|“编辑公式”|“单元公式”命令，打开“定义公式”对话框，如图 9-9 所示。

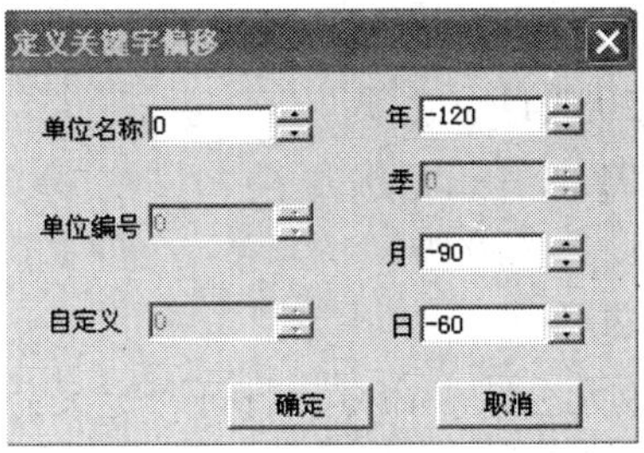

图 9-8　设置关键字偏移

图 9-9　公式向导

①单击【函数向导】按钮，打开“函数向导”对话框。从“函数分类”列表中选择“用友账务函数”，从“函数名”列表中选择“期初（QC）”，如图 9-10 所示。单击【下一步】按钮，打开“用友账务函数”对话框。

②单击【下一步】按钮，出现业务函数对话框，如图 9-11 所示。

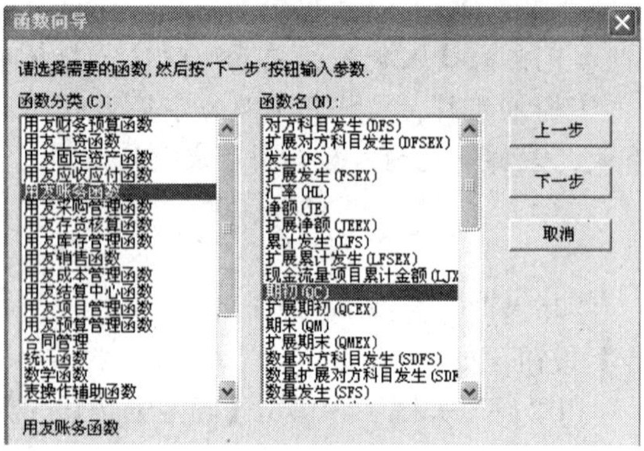

图 9-10　函数向导

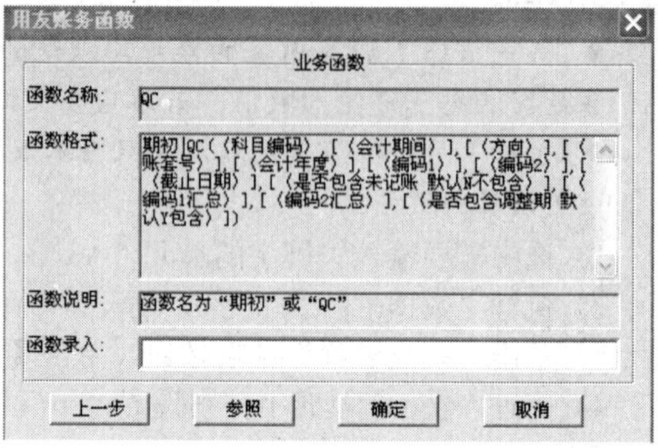

图 9-11　业务函数向导

③单击【参照】按钮，打开“财务函数”对话框。取货币资金中库存现金科目 1001 的期末数，如图 9-12 所示。

④单击【确定】返回，最终返回到“定义公式”对话框，如图 9-13 所示。

图 9-12　财务函数向导

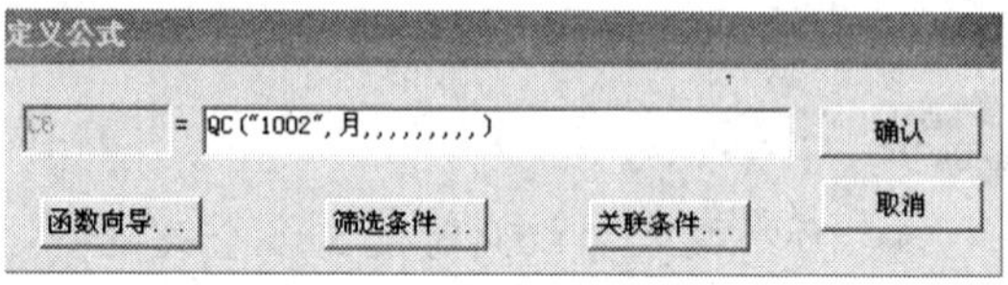

图 9-13　定义公式

⑤设置完成之后，“定义公式”对话框中的内容为

QC（"1002",月,,,,,,,,,）。

同理，定义现金科目的期初数公式 QC（"1001",月,,,,,,,,,）。

同理，定义工行存款科目的期初数公式 QC（"100201",月,,,,,,,,,）。

同理，定义中行存款科目的期初数公式 WQC（"100202",月,,,,,,,,,）。

同理，定义建行存款科目的期初数公式 WQC（"100203",月,,,,,,,,,）。

同理，定义其他货币资金科目的期末数公式 QC（"1012",月,,,,,,,,,）。

2）定义单元公式-账务取数函数定义，以期末数为例。

①选定需要定义公式的单元“F5”，即“现金”的期末数。

②单击【*fx*】按钮或执行“数据”|“编辑公式”|“单元公式”命令，打开“定义公式”对话框。

③单击【函数向导】按钮，打开“函数向导”对话框。从“函数分类”列表中选择“用友账务函数”，从“函数名”列表中选择“期末（QM）”，如图9-14所示。单击【下一步】按钮，打开“用友账务函数”对话框。

④单击【参照】按钮，打开“财务函数”对话框。取货币资金中库存现金科目1001的期末数，如图9-15所示。

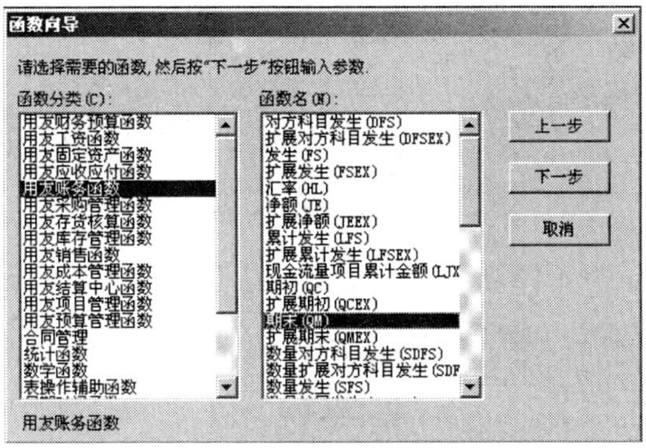

图9-14 函数向导

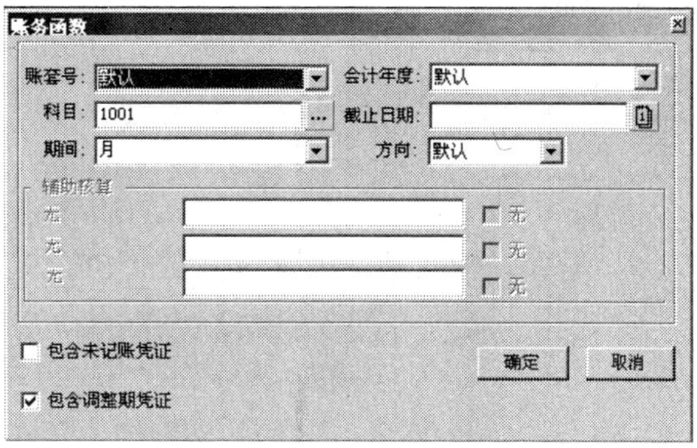

图9-15 财务函数

⑤单击【确定】返回，最终返回到“定义公式”对话框，如图9-16所示。

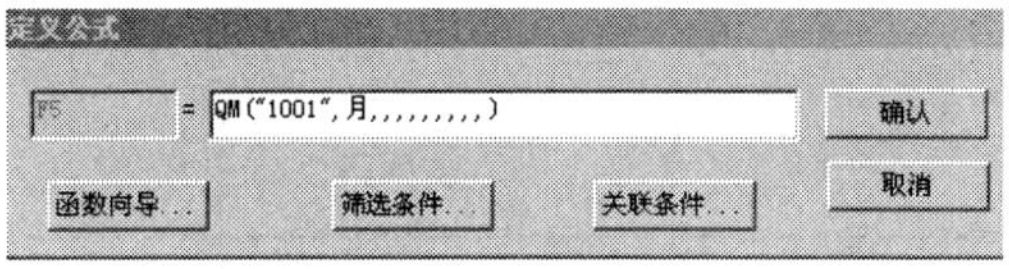

图9-16 定义公式

⑥设置完成之后，“定义公式”对话框中的内容为

QM（"1001",月,,,,,,,,,）。

同理，定义银行存款科目的期末数公式QM（"1002",月,,,,,,,,,）。

同理，定义工行存款科目的期末数公式QM（"100201",月,,,,,,,,,）。

同理，定义中行存款科目的期末数公式WQM（"100202",月,,,,,,,,,）。

同理，定义建行存款科目的期末数公式WQM（"100203",月,,,,,,,,,）。

同理，定义其他货币资金科目的期末数公式QM（"1012",月,,,,,,,,,）。

注意

- 单元公式中涉及的符号均为英文半角字符。
- 单击【*fx*】按钮或双击某公式单元或按“＝”键，都可打开“定义公式”对话框。

（10）定义单元公式——统计函数

1）选定被定义单元“C11”，即“合计”期初数。

2）单击【*fx*】按钮，打开“定义公式”对话框。

3）单击“函数向导”按钮，打开“函数向导”对话框，如图9-17所示。

4）在函数分类列表框中选择“统计函数”，在右边的函数名列表中选中“PTOTAL”，单击【下一步】按钮，打开“固定区统计函数”对话框,输入固定区区域“C5:C10”，如图9-18所示。

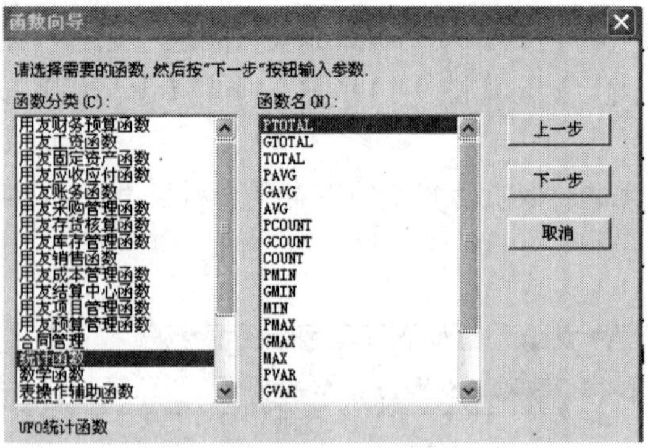

图 9-17　统计函数

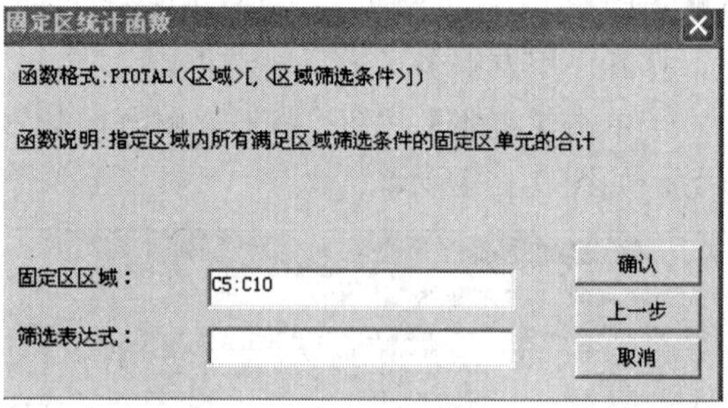

图 9-18　统计函数

5）同理，输入减项固定区区域“C7:C9”，如图 9-19 所示，单击【确认】按钮。

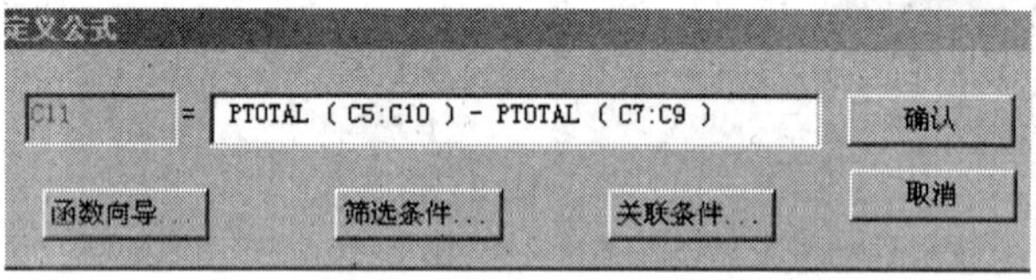

图 9-19　统计函数

公式列表如表 9-3 所示。

表 9-3　公式列表

期初数	借方发生额	贷方发生额	期末数
QC（"1001",月,,,,,,,,,）	FS（"1001",月,"借",,,,,）	FS（"1001",月,"贷",,,,,）	QM（"1001",月,,,,,,,,,）
QC（"1002",月,,,,,,,,,）	FS（"1002",月,"借",,,,,）	FS（"1002",月,"贷",,,,,）	QM（"1002",月,,,,,,,,,）
QC（"100201",月,,,,,,,,,）	FS（"100201",月,"借",,,,,）	FS（"100201",月,"贷",,,,,）	QM（"100201",月,,,,,,,,,）
WQC（"100202",月,,,,,,,,,）	WFS（"100202",月,"借",,,,,）	WFS（"100202",月,"贷",,,,,）	WQM（"100202",月,,,,,,,,,）
WQC（"100203",月,,,,,,,,,）	WFS（"100203",月,"借",,,,,）	WFS（"100203",月,"贷",,,,,）	WQM（"100203",月,,,,,,,,,）
QC（"1012",月,,,,,,,,,）	FS("1012",月,"借",,,,,)	FS("1012",月,"贷",,,,,)	QM"1012",月,,,,,,,,,)
C11=C5+C6+C10	D11=D5+D6+D10	E11=E5+E6+E10	PTOTAL（F5:F10）- PTOTAL（F7:F9 ）

（11）定义审核公式

1）执行“数据”|“编辑公式”|“审核公式”，打开“审核公式”对话框。

2）输入审核公式，如图 9-20 所示。

（12）保存报表格式

1）执行“文件”|“保存”命令。如果是第一次保存，则打开“另存为”对话框。

2）选择保存文件夹，输入报表文件名“货币资金表”；选择保存类型“*.REP”，单击【保存】按钮。

3）格式定义完成后，如图 9-21 所示。

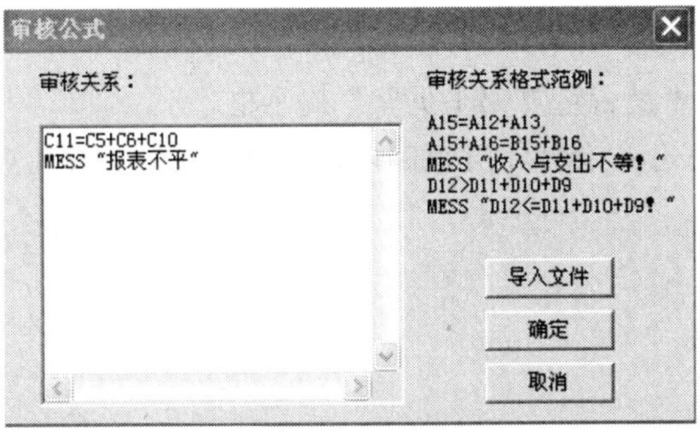

图 9-20　审核公式

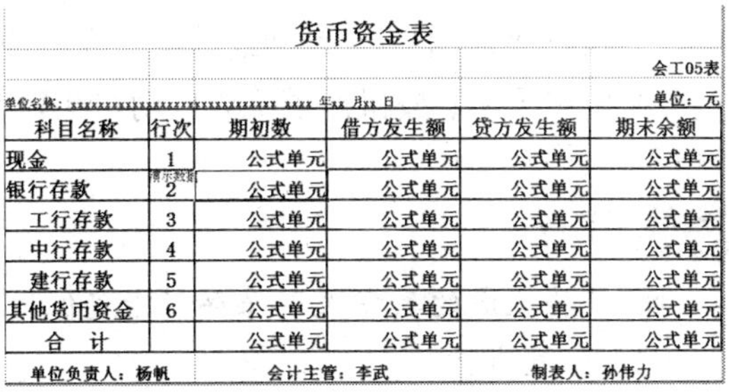

货币资金表

会工05表

单位名称：xxxxxxxxxxxxxxxxxxxxxxxxxxxx　xxxx 年 xx 月 xx 日　　单位：元

科目名称	行次	期初数	借方发生额	贷方发生额	期末余额
现金	1	公式单元	公式单元	公式单元	公式单元
银行存款	2	公式单元	公式单元	公式单元	公式单元
工行存款	3	公式单元	公式单元	公式单元	公式单元
中行存款	4	公式单元	公式单元	公式单元	公式单元
建行存款	5	公式单元	公式单元	公式单元	公式单元
其他货币资金	6	公式单元	公式单元	公式单元	公式单元
合　计		公式单元	公式单元	公式单元	公式单元

单位负责人：杨帆　　会计主管：李武　　制表人：孙伟力

图 9-21　公式列表

注意

- 报表格式设置完以后切记要及时将这张报表格式保存下来，以便以后随时调用。
- 如果没有保存就退出，系统会出现提示："是否保存报表？"以防止误操作。
- ".REP"为用友报表文件专用扩展名。

2. 报表数据处理

（1）打开报表

1）启动财务报表系统，执行"文件"|"打开"命令。

2）选择报表保存的文件夹，选择报表文件"货币资金表.REP"，单击【打开】按钮。

3）查看是否为"数据"状态，如不是，单击空白报表底部左下角的【格式/数据】按钮，使当前状态为"数据"状态。

注意

- 报表数据处理必须在"数据"状态下进行。

（2）增加表页

1）执行"编辑"|"追加"|"表页"命令，打开"追加表页"对话框。

2）输入需要增加的表页数"2"，单击【确认】按钮。

注意

- 追加表页是在最后一张表页后追加 N 张空表页，插入表页是在当前表页后面插入一张空表页。
- 一张报表最多只能管理 99999 张表页，试用版最多为 4 页。

（3）输入关键字值

1）执行"数据"|"关键字"|"录入"命令，打开"录入关键字"对话框。

2）输入年"2012"，月"11"，日"30"。

3）单击【确认】按钮，弹出"是否重算第 1 页？"对话框。

4）单击【是】按钮，系统会自动根据单元公式计算 1 月份数据；单击【否】按钮，系统不计算 1 月数据，以后可利用"表页重算"功能生成 1 月数据。

注意

- 每张表页均对应不同的关键字值，输出时随同单元一起显示。
- 日期关键字可以确认报表数据取数的时间范围，即确定数据生成的具体日期。

（4）生成报表

1）执行“数据”|“表页重算”命令，弹出“是否重算第 1 页？”提示框。

2）单击【是】按钮，系统会自动在初始的账套和会计年度范围内根据单元公式计算生成数据。

注意

- 可将生成的数据报表保存到指定位置。

（5）报表审核

1）执行“数据”|“审核”命令。

2）系统会自动根据前面定义的审核公式进行审核，如图 9-22 所示。

货币资金表

会工05表

单位名称：南方电器股份公司　　2012 年11 月30 日　　单位：元

科目名称	行次	期初数	借方发生额	贷方发生额	期末余额
现金	1	10,976.00	10,000.00	272.00	20,704.00
银行存款	2	2,621,082.00	1,386,200.00	1,118,921.00	2,888,361.00
工行存款	3	2,136,692.00	1,106,200.00	1,104,144.00	2,138,748.00
中行存款	4	57,770.00	40,000.00	1,416.96	96,353.04
建行存款	5	100,000.00		6,666.67	93,333.33
其他货币资金	6	430,000.00		200,000.00	230,000.00
合　计	演示数据	3,062,058.00	1,396,200.00	1,319,193.00	3,139,065.00

单位负责人：杨帆　　会计主管：李武　　制表人：孙伟力

图 9-22　报表审核

9.3.2　调用报表模板生成资产负债表

1. 调用资产负债表模板

1）新建一张空白报表，在“格式”状态下，执行“格式”|“报表模板”命令，打开“报表模板”对话框。

2）选择您所在的行业“2007 年新会计制度科目”，财务报表“资产负债表”。

3）单击【确认】按钮，弹出“模板格式将覆盖本表格式！是否继续？”提示框。

4）单击【确定】按钮，即可打开“资产负债表”模板。

2. 调整报表模板

1）在【格式】状态下，根据本单位的实际情况，调整报表格式，修改报表关键字位置。

2）保存调整后的报表模板。

3. 修改报表公式

（1）将生产成本加到存货科目，公式设置

1）双击 C15 单元，打开“定义公式”对话框。

2）在原公式最后输入+，单击【函数向导】按钮打开“函数向导”对话框。

3）从左侧的函数分类中选择“用友账务函数”，在右侧的函数名窗口中选择“期初”函数，如图 9-23 所示。

4）单击【下一步】按钮，进入“用友账务函数”对话框。单击【参照】按钮，进入“账务函数”对话框。

5）会计期间选择“全年”；会计科目选择“5001 生产成本”，单击【确定】按钮返回，定义公式对话框如图 9-24 所示。

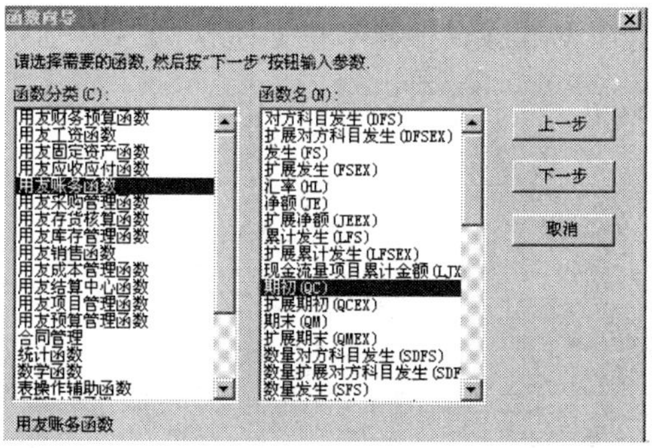

图 9-23　设置期初函数

图 9-24　定义存货年初数公式

6）单击【确认】按钮返回，选择 D15 单元，定义存货期末数的取数公式，如图 9-25 所示。

（2）将本年利润加到未分配利润科目，公式设置

1）选择 G37 单元，定义未分配利润年初数的取数公式，如图 9-26 所示。

图 9-25　定义存货公式

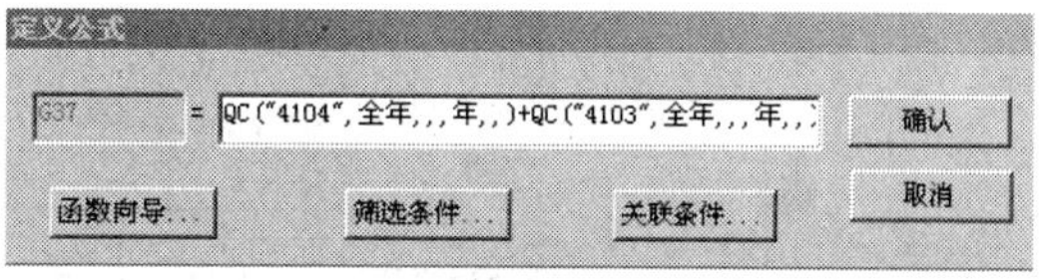

图 9-26　定义未分配利润公式

2）选择 H37 单元，定义未分配利润期末数的取数公式，如图 9-27 所示。

（3）将待处理财产损溢加到其他非流动资产

1）选择 C40 单元，定义其他非流动资产年初数的取数公式，如图 9-28 所示。

图 9-27　定义未分配利润公式

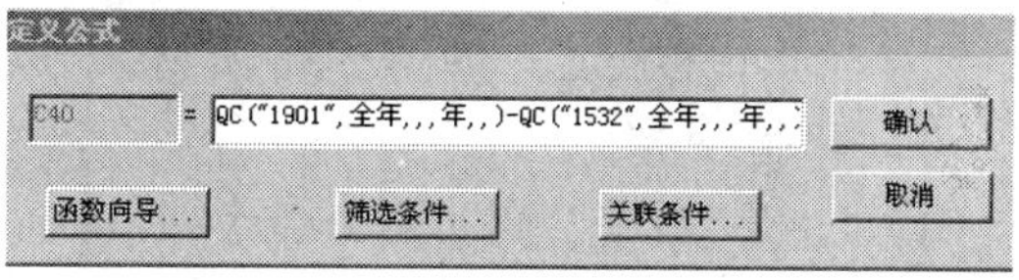

图 9-28　定义其他非流动资产公式

2）选择 D40 单元，定义其他非流动资产期末数的取数公式，如图 9-29 所示。

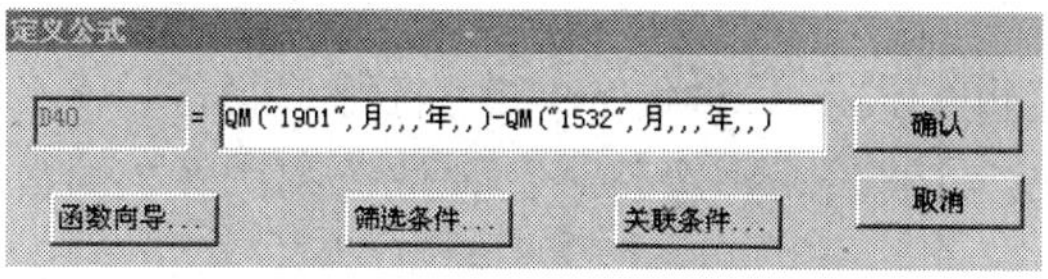

图 9-29　定义其他非流动资产公式

4. 生成资产负债表数据

1）在【数据】状态下，执行"数据"|"关键字"|"录入"命令，打开"录入关键字"对话框。

2）输入关键字：年"2012"，月"11"，日"30"。

3）单击【确认】按钮，弹出"是否重算第 1 页？"提示框。

4）单击【是】按钮，系统会自动根据单元公式生成 1 月资产负债表。

5）单击工具栏中的【保存】按钮，将生成的报表数据保存，结果如图 9-30 所示。

资产负债表

会企01表

单位名称：南方电器股份公司　　2012 年11 月30 日　　单位:元

资　产	行次	年初数	期末数	负债和所有者权益（或股东权益）	行次	年初数	期末数
流动资产：				流动负债：			
货币资金	1	1,444,412.00	3,139,065.00	短期借款	34	1,200,000.00	2,000,000.00
交易性金融资产	2	78,000.00	212,000.00	交易性金融负债	35		
应收票据	3	589,600.00	1,180,000.00	应付票据	36	526,500.00	526,500.00
应收股利	4			应付账款	37	2,164,632.00	1,354,640.00
应收利息	5			预收账款	38	30,000.00	30,000.00
应收账款	6	2,518,320.00	1,899,601.92	应付职工薪酬	39	426,646.80	191,144.00
其它应收款	7	8,800.00	6,500.00	应交税费	40	304,043.40	188,829.98
预付账款	8	360,000.00	360,000.00	应付利息	41		
存货	9	4,790,810.00	5,333,082.00	应付股利	42		1,053,800.00
一年内到期的非流动资产	10			其他应付款	43	248,840.00	134,000.00
其它流动资产	11			一年内到期的非流动负债	44		
				其他流动负债	45		
流动资产合计	12	9,789,942.00	12,130,248.92	流动负债合计	46	4,900,662.20	5,478,913.98
非流动资产：				非流动负债：			
可供出售金融资产	13	640,630.00	401,550.00	长期借款	47	600,000.00	920,000.00
持有至到期投资	14			应付债券	48		
投资性房地产	15			长期应付款	49		
长期股权投资	16			专项应付款	50		
长期应收款	17			预计负债	51		
固定资产	18	14,312,000.00	15,072,000.00	递延所得税负债	52		
减：累计折旧	19	4,845,028.00	5,536,660.00	其他非流动负债	53	演示数据	
固定资产净值	20	9,466,972.00	9,535,340.00	非流动负债合计	54	600,000.00	920,000.00
减：固定资产减值准备	21			负债合计	55	5,500,662.20	6,398,913.98
固定资产净额	22	9,466,972.00	9,535,340.00				
生产性生物资产	23			所有者权益（或股东权益）：			
工程物资	24			实收资本（或股本）	56	13,000,000.00	13,000,000.00
在建工程	25			资本公积	57	595,400.00	875,400.00
固定资产清理	26			减：库存股	58		
无形资产	27	253,998.20	248,000.00	盈余公积	59	586,000.00	895,964.00
商誉	28			未分配利润	60	545,600.00	1,220,980.94
长期待摊费用	29			所有者权益（或股东权益）合计	61	14,727,000.00	15,992,344.94
递延所得税资产	30						
其他非流动资产	31	76,120.00	76,120.00				
非流动资产合计	32	10,437,720.20	10,261,010.00				
资产总计	33	20,227,662.20	22,391,258.92	负债和所有者权益（或股东权益）总计	62	20,227,662.20	22,391,258.92

图 9-30　资产负债表计算结果

5. 审核公式

（1）定义审核公式：C42=G42;D42=H42

1）执行“数据”|“编辑公式”|“审核公式”，打开“审核公式”对话框。

2）输入审核公式，如图 9-31 所示。

（2）报表审核

1）执行“数据”|“审核”命令。

2）系统会自动根据前面定义的审核公式进行审核。

6. 舍位平衡

（1）定义舍位公式

1）执行“数据”|“编辑公式”|“舍位公式”，打开“舍位公式”对话框。

2）输入舍位表明：资产负债表——舍位表；舍位范围： C7：H42;舍位位数：4；舍位公式，如图 9-32 所示。

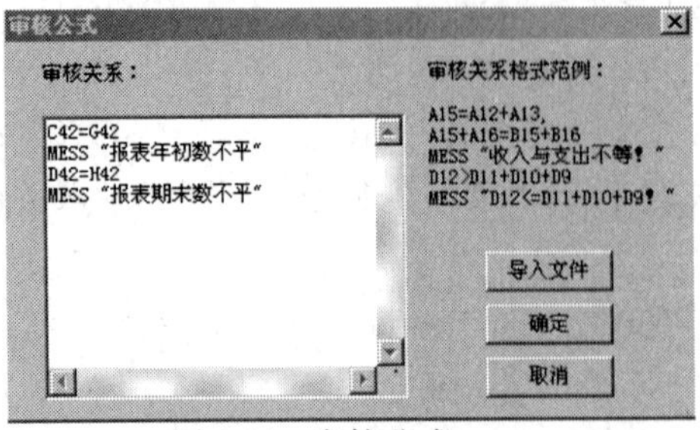

图 9-31　审核公式

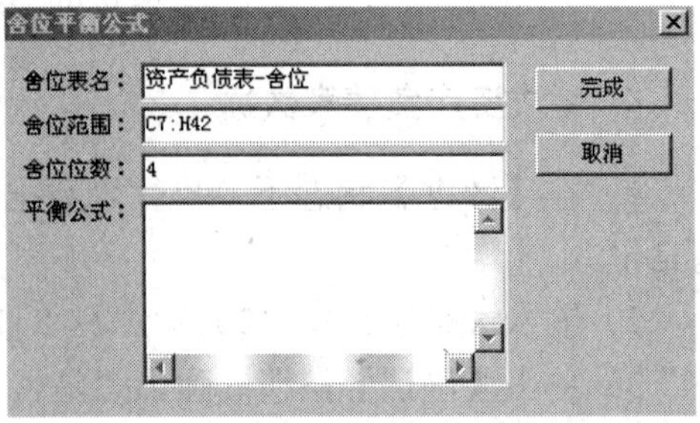

图 9-32　设置舍位公式

（2）舍位平衡

1）执行“数据”|“舍位平衡”命令。

2）系统会自动根据前面定义的舍位公式进行舍位平衡,生成舍位平衡表，如图 9-33 所示。

资产负债表

会企01表

单位名称：南方电器股份公司　　2012 年11 月30 日　　单位：万元

资　产	行次	年初数	期末数	负债和所有者权益（或股东权益）	行次	年初数	期末数
流动资产：		演示数据		流动负债：			
货币资金	1	144.44	313.91	短期借款	34	120.00	200.00
交易性金融资产	2	7.80	21.20	交易性金融负债	35		
应收票据	3	58.96	118.00	应付票据	36	52.65	52.65
应收股利	4			应付账款	37	216.46	135.46
应收利息	5			预收账款	38	3.00	3.00
应收账款	6	251.83	189.96	应付职工薪酬	39	42.66	19.11
其它应收款	7	0.88	0.65	应交税费	40	30.40	18.88
预付账款	8	36.00	36.00	应付利息	41		
存货	9	479.08	533.31	应付股利	42		105.38
一年内到期的非流动资产	10			其他应付款	43	24.88	13.40
其它流动资产	11			一年内到期的非流动负债	44		
				其他流动负债	45		
流动资产合计	12	978.99	1,213.02	流动负债合计	46	490.07	547.89
非流动资产：				非流动负债：			
可供出售金融资产	13	64.06	40.16	长期借款	47	60.00	92.00
持有至到期投资	14			应付债券	48		
投资性房地产	15			长期应付款	49		
长期股权投资	16			专项应付款	50		
长期应收款	17			预计负债	51		
固定资产	18	1,431.20	1,507.20	递延所得税负债	52		
减：累计折旧	19	484.50	553.67	其他非流动负债	53		
固定资产净值	20	946.70	953.53	非流动负债合计	54	60.00	92.00
减：固定资产减值准备	21			负债合计	55	550.07	639.89
固定资产净额	22	946.70	953.53				
生产性生物资产	23			所有者权益（或股东权益）：			
工程物资	24			实收资本（或股本）	56	1,300.00	1,300.00
在建工程	25			资本公积	57	59.54	87.54
固定资产清理	26			减：库存股	58		
无形资产	27	25.40	24.80	盈余公积	59	58.60	89.60
商誉	28			未分配利润	60	54.56	122.10
长期待摊费用	29			所有者权益（或股东权益）合计	61	1,472.70	1,599.23
递延所得税资产	30						
其他非流动资产	31	7.61	7.61				
非流动资产合计	32	1,043.77	1,026.10				
资产总计	33	2,022.77	2,239.13	负债和所有者权益（或股东权益）总计	62	2,022.77	2,239.13

图 9-33　资产负债表舍位结果

7. 插入、追加表页

单击“编辑”菜单，选择“插入”或“追加”表页，如图 9-34 所示。

8. 整表重算、表页计算、表也不计算

单击“数据”菜单，选择“整表重算”或“表页计算”，如图 9-35 所示。

图 9-34　插入表页

图 9-35　表页计算

9. 数据采集

执行“数据”|“数据采集”命令，选择“资产负债表——舍位表”，如图 9-36 所示。

10. 透视

1）选择“C12:D14”单元，执行“数据”|“透视”命令，如图 9-37 所示。

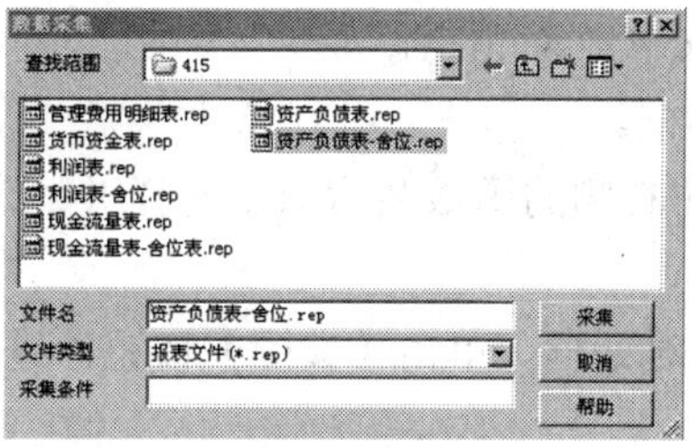

图 9-36　数据采集

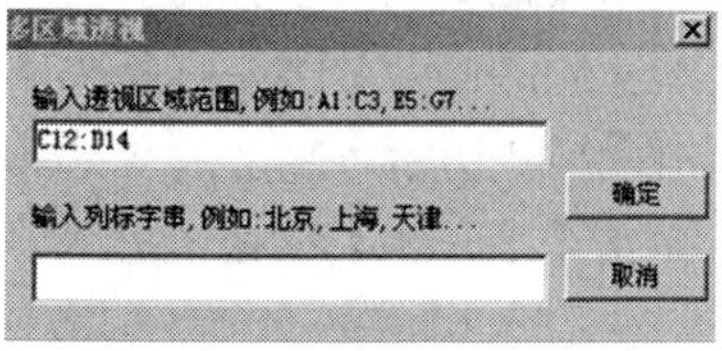

图 9-37　数据透视区域选择

2）单击【确定】按钮，结果如图 9-38 所示。

11. 汇总

1）执行“数据”|“汇总”命令，将资产负债表和资产负债表——舍位表汇总到一起，单击“数据”菜单的“汇总”，如图 9-39 所示。

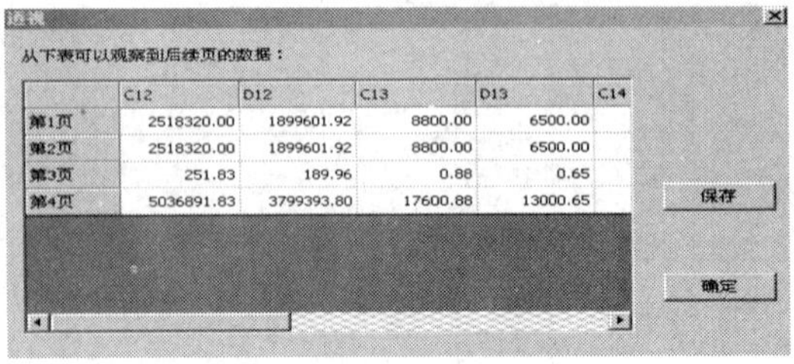

图 9-38　数据透视

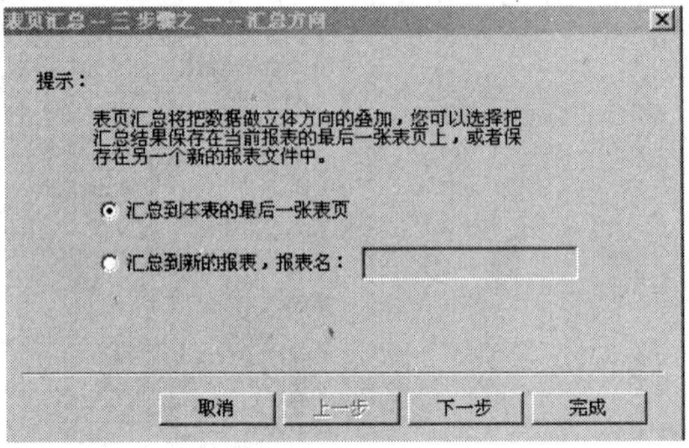

图 9-39　报表汇总

2）单击“下一步”、“完成”即可汇总报表。

9.3.3　调用报表模板生成利润表

同样方法，调用并生成 2012 年 11 月利润表。

1.调用利润表模板

1）进入 UFO 报表，在“格式”状态下，执行“格式”|“报表模板”命令，打开“报表模板”对话框。

2）选择您所在的行业“2007 新会计制度科目”，财务报表“利润表”。

3）单击【确认】按钮，弹出“模板格式将覆盖本表格式！是否继续？”提示框。

4）单击【确定】按钮，即可打开“利润表”模板。

2. 修改利润表关键字

1）删除 A3 单元的编制单位。

2）执行“数据”|“关键字”|选择单位名称。

3）执行“数据”|“关键字”|“关键字偏移”，“月”向左偏移“-50”。

3. 修改格式

将 D5 单元改为累计发生额。

4. 设置利润表公式

1）选择 D5 单元，双击【*fx*】按钮，打开“定义公式”对话框。

2）单击【函数向导】按钮打开“函数向导”对话框。

3）从左侧的函数分类中选择“用友账务函数”，在右侧的函数名窗口中选择“累计发生”函数，如图 9-40 所示。

4）单击【下一步】按钮，进入“用友账务函数”对话框。单击【参照】按钮，进入“账务函数”对话框。

5）会计期间选择“全年”；会计科目选择“6001 主营业务收入”；单击【确定】按钮返回，

输入+，重复步骤 1～4，会计科目选择“6051 其他业务收入”定义公式对话框如图 9-41 所示。

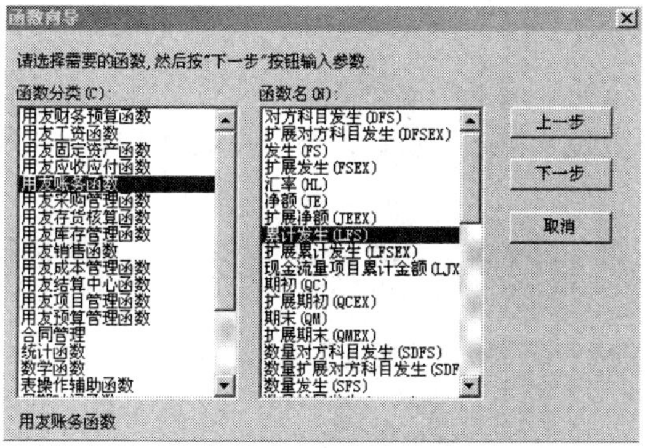

图 9-40　选择利润表累计发生额函数

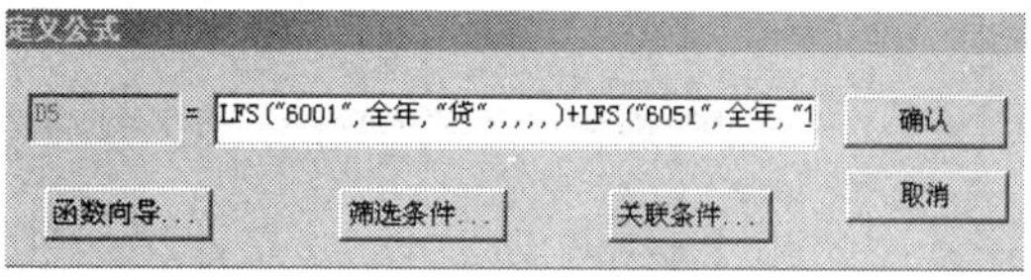

图 9-41　定义利润表累计发生额公式

6）单击【确认】按钮返回。定义其他项目的取数公式。

5. 生成利润表数据

1）在【数据】状态下，执行“数据”|“关键字”|“录入”命令，打开“录入关键字”对话框。

2）输入关键字：年“2012”、月“11”。

3）单击【确认】按钮，弹出“是否重算第 1 页？”提示框。

4）单击【是】按钮，系统会自动根据单元公式生成利润表。

5）单击工具栏中的【另存为】按钮，将生成的报表数据保存，结果如图 9-42 所示。

9.3.4　利用总账项目辅助核算功能生成现金流量表

1. 指定现金流量科目

1）在企业应用平台基础设置中，执行“基础档案”|“财务”|“会计科目”命令，进入会计科目窗口。

2）执行“编辑”|“指定科目”命令，打开“指定科目”对话框。

3）单击“现金流量科目”单选按钮，将与现金流量有关的科目从待选科目列表选择到已选科目列表，如图 9-43 所示。

利润表

会企02表

单位名称：南方电器股份公司　　2012 年　11 月　　单位:元

项　　目	行数	本月数	本年累计数
一、营业收入	1	1,044,800.00	174,097,440.00
减：营业成本	2	498,000.00	100,835,400.00
营业税金及附加	3		138,226.00
销售费用	4	6,000.00	5,709,754.00
管理费用	5	59,990.00	3,149,863.00
财务费用（收益以"－"号填列）	6	10,000.00	107,600.00
资产减值损失	演示数据	2,134.08	2,134.08
加：公允价值变动净收益（净损失以"－"号填列	8		
投资收益（净损失以"－"号填列）	9		
其中对联营企业与合营企业的投资收益	10		
二、营业利润（亏损以"-"号填列）	11	468,675.92	64,154,462.92
营业外收入	12	500.00	500.00
减：营业外支出	13		
其中：非流动资产处置净损失（净收益以"-"号填列）	14		
三、利润总额（亏损总额以"-"号填列）	15	469,175.92	64,154,962.92
减：所得税	16	117,293.98	955,809.98
四、净利润（净亏损以"-"号填列）	17	351,881.94	63,199,152.94
五、每股收益：			
基本每股收益			

图 9-42　利润表计算结果

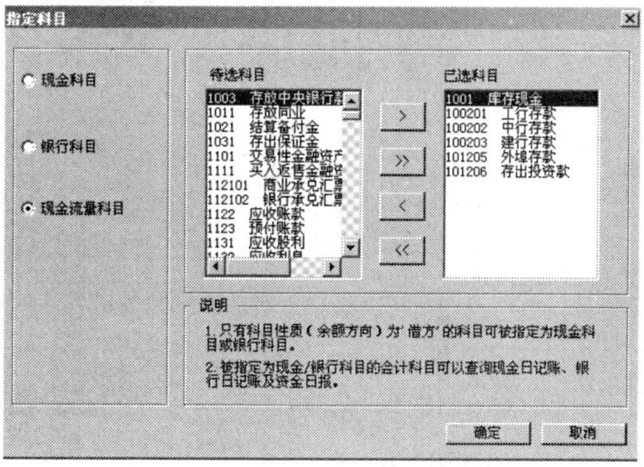

图 9-43　指定现金流量科目

4）单击【确定】按钮返回。

2. 补充录入业务的现金流量信息

1）执行“总账”|“现金流量表”|“现金流量凭证查询”命令，打开“现金流量凭证查询”对话框。单击【确定】按钮进入“现金流量查询及修改”窗口。窗口左侧显示本月与现金流量科目相关的凭证。

2）选择第一张凭证，单击【修改】按钮，打开“现金流量录入修改”对话框，如图 9-44 所示。

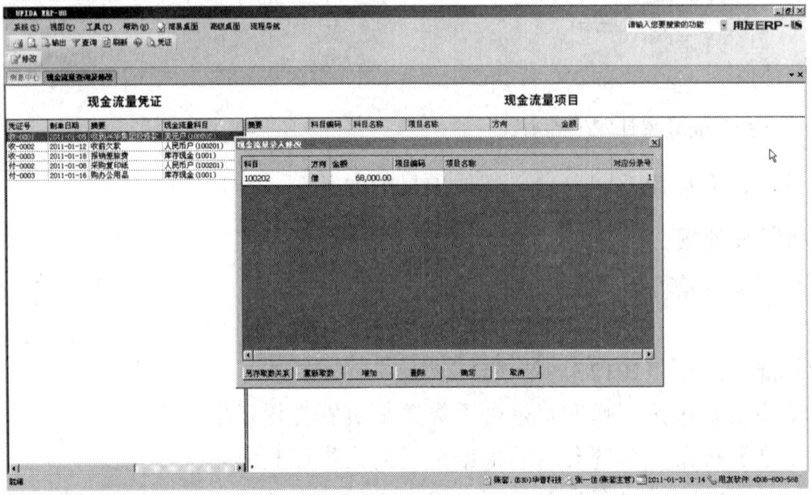

图 9-44　现金流量录入修改

3）双击“项目编码”栏，打开“参照”对话框。如图 9-45 所示。

图 9-45　现金流量项目参照

4）选择对应的现金流量项目。

5）全部补充完毕。

3. 调用现金流量表模板

1）进入 UFO 报表，在“格式”状态下，执行“格式”|“报表模板”命令，打开“报表模板”对话框。

2）选择您所在的行业“2007 新会计制度科目”，财务报表“现金流量表”。

3）单击【确认】按钮，弹出“模板格式将覆盖本表格式！是否继续？”提示框。

4）单击【确定】按钮，即可打开“现金流量表”模板。

4. 修改现金流量表关键字

1）执行“数据”|“关键字”|“取消”命令，取消关键字“月”。

2）执行“数据”|“关键字”|选择单位名称。

3）执行“数据”|“关键字”|“自定义关键字”，输入“年度”。

5. 设置现金流量表公式

1）选择 C6 单元，双击【*fx*】按钮，打开“定义公式”对话框。

2）单击【函数向导】按钮打开“函数向导”对话框。

3）从左侧的函数分类中选择“用友账务函数”，在右侧的函数名窗口中选择“现金流量项目金额”函数，如图 9-46 所示。

4）单击【下一步】按钮，进入“用友账务函数”对话框。单击【参照】按钮，进入“账务函数”对话框。

5）会计期间选择“全年”；现金流量项目编码选择“01 销售商品、提供劳务收到的现金”，单击【确定】按钮返回，定义公式对话框如图 9-47 所示。

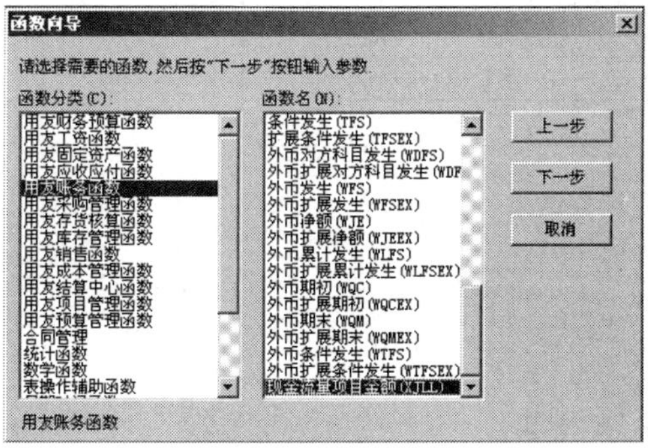

图 9-46 选择现金流量项目金额函数

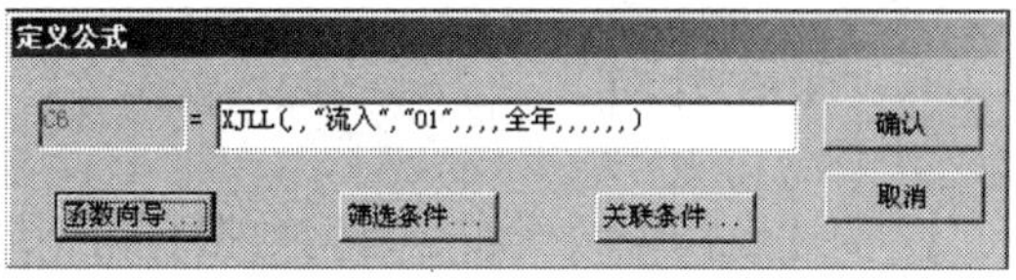

图 9-47 定义现金流量表公式

6）单击【确认】按钮返回。定义其他项目的取数公式。

6. 生成现金流量表数据

1）在【数据】状态下，执行“数据”|“关键字”|“录入”命令，打开“录入关键字”对话框。

2）输入关键字：年“2012”。

3）单击【确认】按钮，弹出“是否重算第 1 页？”提示框。

4）单击【是】按钮，系统会自动根据单元公式生成现金流量表。

5）单击工具栏中的【保存】按钮，将生成的报表数据保存，结果如图 9-48 所示。

现金流量表		
		会企03表
单位名称：南方电器股份公司	2012 年度	单位：元
项　　目	行次	金额
一、经营活动产生的现金流量：	演示数据	
销售商品、提供劳务收到的现金	1	1,006,200.00
收到的税费返还	2	
收到的其他与经营活动有关的现金	3	
现金流入小计	4	1,006,200.00
购买商品、接受劳务支付的现金	5	709,240.00
支付给职工以及为职工支付的现金	6	79,600.00
支付的各项税费	7	251,304.00
支付的其它与经营活动有关的现金	8	28,272.00
现金流出小计	9	1,068,416.00
经营活动产生的现金流量净额	10	-62,216.00
二、投资活动产生的现金流量：		
收回投资所收到的现金	11	
取得投资收益所收到的现金	12	
	13	100,000.00
处置子公司及其他营业单位收到的现金净额	14	
收到的其他与投资活动有关的现金	15	
现金流入小计	16	100,000.00
购建固定资产、无形资产和其他长期资产所支付的现金	17	
投资所支付的现金	18	200,000.00
取得子公司及其他营业单位支付的现金净额	19	
支付的其他与投资活动有关的现金	20	
现金流出小计	21	200,000.00
投资活动产生的现金流量净额	22	-100,000.00
二、投资活动产生的现金流量：		
收回投资所收到的现金	11	
取得投资收益所收到的现金	12	
	13	100,000.00
处置子公司及其他营业单位收到的现金净额	14	
收到的其他与投资活动有关的现金	15	
现金流入小计	16	100,000.00
演示数据购建固定资产、无形资产和其他长期资产所支付的现金	17	
投资所支付的现金	18	200,000.00
取得子公司及其他营业单位支付的现金净额	19	
支付的其他与投资活动有关的现金	20	
现金流出小计	21	200,000.00
投资活动产生的现金流量净额	22	-100,000.00
三、筹资活动产生的现金流量：		
吸收投资所收到的现金	23	
借款所收到的现金	24	
收到的其他与筹资活动有关的现金	25	280,000.00
现金流入小计	26	280,000.00
偿还债务所支付的现金	27	
分配股利、利润或偿付利息所支付的现金	28	26,000.00
支付的其他与筹资活动有关的现金	29	
现金流出小计	30	26,000.00
筹资活动产生的现金流量净额	31	254,000.00
四、汇率变动对现金的影响额	32	-14,777.00
五、现金及现金等价物净增加额	33	77,007.00
制表人：孙伟力	会计主管：李武	
单位负责人：杨帆		

图 9-48　现金流量表计算结果

课后巩固

1. 简述表样型数据和字符型数据有何不同，举例说明。
2. 编制单位是否应设置为关键字？
3. 如果利用报表模板生成的资产负债表资产合计不等于负债加所有者权益，你觉得有可能是哪方面的原因？
4. 一个报表文件中是否可以存放不同格式的表页？
5. 为防止无关人员查阅报表，应该采取的措施有哪些？
6. 你是否能够根据本单位业务需要自定义报表模板，并将其加入到系统的模板库中？
7. 编制一张自定义报表——“管理费用明细表”。

项目 10

薪资管理——会计岗位

众所周知，薪资是企业使用职工的智力、体力等而给予职工的货币及非货币性补偿，是企业成本的重要组成部分。

如果企业职工人数较多、考核体系复杂、薪资计算量大，数据又经常变动，如何才能保证及时、准确地进行薪资管理呢？这就需要薪资管理系统来发挥作用啦！

薪资系统可以说是最早应用的会计电算化系统。最初是由美国通用公司于1954年开发出来的。因为薪资计算的特点是计算量大且重复计算多，所以很适合用计算机来进行处理。

10.1 薪资管理功能概述

薪资管理系统的任务是以职工个人的工资原始数据为基础，计算应发工资、扣款合计和实发工资等，编制工资结算单；按部门和人员类别进行汇总，进行个人所得税计算；提供对工资相关数据的多种方式的查询和分析，进行工资费用分配与计提，并实现自动转账处理。

10.1.1 薪资管理系统初始化

薪资管理系统初始包括建立工资账套和基础信息设置两部分。

1. 建立工资账套

建立工资账套时可以根据建账向导分四步进行，即参数设置、扣税设置、扣零设置、人员编码。

2. 基础信息设置

建立工资账套以后，要对整个系统运行所需的一些基础信息进行设置。账套基础信息的设置应该在关闭工资类别的情况下进行。基础信息设置包括部门设置、人员类别设置、人员附加信息设置、工资项目设置、银行名称设置。

3. 工资类别管理

薪资系统是按工资类别来进行管理的。每个工资类别下有职工档案、工资变动、工资数据、报税处理、银行代发等。对工资类别的维护包括建立工资类别、打开工资类别、删除工资类别、关闭工资类别和汇总工资类别。

10.1.2 薪资管理系统日常业务处理

薪资管理系统的日常业务主要包括对职工档案的维护、职工工资变动数据的录入及计算、个人所得税计算与申报、银行代发工资处理等。

1. 工资变动

由于职工工资与考勤、工作业绩等各项因素相关，所以，每个月都需要进行职工工资数据的调整。系统提供了筛选、页编辑、替换、设置过滤器等功能，其目的都是为了方便对职工工资数据的查询和修改。

2. 个人所得税的计算与申报

用户可以自定义所得税率，选择扣税基数，系统自动计算个人所得税，并生成个人所得税扣缴申报表。

3. 工资分摊

工资费用是企业期间费用中人工费用最主要的部分，还需要对工资费用进行工资总额的计提计算、分配及各种经费的计提，并编制转账会计凭证，供登账处理之用。

4. 银行代发

目前社会上许多单位发放工资时都是采用职工凭工资信用卡去银行取款的方式。银行代发业务处理，是指每月末单位应向银行提供银行给定文件格式的软盘。这样做即使财务部门无须进行发放工资的繁重的工作，又有效地避免了财务去银行提取大笔款项所承担的风险，同时还提高了对员工个人工资的保密程度。

采用银行代发工资方式，需要进行银行代发文件格式设置和银行代发输出格式设置。银行代发文件格式设置是根据银行的要求，设置向银行提供的数据表中所包含的项目的相关属性信息。银行代发输出格式设置是设置向银行提供的数据表以何种文件形式存放在磁盘上，以及文件中的各数据项目是如何存放和区分的。

5. 工资数据查询统计

工资数据处理结果最终通过工资报表的形式反映，包括工资表和工资分析表两类。

10.1.3 期末处理

期末处理包括月末结转和年末结转两项内容。

每月工资数据处理完毕后均可进行月末结转，月末结转只有在会计年度的 1 月至 11 月进行，并且只有在当月工资数据处理完毕后才可进行。若处理多个工资类别，则应打开工资类别，分别进行月末结转。若本月工资数据未汇总，系统将不允许进行月末结转。进行期末处理后，当月数据将不允许变动。

年末结转是将工资数据经过处理后结转至下年。进行年末结转后，新年度账将自动建立。处理完所有工资类别的工资数据后，对多工资类别，应关闭所有工资类别，然后在系统管理中选择“年度账”菜单，进行上年数据结转。其他操作与月末处理类似。

10.1.4 薪资系统初始使用流程

综合分析来看，工资类别不同，其初始使用流程也有所不同。

1. 单类别初次使用流程（见图 10-1）

2. 多类别初次使用流程（见图 10-2）

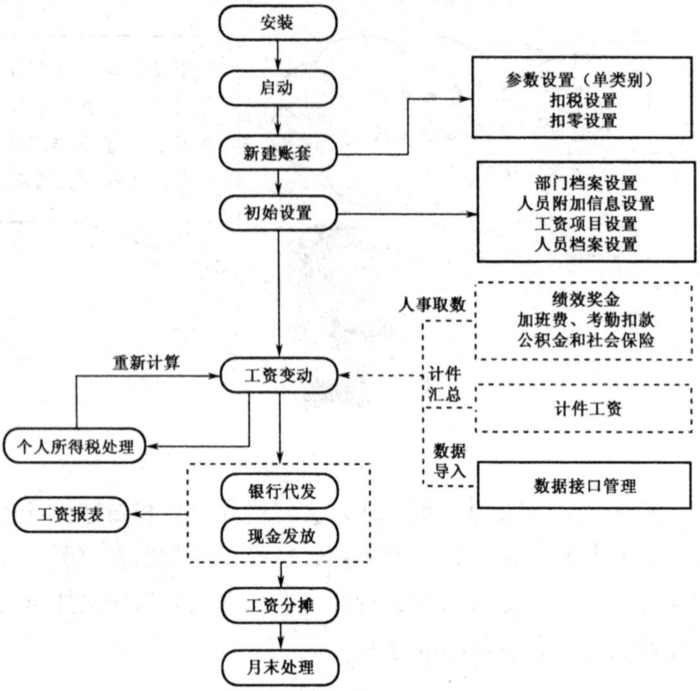

图 10-1　单类别初次使用流程

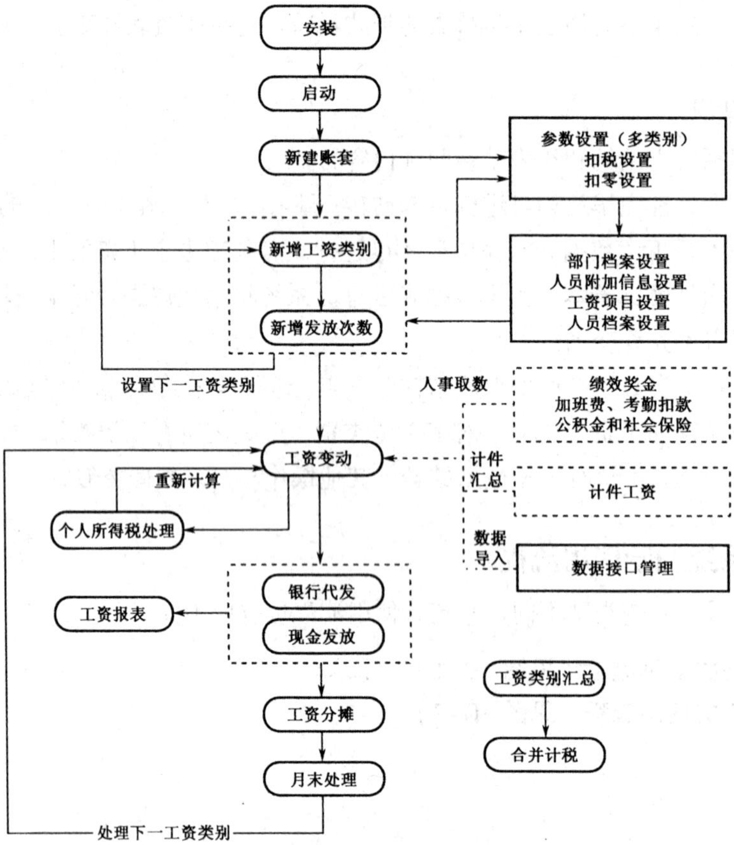

图 10-2　多类别初次使用流程

重点、难点提示

1. 工资类别

工资系统提供处理多个工资类别的功能。如果单位按周或一月多次发放工资，或者是单位中有多种不同类别（部门）的人员，工资发放项目不尽相同，计算公式也不相同，但需进行统一工资核算管理，应选择“多个”。例如，分别对在职人员、退休人员、离休人员进行核算的企业；分别对正式工、临时工进行核算的企业；每月进行多次工资发放，月末统一核算的企业；在不同地区有分支机构，而由总管机构统一进行工资核算的企业。

2. 设置工资项目和计算公式

工资项目反映职工工资数据的基本构成。

设置多个工资类别的情况下，工资项目需要在关闭所有工资类别的情况下增加，进入某个工资类别后只能选择既有的工资项目。

计算公式用于设置工资项目之间的数据关系。设置计算公式时应注意公式设置的先后顺序，进行公式设置的合法性检查。

3. 工资分摊

工资涉及每个职工的切身利益，与工资相关的数据包括福利费、工会经费、教育附加费等各种费用及五险一金等的处理。正确设置并生成相应的业务凭证是工资管理系统的重要任务。

10.2 薪资管理实训

10.2.1 实训概述

1. 实训目的

掌握用友 ERP-U8 薪资管理的相关内容，掌握薪资系统初始化、日常业务处理、工资分摊及月末处理的操作。

2. 实训内容

1）薪资管理系统初始设置。

2）薪资管理系统日常业务处理。

3）工资分摊及月末处理。

4）薪资系统数据查询。

3 .实训准备

引入项目 4 或项目 8 账套数据。

4. 实训要求

以账套主管 101 李武的身份进行工资账套建立及初始设置。

10.2.2 薪资管理实训资料

1. 建立工资账套

工资类别个数：多个；核算币种：人民币（RMB）；不核算计件工资；要求代扣个人所得税；不进行扣零处理。

2. 基础信息设置

（1）人员附加信息设置

增加“性别”、“学历”作为人员附加信息。

（2）工资项目设置（见表 10-1）

表 10-1 工资项目设置

项目名称	类型	长度	小数位数	增减项
基本工资	数字	8	2	增项
奖励工资	数字	8	2	增项
交补	数字	8	2	增项
应发合计	数字	10	2	增项
请假扣款	数字	8	2	减项
养老保险	数字	8	2	减项
医疗保险	数字	8	2	减项
失业保险	数字	8	2	减项
住房公积金	数字	8	2	减项
扣款合计	数字	10	2	减项
实发合计	数字	10	2	增项
代扣税	数字	10	2	减项
请假天数	数字	3	0	其他

（3）工资类别及相关信息

1）工资类别一：正式人员。

部门选择：所有部门。

增加工资项目：基本工资、奖励工资、交补、请假扣款、养老保险、医疗保险、失业保险、住房公积金和请假天数。

计算公式（见表 10-2）。

表 10-2 正式人员工资计算公式

工资项目	定义公式
请假扣款	请假天数×120
养老保险	基本工资×8%
医疗保险	基本工资×2%
失业保险	基本工资×1%
住房公积金	（基本工资+奖励工资+交补）×8%
交补	If［人员类别=”管理人员”or 人员类别=”经营人员”,400, Iff(人员类别=”车间管理人员”, 300,200）］

人员档案（见表 10-3）。

表 10-3　正式人员档案

人员编号	人员姓名	性别	学历	部门名称	人员类别	账号	中方人员	是否计税
001	杨帆	男	大学	办公室	管理人员	11022033001	是	是
002	赵文建	男	大学	办公室	管理人员	11022033002	是	是
003	李武	男	大学	财务部	管理人员	11022033003	是	是
004	刘云	女	大学	财务部	管理人员	11022033004	是	是
005	自己名		大学	财务部	管理人员	11022033005	是	是
006	陈敏	男	大学	财务部	管理人员	11022033006	是	是
007	刘冬	女	大专	财务部	管理人员	11022033007	是	是
008	张丽	女	大学	供应部	经营人员	11022033008	是	是
009	陈凯	男	大学	供应部	经营人员	11022033009	是	是
010	陈瑞	男	大专	一车间	生产工人	11022033010	是	是
011	朱大林	男	高中	二车间	生产工人	11022033011	是	是
012	徐力军	男	高中	三车间	生产工人	11022033012	是	是
013	许芳	女	大专	本地销售部	经营人员	11022033013	是	是
014	王林	男	大学	外地销售部	经营人员	11022033014	是	是
015	王东	男	中专	一车间	车间管理人员	11022033015	是	是

注：以上所有人员的代发银行均为工商银行新港西路分理处。

2）工资类别二：临时人员。

部门选择：生产部。

增加工资项目：基本工资、请假扣款、请假天数

人员档案（见表 10-4）。

表 10-4　临时人员档案

人员编号	人员姓名	性别	部门名称	人员类别	账号	中方人员	是否计税
504	罗青	男	一车间	生产工人	21022033014	是	是
505	刘江	男	一车间	生产工人	21022033015	是	是

（4）银行名称

工商银行新港西路分理处；账号定长为 11 位，录入时自动带出的账号长度为 8 位。

3. 工资数据

（1）11 月初人员工资情况

1）正式人员工资情况（见表 10-5）

表 10-5　正式人员工资情况

姓　名	基 本 工 资	奖 励 工 资
杨帆	5 000	800
赵文建	4 000	800
李武	5 000	800

续表

姓　名	基 本 工 资	奖 励 工 资
刘云	4 000	800
自己名	3 050	800
陈敏	3 000	600
刘冬	2 500	600
张丽	3 500	400
陈凯	3 000	400
陈瑞	2 500	550
朱大林	2 500	550
徐力军	2 500	550
许芳	3 000	800
王林	3 000	900
王东	3 000	700
合计	49 550	10 050

2）临时人员工资情况（见表 10-6）。

表 10-6　临时人员工资情况

姓 名	基 本 工 资	奖励工资
罗青	2200	300
刘江	1800	200

（2）11 月工资变动情况

1）考勤情况：刘冬请假 2 天，张丽请假 3 天，朱大林请假 1 天；罗青请假 1 天，刘江请假 2 天。

2）因需要，决定招聘李鸣（024）到生产部一车间担任正式的生产人员，以补充一线技术力量，其基本工资为 3 000 元，因其新来，暂无奖励工资，代发工资银行账号：11022033024。

3）因去年销售部推广产品业绩较好，该部门每人增加奖励工资 2 000 元，总经理奖励 3 000 元。

4. 代扣个人所得税

计税基数 3500。

个人所得税目前适用的税率（见表 10-7）。

表 10-7　个人所得税适用税率表

级数	全月应纳税所得额（含税级距）	全月应纳税所得额（不含税级距）	税率（%）	速算扣除数
1	不超过 1 500 元	不超过 1455 元的	3	0
2	1 500～4 500 元的部分	1 455～4 155 元的部分	10	105
3	4 500～9 000 元的部分	4 155～7 755 元的部分	20	555
4	9 000～35 000 元的部分	7 755～27 255 元的部分	25	1 005
5	35 000～55 000 元的部分	27 255～41 255 元的部分	30	2 755
6	55 000～80 000 元的部分	41 255～57 505 元的部分	35	5 505
7	超过 80 000 元的部分	超过 57 505 元的部分	45	13 505

5. 工资分摊

应付工资总额等于工资项目“应发合计”，应付福利费、工会经费、职工教育经费也以此为计提基数。

工资费用分配的转账分录（见表 10-8）。

表 10-8　工资费用分配的转账分录

工资分摊 / 部门		应付工资		应付福利费（14%）		工会经费（2%）		职工教育经费（1.5%）	
		借方	贷方	借方	贷方	借方	贷方	借方	贷方
管理部门、仓储部、研发中心	管理人员	660 201	221 101	660 201	221 102	660 201	221 103	660 201	221 104
采购部、销售部	经营人员	660 101	221 101	660 101	221 102	660 101	221 103	660 101	221 104
生产部	车间管理人员	510 101	221 101	510 101	221 102	510 101	221 103	510 101	221 104
	生产工人	5001 0102	221 101	5 0010 102	221 102	50 010 102	221 103	50 010 102	221 104

10.3 薪资管理实训操作

10.3.1 工资系统初始化

1. 在企业应用平台中启用工资管理系统

1）执行“开始”|“程序”|“用友 ERP-U872”|“企业应用平台”命令，以账套主管“101 李武”的身份登录 UFIDA ERP-U8。

2）在基础设置中，执行“基本信息”|“系统启用”命令，打开“系统启用”对话框，单击选中“WA 工资管理”复选框，弹出“日历”对话框，设置工资系统启用日期为“2012 年 11 月 1 日”，如图 10-3 所示。单击【确定】按钮，系统弹出“确实要启用当前系统吗？”信息提示框，单击【是】返回。

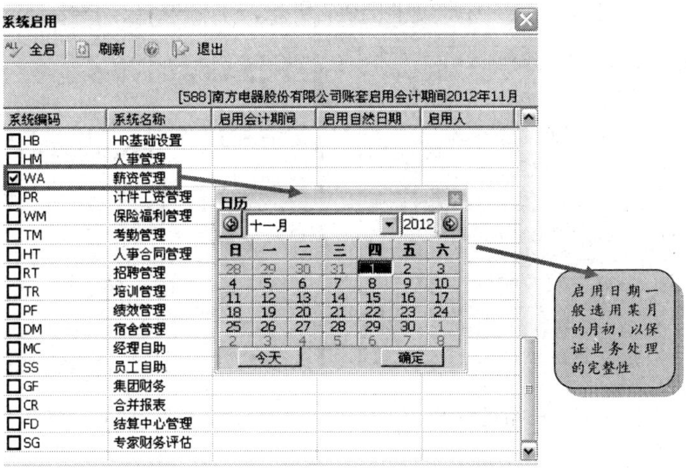

图 10-3　启用工资管理系统

注意

- 在用友 ERP-U8（V8.72）中，工资管理属于人力资源管理系统中的一个模块。

2. 建立工资账套

1）以账套主管身份注册进入用友 ERP-U8（V8.72）主界面。执行“人力资源”|“工资管理”|命令，系统弹出提示：“请先设置工资类别”，如图 10-4 所示，单击【确定】按钮，打开“建立工资套”对话框。

2）在建账第一步“参数设置”中，选择本账套所需处理的工资类别个数为“多个”，默认币别名称为“人民币”，不核算计件工资，如图 10-5 所示，单击【下一步】按钮。

图 10-4　工资管理请先设置工资类别

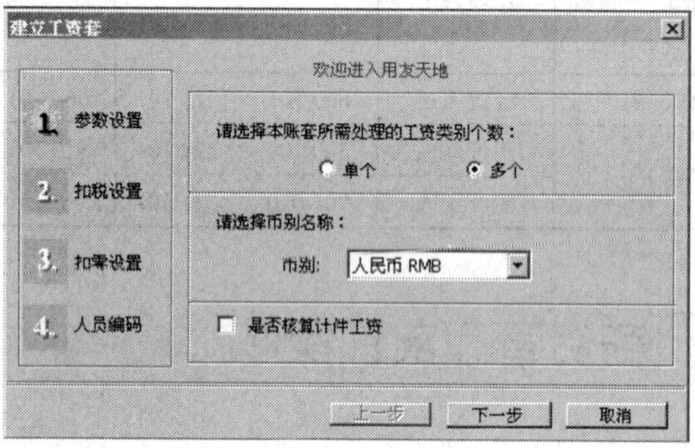

图 10-5　建立工资套——参数设置

注意

- 本例中对正式人员和临时人员分别进行核算，所以工资类别应选择“多个”。

3）在建账第二步“扣税设置”中，选中“是否从工资中代扣个人所得税”复选框，如图 10-6 所示，单击【下一步】按钮。

注意

- 选择代扣个人所得税后，系统将自动生成工资项目“代扣税”，并自动进行代扣税金的计算。

4）在建账第三步“扣零设置”中，如图 10-7 所示，不做选择，直接单击【下一步】按钮。

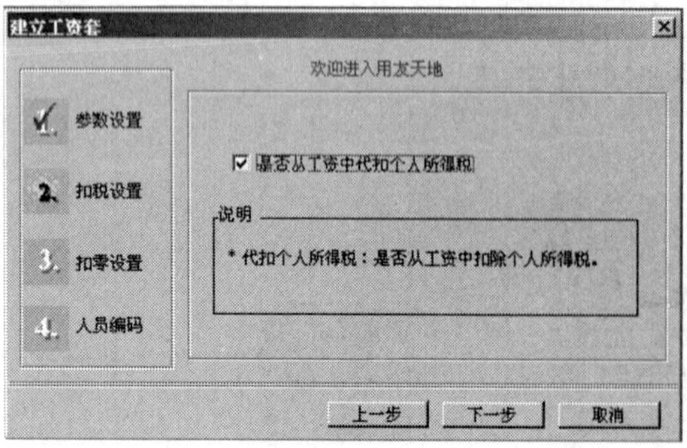

图 10-6　建立工资套——扣税设置

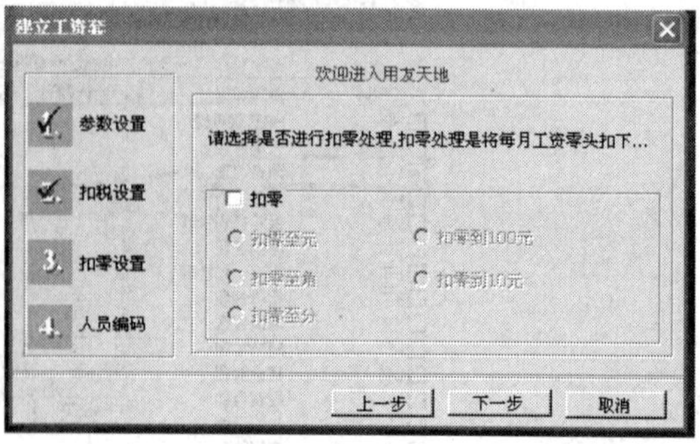

图 10-7　建立工资套——扣零设置

注意

- 扣零处理是指每次发放工资时零头扣下，积累取整，于下次工资发放时补上，系统在计算工资时将根据扣零类型（扣零至元、扣零至角、扣零至分）进行扣零计算。
- 用户一旦选择了“扣零处理”，系统自动在固定工资项目中增加“本月扣零”和“上月扣零”两个项目，扣零的计算公式将由系统自动定义，无须设置。

5）在建账第四步“人员编码”中，系统提示“本系统要求对员工进行统一编号，人员编码同公共平台的人员编码保持一致。”如图 10-8 所示，单击【完成】按钮，完成工资套的创建。

注意

- 建账完毕后，部分建账参数可以通过“设置”|“选项”命令进行修改。

10.3.2　基础信息设置

1. 人员附加信息设置

1）执行“设置”|“人员附加信息设置”命令，打开“人员附加信息设置”对话框。

2）先单击【增加】按钮，从参照列表中选择“性别”，再单击【增加】按钮。

3）从参照列表中选择“学历”，单击【增加】按钮，如图 10-9 所示。

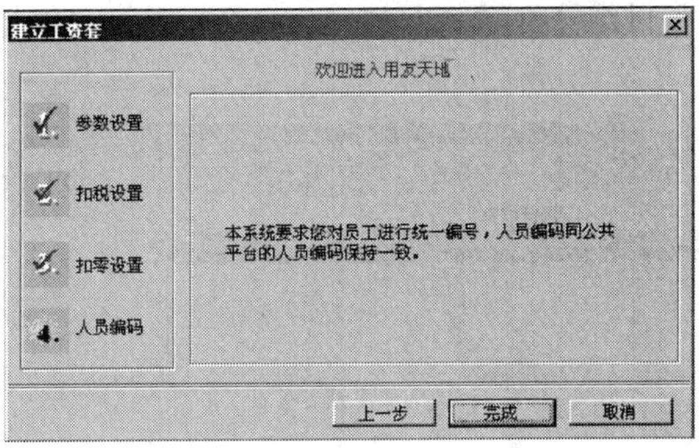

图 10-8　建立工资套——人员编码

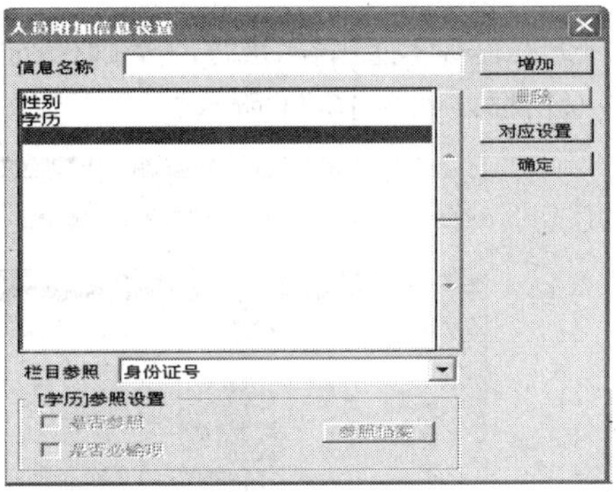

图 10-9　“人员附加信息设置”对话框

2. 工资项目设置

1）执行“设置”|“工资项目设置”命令，打开“工资项目设置”对话框。

2）单击【增加】按钮，工资项目列表中增加一空行。

3）单击“名称参照”下拉列表框，从下拉列表中选择“基本工资”选项。

4）双击“类型”栏，单击下拉列表框，从下拉列表中选择“数字”选项。

5）“长度”采用系统默认值“8”。双击“小数”栏，单击增减器的上三角按钮，将小数设为“2”。

6）双击“增减项”栏，单击下拉列表框，从下拉列表中选择“增项”选项。

7）单击【增加】按钮，增加其他工资项目，如图 10-10 所示。

8）单击【确认】按钮，出现系统提示“工资项目已经改变，请确认各工资类别的公式是否正确”，单击【确定】按钮。

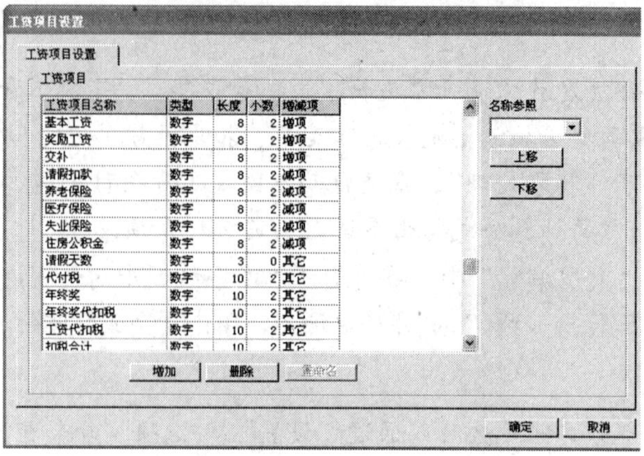

图 10-10　“工资项目设置”对话框

注意

● 系统提供若干常用工资项目供参考，可选择输入。对于参照中未提供的工资项目，可以双击“工资项目名称”一栏直接输入，或先从“名称参照”中选择一个项目，然后单击“重命名”按钮修改为需要的项目。

3. 银行名称设置

1）在基础设置中，执行“基础档案”|“收付结算”|“银行档案”命令，打开“银行档案”对话框，如图 10-11 所示。

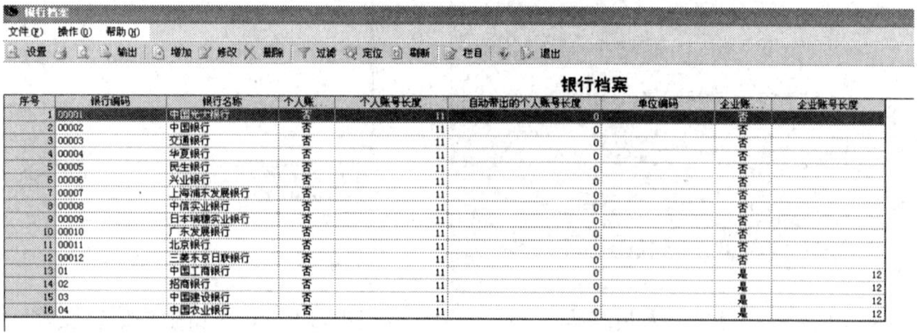

图 10-11　“银行档案”对话框

2）单击【增加】按钮，输入银行编码和银行名称，选择个人账户规则为“定长”，账号长度为“11”，自动带出账号长度为 8 位，如图 10-12 所示。

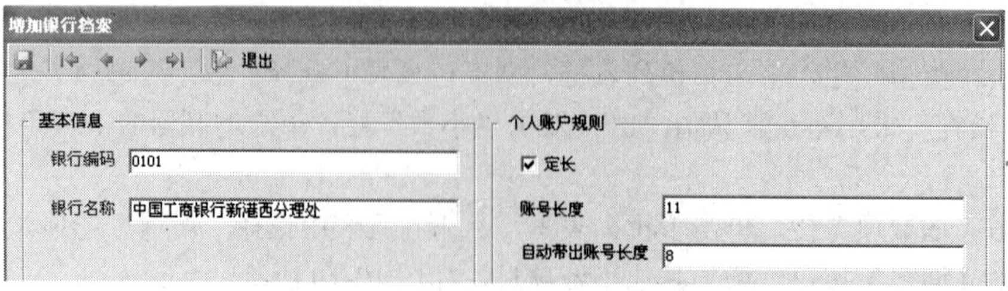

图 10-12　“增加银行档案”对话框

3）单击【退出】按钮。

10.3.3 建立工资类别

1. 建立“正式人员”工资类别

1）执行“工资类别”|“新建工资类别”命令，打开“新建工资类别”对话框。

2）在文本框中输入第一个工资类别“正式人员”，如图 10-13 所示，单击【下一步】按钮。

3）单击【选定全部部门】按钮，如图 10-14 所示。

4）单击【完成】按钮，弹出系统提示：“是否以 2012-11-01 为当前工资类别的启用日期？”单击【是】按钮返回。

5）执行“工资类别”|“关闭工资类别”命令，关闭“正式人员”工资类别。

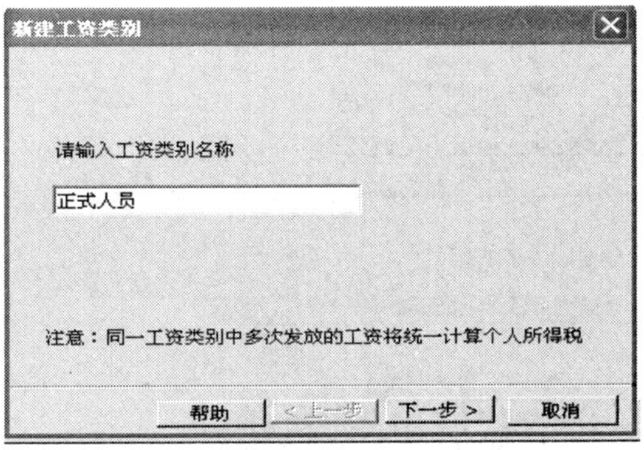

图 10-13 “新建工资类别”对话框

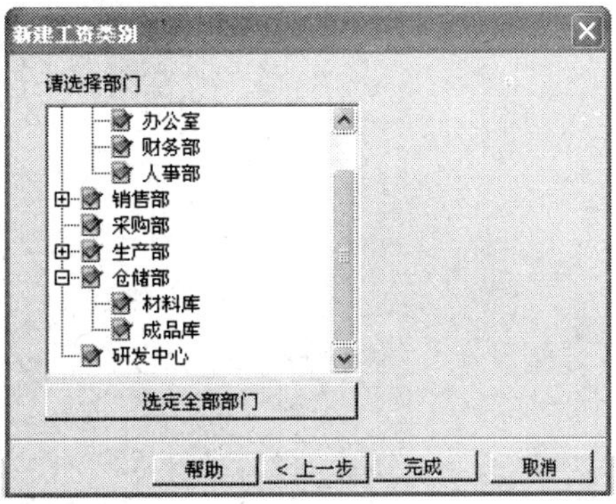

图 10-14 新建正式人员工资类别

2. 建立“临时人员”工资类别

1）执行“工资类别”|“新建工资类别”命令，打开“新建工资类别”对话框。

2）在文本框中输入第二个工资类别“临时人员”，单击【下一步】按钮。

3）单击鼠标，选取生产部、一车间、二车间、三车间。

4）单击【完成】按钮，弹出系统提示：“是否以 2012-11-01 为当前工资类别的启用日期？”单击【是】按钮返回。

5）执行“工资类别”|“关闭工资类别”命令，关闭“临时人员”工资类别。

10.3.4 “正式人员”工资类别初始设置

1. 打开工资类别

1）执行“工资类别”|“打开工资类别”命令，打开“打开工资类别”对话框。

2）选择“001 正式人员”工资类别，单击【确认】按钮。

2. 设置人员档案

工资管理系统各工资类别中的人员档案一定是来自在企业应用平台基础档案设置中设置的人员档案。企业应用平台中设置的人员档案是企业全部职工信息；工资管理系统中的人员档案是需要进行工资发放和管理的人员，它们之间是包含关系。

1）在企业应用平台基础设置中，执行“基础档案”|“机构人员”|“人员档案”命令，增加职工“王东”。

2）在薪资管理系统中，执行“设置”|“人员档案”命令，进入“人员档案”窗口。

3）单击【批增】按钮，打开“人员批量增加”对话框。

4）在左侧列表选择框中，选中“企业管理人员”、“经营人员”、“车间管理人员”和“生产人员”，选中的所有类别的人员出现在右侧列表框中，如图 10-15 所示。单击【确定】按钮返回“人员档案”窗口，如图 10-16 所示。

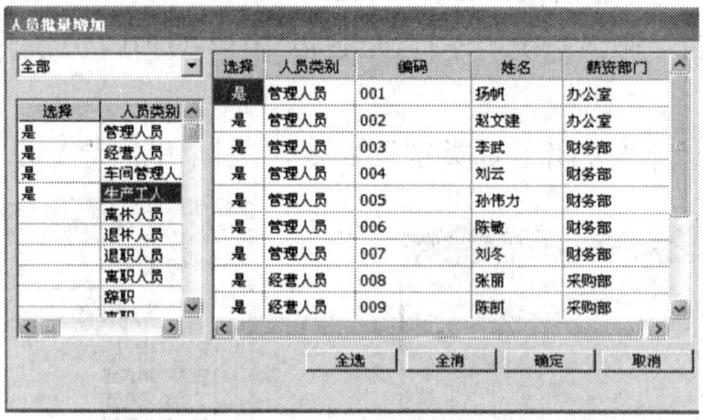

图 10-15 “人员批量增加”对话框

消息中心 人员档案

人员档案

薪资部门名称	人员编号	人员姓名	人员类别	账号	中方人员	是否计税	工资停发	核算计件工资	现金发放
办公室	001	扬帆	管理人员	11022033001	是	是	否	否	否
办公室	002	赵文建	管理人员	11022033002	是	是	否	否	否
财务部	003	李武	管理人员	11022033003	是	是	否	否	否
财务部	004	刘云	管理人员	11022033004	是	是	否	否	否
财务部	005	孙伟力	管理人员	11022033005	是	是	否	否	否
财务部	006	陈敏	管理人员	11022033006	是	是	否	否	否
财务部	007	刘冬	管理人员	11022033007	是	是	否	否	否
本地销售部	013	许芳	经营人员	11022033013	是	是	否	否	否
外地销售部	014	王林	经营人员	11022033014	是	是	否	否	否
采购部	008	张丽	经营人员	11022033008	是	是	否	否	否
采购部	009	陈凯	经营人员	11022033009	是	是	否	否	否
一车间	010	陈瑞	生产工人	11022033010	是	是	否	否	否
二车间	011	朱大林	生产工人	11022033011	是	是	否	否	否
三车间	012	徐力军	生产工人	11022033012	是	是	否	否	否

图 10-16 “人员档案”窗口

5）修改人员档案信息，补充输入银行及账号信息，如图 10-17 所示。

6）修改人员档案信息，补充输入人员附加信息，如图 10-18 所示。

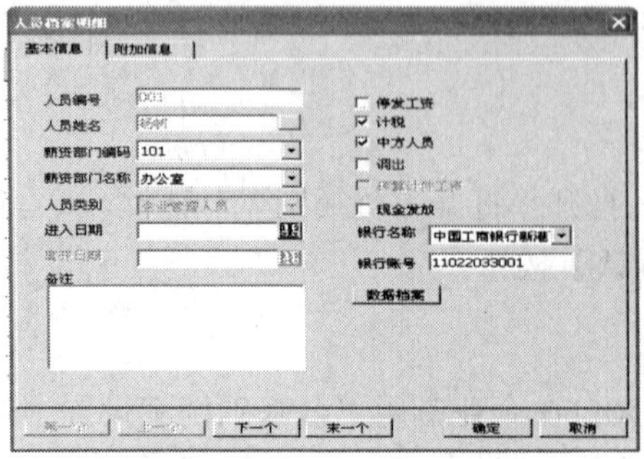

图 10-17 修改人员档案

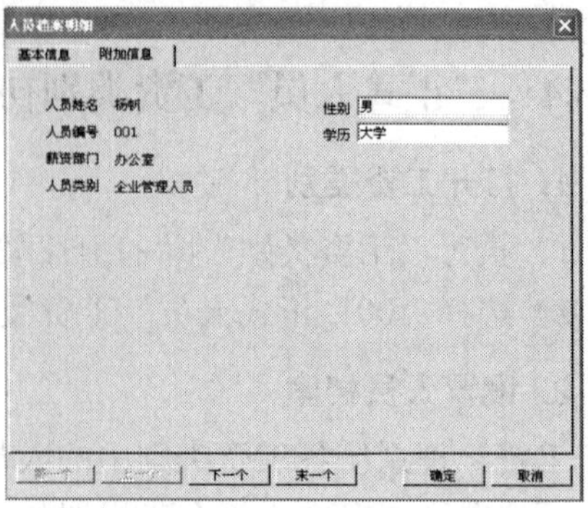

图 10-18 “人员档案明细”对话框

3. 选择工资项目

1）执行“设置” | “工资项目设置”命令，打开“工资项目设置”对话框。

2）单击“工资项目设置”选项卡，单击【增加】按钮，在工资项目列表中增加一空行。

3）单击“名称参照”下拉列表框，从下拉列表中选择“基本工资”选项，工资项目名称、类型、长度、小数、增减项都自动带出，不能修改。

4）单击【增加】按钮，增加其他工资项目。

5）所有项目增加完成后，利用“工资项目设置”界面上的【上移】和【下移】箭头按照实训资料所给顺序调整工资项目的排列位置，如图 10-19 所示。

注意

● 工资项目不能重复选择。没有选择的工资项目不允许在计算公式中出现。不能删除已输入数据的工资项目和已设置计算公式的工资项目。

4. 设置计算公式

1）设置公式“请假扣款=请假天数×120”。

① 在“工资项目设置”对话框中单击“公式设置”选项卡。

② 单击【增加】按钮，在工资项目列表中增加一空行，单击下拉列表框选择“请假扣款”选项。

③ 单击“公式定义”文本框，单击工资项目列表中的“请假天数”。

④ 单击运算符“*”，在“*”后单击，输入数字“120”，如图 10-20 所示，单击【公式确认】按钮。

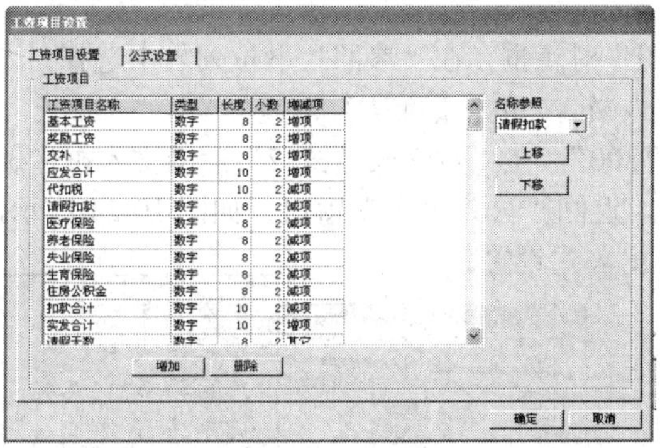

图 10-19　正式人员工资类别工资项目选择

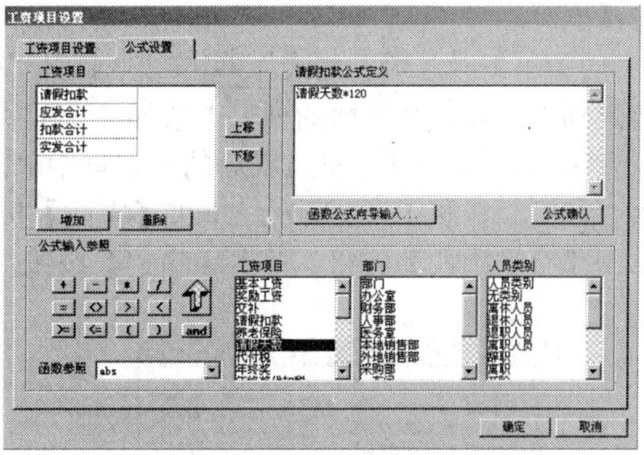

图 10-20　设置请假扣款计算公式

2）同理，请自行设置养老保险、医疗保险、失业保险、住房公积金的计算公式。

3）设置公式“交补= Iff（人员类别=”管理人员”or 人员类别=”经营人员”,400, Iff（人员类别=”车间管理人员”300,200）　)”① 单击【增加】按钮，在工资项目列表中增加一空行，单击下拉列表框选择“交补”选项。

② 单击“公式定义”文本框，单击【函数公式向导输入】按钮，打开“函数向导——步骤之 1”对话框。

③ 从“函数名”列表中选择“iff”，单击【下一步】按钮，打开“函数向导——步骤之 2”

对话框。

④ 单击“逻辑表达式”按钮，打开“参照”对话框，从“参照”下拉列表中选择“人员类别”选项，从下面的列表中选择“企业管理人员”，单击【确认】按钮。

⑤ 在逻辑表达式文本框中的公式后单击鼠标，输入“or”后，再次单击“逻辑表达式”参照按钮，出现“参照”对话框，从“参照”下拉列表中选择“人员类别”选项，从下面的列表中选择“经营人员”，单击【确认】按钮，返回“函数向导——步骤之 2”。

注意

- 在“or”前后应有空格。

⑥ 在“数学表达式 1”后的文本框中输入“400”，如图 10-21 所示。

⑦ 单击【完成】按钮，返回“公式设置”窗口，如图 10-22 所示，在公式定义文本框中”)”前单击鼠标左键，单击【函数公式向导输入】按钮，打开“函数向导——步骤之 1”对话框。

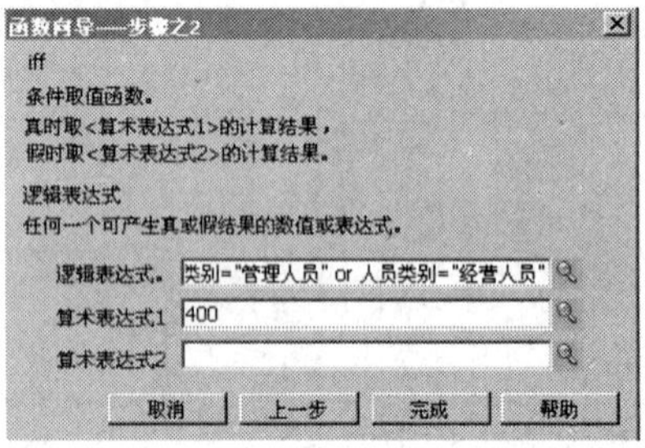

图 10-21 “函数向导——步骤之 2”对话框

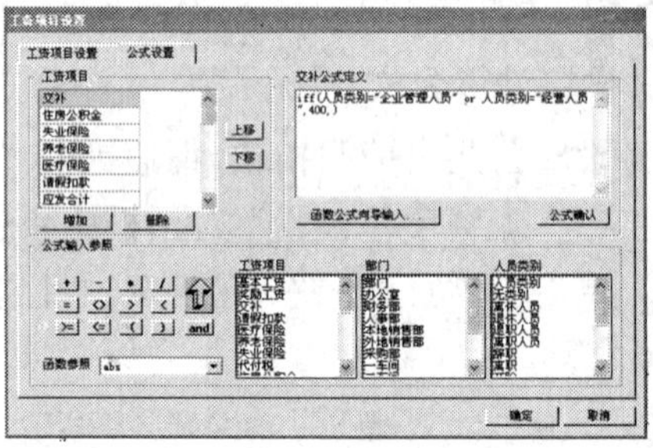

图 10-22 “公式设置”窗口（1）

⑧ 从“函数名”列表中选择“iff”，单击【下一步】按钮，打开“函数向导——步骤之 2”对话框。

⑨ 单击“逻辑表达式”按钮，打开“参照”对话框，在“参照”下拉列表中选择“人员类别”选项，从下面的列表中选择“车间管理人员”，单击【确认】按钮。

⑩ 在“数学表达式 1”后的文本框中输入“300”，在“数学表达式 2”后的文本框中输入“200”，如图 10-23 所示。单击【完成】按钮，返回“公式设置”窗口，如图 10-24 所示，单击【公式确认】按钮。单击【确定】按钮，退出公式设置。

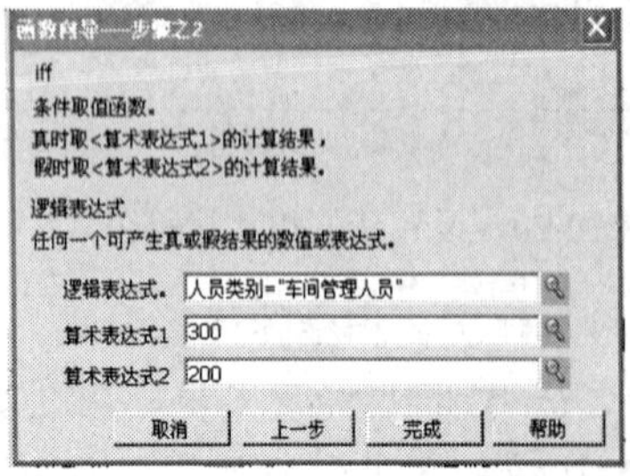

图 10-23 文本框输入

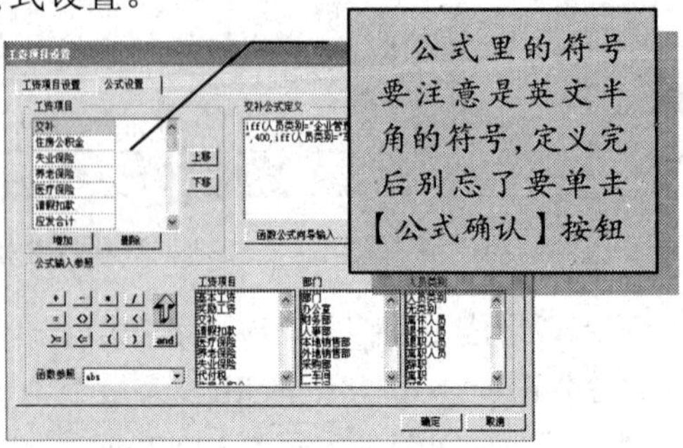

图 10-24 “公式设置”窗口（2）

5. 设置所得税纳税基数

1）选择“设置”|“选项”命令，弹出【选项】对话框，如图 10-25 所示。

2）单击【编辑】按钮，单击“扣税设置”按钮，打开“扣税设置”窗口，如图 10-26 所示。

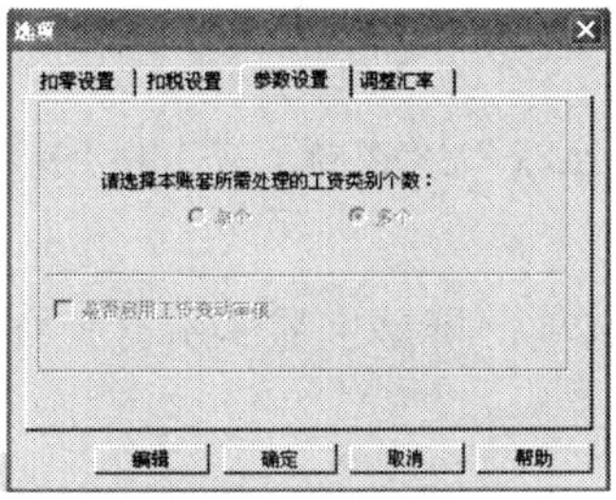

图 10-25　“选项”对话框

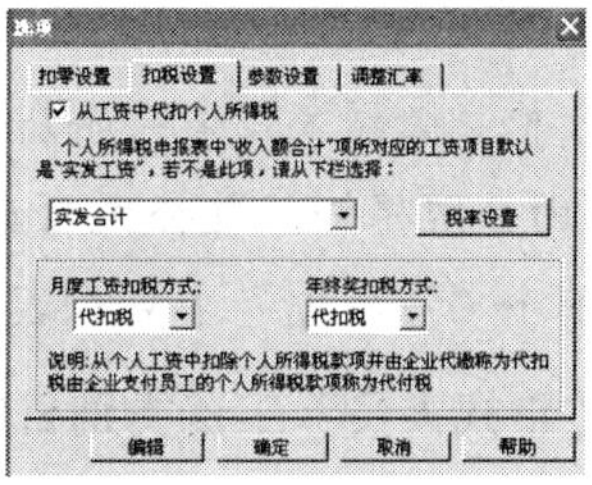

图 10-26　“扣税设置”窗口

3）单击【税率设置】按钮，弹出“个人所得税申报表——税率表”对话框，如图 10-27 所示。

4）将基数改为“3500”，附加费用改为“0”，应纳税所得额下限、应纳税所得额上限、税率及速算扣除数均按最新所得税法规定调整，如图 10-28 所示，单击【确定】退出。

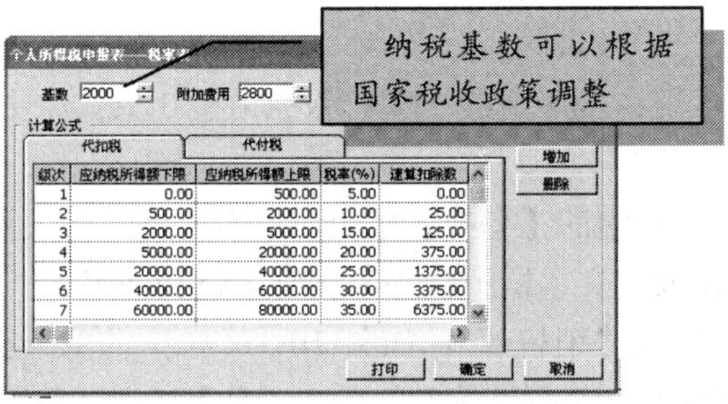

级次	应纳税所得额下限	应纳税所得额上限	税率(%)	速算扣除数
1	0.00	500.00	5.00	0.00
2	500.00	2000.00	10.00	25.00
3	2000.00	5000.00	15.00	125.00
4	5000.00	20000.00	20.00	375.00
5	20000.00	40000.00	25.00	1375.00
6	40000.00	60000.00	30.00	3375.00
7	60000.00	80000.00	35.00	6375.00

图 10-27　“个人所得税申报表——税率表”对话框

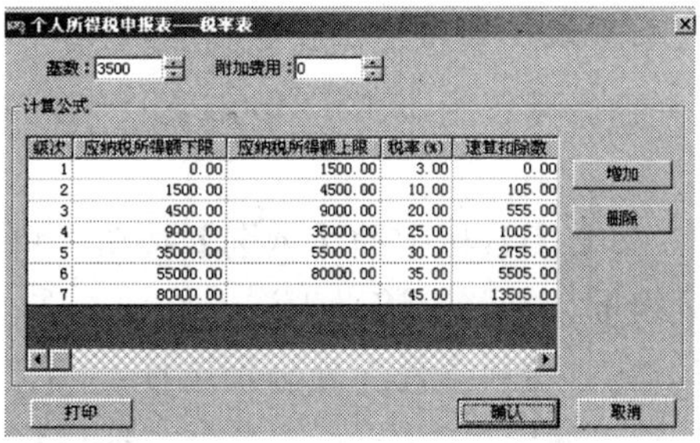

级次	应纳税所得额下限	应纳税所得额上限	税率(%)	速算扣除数
1	0.00	1500.00	3.00	0.00
2	1500.00	4500.00	10.00	105.00
3	4500.00	9000.00	20.00	555.00
4	9000.00	35000.00	25.00	1005.00
5	35000.00	55000.00	30.00	2755.00
6	55000.00	80000.00	35.00	5505.00
7	80000.00		45.00	13505.00

图 10-28　调整后的“个人所得税申报表——税率表”对话框

6. 录入正式人员基本工资数据

1）执行“业务处理”|“工资变动”命令，进入“工资变动”窗口。

2）单击“过滤器”下拉列表框，选择“过滤设置”，打开“项目过滤”对话框。

3）选中“工资项目”列表中的“基本工资”和“奖励工资”，单击“>”按钮，加入“已选项目”列表中，如图 10-29 所示。

4）单击【确定】按钮，返回“工资变动”窗口，此时每个人的工资项目只显示两项。

5）输入“正式人员”工资类别的工资数据，如图 10-30 所示。

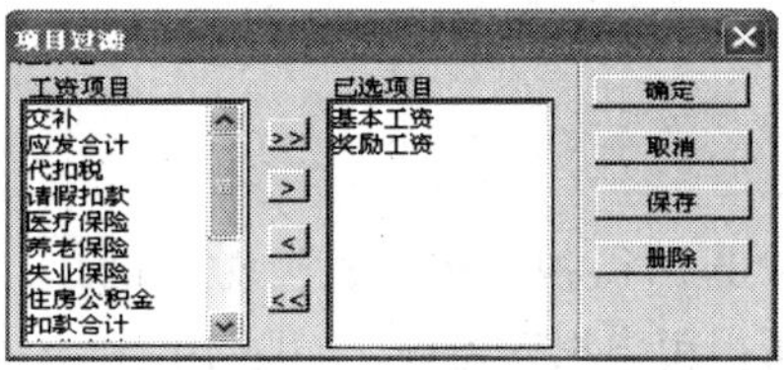

图 10-29　“项目过滤”对话框

选择	人员编号	姓名	部门	人员类别	基本工资	奖励工资	交补	应发合计
	001	扬帆	办公室	管理人员	5,000.00	800.00	400.00	6,200.00
	002	赵文建	办公室	管理人员	4,000.00	800.00	400.00	5,200.00
	003	李武	财务部	管理人员	5,000.00	800.00	400.00	6,200.00
	004	刘云	财务部	管理人员	4,000.00	800.00	400.00	5,200.00
	005	孙伟力	财务部	管理人员	3,050.00	800.00	400.00	4,250.00
	006	陈敏	财务部	管理人员	3,000.00	600.00	400.00	4,000.00
	007	刘冬	财务部	管理人员	2,500.00	600.00	400.00	3,500.00
	013	许芳	本地销售部	经营人员	3,000.00	800.00	400.00	4,200.00
	014	王林	外地销售部	经营人员	3,000.00	900.00	400.00	4,300.00
	008	张丽	采购部	经营人员	3,500.00	400.00	400.00	4,300.00
	009	陈凯	采购部	经营人员	3,000.00	400.00	400.00	3,800.00
	010	陈瑞	一车间	生产工人	2,500.00	550.00	200.00	3,250.00
	015	王东	一车间	车间管理人	3,000.00	700.00	300.00	4,000.00
	011	朱大林	二车间	生产工人	2,500.00	550.00	200.00	3,250.00
	012	徐力军	三车间	生产工人	2,500.00	550.00	200.00	3,250.00
合计					49,550.00	10,050.00	5,300.00	64,900.00

图 10-30　正式人员工资数据

注意

● 这里只需输入没有进行公式设定的项目，如“基本工资”、“奖励工资”和“请假天数”，其余各项由系统根据计算公式自动计算生成。

6）单击“过滤器”下列列表框，选择“所有项目”选项，屏幕上显示所有工资项目。

7. “正式人员”工资类别日常业务

（1）人员变动

1）在企业应用平台基础设置中，执行“基础档案”|“机构人员”|“人员档案”命令，进入“人员档案”窗口。

2）单击【增加】按钮，输入新增人员李鸣的详细档案资料。

3）单击【确认】按钮，返回“人员档案”窗口，单击工具栏中的【退出】按钮。

4）在工资管理的正式人员工资类别中，增加人员档案“李鸣”。

（2）输入正式人员工资变动数据

1）输入李鸣基本工资 3000 元；输入考勤情况：刘冬请假 2 天；张丽请假 3 天；朱大林请假 1 天。

2）单击工具栏中的【全选】按钮，单击工具栏中的【替换】按钮，单击“将工资项目”下拉列表框，选择“奖励工资”选项，在“替换成”文本框中输入“奖励工资+2000”。

3）在“替换条件”处分别选择：“部门”、“=”、“销售部”，如图 10-31 所示，单击【确定】按钮，弹出系统提示：“数据替换后将不可恢复。是否继续？”单击【是】按钮，系统提示：“2 条记录被替换，是否重新计算？”单击【是】按钮，系统自动完成工资计算。

（3）数据计算与汇总

1）在“工资变动”窗口中，单击工具栏中的【计算】按钮，计算工资数据。

2）单击工具栏中的【汇总】按钮，汇总工资数据，如图 10-32 所示。

图 10-31 “工资数据替换”对话框

工资变动

过滤器 所有项目 定位器

选择	人员编号	姓名	部门	人员类别	基本工资	奖励工资	交补	应发合计	请假扣款	养老保险	医疗保险	失业保险
	001	扬帆	办公室	管理人员	5,000.00	3,800.00	400.00	9,200.00		400.00	100.00	50.00
	002	赵文建	办公室	管理人员	4,000.00	800.00	400.00	5,200.00		320.00	80.00	40.00
	003	李武	财务部	管理人员	5,000.00	800.00	400.00	6,200.00		400.00	100.00	50.00
	004	刘云	财务部	管理人员	4,000.00	800.00	400.00	5,200.00		320.00	80.00	40.00
	005	孙伟力	财务部	管理人员	3,050.00	800.00	400.00	4,250.00		244.00	61.00	30.50
	006	陈敏	财务部	管理人员	3,000.00	600.00	400.00	4,000.00		240.00	60.00	30.00
	007	刘冬	财务部	管理人员	2,500.00	600.00	400.00	3,500.00	240.00	200.00	50.00	25.00
	013	许芳	本地销售部	经营人员	3,000.00	2,800.00	400.00	6,200.00		240.00	60.00	30.00
	014	王林	外地销售部	经营人员	3,000.00	2,900.00	400.00	6,300.00		240.00	60.00	30.00
	008	张丽	采购部	经营人员	3,500.00	400.00	400.00	4,300.00	360.00	280.00	70.00	35.00
	009	陈凯	采购部	经营人员	3,000.00	400.00	400.00	3,800.00		240.00	60.00	30.00
	010	陈瑞	一车间	生产工人	2,500.00	550.00	200.00	3,250.00		200.00	50.00	25.00
	015	王东	一车间	车间管理人[illegible]	3,000.00	700.00	300.00	4,000.00		240.00	60.00	30.00
	024	李鸣	一车间	生产工人	3,000.00		200.00	3,200.00		240.00	60.00	30.00
	011	朱大林	二车间	生产工人	2,500.00	550.00	200.00	3,250.00	120.00	200.00	50.00	25.00
	012	徐力军	三车间	生产工人	2,500.00	550.00	200.00	3,250.00		200.00	50.00	25.00
合计					52,550.00	17,050.00	5,500.00	75,100.00	720.00	4,204.00	1,051.00	525.50

图 10-32 工资变动后重新计算、汇总

3）退出“工资变动” 窗口。

（4）查看个人所得税

1）执行“业务处理”|“扣缴所得税”命令，打开“个人所得税申报模板”对话框。

2）单击【打开】按钮，再单击【确定】按钮，进入“所得税申报”窗口，如图 10-33 所示。

姓名	证件号码	所得项目	所属期间...	所属期间...	收入额	减费用额	应纳税所得额	税率	速算扣除数	应纳税额	已扣缴税款
杨帆		工资	20120101	20121231			4414.00	10	105.00	336.40	336.40
赵文建		工资	20120101	20121231			844.00	3	0.00	25.32	25.32
李武		工资	20120101	20121231			1654.00	10	105.00	60.40	60.40
刘云		工资	20120101	20121231			844.00	3	0.00	25.32	25.32
孙伟力		工资	20120101	20121231			74.50	3	0.00	2.24	2.24
陈敏		工资	20120101	20121231			0.00	0	0.00	0.00	0.00
刘冬		工资	20120101	20121231			0.00	0	0.00	0.00	0.00
张丽		工资	20120101	20121231			0.00	0	0.00	0.00	0.00
陈凯		工资	20120101	20121231			0.00	0	0.00	0.00	0.00
陈瑞		工资	20120101	20121231			0.00	0	0.00	0.00	0.00
朱大林		工资	20120101	20121231			0.00	0	0.00	0.00	0.00
徐力军		工资	20120101	20121231			0.00	0	0.00	0.00	0.00
许芳		工资	20120101	20121231			1874.00	10	105.00	82.40	82.40
王林		工资	20120101	20121231			1966.00	10	105.00	91.60	91.60
王东		工资	20120101	20121231			0.00	0	0.00	0.00	0.00
李鸣		工资	20120101	20121231			0.00	0	0.00	0.00	0.00
合计							11670.50		420.00	623.68	623.68

图 10-33　“所得税申报”窗口

（5）查看银行代发一览表

1）执行“业务处理”|“银行代发”命令，打开“请选择部门范围”对话框，如图 10-34 所示。

2）单击【确定】按钮，系统弹出“银行文件格式设置”对话框，在银行模板右侧的三角下拉菜单中选择“中国工商银行新港西分理处”，如图 10-35 所示。

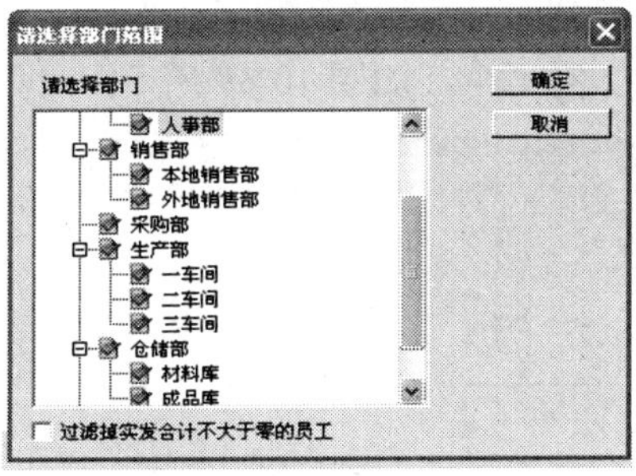

图 10-34　“请选择部门范围”对话框

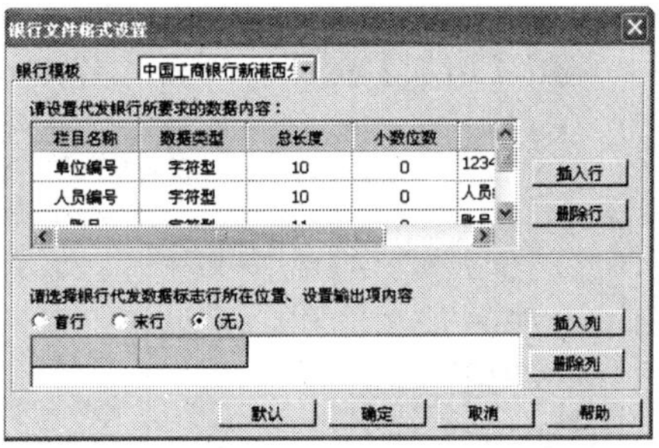

图 10-35　“银行文件格式设置”对话框

3）单击【确定】按钮，弹出“确认设置的银行文件格式？”信息提示框。

4）单击【是】按钮，进入“银行代发”窗口，如图 10-36 所示。

单位编号	人员编号	账号	金额	录入日期
1234934325	001	11022033001	7577.60	20121130
1234934325	002	11022033002	4318.68	20121130
1234934325	003	11022033003	5093.60	20121130
1234934325	004	11022033004	4318.68	20121130
1234934325	005	11022033005	3572.26	20121130
1234934325	006	11022033006	3350.00	20121130
1234934325	007	11022033007	2705.00	20121130
1234934325	008	11022033008	3211.00	20121130
1234934325	009	11022033009	3166.00	20121130
1234934325	010	11022033010	2715.00	20121130
1234934325	011	11022033011	2595.00	20121130
1234934325	012	11022033012	2715.00	20121130
1234934325	013	11022033013	5291.60	20121130
1234934325	014	11022033014	5374.40	20121130
1234934325	015	11022033015	3350.00	20121130
1234934325	024	11022033024	2614.00	20121130
合计			61,967.82	

图 10-36　“银行代发”窗口

注意

- 银行文件格式可以进行设置，并且可分别以 TXT、DAT、DBT、XLS 等文件格式输出。

10.3.5 “正式人员”类别工资分摊

1. 工资分摊类型设置

1）执行“业务处理”|“工资分摊”命令，打开“工资分摊”对话框，如图 10-37 所示。

2）单击【工资分摊设置】按钮，打开“分摊类型设置”对话框，如图 10-38 所示。

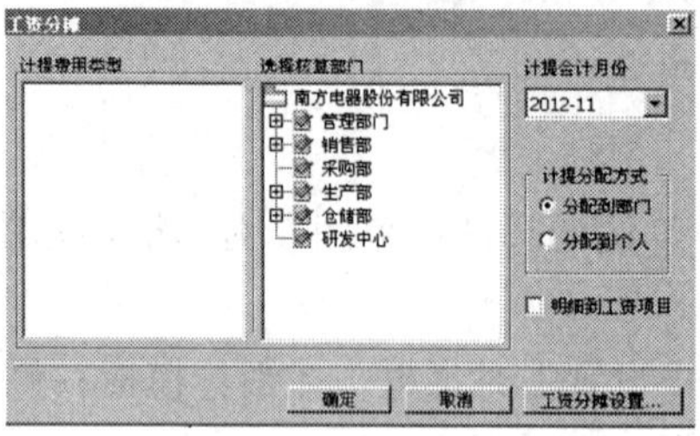

图 10-37 工资分摊

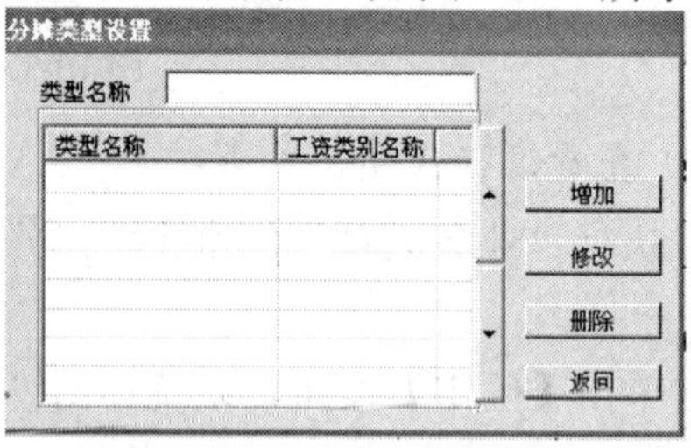

图 10-38 “分摊类型设置”对话框

3）单击【增加】按钮，打开“分摊计提比例设置”对话框，如图 10-39 所示。

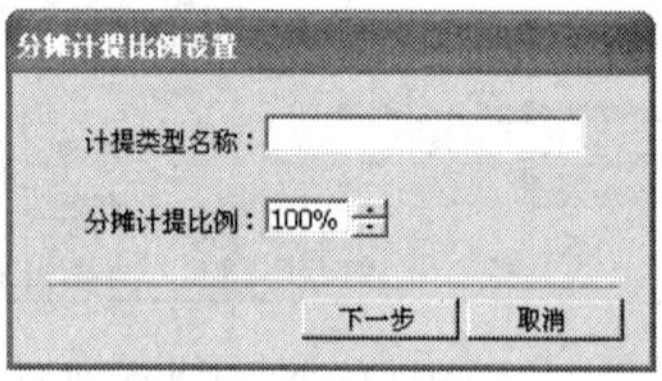

图 10-39 “分摊计提比例设置”对话框

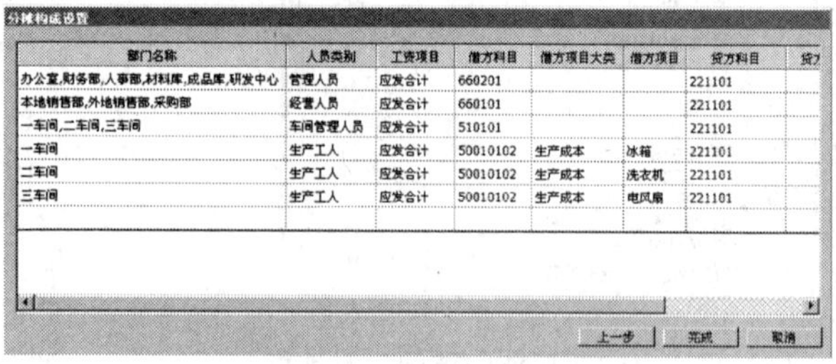

图 10-40 “分摊构成设置”对话框

4）输入“计提类型名称”为“应付工资”，单击【下一步】按钮，打开“分摊构成设置”对话框。

5）根据案例资料内容进行设置，如图 10-40 所示，返回“分摊类型设置”对话框。

注意

- 在“分摊构成设置”窗口设置会计科目时，如果科目设置了项目辅助核算，需要选择项目大类和项目。本例选择项目大类“生产成本”，项目分别是“冰箱”、“洗衣机”和“电风扇”。

6）继续设置应付福利费、工会经费、职工教育经费等分摊计提项目，其分摊构成设置分别如图 10-41、图 10-42 及图 10-43 所示。

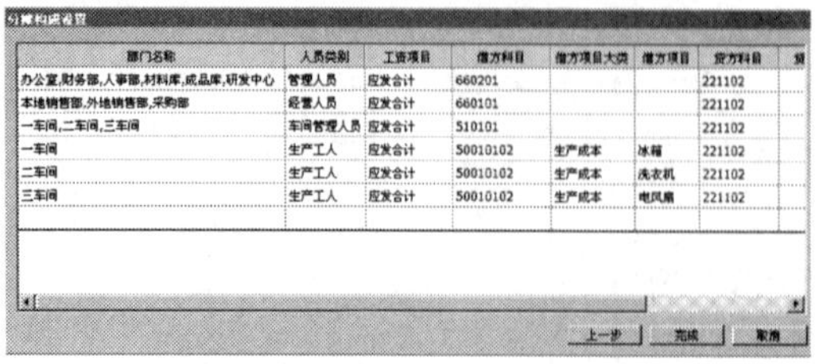

图 10-41 应付福利费分摊构成设置

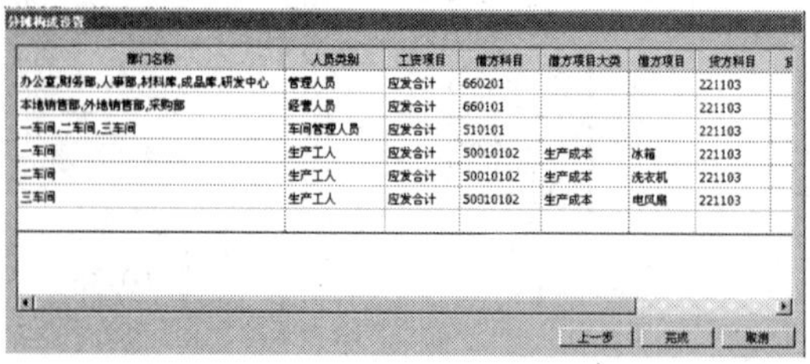

图 10-42 工会经费分摊构成设置

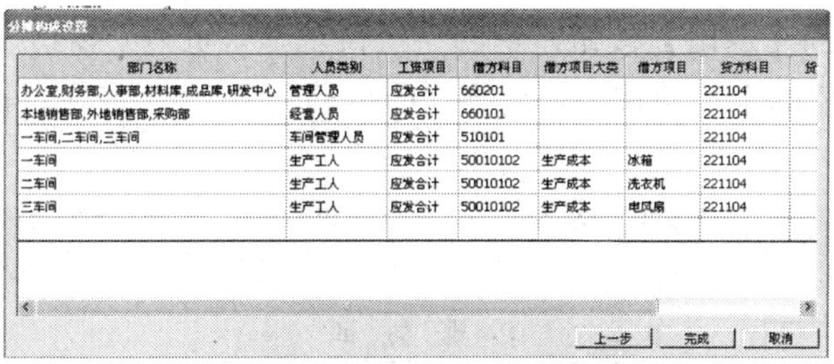

图 10-43　职工教育经费分摊构成设置

7）单击【取消】按钮，暂时不进行分摊的操作。

注意

- 不同部门、相同人员类别可以设置不同的分摊科目。
- 不同部门、相同人员类别在设置时，可以一次选择多个部门。

2. 进行工资分摊

1）执行“业务处理”|“工资分摊”命令，打开“工资分摊”对话框。
2）选择需要分摊的计提费用类型，确定分摊计提的月份：2012-11。
3）选择核算部门：管理部门、销售部门、采购部、生产部、仓储部、研发中心。
4）选择“明细到工资项目”及“按项目核算”复选框，如图 10-44 所示。
5）单击【确定】按钮，打开“应付工资一览表”窗口，如图 10-45 所示。

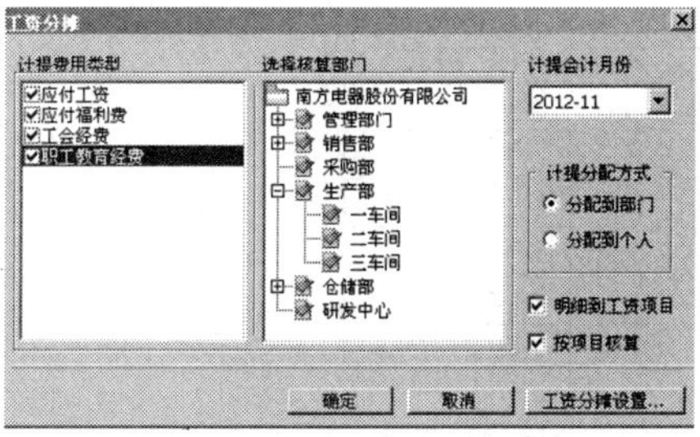

图 10-44　“工资分摊”对话框

图 10-45　“应付工资一览表”窗口

6）选择“合并科目相同、辅助项相同的分录”复选框，单击【制单】按钮。

7）单击凭证左上角的“字”处，选择“转账凭证”，单击【保存】，凭证左上角出现“已生成“标志，代表该凭证已传递到总账，如图 10-46 所示。

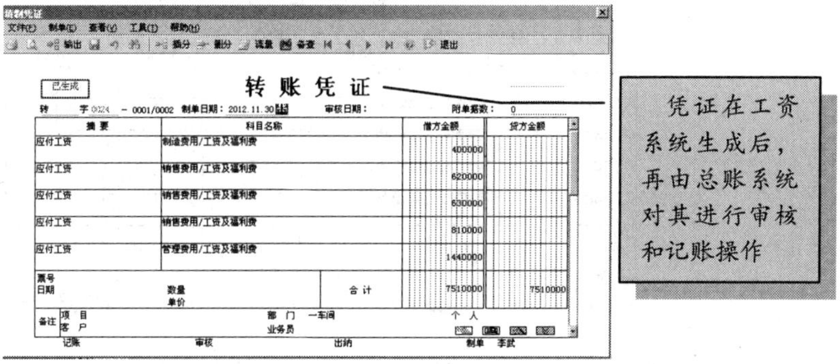

图 10-46　生成工资分摊凭证

8）单击工具栏中的【退出】按钮，返回“应付工资一览表”窗口。

9）单击“类型”栏的下三角按钮，选择“应付福利费”，生成应付福利费分摊转账凭证，如图 10-47 所示。

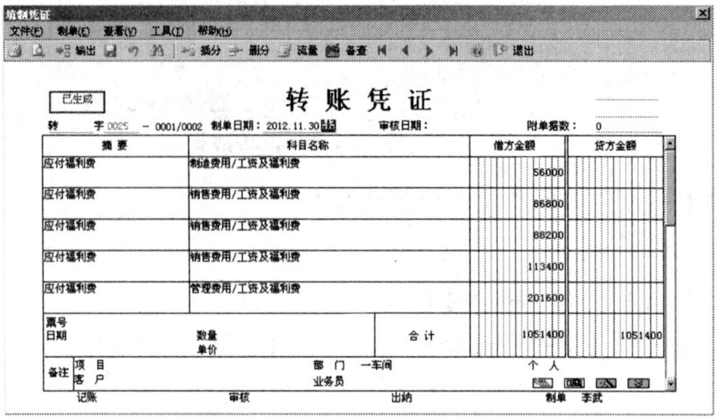

图 10-47　生成福利费分摊凭证

10）同理，请自行生成工会经费、职工教育经费分摊凭证，如图 10-48、图 10-49 所示。

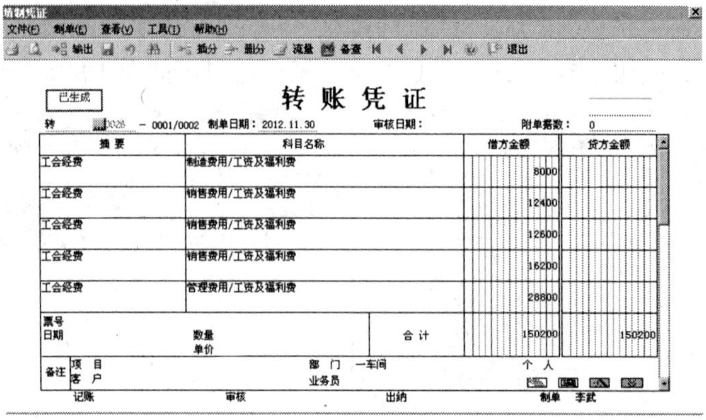

图 10-48　生成工会经费分摊凭证

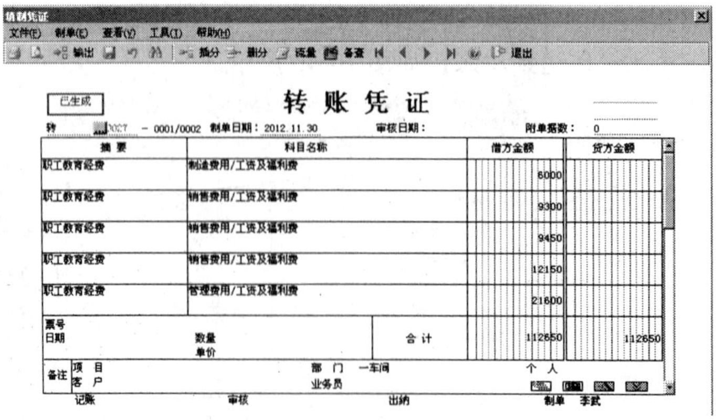

图 10-49　生成职工教育经费分摊凭证

注意

- 工资分摊应按分摊类型依次进行。
- 在进行工资分摊时，如果不选择“合并科目相同、辅助项相同的分录”，则在生成凭证时将每条分录都对应一个贷方科目；如果单击【批制】按钮，可以一次将所有本次参与分摊的“分摊类型”所对应的凭证全部生成。

10.3.6 临时人员工资处理

在完成正式人员工资数据的处理后，打开临时人员工资类别，参照正式人员工资类别初始设置及数据处理方式完成临时人员工资处理。

1. 人员档案设置

按实训资料增加人员档案。

2. 工资项目选择

增加“基本工资”、“奖励工资”、“请假扣款”、“请假天数”四个工资项目，如图 10-50 所示。

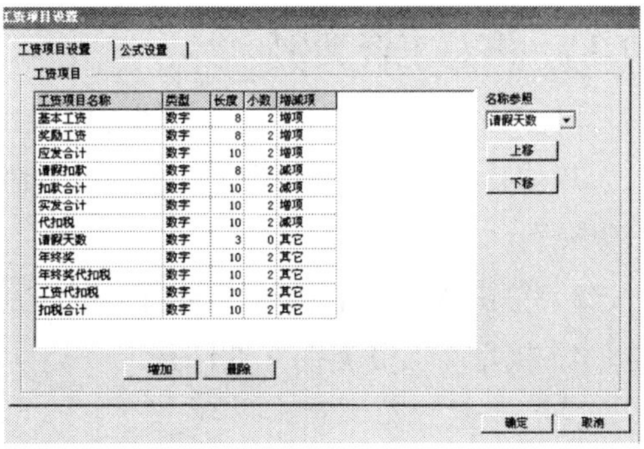

工资项目名称	类型	长度	小数	增减项
基本工资	数字	8	2	增项
奖励工资	数字	8	2	增项
应发合计	数字	10	2	增项
请假扣款	数字	8	2	减项
扣款合计	数字	10	2	减项
实发合计	数字	10	2	增项
代扣税	数字	10	2	减项
请假天数	数字	3	0	其它
年终奖	数字	10	2	其它
年终奖代扣税	数字	10	2	其它
工资代扣税	数字	10	2	其它
扣税合计	数字	10	2	其它

图 10-50 临时人员工资项目设置

3. 公式设置

同样设置“请假扣款=请假天数×120”。

4. 工资变动处理

1）通过“设置”|“选项”命令按照资料设置扣税基数及税率，扣税基数为“3500”。

2）按实训资料在“业务处理”|“工资变动”中进行工资变动处理，罗青请假 1 天，如图 10-51 所示。

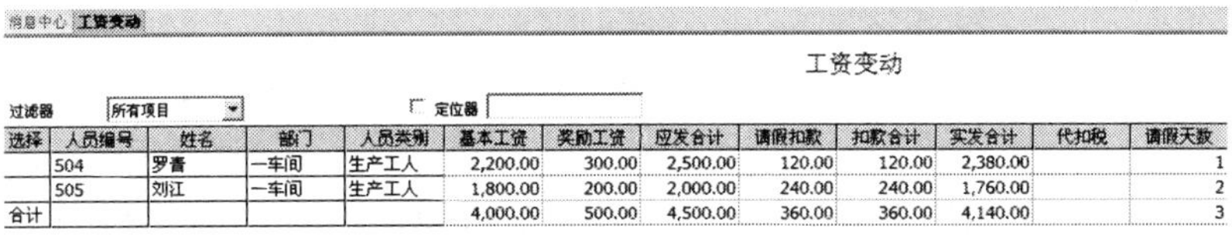

选择	人员编号	姓名	部门	人员类别	基本工资	奖励工资	应发合计	请假扣款	扣款合计	实发合计	代扣税	请假天数
	504	罗青	一车间	生产工人	2,200.00	300.00	2,500.00	120.00	120.00	2,380.00		1
	505	刘江	一车间	生产工人	1,800.00	200.00	2,000.00	240.00	240.00	1,760.00		2
合计					4,000.00	500.00	4,500.00	360.00	360.00	4,140.00		3

图 10-51 临时人员工资变动处理

3）通过“业务处理”|“工资分摊”命令进行应付工资分摊设置及处理，如图 10-52、图 10-53、图 10-54、图 10-55 所示。

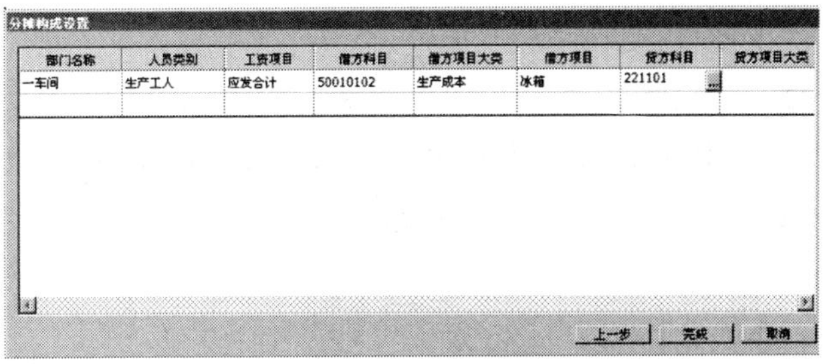

部门名称	人员类别	工资项目	借方科目	借方项目大类	借方项目	贷方科目	贷方项目大类
一车间	生产工人	应发合计	50010102	生产成本	冰箱	221101	

图 10-52 临时人员工资分摊设置

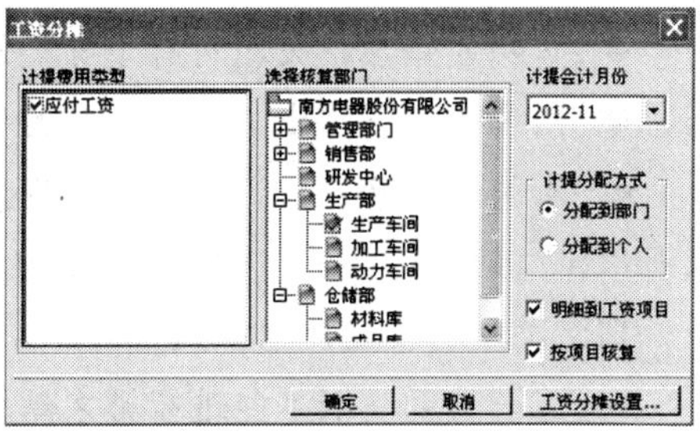

图 10-53 “工资分摊”对话框

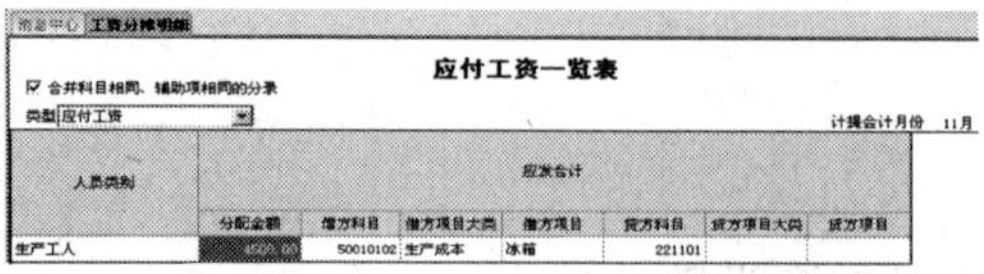

图 10-54　临时人员工资分摊

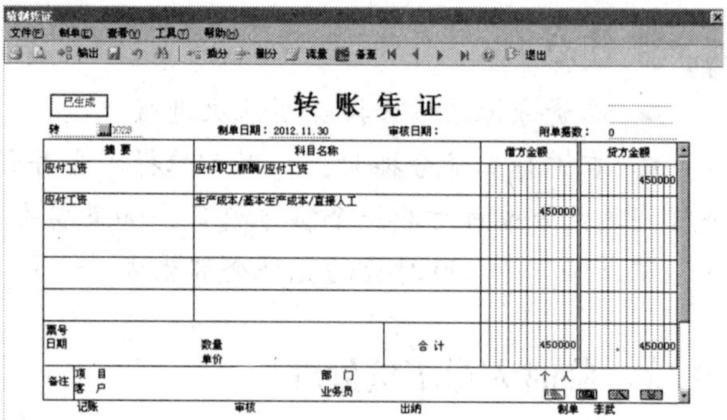

图 10-55　临时人员工资分摊凭证

10.3.7　汇总工资类别

1）执行“工资类别”|“关闭工资类别”命令。

2）执行“维护”|“工资类别汇总”命令，打开“工资类别汇总”对话框，选择要汇总的工资类别，如图 10-56 所示。

3）单击【确定】按钮，完成工资类别汇总。

4）执行“工资类别”|“打开工资类别”命令，打开“打开工资类别”对话框，如图 10-57 所示。

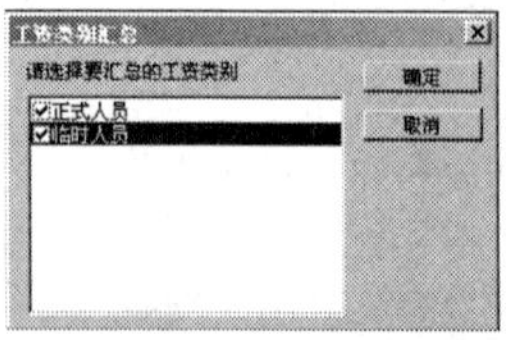

图 10-56　“工资类别汇总”对话框

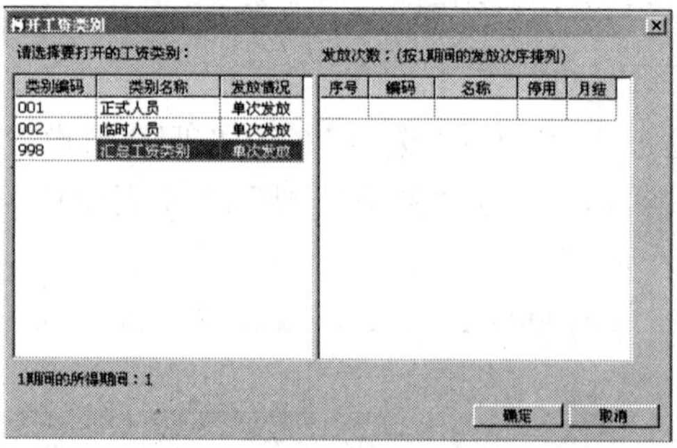

图 10-57　“打开工资类别”对话框

5）选择“998 汇总工资类别”，单击【确定】按钮，进入“汇总工资类别”窗口，然后可选择相应操作查看工资类别汇总后的各项数据。

注意

- 该功能必须在关闭所有工资类别时才可用。
- 所选工资类别中必须有汇总月份的工资数据。
- 如果是为第一次进行工资类别汇总，需在汇总工资类别中设置工资项目计算公式。如果每次汇总的工资类别一致，则公式无须重新设置。如果与上一次的所选择的工资类别不一致，则需要重新设置计算公式。
- 汇总工资类别不能进行月末结转和年末结转。

10.3.8 账表查询：查看各种工资表

1. 查看薪资发放条

1）执行“统计分析”|“账表”|“工资表”命令，打开“工资表”对话框。

2）单击选中“工资发放条”，如图 10-58 所示。

3）单击【查看】按钮，打开“选择分析部门”对话框。

4）单击选中各个部门，并单击“选定下级部门”复选框，如图 10-59 所示。

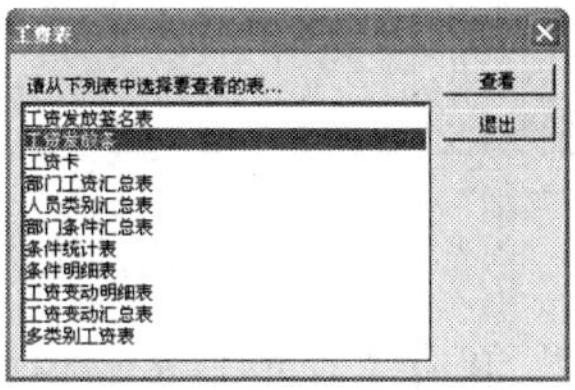

图 10-58 选中“工资发放条”

图 10-59 “选择分析部门”对话框

5）单击【确定】按钮，进入“工资发放条”窗口，如图 10-60、图 10-61 所示。

人员编号	姓名	基本工资	奖励工资	交补	应发合计	请假扣款	养老保险	医疗保险	失业保险	住房公积金	扣款合计	实发合计	代扣税	请假天数
001	扬帆	5,000.00	3,800.00	400.00	9,200.00		400.00	100.00	50.00	736.00	1,622.40	7,577.60	336.40	
002	赵文建	4,000.00	800.00	400.00	5,200.00		320.00	80.00	40.00	416.00	881.32	4,318.68	25.32	
003	李武	5,000.00	800.00	400.00	6,200.00		400.00	100.00	50.00	496.00	1,106.40	5,093.60	60.40	
004	刘云	4,000.00	800.00	400.00	5,200.00		320.00	80.00	40.00	416.00	881.32	4,318.68	25.32	
005	孙伟力	3,050.00	800.00	400.00	4,250.00		244.00	61.00	30.50	340.00	677.74	3,572.26	2.24	
006	陈敏	3,000.00	600.00	400.00	4,000.00		240.00	60.00	30.00	320.00	650.00	3,350.00		
007	刘冬	2,500.00	600.00	400.00	3,500.00	240.00	200.00	50.00	25.00	280.00	795.00	2,705.00		2
013	许芳	3,000.00	2,800.00	400.00	6,200.00		240.00	60.00	30.00	496.00	908.40	5,291.60	82.40	
014	王林	3,000.00	2,900.00	400.00	6,300.00		240.00	60.00	30.00	504.00	925.60	5,374.40	91.60	
008	张丽	3,500.00	400.00	400.00	4,300.00	360.00	280.00	70.00	35.00	344.00	1,089.00	3,211.00		3
009	陈凯	3,000.00	400.00	400.00	3,800.00		240.00	60.00	30.00	304.00	634.00	3,166.00		
010	陈瑞	2,500.00	550.00	200.00	3,250.00		200.00	50.00	25.00	260.00	535.00	2,715.00		
015	王东	3,000.00	700.00	300.00	4,000.00		240.00	60.00	30.00	320.00	650.00	3,350.00		
024	李鸣	3,000.00		200.00	3,200.00		240.00	60.00	30.00	256.00	586.00	2,614.00		
011	朱大林	2,500.00	550.00	200.00	3,250.00	120.00	200.00	50.00	25.00	260.00	655.00	2,595.00		1
012	徐力军	2,500.00	550.00	200.00	3,250.00		200.00	50.00	25.00	260.00	535.00	2,715.00		
合计		52,550.00	17,050.00	5,500.00	75,100.00	720.00	4,204.00	1,051.00	525.50	6,008.00	13,132.18	61,967.82	623.68	6

图 10-60 正式人员“工资发放条”

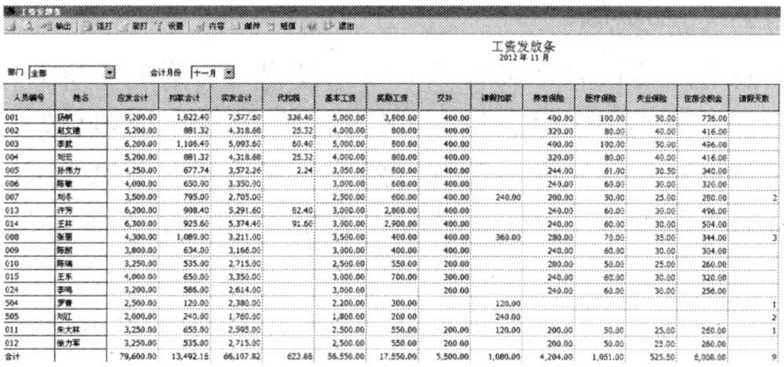

人员编号	姓名	应发合计	扣款合计	实发合计	代扣税	基本工资	奖励工资	交补	请假扣款	养老保险	医疗保险	失业保险	住房公积金	请假天数
001	扬帆	9,200.00	1,622.40	7,577.60	336.40	5,000.00	3,800.00	400.00		400.00	100.00	50.00	736.00	
002	赵文建	5,200.00	881.32	4,318.68	25.32	4,000.00	800.00	400.00		320.00	80.00	40.00	416.00	
003	李武	6,200.00	1,106.40	5,093.60	60.40	5,000.00	800.00	400.00		400.00	100.00	50.00	496.00	
004	刘云	5,200.00	881.32	4,318.68	25.32	4,000.00	800.00	400.00		320.00	80.00	40.00	416.00	
005	孙伟力	4,250.00	677.74	3,572.26	2.24	3,050.00	800.00	400.00		244.00	61.00	30.50	340.00	
006	陈敏	4,000.00	650.00	3,350.00		3,000.00	600.00	400.00		240.00	60.00	30.00	320.00	
007	刘冬	3,500.00	795.00	2,705.00		2,500.00	600.00	400.00	240.00	200.00	50.00	25.00	280.00	2
013	许芳	6,200.00	908.40	5,291.60	82.40	3,000.00	2,800.00	400.00		240.00	60.00	30.00	496.00	
014	王林	6,300.00	925.60	5,374.40	91.60	3,000.00	2,900.00	400.00		240.00	60.00	30.00	504.00	
008	张丽	4,300.00	1,089.00	3,211.00		3,500.00	400.00	400.00	360.00	280.00	70.00	35.00	344.00	3
009	陈凯	3,800.00	634.00	3,166.00		3,000.00	400.00	400.00		240.00	60.00	30.00	304.00	
010	陈瑞	3,250.00	535.00	2,715.00		2,500.00	550.00	200.00		200.00	50.00	25.00	260.00	
015	王东	4,000.00	650.00	3,350.00		3,000.00	700.00	300.00		240.00	60.00	30.00	320.00	
024	李鸣	3,200.00	586.00	2,614.00		3,000.00		200.00		240.00	60.00	30.00	256.00	
504	罗春	2,500.00	120.00	2,380.00		2,200.00	300.00		120.00					1
505	刘江	2,000.00	240.00	1,760.00		1,800.00	200.00		240.00					2
011	朱大林	3,250.00	655.00	2,595.00		2,500.00	550.00	200.00	120.00	200.00	50.00	25.00	260.00	1
012	徐力军	3,250.00	535.00	2,715.00		2,500.00	550.00	200.00		200.00	50.00	25.00	260.00	
合计		79,600.00	13,492.18	66,107.82	623.68	56,550.00	17,550.00	5,500.00	1,080.00	4,204.00	1,051.00	525.50	6,008.00	9

图 10-61 汇总人员工资发放条

2. 查看其他账表

同理，请自行部门工资汇总表、工资项目分析表等账表。

10.3.9 月末处理

1）打开“正式人员”工资账套，执行“业务处理”|“月末处理”命令，打开“月末处理”

对话框，如图 10-62 所示。单击【确定】按钮，弹出系统提示：“月末处理之后，本月工资将不许变动，继续月末处理吗？”单击【是】按钮。系统继续提示：“是否选择清零项？”单击【是】按钮，打开“选择清零项目”对话框。

2）在“请选择清零项目”列表中，选择“请假天数”、“请假扣款”和“奖励工资”，单击“>”，将所选项目移动到右侧的列表框中，如图 10-63 所示。

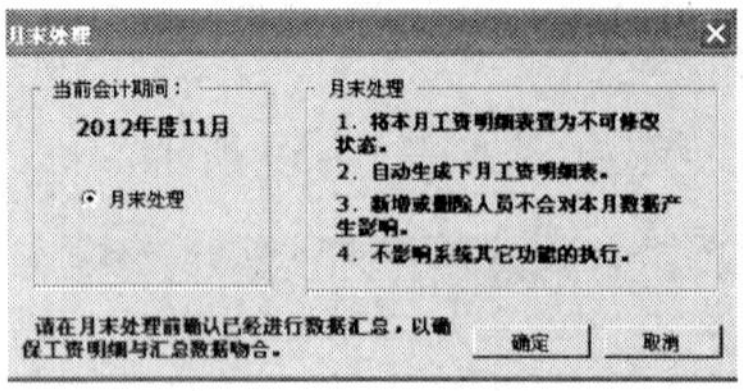

图 10-62 “月末处理”对话框

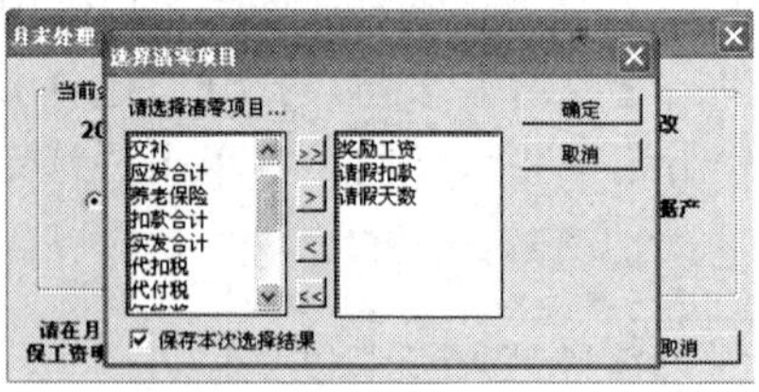

图 10-63 “选择清零项目”对话框

3）单击【确定】按钮，弹出系统提示：“月末处理完毕！”单击【确定】按钮返回。

4）以此类推，完成“临时人员”工资类别月末处理。

注意

- 月末处理只有在会计年度的 1 月至 12 月进行。
- 若是处理多个工资类别，则应打开工资类别，分别进行月末结转。
- 若本月工资数据未汇总，系统将不允许进行月末结转。
- 进行期末处理后，当月数据将不再允许变动。
- 月末处理功能只有账套主管才能执行。
- 在进行月末处理后，如果发现还有一些业务或其他事项要在已进行月末处理的月份进行账务处理，可以由账套主管以下月日期登录，使用反结账功能，取消已结账标志。

课后巩固

1. 为什么要设置人员类别？
2. 人员附加信息对工资核算结果有影响吗？设置人员附加信息的作用是什么？
3. 为什么在我的工资类别中没有找到“代扣税”这个工资项目？
4. 如果打开工资项目设置界面，没有看到“公式设置”页签，可能的原因是什么？
5. 按照本企业财务制度，生产工人缺勤一天扣款 50 元，其他人员缺勤一天扣款 100 元，应如何设置？
6. 按照本企业财务制度，管理人员每月有 200 元通信费补贴，经营人员每月有 300 元通信费补贴，应如何设置？
7. 如果国家再次提高个人所得税起征点，工资系统是否能够处理？如何处理？
8. 销售部江黎因工作调动，办理辞职手续，从下月开始不再发放工资，如何处理？
9. 设置按工资总额的 8%计提住房公积金，并生成凭证。
10. 如果工资系统生成凭证后发现本月工资数据有误，应如何处理？
11. 由工资系统生成的凭证与在总账中直接填制的凭证有何不同？

项目 11 固定资产管理

固定资产是保证企业正常运作的物质条件。企业在固定资产管理过程中面临诸多问题：可以按照不同的标准分为不同的类型；来源多种，计价方式和核算科目也不相同；投入使用后可以分配在不同的部门，体现不同部门的成本费用；使用过程中可能由于多种原因减少；使用过程中保持原来的实物形式，但是价值在逐渐转移；使用期限长，可能使可收回金额低于账面价值；卡片管理，等等。用友 ERP-U8 固定资产管理系统有哪些功能模块，这些功能模块又是如何解决这些问题的呢？

11.1 固定资产功能概述

固定资产管理系统的作用是完成企业固定资产日常业务的核算和管理，生成固定资产卡片，按月反映固定资产的增加、减少、原值变化及其他变动，并输出相应的增减变动明细账；同时，按月自动计提折旧，生成折旧分配凭证等。其主要功能如下：

- 固定资产系统初始化；
- 固定资产卡片管理；
- 固定资产折旧管理；
- 固定资产月末对账、结账；
- 固定资产账表查询。

固定资产系统与用友 ERP-U8 其他系统的关系如图 11-1 所示。

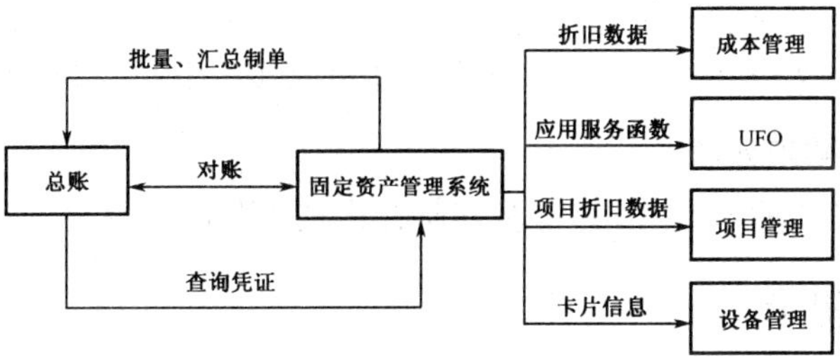

图 11-1　固定资产系统与其他系统的数据传递关系

固定资产系统操作流程如图 11-2 所示。

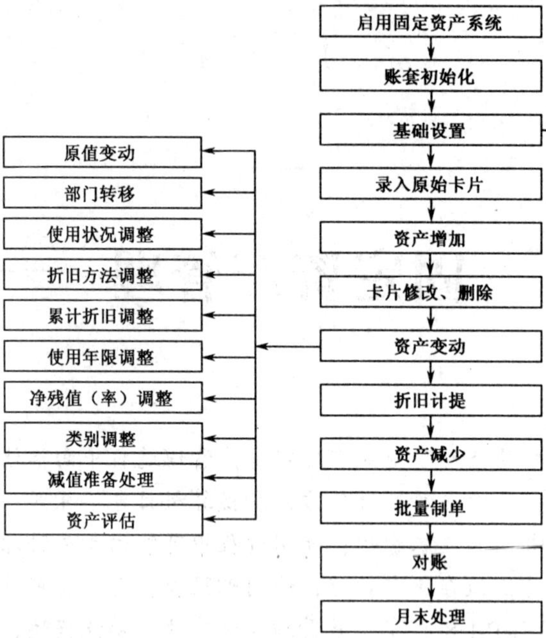

图 11-2　固定资产操作流程

1. 固定资产系统初始化

初始化设置包括建立固定资产参数设置、基础设置和输入期初固定资产卡片。

固定资产参数设置，包括约定与说明、启用月份、折旧信息、编码方式及财务接口等。这些参数在初次启动固定资产管理系统时设置，其他参数可以在“选项”中补充。

固定资产基础设置包括设置资产类别、部门对应折旧科目、固定资产增减方式、折旧方法、使用状况和固定资产卡片。

固定资产卡片是固定资产核算和管理的基础依据，为保持历史资料的连续性，必须将建账日期以前的数据录入到系统中。原始卡片的录入不限制必须在第一个期间结账前，任何时候都可以录入原始卡片。原始卡片上所记录的资产的开始使用日期一定小于固定资产系统的启用日期。

2. 固定资产日常业务处理

固定资产在日常使用过程中，很多原因会发生资产增减、各项因素的变动等情况，变动发生时应及时处理，每月应正确计算固定资产折旧，为企业的成本费用核算提供依据。

固定资产日常业务处理主要包括资产增加、资产减少、资产变动、资产评估等工作事项。

3. 固定资产系统期末处理

固定资产管理系统的期末处理工作主要包括计提减值准备、计提折旧、对账和结账等内容。

重点、难点提示

1. 初始设置

在建立固定资产账套时需要设置很多选项，明确不同的选择对固定资产业务处理有何影响才能为企业定制个性化解决方案。

设置固定资产对应入账科目、累计折旧对应入账科目、增减方式对应折旧科目、部门对应折旧科目等都是为了让系统能够根据业务自动识别并生成凭证。

2. 日常业务处理

卡片管理用于对所有卡片进行综合管理。通过卡片管理可以完成对卡片的修改、删除、查询等。

固定资产变动包括固定资产增加和减少。固定资产增加需要填制固定资产卡片，固定资产开始使用日期等于当前会计期间时，即为新增资产。当月新增加的资产不提折旧。只有当账套开始计提折旧后才能使用资产减少功能，否则减少资产只能通过减少卡片来完成。

本月新增资产不允许变动，本月结账后才能进行资产变动处理，记录资产变动的原始单据就是变动单。

3. 期末处理

自动计提折旧是固定资产系统的主要功能，折旧计算的结果与选择的折旧方法、原值、减值准备、累计折旧、净残值、使用年限及使用状况有关。明确各种因素的变化对于折旧计提的影响，才能理解折旧计算的原理，审查折旧数据。

资产增加/减少、资产变动、折旧计算都可以自动生成凭证传递给总账。所有业务处理完毕，就可以进行固定资产与总账对账功能，对账正确后进行月末结账。

11.2　固定资产实训

11.2.1　实训概述

1. 实训目的

掌握用友 ERP-U8 管理软件中有关固定资产管理的相关内容，掌握固定资产系统初始化、日常业务处理、月末处理的操作。

2. 实训内容

1）固定资产系统参数设置、原始卡片录入。

2）日常业务：资产增减、资产变动、资产评估、生成凭证、账表查询。

3）月末处理：计提减值准备、计提折旧、对账和结账。

3. 实训准备

引入项目 4 或期初余额的账套数据。

4. 实训要求

以 101 李武的身份进行固定资产初始设置。

11.2.2　固定资产实训资料

1. 初始设置

（1）控制参数（见表 11-1）

表 11-1　固定资产控制参数

控制参数	参数设置
约定与说明	我同意
启用月份	2012.11
折旧信息	本账套计提折旧；折旧方法：平均年限法（一） 折旧汇总分配周期：1 个月 当（月初已计提月份=可使用月份-1）时，将剩余折旧全部提足
编码方式	资产类别编码方式：2 1 1 2 固定资产编码方式：按“类别编码+部门编码+序号”自动编码；卡片序号长度为 3
财务接口	与账务系统进行对账 对账科目：固定资产对账科目：1601 固定资产；累计折旧对账科目：1602 累计折旧
补充参数	业务发生后立即制单 月末结账前一定要完成制单登账业务 固定资产默认入账科目：160101 累计折旧默认入账科目：1602 固定资产减值默认入账科目：1603

（2）资产类别（见表 11-2）

表 11-2　固定资产类别

编码	类别名称	使用年限	净残值率	单位	计提属性
01	房屋及建筑物	50		栋	正常计提
011	办公楼	50	2%	栋	正常计提
012	厂房	50	2%	栋	正常计提
02	生产设备	10			正常计提
021	生产线	10	5%	条	正常计提
022	车床	10	5%	台	正常计提
03	交通运输设备	6	4%	辆	正常计提
04	办公设备	5	4%	台	正常计提

（3）部门及对应折旧科目（见表 11-3）

表 11-3　部门及对应折旧科目

部门	对应折旧科目
管理部门、仓储部、研发中心	管理费用/折旧费（660202）
采购部、销售部	销售费用/折旧费（660102）
生产部	制造费用/折旧费（510102）

（4）增减方式的对应入账科目（见表 11-4）

表 11-4　增减方式的对应入账科目

增减方式目录	对应入账科目
增加方式	
直接购入	100201，工行存款
在建工程转入	1604，在建工程
盘盈	6901，以前年度损益调整

续表

增减方式目录	对应入账科目
投资者投入	4001，实收资本
接受捐赠	6301，营业外收入
减少方式	
毁损	1606，固定资产清理
出售	1606，固定资产清理

（5）原始卡片（见表 11-5）

表 11-5 原始卡片

固定资产名称	类别编号	所在部门	增加方式	可使用年限（月）	开始使用日期	原值	累计折旧	对应折旧科目名称
1 号楼	011	管理部门及研发中心	在建工程转入	600	2007.11.30	4 800 000	1 505 200	管理费用/折旧费
2 号楼	012	生产部	在建工程转入	600	2007.11.30	4 200 000	1 317 120	制造费用/折旧费
A 生产线	021	一车间	在建工程转入	120	2008.09.30	1 831 140	718 087	制造费用/折旧费
B 生产线	021	二车间	在建工程转入	120	2007.11.30	1 980 000	940 500	制造费用/折旧费
A 车床	022	三车间	在建工程转入	120	2007.11.30	2 000 000	950 000	制造费用/折旧费
轿车	03	办公室	直接购入	72	2010.11.1	215 470	37 254.84	管理费用/折旧费
笔记本电脑	04	办公室	直接购入	60	2010.10.1	28 900	6 473.60	管理费用/折旧费
传真机	04	办公室	直接购入	60	2011.5.1	3 510	900.40	管理费用/折旧费
1 号台式电脑	04	本地销售部	直接购入	60	2010.11.1	6 490	1 246.08	销售费用/折旧费
2 号台式电脑	04	采购部	直接购入	60	2010.11.1	6 490	1 246.08	销售费用/折旧费
合计						15 072 000	5 478 028	

注：①办公楼净残值率均为 2%，生产线的净产值率为 5%，其他固定资产的净残值率为 4%，使用状况均为“在用”，折旧方法均采用平均年限法（一）。

②1 号楼是管理部门下属部门办公室、财务部、人事部及研发中心共同使用的，其使用比例分别为 30%、30%、20%、20%。

③2 号楼厂房是生产部下属部门一车间、二车间、三车间共用的，其使用比例分别为 40%、30%、30%。

2. 日常及期末业务

1）11 月 21 日，财务部购买扫描仪一台，价值 2000 元，净残值率 4%，预计使用年限 5 年（转账支票号：ZZR004）。

2）11 月 23 日，计提本月折旧费用。

3）11 月 28 日，采购部毁损 2 号台式电脑一台。

3. 下月业务

1）12 月 01 日，总经理办公室的轿车添置新配件 15 000 元（转账支票号：ZZR005）。

2）12 月 21 日，总经理办公室的传真机转移到采购部。

3）12 月 23 日，总经理办公室使用的轿车需要进行大修理，修改固定资产卡片，将使用状况由“在用”修改为“大修理停用”。

4）12 月 28 日，经核查对 2012 年购入的笔记本电脑计提 2 000 元的减值准备。

5）12 月 29 日，计提本月折旧费用。

11.3 固定资产管理实训指导操作

11.3.1 初始设置

1. 在企业应用平台中启用固定资产管理系统

1）以账套主管 101 李武的身份登录用友 ERP-U8 系统。

2）在基础设置中，执行“基本信息”|“系统启用”命令，打开“系统启用”对话框，单击选中“固定资产”复选框，弹出“日历”对话框，将固定资产系统启用日期设为“2012 年 11 月 1 日”，如图 11-3 所示。单击【确定】按钮，系统弹出“确实要启用当前系统吗？”信息提示框，单击【是】按钮返回。

图 11-3 启用固定资产系统

2. 固定资产系统初始化

1）以 101 李武身份注册进入用友 ERP-U8 系统主界面。

2）在业务工作中，执行“财务会计”|“固定资产”命令，弹出“这是第一次打开此账套，还未进行过初始化，是否进行初始化？”信息提示框，如图 11-4 所示。单击【是】按钮，打开“初始化账套向导”对话框。

3）在“初始化账套向导—约定与说明”对话框中，仔细阅读相关条款，选中“我同意”单选项，如图 11-5 所示。

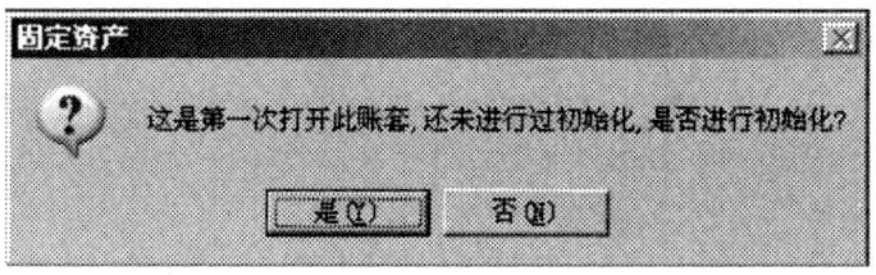

图 11-4　“固定资产”信息提示框

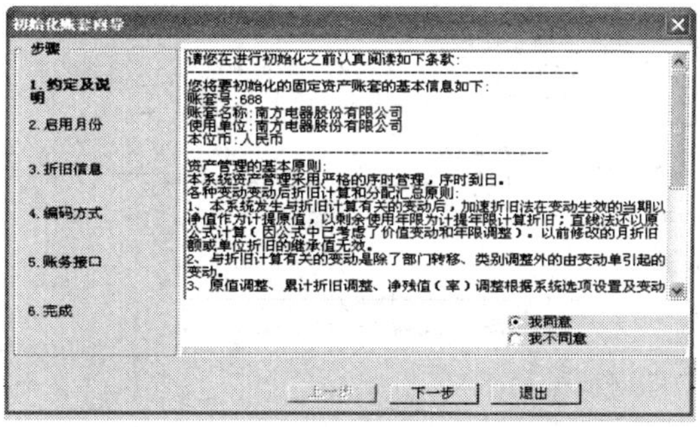

图 11-5　初始化账套向导——约定及说明

4）单击【下一步】按钮，打开“初始化账套向导——启用月份”对话框，确认账套启用月份为“2012.11”，如图 11-6 所示。

5）单击【下一步】按钮，打开“初始化账套向导—折旧信息”对话框，选中“本账套计提折旧”复选框，选择折旧方法为“平均年限法（一）”，折旧汇总分配周期为“1 个月”，选中“当（月初已计提月份=可使用月份-1）时，将剩余折旧全部提足”复选框，如图 11-7 所示。

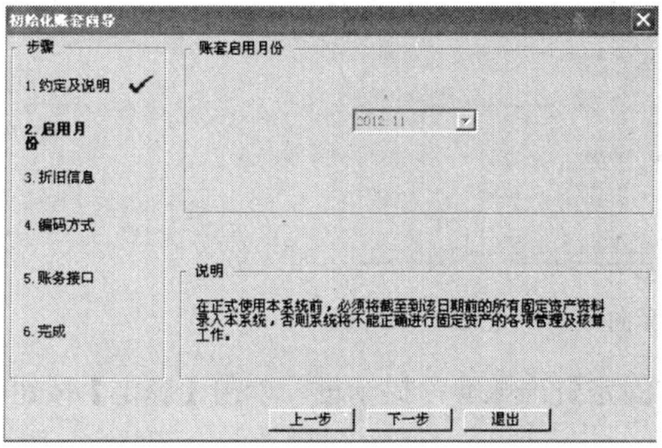

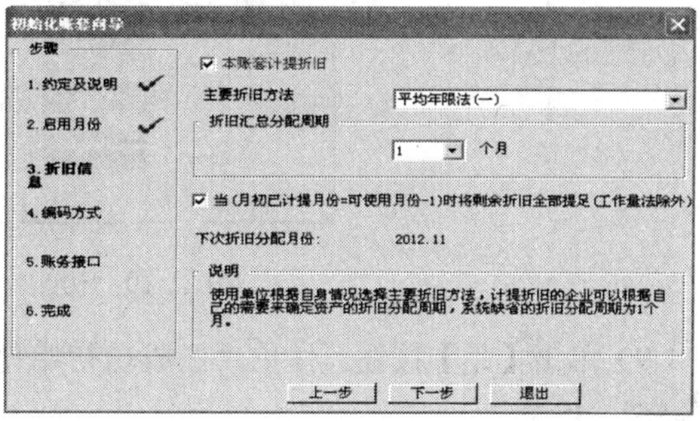

图 11-6　初始化账套向导——启用月份　　　　图 11-7　初始化账套向导——折旧信息

注意

● 如果是行政事业单位，不选“本账套计提折旧”，则账套内所有与折旧有关的功能屏蔽，该选项在初始化设置完成后不能修改。

● 本处选择的折旧方法可以在设置资产类别或定义具体固定资产时进行更改设置。

6）单击【下一步】按钮，打开“初始化账套向导——编码方式”对话框。确定资产类别编码长度为“2112”；单击“自动编号”单选按钮，选择固定资产编码方式为“类别编号+部门编号+序号”，选择序号长度为“3”，如图 11-8 所示。

7）单击【下一步】按钮，打开“初始化账套向导为——财务接口”对话框。选中“与账务系统进行对账”复选框；选择固定资产的对账科目为“1601 固定资产”，累计折旧的对账科目为“1602 累计折旧”，选中“在对账不平情况下允许固定资产月末结账”选项，如图 11-9 所示。

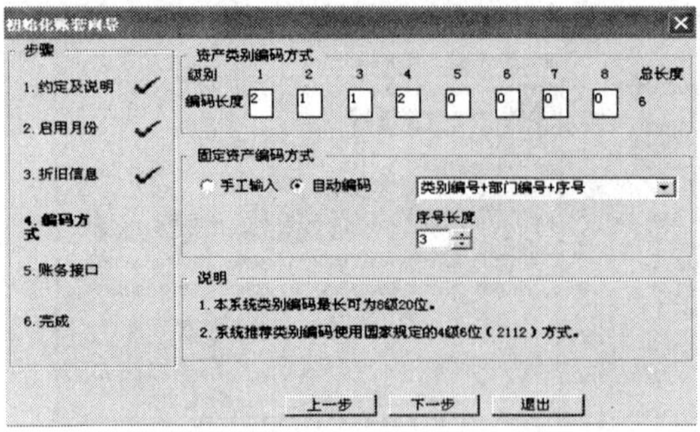

图 11-8　初始化账套向导——编码方式

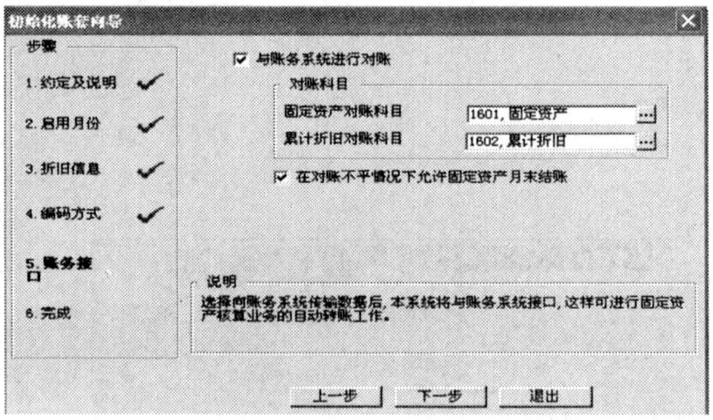

图 11-9　初始化财套向量——账务接口

8）单击【下一步】按钮，打开“初始化账套向导——完成”对话框，如图 11-10 所示。单击【完成】按钮，完成本账套的初始化，弹出“是否确定所设置的信息完全正确并保存对新账套的所有设置？”提示框。

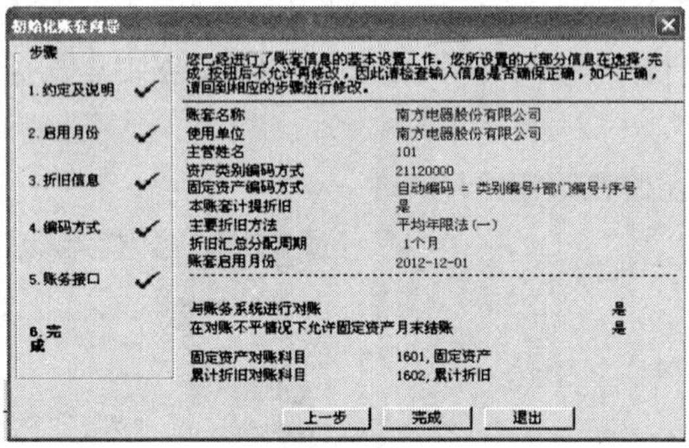

图 11-10　初始化账套向导——完成

9）单击【是】按钮，弹出“已成功初始化本固定资产账套”提示框，单击【确定】按钮。

注意

- 初始化设置完成后，有些参数不能修改，所以要慎重。
- 如果发现参数有错，必须改正，只能通过固定资产系统“维护”|“重新初始化账套”命令实现，该操作将清空您对该子账套所做的一切工作。

3. 补充参数设置

1）执行“设置”|“选项”命令，打开“选项”对话框。

2）单击【编辑】按钮，选择“与账务系统接口”选项卡。选中“业务发生后立即制单”、“月末结账前一定要完成制单登账业务”复选框；选择“缺省入账科目”为“1601 固定资产”、“1602 累计折旧”，如图 11-11 所示，单击【确定】按钮。

4. 设置资产类别

1）执行“设置”|“资产类别”命令，进入“类别编码表”窗口。

2）单击【增加】按钮，输入“类别名称”为“房屋及建筑物”，“净残值率”为“2%”，“计量单位”为“栋”；选择“计提属性”为“正常计提”，“折旧方法”为“平均年限法（一）”，“卡片样式”为“通用样式”，单击【保存】按钮，如图 11-12 所示。

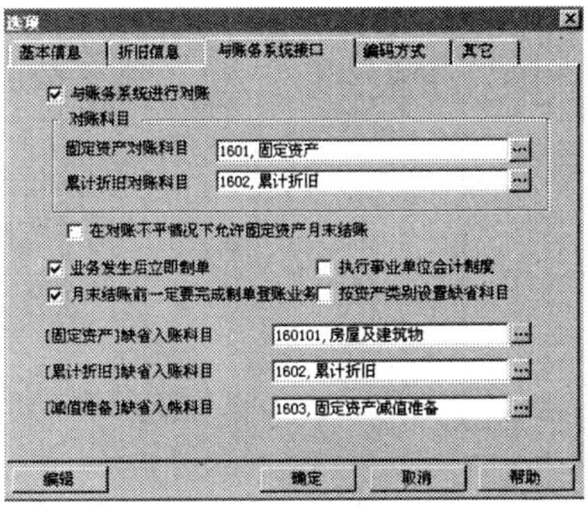

图 11-11　“选项”对话框

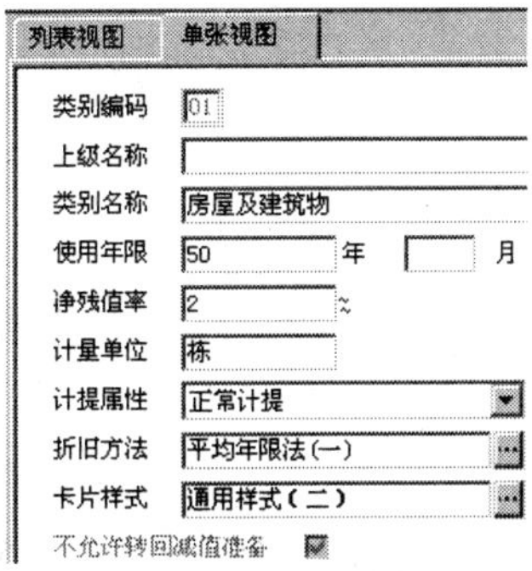

图 11-12　资产类别单张视图

3）同理，完成其他资产类别的设置，结果如图 11-13 所示。

注意

- 资产类别编码不能重复，同一级的类别名称不能相同。
- 类别编码、名称、计提属性、卡片样式不能为空。
- 已使用过的类别不能设置新下级。

5. 设置部门对应折旧科目

1）执行“设置”|“部门对应折旧科目设置”命令，进入“部门编码表”窗口。

2）选择“部门”为“管理部门”，单击【编辑】按钮。

3）选择“折旧科目”为“660202 管理费用/折旧费”，单击【保存】按钮，弹出“是否将[管理部门]部门的所有下级部门的折旧科目替换为[折旧]？”信息提示框，如图 11-14 所示。单击【是】按钮，保存后单击【刷新】按钮，其下属部门自动继承。

图 11-13　完成资产类别设置

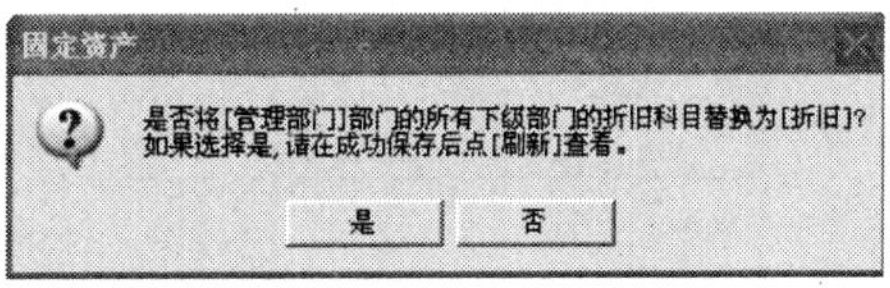

图 11-14　“固定资产”信息提示框

4）同理，完成其他部门折旧科目的设置，如图 11-15 所示。

注意

- 因系统录入卡片时，只能选择明细级部门，所以设置折旧科目也只有给明细部门设置才有意义。如果某一上级部门设置了对应的折旧科目，下级部门继承上级部门的设置，当然下级部门也可以选择不同的科目，即上下级部门的折旧科目可以相同，也可以不同。

6. 设置增减方式的对应科目

1）执行“设置”|“增减方式”命令，进入“增减方式”窗口。

2）在左边列表框中，选择“增加方式”中的“直接购入”，单击【修改】按钮 。

3）输入“对应入账科目”为“100201 工行存款”，单击【保存】按钮。

4）同理，输入其他增加方式及减少方式对应入账科目，如图 11-16 所示。

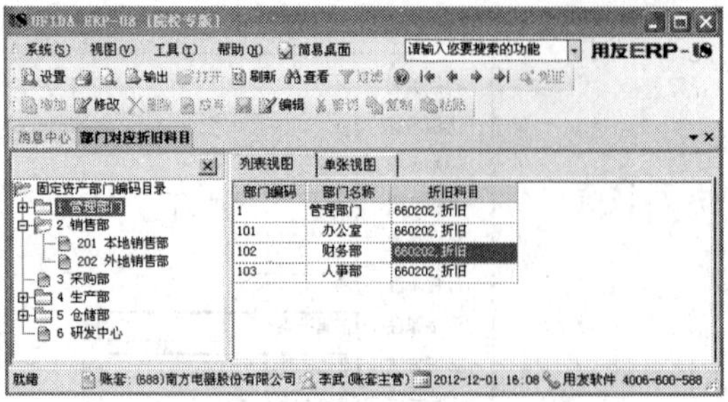

图 11-15　完成折旧科目设置

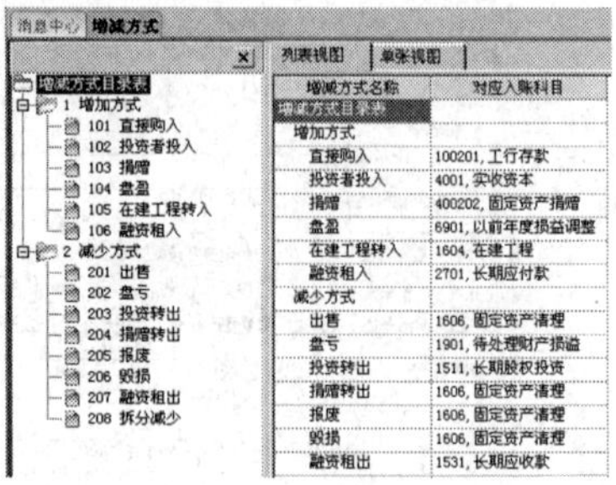

图 11-16　增减方式对应入账科目

注意

- 当固定资产发生增减变动时，系统生成凭证时会默认采用这些科目。

7. 原始卡片录入

1）执行“卡片”|“录入原始卡片”命令，打开“固定资产类别档案”对话框。

2）选择“固定资产类别”为“011 办公楼”，单击【确定】按钮，进入“固定资产卡片录入”窗口。

3）输入“固定资产名称”为“1 号楼”；双击“部门名称”选择“多部门使用”，弹出“使用部门”对话框，选择“办公室”、“财务处”、“人事处及研发中心”并分别输入对应的使用比例，如图 11-17 所示，单击【确定】按钮返回；双击“增加方式”选择“在建工程转入”，双击“使用状况”选择“在用”；输入“开始使用日期”为“2007-11-30”，“原值”为“4800000”，“累计折旧”为“1505200”；“可使用年限”为“600 月”，其他信息自动算出，如图 11-18 所示。

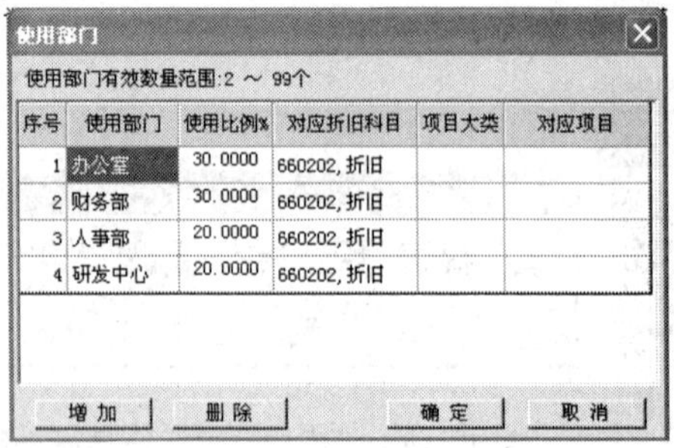

图 11-17　“使用部门”对话框

图 11-18　原始卡片录入

4）单击【保存】按钮，弹出“数据成功保存!”信息提示框，单击【确定】按钮。

5）同理，完成其他固定资产卡片的输入。

注意

- 卡片编号：系统根据初始化时定义的编码方案自动设定，不能修改，如果删除一张卡片，又不是最后一张时，系统将保留空号。
- 已计提月份：系统将根据开始使用日期自动算出，但可以修改，请将使用期间停用等不计提折旧的月份扣除。
- 月折旧率、月折旧额：与计算折旧有关的项目录入后，系统会按照输入的内容自动算出并显示在相应项目内，可与手工计算的值比较，核对是否有错误。

8. 查看卡片

1）执行“卡片”|“卡片管理”命令，打开“卡片管理”窗口。

2）执行“编辑”|“列头编辑”命令，打开“表头设定”对话框，选中“累计折旧”，并移到“原值”后面，如图 11-19、图 11-20 所示。

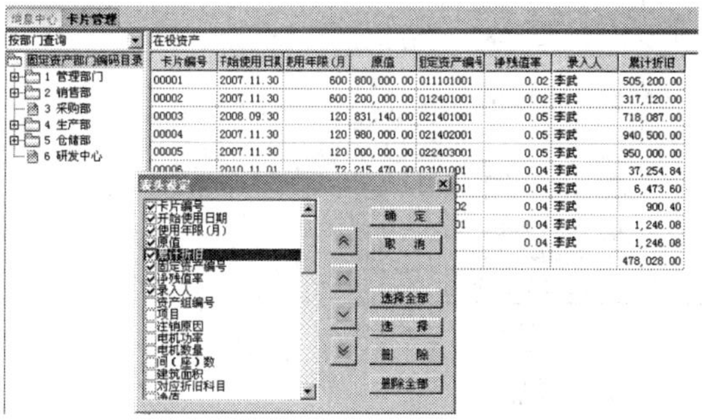

图 11-19　卡片表头设定

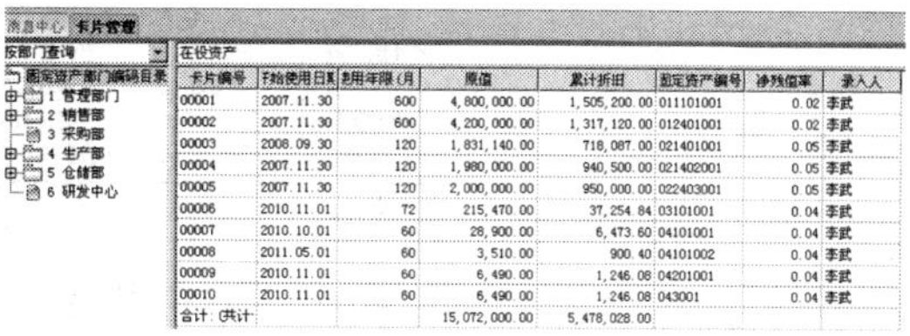

图 11-20　“卡片管理”窗口

9. 修改卡片

1）执行“卡片”|“卡片管理”命令，打开“卡片管理”窗口。

2）选择要修改固定资产卡片，单击【修改】按钮，进入“固定资产卡片修改”窗口。

3）输入修改内容，如图 11-21 所示，将轿车的存放地点改为“车库”。

4）单击【保存】按钮，弹出“数据成功保存！”信息提示框，单击【确定】按钮。

5）同理，修改其他固定资产卡片。

你知道吗?

固定资产卡片期初录入完成后，如何才能知道数据是否正确呢？可以执行“处理”|“对账”命令，系统弹出“与账务对账结果”对话框，显示与账务系统对账结果，如图 11-22 所示。

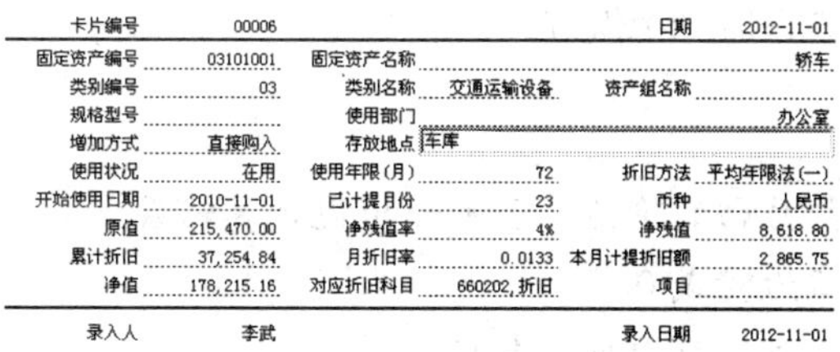

图 11-21　修改卡片

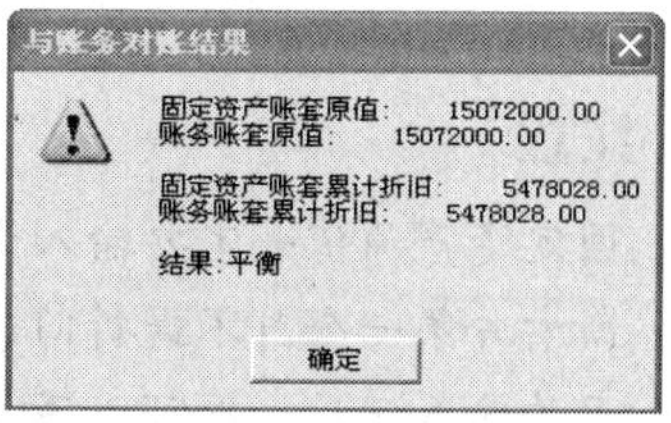

图 11-22　“与账务对账结果”对话框

11.3.2　日常及期末处理

1. 资产增加（业务 1）

1）以业务日期进入系统，执行“固定资产”|“卡片”|“资产增加”命令，进入“资产类别参照”窗口。

2）选择“资产类别”为“04 办公设备”，单击【确定】按钮，进入“固定资产卡片新增”窗口。

3）输入“固定资产名称”为“扫描仪”；双击“使用部门”选择“财务部”，双击“增加方式”选择“直接购入”，双击“使用状况”选择“在用”；“可使用年限”为“60 月”，“开始使用日期”为“2012-11-21”，“原值”为“2000”，如图 11-23 所示。

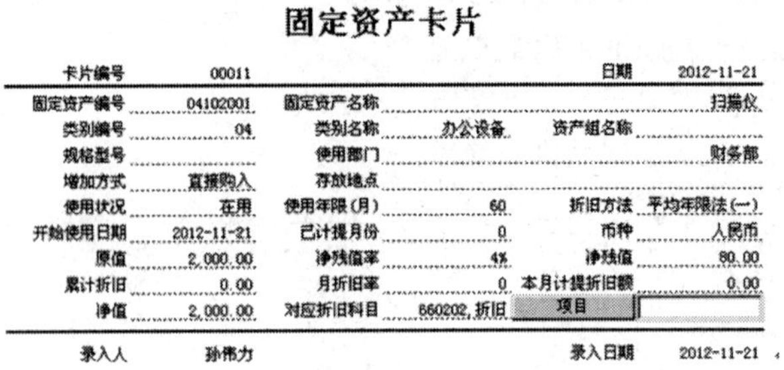
固定资产卡片

卡片编号	00011			日期	2012-11-21
固定资产编号	04102001	固定资产名称			扫描仪
类别编号	04	类别名称	办公设备	资产组名称	
规格型号		使用部门			财务部
增加方式	直接购入	存放地点			
使用状况	在用	使用年限(月)	60	折旧方法	平均年限法(一)
开始使用日期	2012-11-21	已计提月份	0	币种	人民币
原值	2,000.00	净残值率	4%	净残值	80.00
累计折旧	0.00	月折旧率	0	本月计提折旧额	0.00
净值	2,000.00	对应折旧科目	660202,折旧	项目	
录入人	孙伟力			录入日期	2012-11-21

图 11-23 固定资产增加（资产增加）

4）单击【保存】按钮，进入“填制凭证”窗口。

5）选择“凭证类型”为“付款凭证”，修改制单日期、附件数，“借方科目”修改为“160104 办公设备”，票号输入“ZZR004”，“现金流量”选择“13 购置固定资产所支付的现金”，单击【保存】按钮，生成凭证如图 11-24 所示。

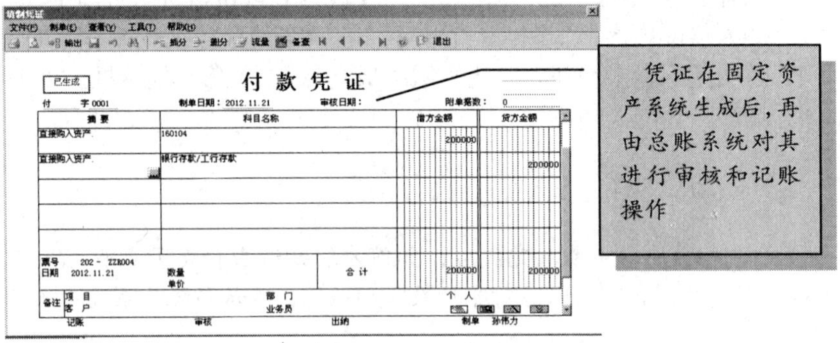

图 11-24 新增资产生成凭证

注意

- 固定资产原值一定要输入卡片录入月月初的价值，否则会出现计算错误。
- 新卡片第一个月不提折旧，累计折旧为空或 0。
- 卡片输入完后，也可以不立即制单，月末可以批量制单。

2. 折旧处理（业务 2）

1）操作员 103 于 11 月 23 日进入系统，执行“固定资产”|“处理”|“计提本月折旧”命令，弹出“是否要查看折旧清单？”信息提示框，单击【是】按钮。继续弹出“本操作将计提本月折旧，并花费一定时间，是否要继续？”信息提示框，单击【是】按钮，打开“折旧清单”窗口，如图 11-25 所示。

2）单击“退出”按钮，打开“折旧分配表”窗口，如图 11-26 所示。

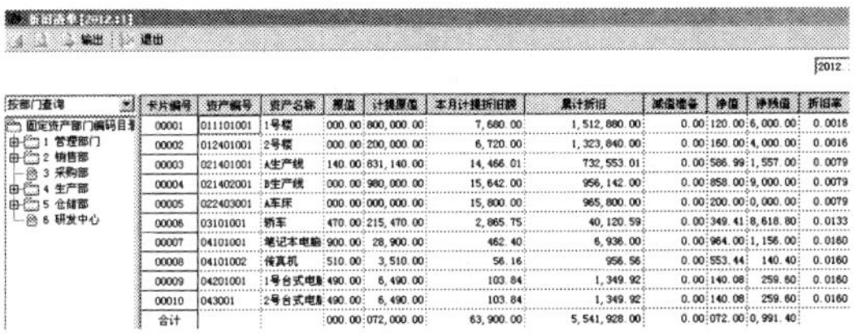

图 11-25 “折旧清单”窗口

图 11-26 “折旧分配表”窗口

3）单击【凭证】按钮，进入“填制凭证”窗口，选择“转账凭证”，单击【保存】按钮，计提折旧凭证如图 11-27 所示。

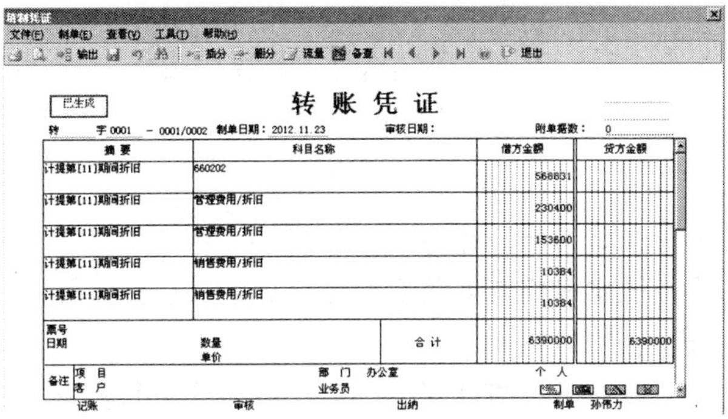

图 11-27 计提折旧凭证

注意

● 如果上次计提折旧已通过记账凭证把数据传递到账务系统中，则必须删除该凭证才能重新计提折旧。

● 计提折旧后又对账套进行了影响折旧计算或分配的操作，必须重新计提折旧，否则系统不允许结账。

● 在折旧费用分配表界面，可以单击“制单”按钮制单，也可以以后利用“批量制单”功能进行制单。

3. 资产减少（业务 3）

1）操作员 103 以 11 月 28 日进入系统，执行“卡片”|“资产减少”命令，进入“资产减少”窗口。

2）选择卡片编号“00010”，单击【增加】按钮。

3）选择“减少方式”为“毁损”，“清理原因”为“毁损”，如图 11-28 所示。

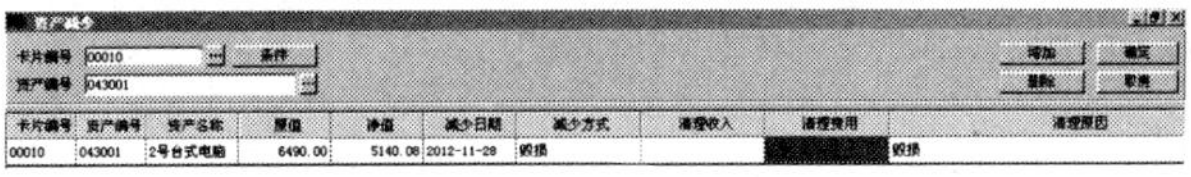

图 11-28 资产减少

4）单击【确定】按钮，进入“填制凭证”窗口。选择“转账凭证”，修改“借方金额（1602）”

为“1349.92”，“借方金额（固定资产清理）”为“5140.08”，修改“贷方科目”为“160104”，单击【保存】按钮，如图 11-29 所示。

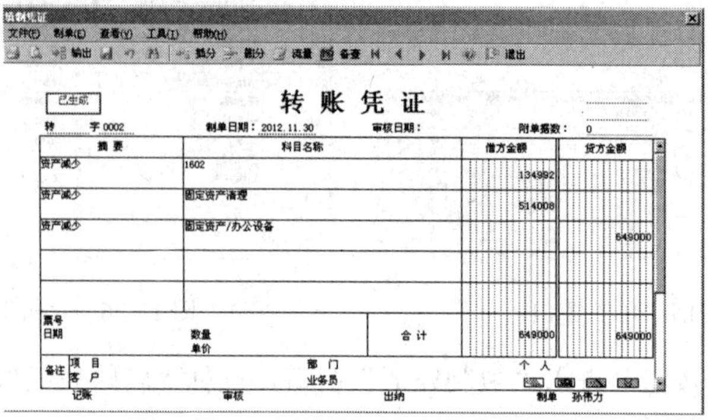

图 11-29 资产减少凭证

5）单击【退出】按钮，系统弹出“所选卡片已经减少成功！”信息提示框，单击【确定】按钮返回。

注意

- 本账套需要进行计提折旧后，才能减少资产。
- 如果要减少的资产较少或没有共同点，可通过输入资产编号或卡片号，单击【增加】按钮，将资产添加到资产减少表中。
- 如果要减少的资产较多并且有共同点，则可通过单击【条件】按钮，输入一些查询条件，将符合该条件的资产挑选出来进行批量减少操作。
- 当总账记账完毕后，固定资产系统才可以进行对账。对账平衡后，开始月末结账。
- 如果在初始设置时，选择了“与账务系统对账”功能，对账的操作不限制执行时间，任何时候都可以进行对账。
- 若在财务接口中选中“在对账不平情况下允许固定资产月末结账”，则可以直接进行月末结账。

4. 查询、修改凭证

1）执行“处理”|“凭证查询”命令，进入“凭证查询”窗口，如图 11-30 所示。

2）单击【查询】，可查询凭证。

3）单击【编辑】，可修改凭证。

4）单击【删除】，可作废凭证。

5. 删除凭证：如删除固定资产减少凭证

1）执行“处理”|“凭证查询”命令，进入“凭证查询”窗口。

2）选择“固定资产减少凭证——转账 2 号”。

3）单击【删除】，可删除凭证，如图 11-31 所示。

图 11-30 “凭证查询”窗口

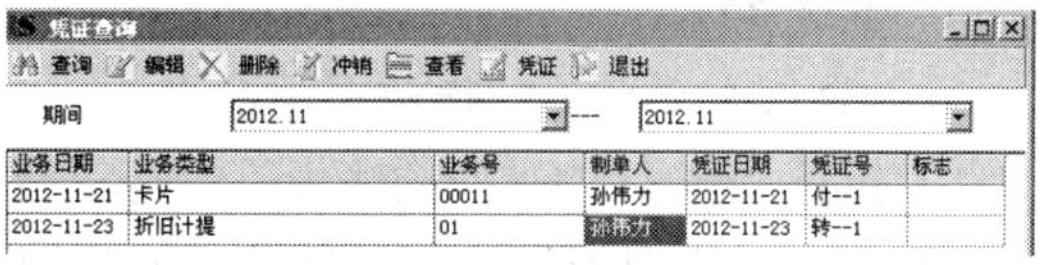

图 11-31 删除凭证

4）执行“总账”|“填制凭证”|“整理凭证”命令，进入“整理凭证”窗口，彻底删除已作废凭证。

6. 批量制单

1）执行|“处理”|“批量制单”命令，打开“批量制单”窗口，双击选择框，出现“Y”字样，如图 11-32 所示。

2）选择“制单设置”选项卡，如图 11-33 所示。

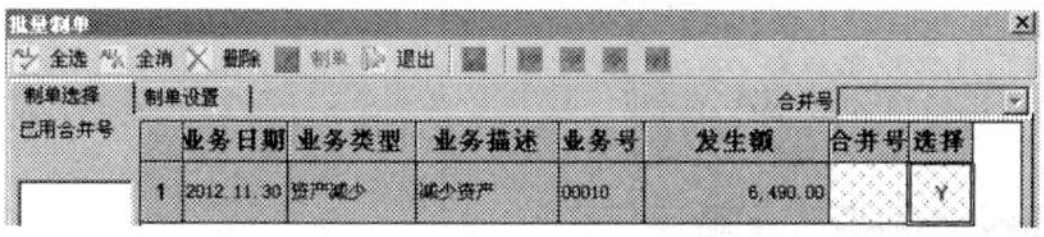

图 11-32 批量制单设置

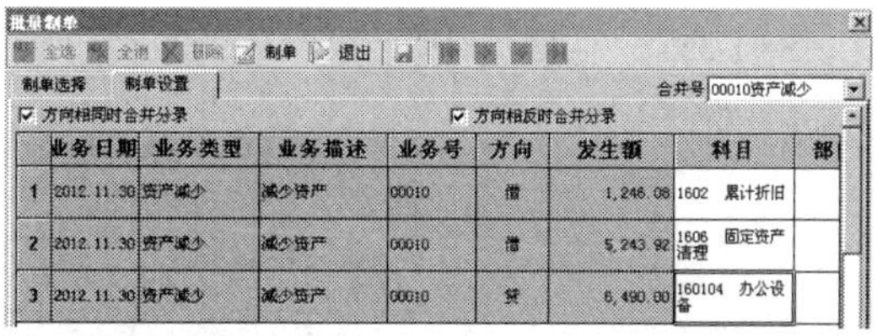

图 11-33 批量制单设置

3）借方科目修改为“1602、1606”，贷方科目输入“160104“,然后单击“制单”按钮，修改借方金额（1602）为 1 349.92，借方金额（固定资产清理）为 5 140.08，如图 11-34 所示。

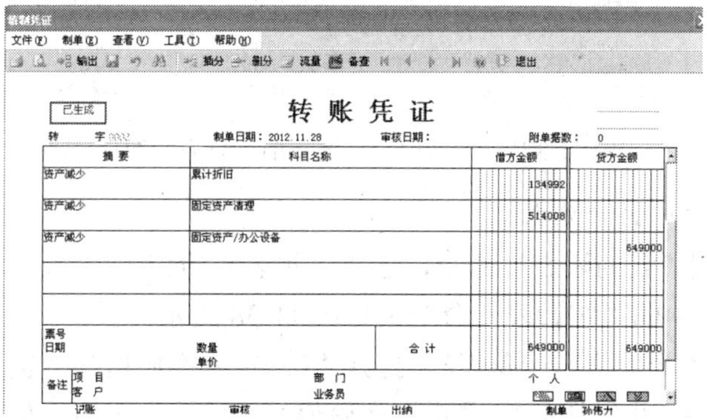

图 11-34 批量制单

4）选择凭证类型“转账凭证”，修改制单日期、附件数，单击【保存】按钮。

7. 将固定资产系统生成的记账凭证审核并记账

在总账系统中，由 104 陈敏对出纳凭证进行签字，102 刘云对传递过来的凭证进行审核和记账。

8. 对账

1）由 101 李武在固定资产资产系统中执行“处理”|“对账”命令，系统弹出“与账务对账结果”对话框，如图 11-35 所示。

2）单击【确定】按钮。

9. 账表管理

（1）查询（部门）计提折旧汇总表

1）执行“账表”|“我的账表”命令，进入“报表”窗口。

2）单击“折旧表”，双击“（部门）折旧计提汇总表”，打开“条件”对话框。

3）选择“期间”为“2012.11”，“汇总级次”为“1—2，单击【确定】按钮，如图 11-36、图 11-37 所示。

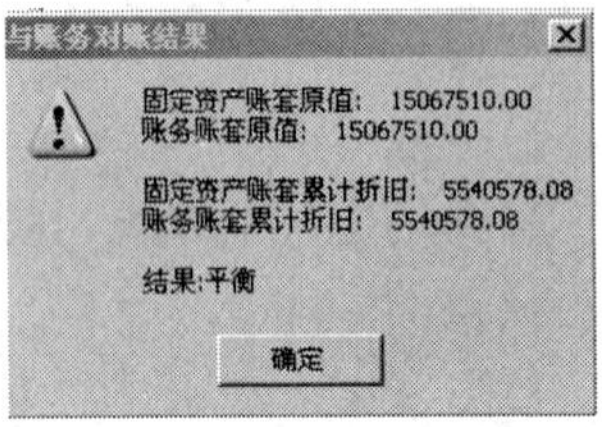

图 11-35　“与账务对账结果”对话框

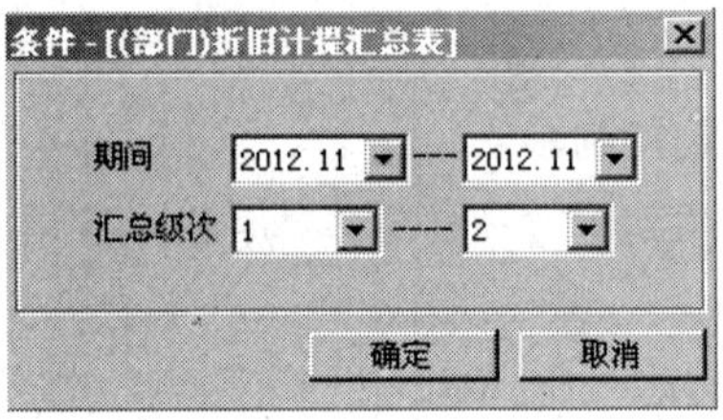

图 11-36　折旧汇总表查询条件

（部门）折旧计提汇总表

使用单位：南方电器股份有限公司　　期间：2012.11---2012.11

汇总级次1---2

部门名称	计提原值	折旧额
管理部门(1)	4,087,880.00	9,528.31
办公室(101)	1,687,880.00	5,688.31
财务部(102)	1,440,000.00	2,304.00
人事部(103)	960,000.00	1,536.00
销售部(2)	6,490.00	103.84
本地销售部(201)	6,490.00	103.84
采购部(3)	6,490.00	103.84
生产部(4)	10,011,140.00	52,628.01
一车间(401)	3,511,140.00	17,154.01
二车间(402)	3,240,000.00	17,658.00
三车间(403)	3,260,000.00	17,816.00
研发中心(6)	960,000.00	1,536.00
合计	15,072,000.00	63,900.00

图 11-37　“（部门）计提折旧汇总表”窗口

（2）查询固定资产原值一览表

1）执行“账表”|“我的账表”命令，进入“报表”窗口。

2）双击“账簿”中的“统计表”命令，如图 11-38 所示。

3）单击“（固定资产原值）一览表”，打开“（固定资产原值）一览表”对话框。

4）单击“确定”按钮，进入“（固定资产原值）一览表”窗口，如图 11-39 所示。

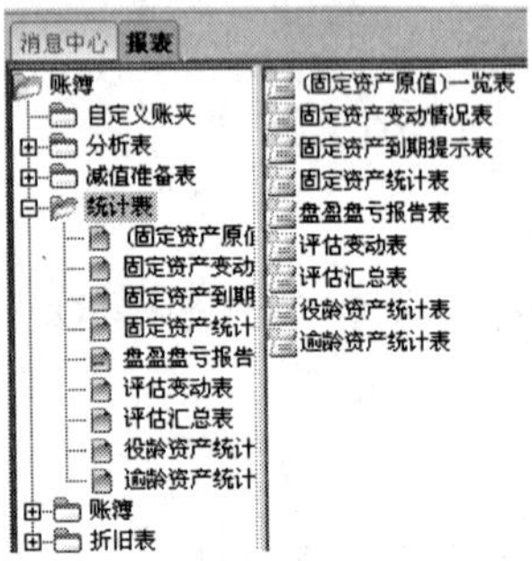

图 11-38　固定资产统计表

（固定资产原值）一览表

使用单位：南方电器股份有限公司　　期间：2012.11

汇总级次1---2

部门名称	合计			房屋及建筑物			生	
	原值	累计折旧	净值	原值	累计折旧	净值	原值	累计折旧
管理部门(1)	4,089,880.00	1,258,317.15	2,831,562.85	3,640,000.00	1,210,304.00	2,629,696.00		
办公室(101)	1,687,880.00	501,877.15	1,186,002.85	1,440,000.00	453,864.00	986,136.00		
财务部(102)	1,442,000.00	453,864.00	988,136.00	1,440,000.00	453,864.00	986,136.00		
人事部(103)	960,000.00	302,576.00	657,424.00	960,000.00	302,576.00	657,424.00		
销售部(2)	6,490.00	1,349.92	5,140.08					
本地销售部(201)	6,490.00	1,349.92	5,140.08					
生产部(4)	10,011,140.00	3,978,335.01	6,032,804.99	4,200,000.00	1,323,840.00	2,876,160.00	5,811,140.00	2,654,495.01
一车间(401)	3,511,140.00	1,262,089.01	2,249,050.99	1,680,000.00	529,536.00	1,150,464.00	1,831,140.00	732,553.01
二车间(402)	3,240,000.00	1,353,294.00	1,886,706.00	1,260,000.00	397,152.00	862,848.00	1,980,000.00	956,142.00
三车间(403)	3,260,000.00	1,362,952.00	1,897,048.00	1,260,000.00	397,152.00	862,848.00	2,000,000.00	965,800.00
研发中心(6)	960,000.00	302,576.00	657,424.00	960,000.00	302,576.00	657,424.00		
合计	15,067,510.00	5,540,578.08	9,526,931.92	9,000,000.00	2,836,720.00	6,163,280.00	5,811,140.00	2,654,495.01

图 11-39　“（固定资产原值）一览表”对话框

5）单击【退出】按钮。

同理，读者可自行查询“分析表”中的“价值结构分析表”、“使用情况分析表”等报表情况。

10. 结账

1）执行“处理”|“月末结账”命令，打开“月末结账”对话框。

2）单击【开始结账】按钮，系统自动检查与账务系统的对账结果，单击【确定】按钮后，弹出“月末结账成功完成！”提示框。

3）单击【确定】按钮，出现结账成功提示，如图 11-40、图 11-41、图 11-42、图 11-43 所示。

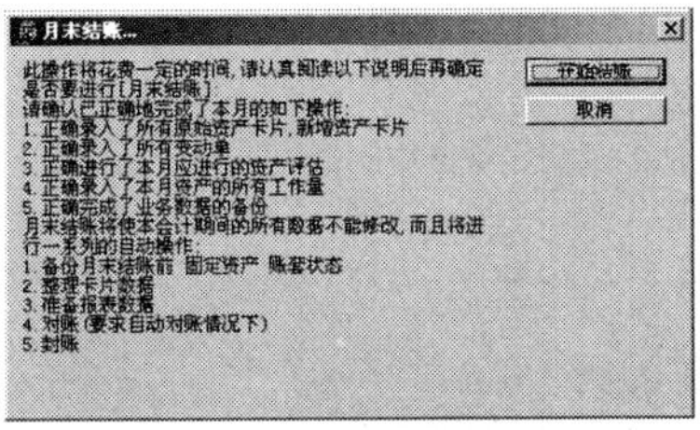

图 11-40　结账

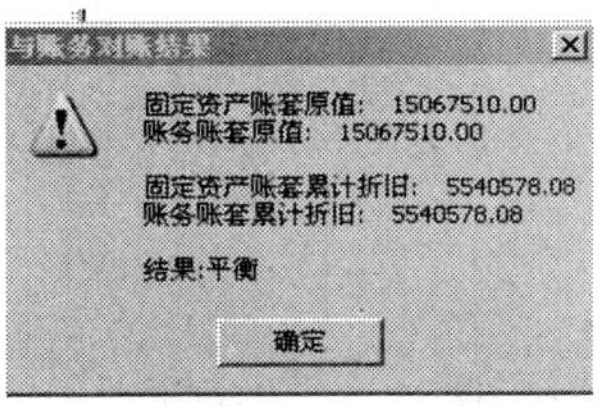

图 11-41　结账提示

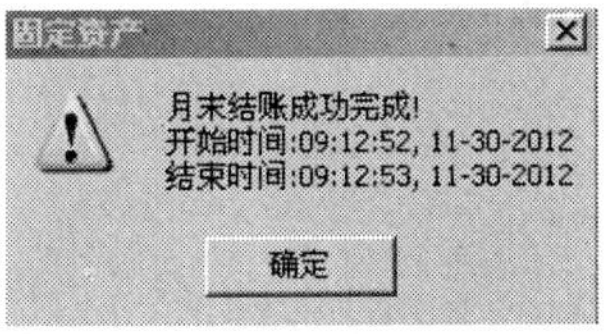

图 11-42　结账成功提示

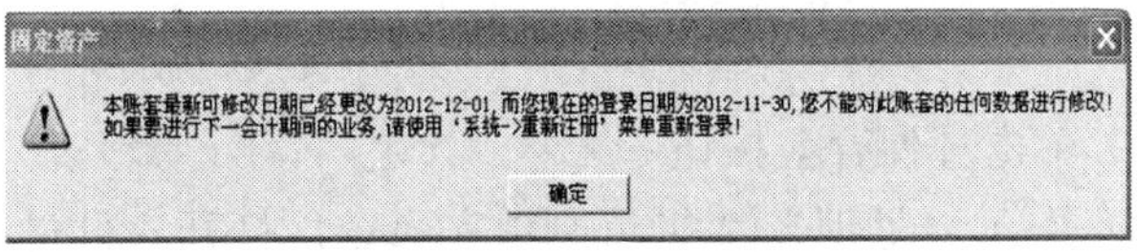

图 11-43　“固定资产”信息提示框

注意

- 本会计期间做完月末结账工作后，所有数据资料将不能再进行修改。
- 本会计期间不做完月末结账工作，系统将不允许处理下一个会计期间的数据。
- 月末结账前一定要进行数据备份，否则数据一旦丢失，将造成无法挽回的后果。

你知道如何取消结账吗？

1）执行“处理”|“恢复月末结账前状态”命令，系统弹出“是否继续？”信息提示框。

2）单击【是】按钮，系统弹出“成功恢复月末结账前状态！”信息提示框。

3）单击【确定】按钮退出。

注意

- 假如在结账后发现结账前操作有误，必须修改结账前的数据，可以使用“恢复结账前状态”功能，又称“反结账”功能，即将数据恢复到月末结账前状态，结账时所做的所有工作都将被无痕迹地删除。
- 在总账系统未进行月末结账时才可以使用“恢复结账前状态”功能。
- 一旦成本系统提取了某期的数据，该期不能反结账。如果当前的账套已经做了年末处理，那么就不允许再执行恢复月初状态功能。

11.3.3 下月日常业务

1. 资产原值增加（业务 4）

1）操作员 103 于 12 月 1 日进入系统，执行“固定资产”|“设置”|“与账务处理接口”命令，打开“选项”窗口，单击【编辑】按钮，取消勾选“业务发生后立即制单”，如图 11-44 所示。

2）选择“固定资产”|“卡片”|“变动单”|“原值增加”命令，打开“固定资产变动单”窗口。

3）选择输入卡片编号“00006”，输入增加金额“15000”，变动原因为“增加配件”，如图 11-45 所示。

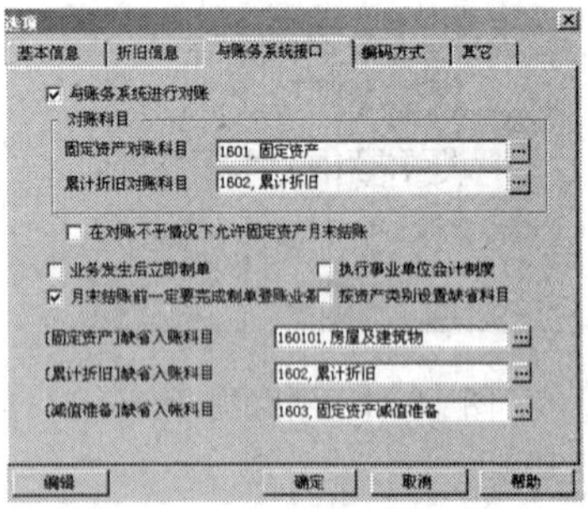

图 11-44　选项设置

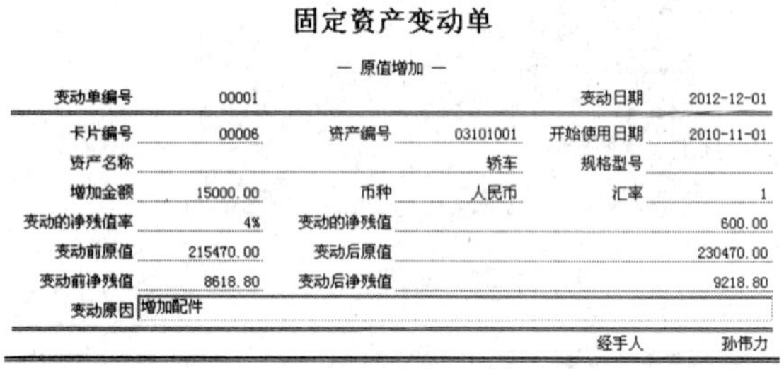

图 11-45　固定资产变动单（原值增加）

4）单击【保存】按钮.

5）执行|“处理”|“批量制单”命令，打开“批量制单”窗口，双击选择框，出现“Y”字样，如图 11-46 所示。

6）选择“制单设置”选项卡，如图 11-47 所示。

图 11-46　批量制单设置

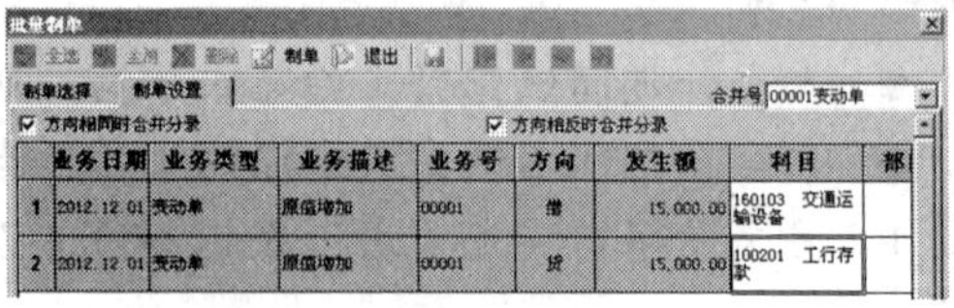

图 11-47　批量制单设置

7）借方科目修改为“160103”，贷方科目输入“100201”，然后单击【制单】按钮，如图 11-48 所示。

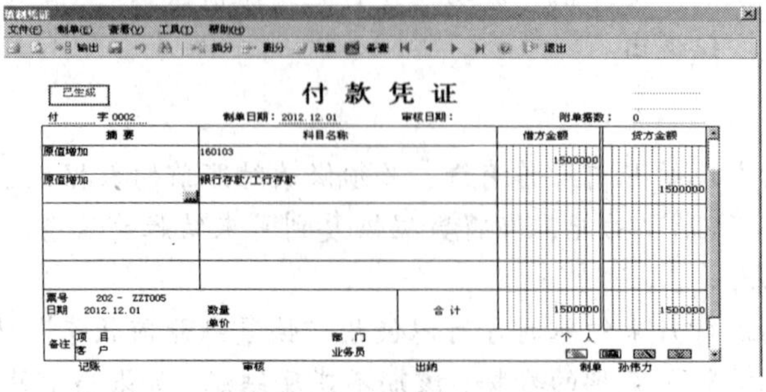

图 11-48　原值增加凭证

8）凭证类型选择“付款凭证”，修改制单日期、附件数，票号输入“ZZR005”，现金流量选择“13 购建固定资产所支付的现金”，单击【保存】按钮。

2. 转移部门（业务 5）

1）“变动日期”选择 2012 年 12 月 21 日，执行“固定资产”｜“卡片”｜“变动单”｜“部门转移”命令，进入“固定资产变动单”窗口。

2）输入“卡片编号”为“00008”，双击“变动后部门”选择“采购部”；输入“变动原因”为“工作需要”，如图 11-49 所示。

3）单击【保存】按钮。

3. 修改卡片（业务 6）

1）“变动日期”选择 2012 年 12 月 23 日，执行“固定资产”｜卡片”｜“变动单”｜“使用状况调整”命令，进入“固定资产变动单”窗口。

2）选择“卡片编号”为“00006”的卡片，系统自动显示“资产编号”、“开始使用日期”、“资产名称”及“变动前使用状况”。

3）选择“变动后使用状态”为“大修理停用”，“变动原因”为“大修”，如图 11-50 所示。

4）单击【保存】按钮。

固定资产变动单
— 部门转移 —
变动单编号 00002 变动日期 2012-12-21
卡片编号 00008 资产编号 04101002 开始使用日期 2011-05-01
资产名称 传真机 规格型号
变动前部门 办公室 变动后部门 采购部
存放地点 新存放地点
变动原因 工作需要
经手人 孙伟力

图 11-49　部门转移变动单

固定资产变动单
— 使用状况调整 —
变动单编号 00003 变动日期 2012-12-23
卡片编号 00006 资产编号 03101001 开始使用日期 2010-11-01
资产名称 轿车 规格型号
变动前使用状况 在用 变动后使用状况 大修理停用
变动原因 大修
经手人 孙伟力

图 11-50　固定资产变动

注意

● 当发现卡片有录入错误，或者资产在使用过程中有必要修改卡片的一些内容时，可以通过“卡片修改”功能实现，这种修改为无痕迹修改。

● 原始卡片的原值、使用部门、工作总量、使用状况、累计折旧、净残值（率）、折旧方法、使用年限、资产类别在没有做变动单评估的情况下，在录入当月可以无痕迹修改；如果做了变动单，则只有删除变动单才能无痕迹修改。若各项目做过一次月末结账，就只能通过变动单或者评估单调整，不能通过卡片修改功能改变。

4. 计提减值准备（业务 7）

1）“变动日期”选择 2012 年 12 月 28 日，执行“固定资产”｜“卡片”｜“变动单”｜“计提减值准备”命令，进入“固定资产变动单”窗口。

2）输入“卡片编号”为“00007”，“减值准备金额”为“2000”，“变动原因”为“减值”，如图 11-51 所示。

3）单击【保存】按钮。

4）执行｜“处理”｜“批量制单”命令，打开“批量制单”窗口，双击选择框，出现“Y”字样，单击【制单设置】，如图 11-52 所示。

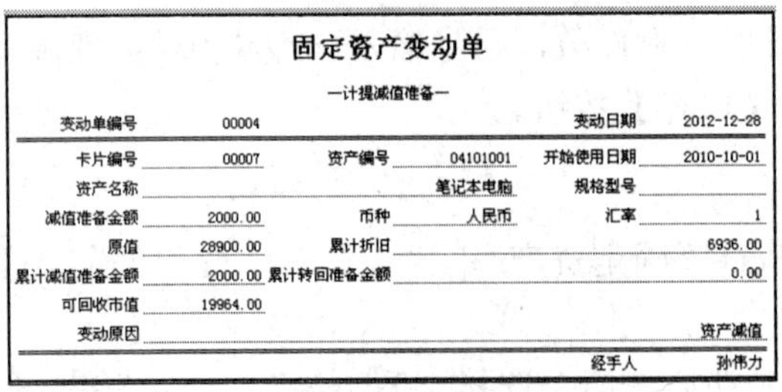

图 11-51 固定资产变动单（计提减值准备）

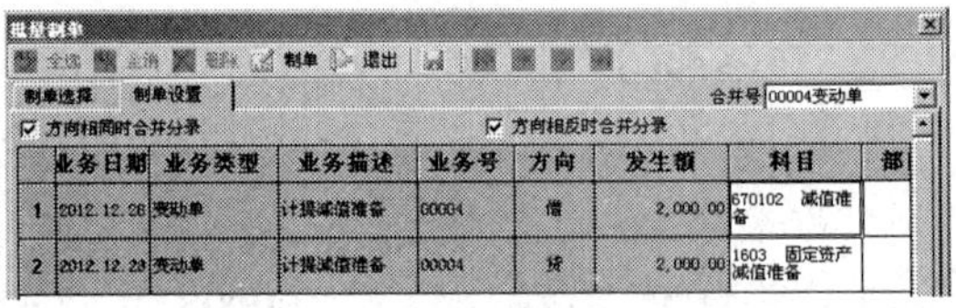

图 11-52 计提减值准备凭证设置

5）选择“凭证类型”为“转账凭证”，修改借方科目为“670102”，单击【保存】按钮，如图 11-53 所示。

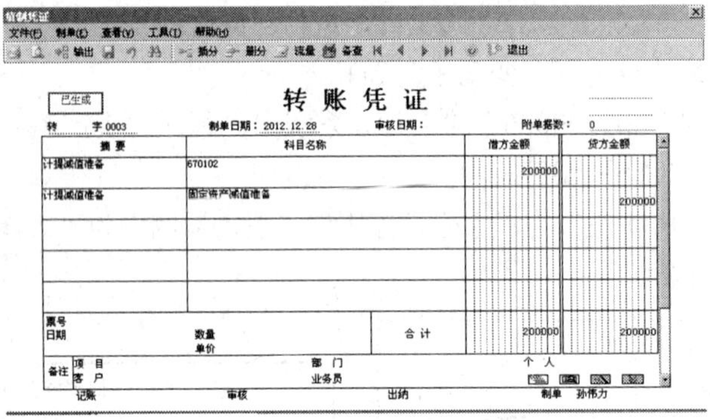

图 11-53 计提减值准备凭证

注意

- 资产变动主要包括原值变动、部门转移、使用状况变动、使用年限调整、折旧方法调整、净残值（率）调整、工作总量调整、累计折旧调整、资产类别调整等。系统对已做出变动的资产，要求输入相应的变动单来记录资产调整结果。
- 变动单不能修改，只有当月可删除重做，所以请仔细检查后再保存。
- 必须保证变动后的净值大于变动后的净残值。

5. 折旧处理（业务 8）

1）操作员 103 于 12 月 29 日进入系统，执行“固定资产”|“处理”|“计提本月折旧”命令，弹出“是否要查看折旧清单？”信息提示框，单击【是】按钮，继续弹出“本操作将计提本月折旧，并花费一定时间，是否要继续？”信息提示框，单击【是】按钮，打开“折旧清单”窗口。

2）单击【退出】按钮，打开“折旧分配表”窗口，如图 11-54 所示。

3）单击【凭证】按钮，进入“填制凭证”窗口，选择“转账凭证”，单击【保存】按钮，计提折旧凭证如图 11-55 所示。

6. 结账

结账一般的操作步骤如下：

1）执行“处理”|“月末结账”命令，打开“月末结账”对话框。

2）单击【开始结账】按钮，系统自动检查与账务系统的对账结果，单击【确定】按钮后，弹出“月末结账成功完成！”提示框。

部门编号	部门名称	项目编号	项目名称	科目编号	科目名称	折旧额
101	办公室			660202	折旧	5,632.15
102	财务部			660202	折旧	2,336.00
103	人事部			660202	折旧	1,536.00
201	本地销售部			660102	折旧	103.84
3	采购部			660102	折旧	56.16
401	一车间			510102	折旧	17,154.01
402	二车间			510102	折旧	17,658.00
403	三车间			510102	折旧	17,816.00
6	研发中心			660202	折旧	1,536.00
合计						63,828.16

图 11-54 “折旧分配表”窗口

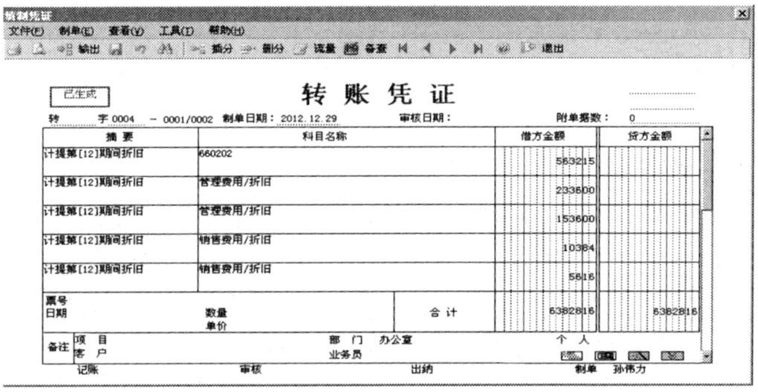

图 11-55 计提折旧凭证

3）单击【确定】按钮。

但本套账固定资产管理系统不能进行月末结账，原因是计提折旧之后又进行了资产减少、固定资产原值增加、减值准备影响折旧的操作，当执行“处理”|“月末结账”命令时，会弹出不能结账的信息提示框，如图 11-56 所示。

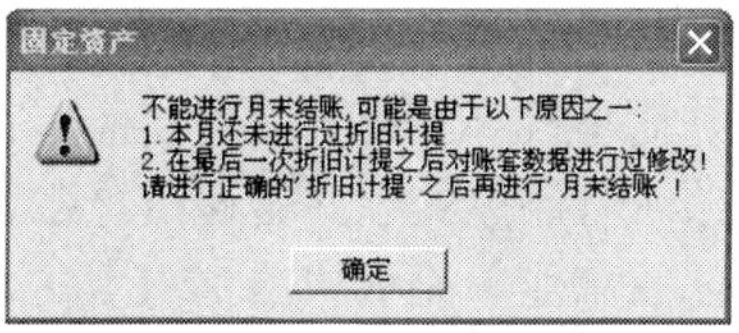

图 11-56 不能结账的信息提示框

注意

- 年度结转需要建立年度账套才能结转。

课后巩固

1. 什么情况下选择“本账套计提折旧”选项？
2. 什么情况下会发生固定资产与账务系统对账不平的情况？
3. 为什么要设置部门对应折旧科目，其作用何在？
4. 在固定资产系统开始日常业务处理之前是否必须将全部原始卡片录入系统？
5. 计提折旧之后发现卡片中内容录入错误，如何修改？
6. 进行资产评估时，可评估项目包括哪些内容？
7. 固定资产系统不能正常结账的原因包括哪些？
8. 计提折旧之后，又修改了原值、折旧方法，怎么办？
9. 系统在运行过程中发现账簿中的数据错误很多或太乱，如何处理？
10. 资产减少是否可以当月进行？资产变动是否可以当月进行？

项目 12 应收款管理系统

12.1 应收款功能概述

应收款管理系统主要实现企业与客户之间业务往来账款的核算与管理。在应收款管理系统中，以销售发票、费用单、其他应收单等原始单据为依据，记录销售业务及其他业务所形成的往来款项，处理应收款项的收回、坏账、转账等情况，提供票据处理的功能，实现对应收款的管理。根据对客户往来款项的核算和管理的程度不同，系统提供了“详细核算”和“简单核算”两种应用方案。不同的应用方案，其系统功能、产品接口、操作流程等均不相同。

详细核算应用方案的功能主要包括记录应收款项的形成（包括由商品交易和非商品交易所形成的所有的应收项目）、处理应收项目的收款及转账情况、对应收票据进行记录和管理、随应收项目的处理过程自动生成凭证并传递给总账系统、对外币业务及汇兑损益进行处理，以及提供针对多种条件的各种查询和分析。

简单核算应用方案的功能，主要包括接收销售系统的发票、对其进行审核，以及对销售发票进行制单处理并传递给总账系统。

收款业务流程如图 12-1 所示。

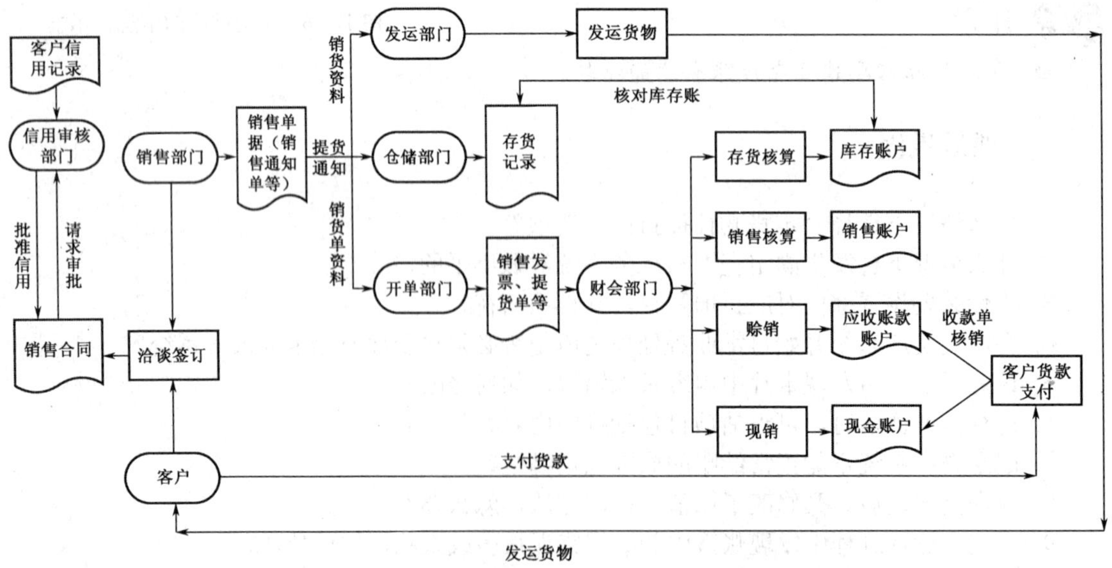

图 12-1　收款业务流程

重点、难点提示

应收款系统的功能较为全面，由于不同功能模块的组合将会使应收款系统的功能实现方式不同，所以，在学习时一定要在弄清应收款系统的基本功能后，系统学习不同模块组合时应收款系统录入数据或接收数据的方法和相应的账务处理。

12.2 应收款管理实训

1. 实训准备

将系统日期修改为“2012 年 11 月 30 日”，引入项目 4 数据或光盘“实训财套/初始余额”账套备份数据。于 2012 年 11 月 1 日以“101 李武”身份注册进入应收款管理系统。

2. 实训要求

- 设置系统参数。
- 基础设置。
- 设置科目。
- 坏账准备设置。
- 账龄区间设置。
- 报警级别设置。
- 设置允许修改“销售专用发票”的编号。
- 设置本单位开户银行。
- 录入期初余额并与总账系统进行对账。
- 账套备份。

12.3 应收款实训资料及操作

12.3.1 应收款初始实训资料及操作

1. 应收款初始实训资料

（1）应收款系统的参数

应收款核销方式为“按单据”，单据审核日期依据为“单据日期”，坏账处理方式为“应收余额百分比法”，代垫费用类型为“其他应收单”，应收款核算类型为“详细核算”，受控科目制单依据为“明细到客户”，非受控科目制单方式为“汇总方式”。启用客户权限，并且按信用方式根据单据提前 7 天自动报警。

（2）存货分类（见表 12-1）

表 12-1　存货分类

存货分类编码	存货分类名称
1	原料及主要材料
2	辅助材料
3	库存商品
4	应税劳务

（3）计量单位（见表 12-2）

表 12-2　计量单位

计量单位组	计量单位
01 基本计量单位（无换算率）	1 吨
	2 台
	3 桶
	4 千米

（4）存货档案（见表 12-3）

表 12-3　存货档案

存货编码	存货名称	所属分类码	计量单位	税率（%）	存货属性
001	铜材	1	吨	17	外购、生产耗用
002	钢材	1	吨	17	外购、生产耗用
003	油漆	2	桶	17	外购、生产耗用
004	电动机	2	台	17	外购、生产耗用
005	冰箱	3	台	17	自制、内销、外销
006	洗衣机	3	台	17	自制、内销、外销
007	运输费	4	公里	7	外购、销售、应税劳务

（5）本单位开户银行

本单位开户银行为工行广州新港西路办事处，账号为“001—23456789”。

（6）基本科目

应收科目为“1122 应收账款”，预收科目为“2203 预收账款”，销售收入科目为“600101 主营业务收入——冰箱”，应交增值税科目为“22210105 应交税金——应交增值税——销项税额”，销售退回科目为“600101 主营业务收入——冰箱”，商业承兑科目为“112101 应收票据”，银行承兑科目为“112102 应收票据”，现金折扣科目为“660303”，票据利息科目为“660301”，票据费用科目为“660304”，收支费用科目为“660120”。

（7）结算方式科目

现金结算方式科目为“1001 现金”，现金支票结算方式科目为“100201 银行存款”，转账支票结算方式科目为“100201 工行存款”，银行汇票结算方式科目为“100201 工行存款”，信汇结算方式科目为“100201 工行存款”，电汇结算方式科目为“100201 工行存款”。

（8）坏账准备

提取比率为“0.5%”，坏账准备期初余额为“12680”，坏账准备科目为“1231 坏账准备”，坏账准备对方科目为“670101 资产减值损失——坏账准备”。

（9）账龄区间

账期内账龄区间设置总天数为 10 天、30 天、60 天、90 天

逾期账龄区间设置总天数分别为 30 天、60 天、90 天和 120 天。

（10）报警级别

A 级时的总比率为 10%，B 级时的总比率为 20%，C 级时的总比率为 30%，D 级时的总比率为 40%，E 级时的总比率为 50%，总比率在 50%以上的为 F 级。

（11）单据编号设置：手工编号

（12）期初余额

存货税率均为 17%，运费为 7%，开票日期均为 2012 年 10 月，如表 12-4 所示。

表 12-4 期初余额情况

单据名称	方向	开票日期	票号	客户名称	销售部门	科目编码	货物名称	数量	无税单价	价税合计
销售专用发票	正	10.12	78987	杭州百货公司（002）	外地销售部	1122	冰箱（005）	250	4000	1170000
销售专用发票	正	10.18	78988	深圳深圳长城公司（003）	外地销售部	1122	冰箱（005）	70	4000	327600
销售专用发票	正	10.20	56789	王府井（004）	外地销售部	1122	冰箱（005）	200	3850	900900
其他应收单	正	10.20	0059	王府井（004）	外地销售部	1122	运费			6700
销售专用发票	正	10.22	78989	广州百货股份公司（005）	本地销售部	112101	洗衣机（006）	200	2500	585000
其他应收单	正	10.22	0060	广州百货股份公司（005）	本地销售部	112101	运费			5000
预收款单（商业承兑汇票	正	10.26	1111	伟达公司（008）	本地销售部	2203				30000

2. 应收款初始化实训操作

（1）设置系统参数

1）2012 年 11 月 1 日，李武在用友 ERP-U8 企业应用平台中，打开“业务”选项卡，执行“财务会计”|“应收款管理”|“设置”|“选项”命令， 打开“账套参数设置”对话框。

2）在“常规”选项卡中，单击“坏账处理方式”栏的下三角按钮，选择“应收余额百分比法”，如图 12-2 所示。

3）打开“权限与预警”选项卡，选中“启用客户权限”前的复选框；“单据报警”选择“信用方式”，在提前天数栏选择提前天数为“7”，如图 12-3 所示。

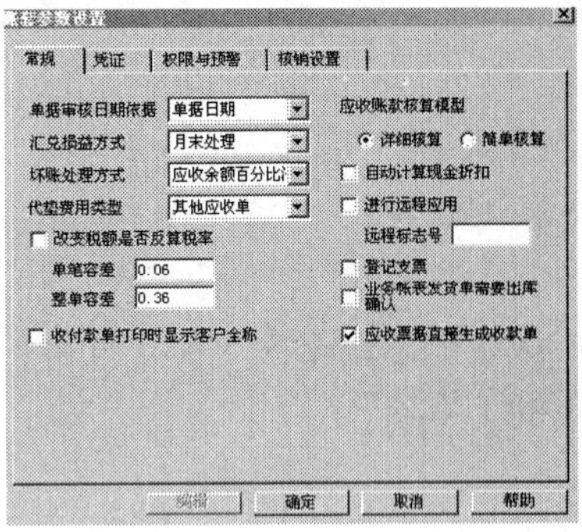

图 12-2　“常规”选项卡

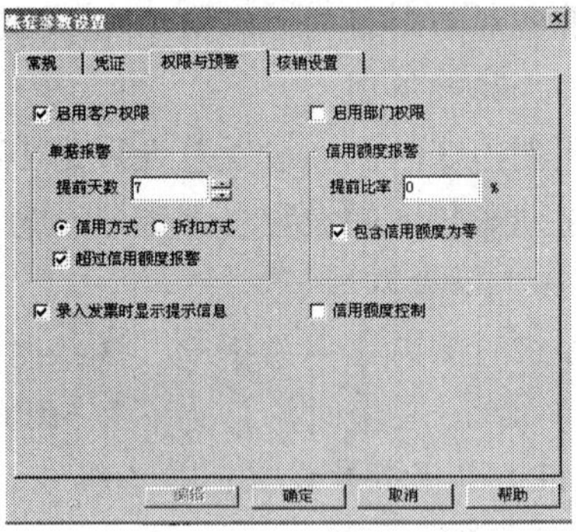

图 12-3　“权限与预警”选项卡

4）单击【确定】按钮。

注意

- 在账套使用过程中可以随时修改账套参数。
- 如果选择单据日期为审核日期，则月末结账时单据必须全部审核。
- 如果当年已经计提过坏账准备，则坏账处理方式不能修改，只能下一年度修改。
- 关于应收账款核算模型，在系统启用时或者还没有进行任何业务处理的情况下才允许从简单核算改为详细核算；从详细核算改为简单核算随时可以进行。

（2）设置存货分类

1）在企业应用平台中，打开“设置”选项卡，执行“基础档案”|“存货”|“存货分类”命令，打开“存货分类”窗口。

2）单击【增加】按钮，按实训资料录入存货分类情况，如图 12-4 所示。

（3）设置计量单位

1）在企业应用平台中，打开“设置”选项卡，执行“基础档案”|“存货”|“计量单位”命令，打开“计量单位”窗口。

2）单击【分组】按钮，打开“计量单位组”窗口。

3）单击【增加】按钮，录入计量单位组编码“01”、计量单位组名称“基本计量单位”，单击“计量单位组类别”栏的下三角按钮，选择“无换算率”，如图 12-5 所示。

图 12-4　录入存货分类

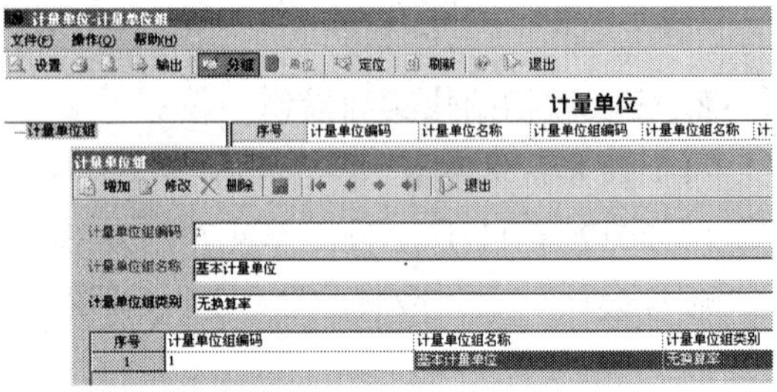

图 12-5　设置计量单位组

4）单击【保存】按钮，再单击【退出】按钮。

5）单击【单位】按钮，进入“计量单位设置”窗口。

6）单击【增加】按钮，录入“计量单位编码”为“1”，“计量单位名称”为“吨”，单击

【保存】按钮。

7）继续录入其他计量单位内容，完成所有的计量单位录入之后单击【退出】按钮，如图 12-6 所示。

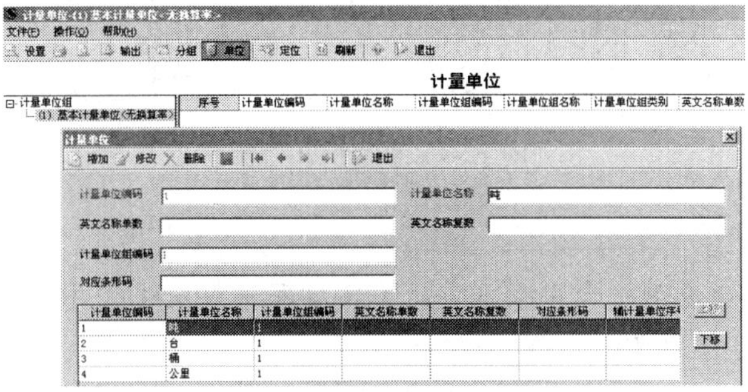

图 12-6　录入其他计量单位

注意

● 在设置存货档案之前必须先到企业应用平台的基础档案中设置计量单位，否则，存货档案中没有备选的计量单位，存货档案不能保存。

● 在设置计量单位时必须先设置计量单位分组，再设置各个计量单位组中的计量单位。

● 计量单位组分为无换算率、固定换算率和浮动换算率 3 种类型。如果需要换算，一般将财务计价单位作为主计量单位。

● 计量单位可以根据需要随时增加。

（4）设置存货档案

1）在企业应用平台中，打开“设置”选项卡，执行“基础档案”｜“存货”|“存货档案”命令，打开“存货档案”对话框。

2）单击存货分类中的“原料及主要材料”，再单击【增加】按钮，录入“存货编码”为“001”、“存货名称”为“钢材”，单击“计量单位组”栏的参照按钮，选择“基本计量单位”，单击“主计量单位”栏的参照按钮，选择“吨”，单击选中“外购”和“生产耗用”前的复选框，如图 12-7、图 12-8 所示。

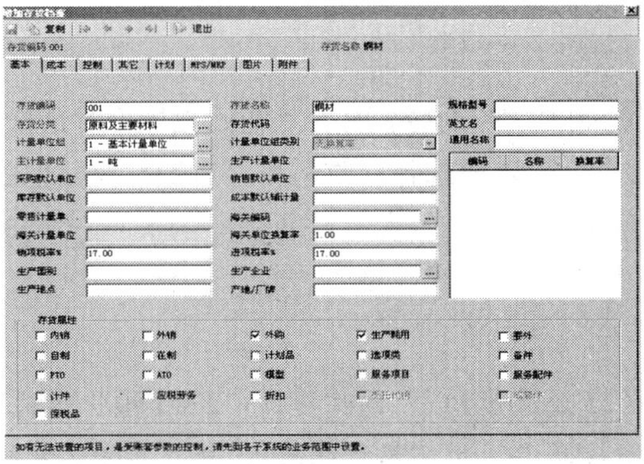

图 12-7　增加存货档案

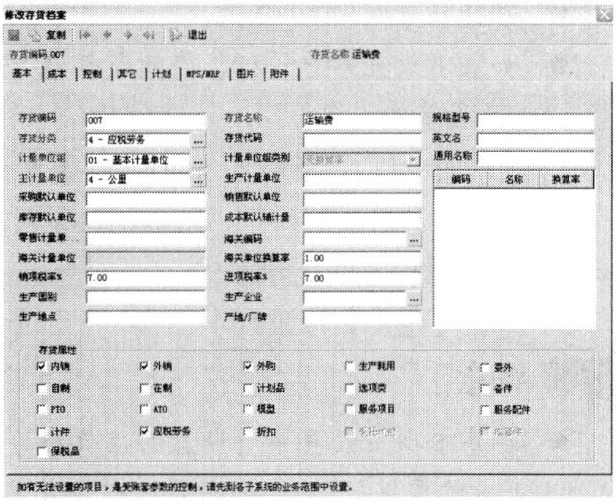

图 12-8　增加存货档案

3）单击【保存】按钮。以此方法继续录入其他的存货档案，录入完成后如图 12-9 所示。

图 12-9　存货档案列表

注意

- 存货档案在企业应用平台中录入。如果只启用财务系统且并不在应收、应付系统填制发票，则不需要设置存货档案。
- 在录入存货档案时，如果存货类别不符合要求应重新进行选择。
- 在录入存货档案时，如果直接列示的计量单位不符合要求，应先将不符合要求的计量单位删除，再单击参照按钮就可以在计量单位表中重新选择计量单位。
- 存货档案中的存货属性必须选择正确，否则，在填制相应单据时就不会在存货列表中出现。
- 存货档案中的有关成本资料可以在填制单据时列示，如果不录入成本资料，在单据中就不能自动列出存货的成本资料。

（5）设置开户银行

1）在企业应用平台中，打开“设置”选项卡，执行“基础档案”｜收付结算”｜“本单位开户银行”命令，进入“本单位开户银行”窗口。

2）单击【增加】按钮，打开“增加本单位开户银行”对话框。

3）在“增加本单位开户银行”对话框的“编码”栏录入“001”，在银行账号”栏录入“001—23456789”，在“币种”栏选择“人民币”，在“开户银行”栏录入“工行广州支行新港西路办事处”，在“所属银行编码”栏中选择“中国工商银行”，如图 12-10 所示。

4）单击【保存】按钮，再单击【退出】按钮退出。

注意

- 银行账号必须为 12 位。
- 如果不设置开户银行，在填制销售发票时不能保存。

（6）设置基本科目

1）在应收款管理系统中，执行“设置”｜“初始设置”命令，打开“初始设置”对话框。

2）执行“科目设置”｜“基本科目设置”命令，录入或选择应收科目“1122”及其他的基本科目，如图 12-11 所示。

3）单击【退出】按钮。

注意

- 在基本科目设置中所设置的应收科目“1122 应收账款”、预收科目“2203 预收账款”及“1121 应收票据”，应在总账系统中设置其辅助核算内容为“客户往来”，并且其受控系统为“应收系统”，否则在这里不能被选中。

● 只有在这里设置了基本科目，在生成凭证时才能直接生成凭证中的会计科目，否则凭证中将没有会计科目，相应的会计科目只能手工再录入。

● 如果应收科目、预收科目按不同的客户或客户分类分别设置，可在“控制科目设置”中设置，在此也可以不设置，如图 12-12 所示。

● 如果针对不同的存货分别设置销售收入核算科目，则在此不用设置，应在“产品科目设置”中进行设置，如图 12-13 所示。

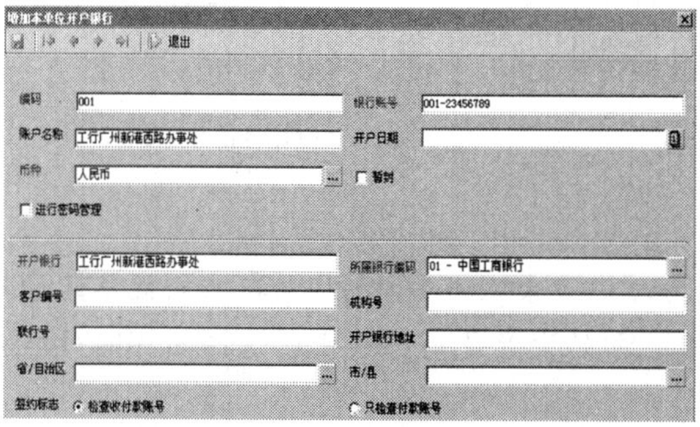

图 12-10　设置开户银行

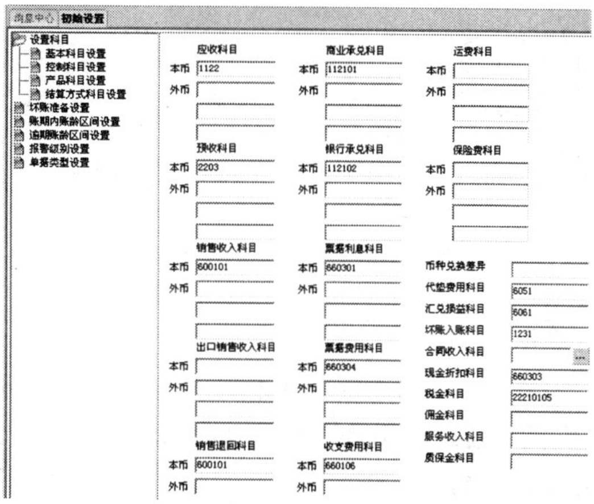

图 12-11　基本科目设置

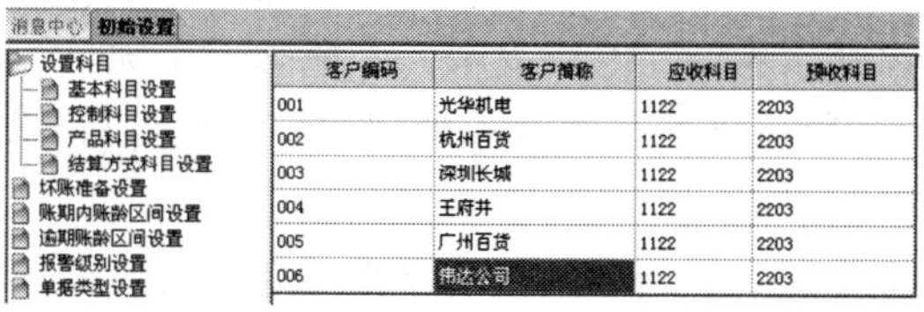

图 12-12　控制科目设置

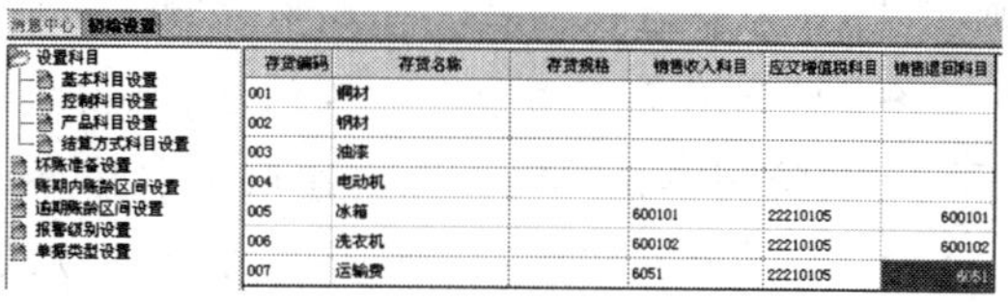

图 12-13　产品科目设置

（7）结算方式科目

1）在应收款管理系统中，执行“设置”｜“初始设置”｜“结算方式科目设置”命令，进入“结算方式科目设置”窗口。

2）单击“结算方式”栏的下三角按钮，选择“现金结算”，单击“币种”栏，选择“人民币”，在“科目”栏录入或选择“1001”，回车。以此方法继续录入其他结算方式科目，如图 12-14 所示。

3）完成后单击【退出】按钮退出。

注意

● 结算方式科目设置是针对已经设置的结算方式设置相应的结算科目。即在收款或付款时只要告诉系统结算时使用的结算方式，就可以由系统自动生成该种结算方式所使用的会计科目。

● 如果在此不设置结算方式科目，则在收款或付款时可以手工输入不同结算方式对应的会计科目。

（8）设置坏账准备

1）在应收款管理系统中，执行“设置”|“初始设置”|“坏账准备设置”命令，打开“坏账准备设置”窗口，录入“提取比率”为“0.5”，“坏账准备期初余额”为“12680”，“坏账准备科目”为“1231”，“坏账准备对方科目”为“670101”，如图 12-15 所示。

2）单击【确定】按钮，弹出“存储完毕”信息提示对话框，单击【确定】按钮。

图 12-14 设置其他结算方式科目

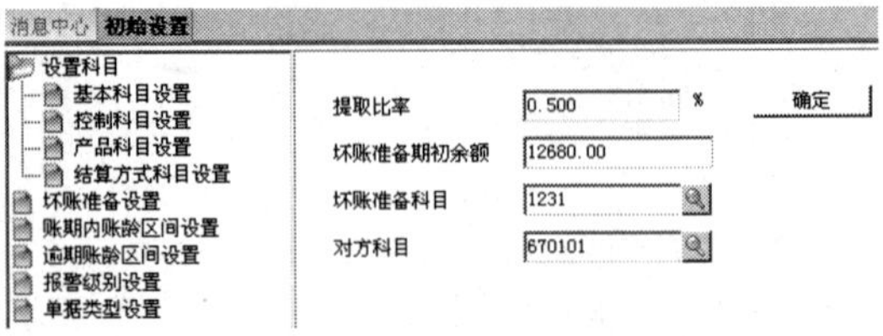

图 12-15 坏账准备设置

注意

- 如果在选项中并未选中坏账处理的方式为“应收余额百分比法”，在此处就不能录入“应收余额百分比法”所需要的初始设置，即此处的初始设置是与选项中所选择的坏账处理方式相对应的。
- 坏账准备的期初余额应与总账系统中所录入的坏账准备的期初余额相一致，但是系统没有坏账准备期初余额的自动对账功能，只能人工核对。坏账准备的期初余额如果在借方，则用“-”号表示。如果没有期初余额，应将期初余额录入“0”；否则，系统将不予确认。
- 坏账准备期初余额被确认后，只要进行了坏账准备的日常业务处理，就不允许再修改。下一年度使用本系统时，可以修改提取比率、区间和科目。
- 如果在系统选项中默认坏账处理方式为直接转销，则不用进行坏账准备设置。

（9）设置账龄区间

1）在应收款管理系统中，执行“设置”|“初始设置”|“账期内账龄区间设置”命令，打开“账期内账龄区间设置”窗口。

2）在“总天数”栏录入“10”，回车，再在“总天数”栏录入“30”后回车。以此方法继续录入其他的总天数，如图 12-16 所示。

3）用同样的方法录入“逾期账龄区间设置”，如图 12-17 所示。

4）单击【退出】按钮。

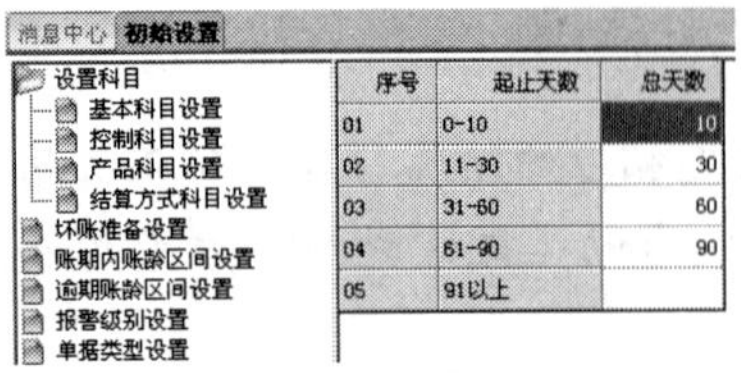

图 12-16 账龄区间设置

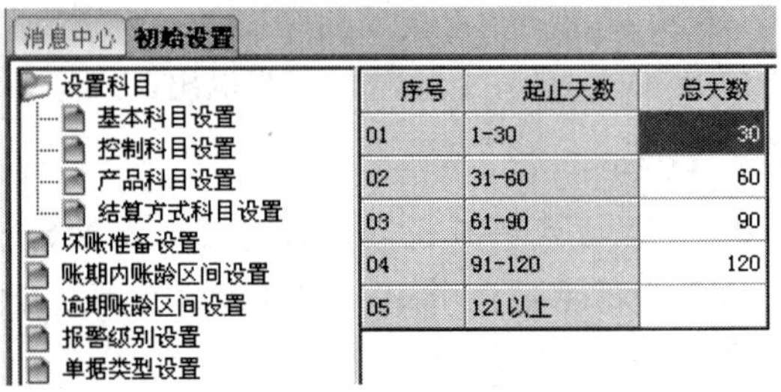

图 12-17 逾期账龄区间设置

注意

- 序号由系统自动生成，不能修改和删除。总天数直接输入截止该区间的账龄总天数。
- 最后一个区间不能修改和删除。

（10）设置报警级别

1）在应收款管理系统中，执行“设置”｜“初始设置”命令，打开“初始设置”窗口。

2）在“初始设置”窗口中，单击“报警级别设置”，在“总比率”栏录入“10”，在“级别名称”栏录入“A”，回车，以此方法继续录入其他总比率和级别，如图 12-18 所示。

3）单击【退出】按钮。

注意

- 序号由系统自动生成，不能修改、删除。应直接输入该区间的最大比率及级别名称。
- 系统会根据输入的比率自动生成相应的区间。
- 单击【增加】按钮，可以在当前级别之前插入一个级别，该级别后的各级别比率会自动调整。
- 删除一个级别后，该级别后的各级比率会自动调整。
- 最后一个级别为某一比率之上，所以在“总比率”栏不能录入比率，否则将不能退出。
- 最后一个比率不能删除，如果录入错误则应先删除上一级比率，再修改最后一级比率。

（11）单据编号设置

1）在企业应用平台中，执行“基础设置”｜“单据设置”｜“单据编码设置”命令，进入“单据编号设置”。

2）单击左侧“单据类型”窗口中的“销售管理”｜“销售专用发票”命令，打开“单据编号设置—销售专用发票”对话框。

3）在“单据编号设置——销售专用发票”对话框中，选中“手工改动，重号时自动重取”前的复选框，如图 12-19 所示。

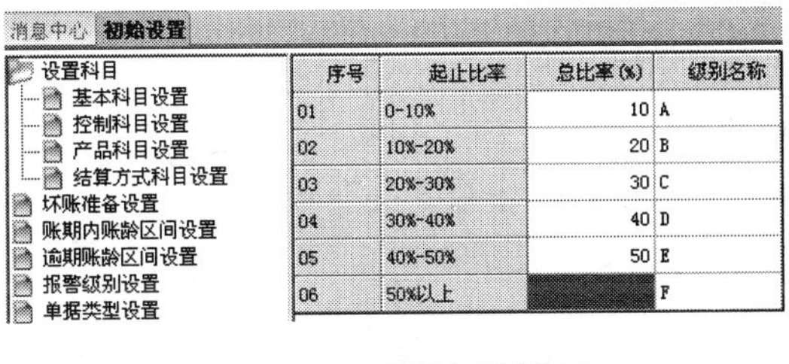

图 12-18　报警级别设置

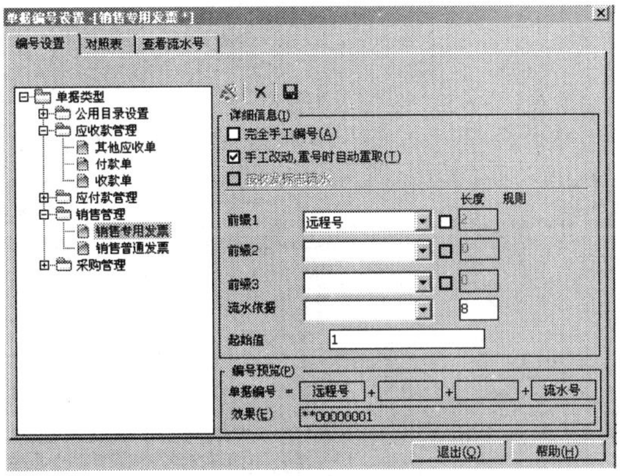

图 12-19　单据编号设置

4）单击【保存】按钮，再单击【退出】按钮退出。

5）同理，设置“销售普通发票”编号为“手工改动，重号时自动重取”。

6）再设置应收款系统“其他应收单”、“付款单”、“收款单”编号为“手工改动，重号时自动重取”。

注意

- 如果不在“单据编号设置”对话框中设置“手工改动，重号时自动重取”，则在填制这一单据时其编号由系统自动生成而不允许手工修改。
- 在“单据编号设置”对话框中还可以设置“完全手工编号”及“按收发标志流水”等。

（12）录入期初销售发票

1）在应收款管理系统中，执行“设置”｜“期初余额”命令，进入“期初余额——查询”窗口。

2）单击【确定】按钮，进入“期初余额明细表”窗口，如图 12-20 所示。

3）单击【增加】按钮，打开“单据类别”对话框。

4）选择“单据名称”为“销售发票”，“单据类型”为“销售专用发票”，如图 12-21 所示，然后单击【确定】按钮，弹出“销售专用发票”窗口。

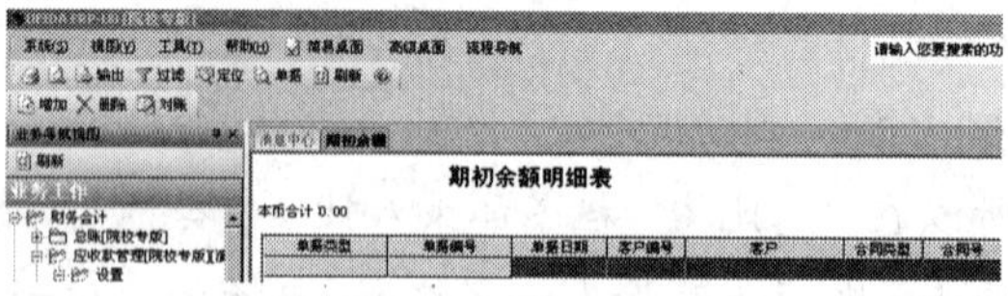

图 12-20　进入期初余额明细表

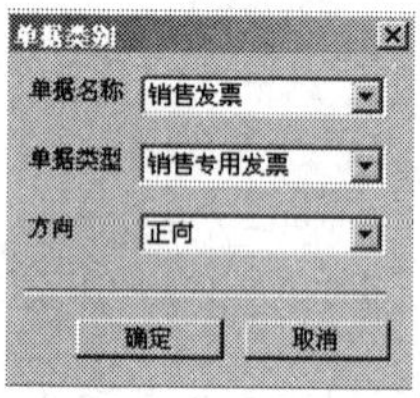

图 12-21　选择单据类别

5）单击【增加】按钮，修改“开票日期”为“2012-10-12”、“发票号”为“78987”，在“客户名称”栏录入“002”，或单击“客户名称”栏的参照按钮，选择“杭州百货公司”，系统自动带出客户相关信息；在“税率”栏录入“17”，在“科目”栏录入“1122”，或单击“科目”栏参照按钮，选择“1122 应收账款”；在“货物编号”栏录入“005”，或单击“货物编码”栏的参照按钮，选择“冰箱”；在“数量”栏录入“250”，在“无税单价”栏录入“4000”，如图 12-22 所示。

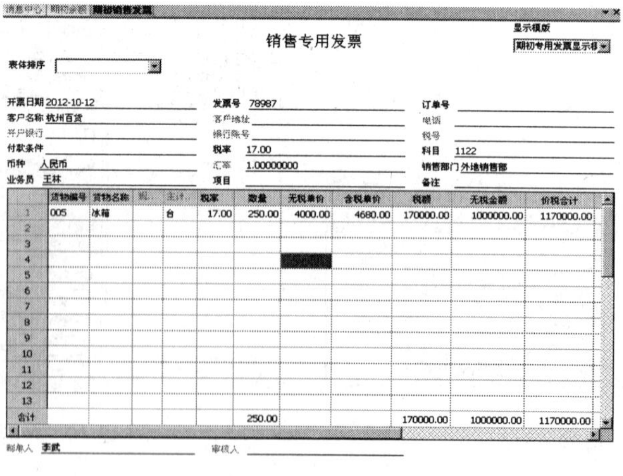

图 12-22　录入销售专用发票

6）单击【保存】按钮。以此方法继续录入第 2 张、第 3 张和第 4 张销售专用发票。

注意

● 在初次使用应收款系统时，应将启用应收款系统时未处理完的所有客户的应收账款、预收账款、应收票据等数据录入本系统。当进入第二年度时，系统自动将上年度未处理完的单据转为下一年度的期初余额。在下一年度的第一会计期间里，可以进行期初余额的调整。

● 如果退出了录入期初余额的单据，在“期初余额明细表”窗口中并没有看到新录入的期初余额，应单击【刷新】按钮，就可以列示所有期初余额的内容。

● 在录入期初余额时一定要注意期初余额的会计科目，如第 4 张销售发票的会计科目为“112101”，即应收票据。应收款系统的期初余额应与总账进行对账，如果科目错误将会导致对账错误。

● 如果并未设置允许修改销售专用发票的编号，则在填制销售专用发票时不允许修改销售专用发票的编号。其他单据的编号也一样，系统默认状态为不允许修改。

（13）录入期初其他应收单

1）在应收款管理系统中，执行“设置”｜“期初余额”命令，打开“期初余额—查询”窗口。

2）单击【确定】按钮，打开“期初余额明细表”窗口。

3）单击【增加】按钮，打开“单据类别”对话框。

4）单击“单据名称”栏的下三角按钮，选择“应收单”，如图 12-23 所示。

5）单击【确定】按钮，打开“应收单”窗口。

6）单击【增加】按钮，修改“单据编号”为“0059”、“单据日期”为“2012-10-20”，在“客户名称”栏录入“004，或单击“客户”栏的参照按钮，选择“王府井集团公司”，系统自动带出相关信息。再在“金额”栏录入“6700”，在“摘要”栏录入“代垫运费”，如图 12-24 所示。

7）单击【保存】按钮。

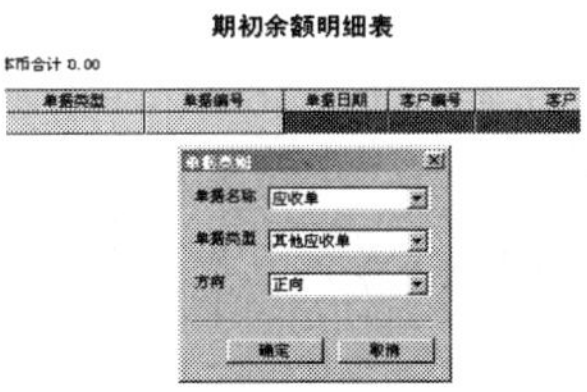

图 12-23　选择单据类别

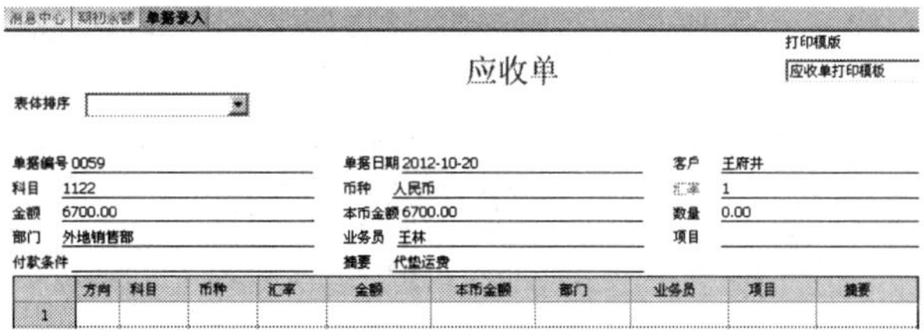

图 12-24　录入应收单

注意

● 在录入应收单时只需录入表格上半部分的内容，表格下半部分的内容由系统自动生成。

● 应收单中的会计科目必须录入正确，否则将无法与总账进行对账。

（14）录入预收款单

1）在“期初余额明细表”中，单击【增加】按钮，打开“单据类别”对话框。

2）单击“单据名称”栏的下三角按钮，选择“预收款”，如图 12-25 所示。

3）单击【确定】按钮，打开“收款单”窗口。

4）单击【增加】按钮，修改“单据编号”为“1111”、“日期”为“2012-10-26”，在“客户”栏录入“006”，或单击“客户”栏参照按钮，选择“伟达公司”；在“结算方式”栏录入“6”，或单击“结算方式”栏的参照按钮，选择“银行汇票”；“结算科目”选择“100201 银行存款”，在“金额”栏录入“30000”，在“摘要”栏录入“预收货款”。在收款单下半部分中的“科目”栏录入“2203”，或单击“科目”栏的参照按钮，选择“2203 预收账款”，如图 12-26 所示。

5）单击【保存】按钮后，单击【退出】按钮退出。

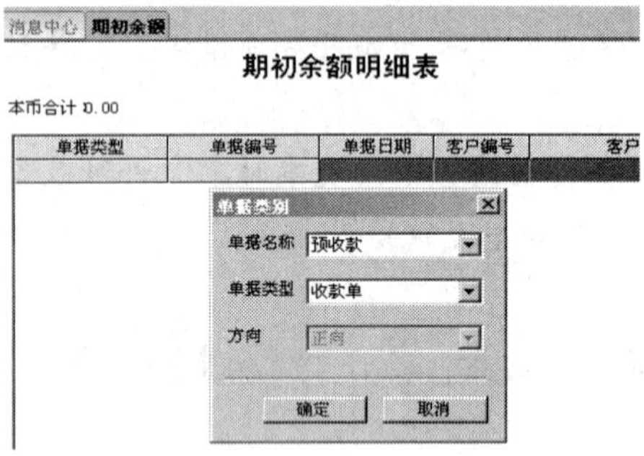

图 12-25　选择单据类别

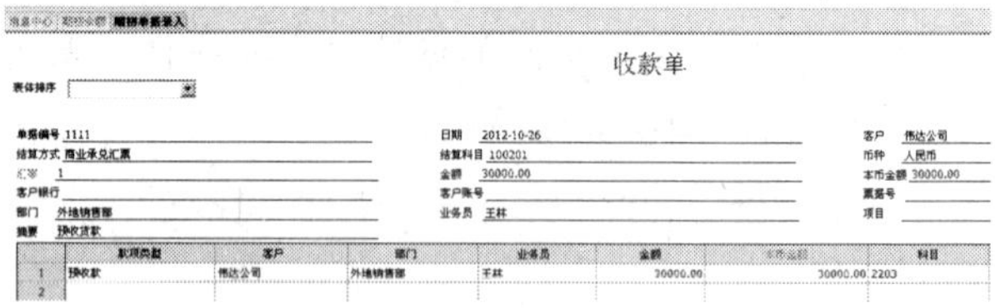

图 12-26　录入期初预收款

注意

- 录入预收款的“单据类型”仍然是“收款单”，但是“款项类型”为“预收款”。

（15）应收款系统与总账系统对账

1）在“期初余额明细表”窗口中，单击【对账】按钮，打开“期初对账”窗口，如图 12-27 所示。

图 12-27　期初对账窗口

2）单击【退出】按钮退出。

注意

- 当保存了期初余额结果，或在第二年使用需要调整期初余额时可以进行修改。当第一个会计期已结账后，期初余额只能查询而不能再修改。
- 期初余额所录入的票据保存后将自动审核。
- 应收款系统与总账系统对账，必须在总账与应收系统同时启用后才可以进行。

（16）账套备份

在“D：\账套备份”文件夹中新建“应收系统初始化 12-1”文件夹。将账套输出至“应收系统初始化 12-1”文件夹中。

12.3.2　单据处理实训及操作

1. 实训准备

已经完成了项目 12.3.1 系统初始化实训的操作。可以引入已完成实训“（12-1）应收系统初始化”的账套备份数据，或引入光盘中的“实训账套\（12-1）应收系统初始化”，将系统日期修改为“2012 年 11 月 30 日”，注册进入应收款管理系统。

2. 实训要求

- 录入应收单据、收款单据。
- 修改应收单据、收款单据。
- 删除应收单据。
- 核销收款单据。
- 2012 年 11 月 25 日，审核本月录入的应收单据、收款单据。
- 对应收单据、收款单据进行账务处理。
- 账套备份。

3. 实训资料

1）2012 年 11 月 15 日，向杭州百货公司销售冰箱 2 台，无税单价为 3 800 元，增值税率为 17%（销售专用发票号码：5678900）。

2）2012 年 11 月 15 日，向伟达公司销售冰箱 5 台，无税单价为 3 960 元，增值税率为 17%（销售专用发票号码：5678988）。

3）2012 年 11 月 16 日，向深圳长城公司销售洗衣机 2 台，无税单价为 3 020 元，增值税率为 17%（销售专用发票号码：5678901）。以转账支票代垫运费 1 200 元（应收单 11001）。

4）2012 年 11 月 16 日，向杭州百货公司销售洗衣机 1 台，无税单价为 3040 元，增值税率为 17%（销售专用发票号码：5678902）。以现金代垫运费 1 000 元（应收单 11002）。

5）2012 年 11 月 18 日，发现 2012 年 11 月 16 日所填制的向深圳长城公司销售洗衣机 2 台，无税单价为 3020 元，增值税率为 17%的“5678901”号销售专用发票中的无税单价应为 3 024 元。

6）2012 年 11 月 18 日，发现 2012 年 11 月 15 日，向杭州百货公司销售冰箱 2 台，无税单价为 3 800 元，增值税率为 17%的“5678900”号销售专用发票填制错误应删除。

7）2012 年 11 月 22 日，收到银行通知，收到深圳长城公司以信汇方式支付购买洗衣机 2 台，货税款及代垫运费款 8 176.08 元，收款单号 12301。

8）2012 年 11 月 22 日，收到杭州百货公司交来转账支票一张，支付销售洗衣机 1 台的货税款及代垫费用款 4 556 元，收款单号 12302。

9）2012 年 11 月 23 日，发现 2012 年 11 月 22 日所填制的收到深圳长城公司销售洗衣机 2 台的货税款 8176.08 元应为 8276.16 元。

10）2012 年 11 月 23 日，发现 2012 年 11 月 22 日所填制的收到杭州百货公司交来转账支票款 4 556 元有错误，需删除该张收款单。

图 12-28　录入销售专用发票

4. 实训操作

（1）填制第 1 笔业务的销售专用发票

1）在应收款管理系统中，执行“应收单据处理”｜“应收单据录入”命令，打开“单据类别”对话框。

2）确认“单据名称”栏为“销售发票”，“单据类型”栏为“销售专用发票”后，单击【确定】按钮，打开“销售发票”窗口。

3）修改开票日期为“2012-11-15”，录入发票号“5678900”；在“客户简称”栏录入“002，或单击“客户简称”栏的参照按钮，选择“杭州百货公司”；在“存货编码”栏录入“005”，或单击“存货名称”栏的参照按钮，选择“冰箱”；在“数量”栏录入“2”，在“无税单价”栏录入“3800”，如图 12-28 所示。

4）单击【保存】按钮，再单击【增加】按钮，继续录入第 2 笔和第 3 笔业务的销售专用发票。

注意

- 销售发票与应收单是应收款管理系统日常核算的单据。如果应收款系统与销售系统集成使用，销售发票和代垫费用在销售管理系统中录入，在应收系统中可以对这些单据进行查询、核销、制单等操作。此时应收系统需要录入的只限于应收单。
- 如果没有使用销售系统，则所有发票和应收单均需在应收系统中录入。
- 在不启用供应链的情况下，在应收款系统中只能对销售业务的资金流进行会计核算，即可进行应收款、已收款及收入实现情况的核算，而其物流的核算，即存货出库成本的核算还需在总账系统中手工进行结转。
- 已审核的单据不能修改或删除，已生成凭证或进行过核销的单据在单据界面不再显示。
- 在录入销售发票后可以直接进行审核，在直接审核后系统会提示“是否立即制单”，此时可以直接制单。如果录入销售发票后不直接审核，可以在审核功能中审核，再到制单功能中制单。
- 已审核的单据在未进行其他处理之前取消审核后再修改。

（2）填制第 3 笔业务的应收单

1）在应收款管理系统中，执行“应收单据处理”｜“应收单据录入”命令，打开“单据类别”对话框。单击“单据名称”栏的下三角按钮，选择“应收单”，单击【确定】按钮，打开“应收单”窗口。

2）修改单据日期为“2012-11-16”；在“客户”栏录入“003”，或单击“客户”栏的参照按钮，选择“深圳长城公司”；在“金额”栏录入“1200”，在“摘要”栏录入“代垫运费”；在下半部分的“对应科目”栏录入“100201”，或单击“科目”栏的参照按钮，选择“100201 工行存款”，如图 12-30 所示。

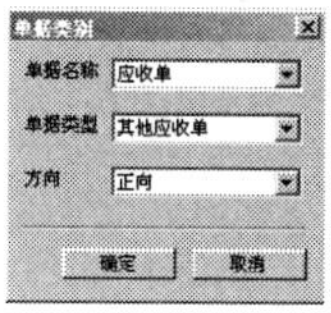

图 12-29 “单据类别”对话框

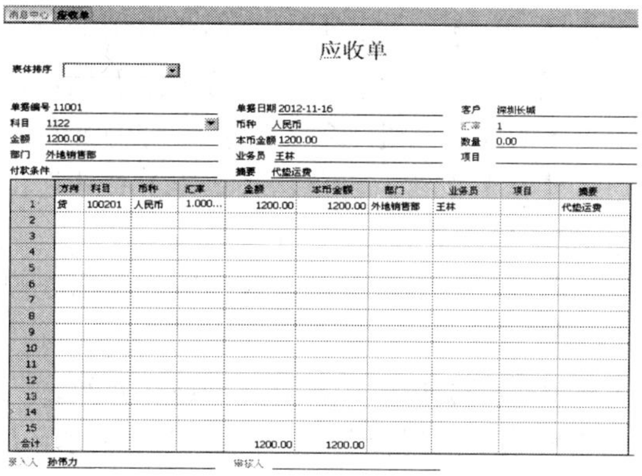

图 12-30 填写应收单

3）单击【保存】按钮，再单击【退出】按钮，继续录入第 4 笔业务的增值税专用发票及其他应收单。

4）继续填写第 2 张应收单。

注意

- 在填制应收单时，只需录入上半部分的内容，下半部分的内容除对方科目外均由系统自动生成。下半部分的对方科目如果不录入，可以在生成凭证后再手工录入。
- 应收单和销售发票一样可以在保存后直接审核，也可以在“应收单据审核”功能中审核。如果直接审核，系统会询问是否制单；如果在审核功能中审核，则只能到制单功能中制单。
- 如果同时使用销售系统，在应收款系统中只能录入应收单而不能录入销售发票。

（3）修改销售专用发票

1）在应收款管理系统中，执行“应收单据处理”｜“应收单据录入”命令，打开“单据类别”对话框。

2）单击【确定】按钮，打开“销售专用发票”窗口。

3）单击【放弃】按钮，再单击【上张】按钮，找到“5678901”号销售专用发票。

4）单击【修改】按钮，将“无税单价”修改为“3024”，如图 12-31 所示

5）单击【保存】按钮后，再单击【退出】按钮退出。

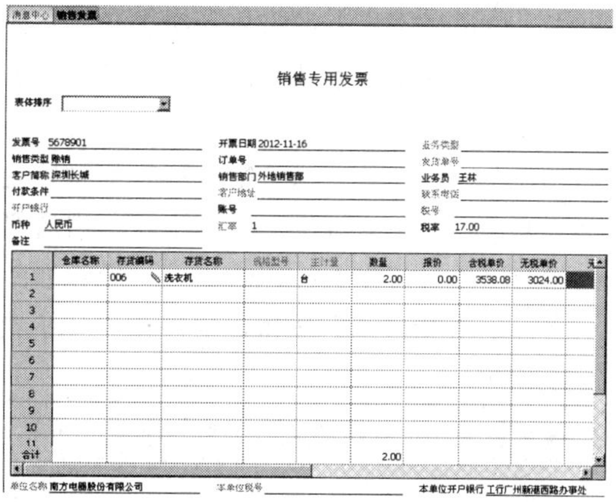

图 12-31 修改销售专用发票

注意

- 因为在进入销售专用发票窗口时，系统处在增加状态，如果想查找某一张销售专用发票，应放弃当前的增加操作，进入查询状态，否则将不能翻页。
- 销售发票被修改后必须保存。保存的销售发票在审核后才能制单。

（4）删除销售专用发票

1）在应收款管理系统中，执行“应收单据处理”｜“应收单据录入”命令。打开“单据类别”对话框。

2）单击【确定】按钮，打开“销售专用发票”窗口。

3）单击【放弃】按钮，再单击【上张】按钮，找到“5678900”号销售专用发票。

4）单击【删除】按钮，系统提示：“单据删除后不能恢复，是否继续?”如图 12-32 所示。

5）单击【是】按钮，再单击【退出】按钮退出。

（5）审核应收单据

1）在应收款管理系统中，执行“应收单据处理”｜“应收单据审核”命令，打开“单据过滤条件”对话框。

2）单击【确定】按钮，打开“应收单据列表”窗口。

3）在“应收单据列表”窗口中，单击【全选】按钮，如图 12-33 所示。

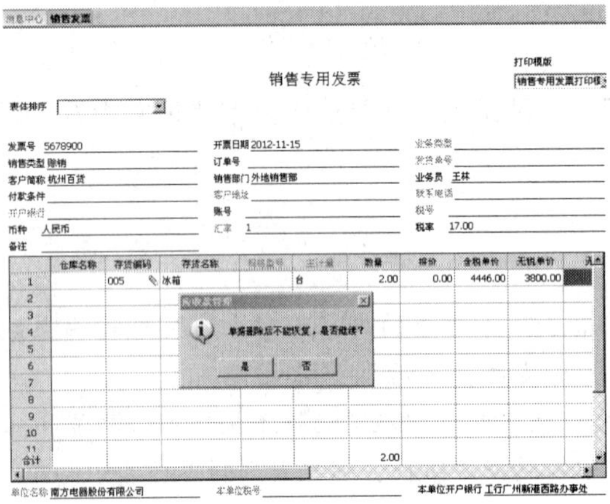

图 12-32　应收款管理单据删除提示信息

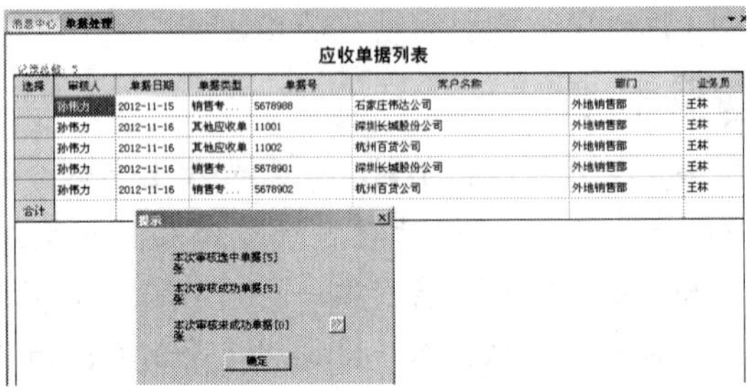

图 12-33　应收款管理单据审核

4）单击【审核】按钮，系统提示“本次审核成功单据 5 张”。

5）单击【确定】按钮，再单击【退出】按钮退出。

（6）制单

1）在应收款管理系统中，执行“制单处理”命令，打开“制单查询”对话框。

2）在“制单查询”对话框中，单击选择“应收单制单”，如图 12-34 所示。

3）单击【确定】按钮，进入“应收制单”窗口。

4）单击【全选】按钮，再单击“凭证类别”栏的下三角按钮，选择“转账凭证”，如图 12-35 所示。

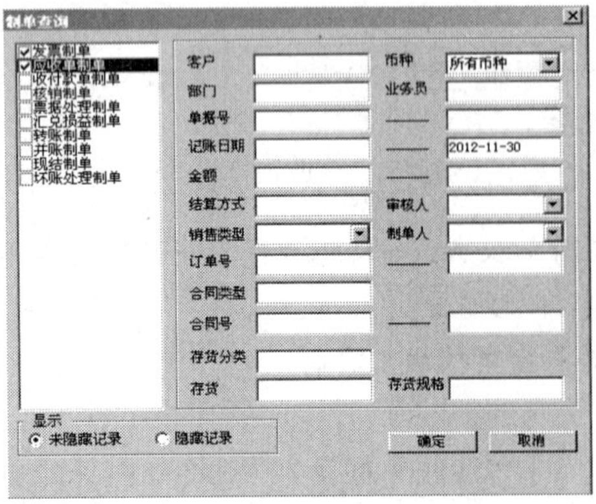

图 12-34　“制单查询”对话框

图 12-35　制单条件设置

5）单击【制单】按钮，生成第 1 张转账凭证，如图 12-36 所示。往来单据号为发票号，如第 1 张凭证为 5678988，支票号从 ZZ3001 开始。

6）单击【保存】按钮。

7）单击 ，继续生成第 2～5 张凭证。

8）单击【下张】按钮，再单击【保存】按钮。

注意

- 在“制单查询”对话框中，系统已默认制单内容为“发票制单”，如果需要选中其他内容制单，可以选中要制单内容前的复选框。
- 如果所选择的凭证类型错误，可以在生成凭证后再修改。
- 在以上例子中，由应收单生成的凭证，其贷方是“现金”或“银行存款”，则应修改凭证类别为“付款凭证”，否则系统将不予保存。
- 凭证一经保存就传递到总账系统，再在总账系统中进行审核和记账等。

（7）填制收款单

1）在应收款管理系统中，执行“收款单据处理”｜“收款单据录入”命令，打开“收款单”窗口。

2）单击【增加】按钮。修改收款单号为“12301”，修改开票日期为“2012-11-22”；在“客户”栏录入“003”，或单击“客户”栏参照按钮，选择“深圳长城公司”；在“结算方式”栏录入“402”，或单击“结算方式”栏的下三角按钮，选择“信汇”；在“金额”栏录入“8176.08”，在“摘要”栏录入“收到货款及运费”，如图 12-37 所示。

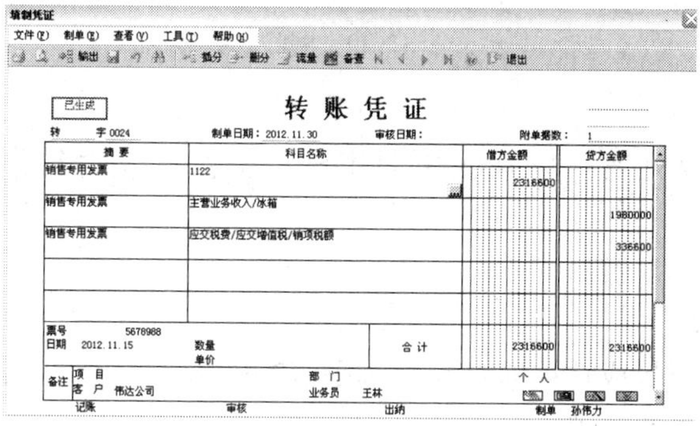

图 12-36　应收转账凭证生成

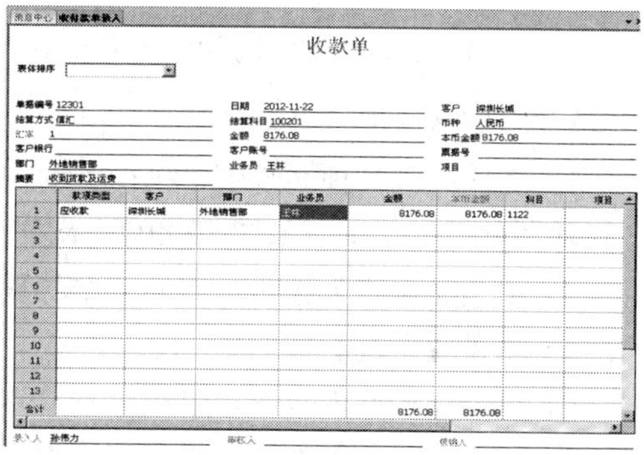

图 12-37　填制收款单

3）单击【保存】按钮，再单击【增加】按钮，继续录入第 2 张收款单。

注意

- 在单击收款单的【保存】按钮后，系统会自动生成收款单表体的内容。
- 表体中的款项类型系统默认为“应收款”，可以修改。款项类型还包括“预收款”和“其他费用”。
- 若一张收款单中，表头客户与表体客户不同，则视表体客户的款项为代付款。
- 在填制收款单后，可以直接单击【核销】按钮进行单据核销的操作。
- 如果是退款给客户，则可以单击【切换】按钮，填制红字收款单。

（8）修改收款单

1）在应收款管理系统中，执行“收款单据处理”｜“收款单据录入”命令，进入“收款单”窗口。

2）单击【下张】按钮，找到要修改的“收款单”。在要修改的“收款单”中，单击【修改】按钮，将“金额”修改为“8276.16”。

3）单击【保存】按钮，再单击【退出】按钮退出。

（9）删除收款单

1）在应收款管理系统中，执行“收款单据处理”｜“收款单据录入”命令，打开“收款单”窗口。

2）单击【下张】按钮，找到要删除的“收款单”。

3）单击【删除】按钮，删除“收款单”。

4）在弹出的信息提示框中，单击【是】按钮，如图 12-39 所示。

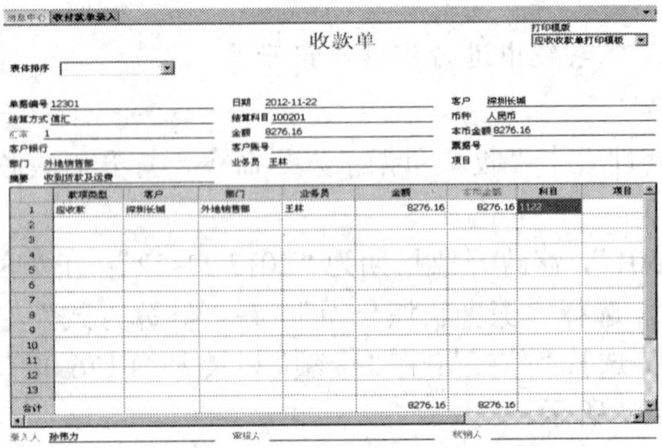

图 12-38　修改收款单

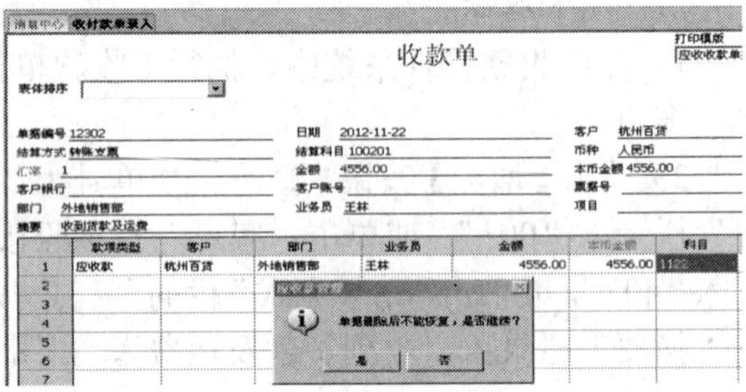

图 12-39　删除收款单

（10）审核收款单

1）在应收款管理系统中，执行“收款单据处理”｜“收款单据审核”命令，打开“结算单过滤条件”对话框，如图 12-40 所示。

2）单击【确定】按钮，打开“结算单列表”窗口。

3）单击【全选】按钮。

4）单击【审核】按钮，系统提示“本次审核成功单据 1 张”，如图 12-41 所示。

5）单击【确定】按钮，再单击【退出】按钮退出。

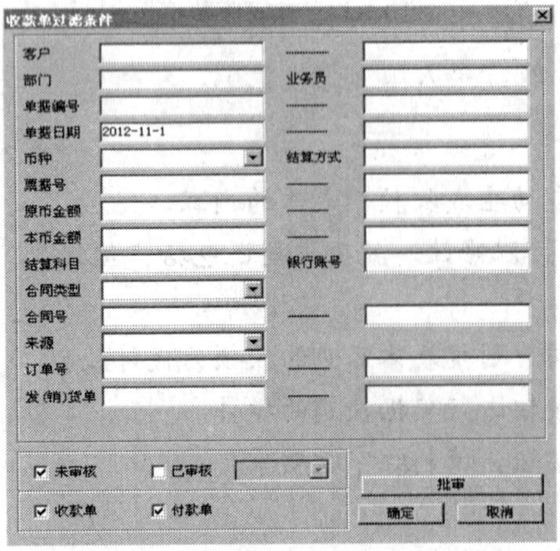

图 12-40　“收款单过滤条件”对话框

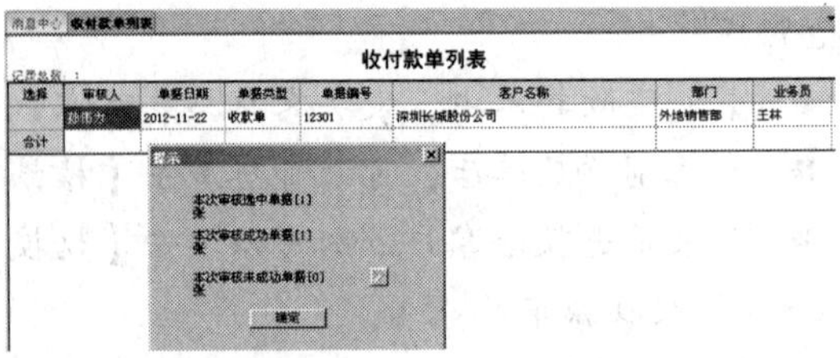

图 12-41　收款单审核

（11）核销收款单

1）在应收款管理系统中，执行“核销处理”｜“手工核销”命令，打开“核销条件”对话框，如图 12-42 所示。

2）在“客户栏”中录入“003”，或单击“客户”栏的参照按钮，选择“深圳长城公司”。

3）单击【确定】按钮，进入“单据核销”窗口，将上半部分的“本次结算金额”修改为“8276.16”，在下半部分的“本次结算”栏的第 1 行录入“1200”，在第 2 行录入“7076.16”，如图 12-43 所示。

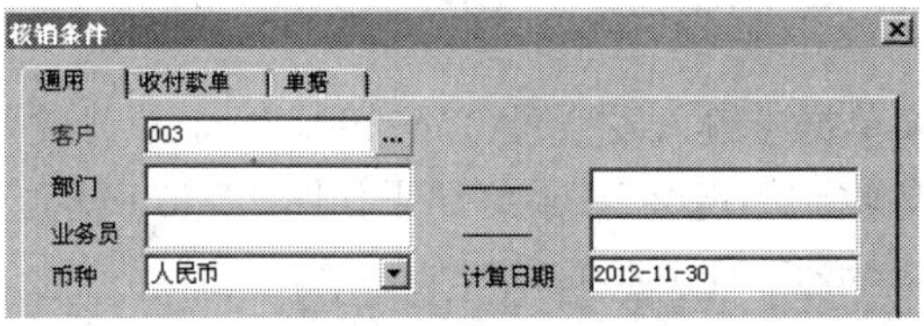

图 12-42　“核销条件”对话框

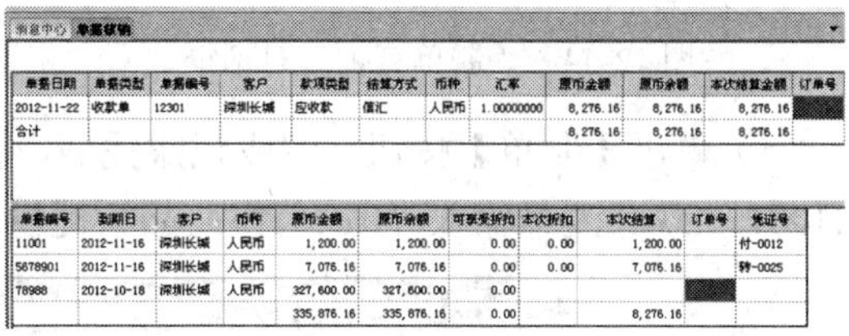

图 12-43　应收款管理——单据核销

4）单击【保存】按钮，再单击【退出】按钮退出。

注意

- 在保存核销内容后，“单据核销”窗口中将不再显示已被核销的内容。
- 结算单列表显示的是款项类型为应收款和预收款的记录，而款项类型为其他费用的记录则不允许在此作为核销记录。
- 核销时，结算单列表中款项类型为应收款的记录默认的本次结算金额为该记录上的原币金额；款项类型为预收款的记录默认的本次结算金额为空。核销时可以修改本次结算金额，但是不能大于该记录的原币金额。
- 在结算单列表中，单击【分摊】按钮，系统将当前结算单列表中的本次结算金额合计自动分摊到被核销单据列表的本次结算栏中。核销顺序依据被核销单据的排序顺序。
- 手工核销时一次只能显示一个客户的单据记录，且结算单列表根据表体记录明细显示。当结算单有代付处理时，只显示当前所选客户的记录。若需要对代付款进行处理，则需要在过滤条件中输入该代付单位，进行核销。
- 一次只能对一种结算单类型进行核销，即手工核销的情况下需要将收款单和付款单分开核销。
- 手工核销保存时，若结算单列表的本次结算金额大于或小于被核销单据列表的本次结算金额合计，系统将提示结算金额不相等，不能保存。
- 若发票中同时存在红蓝记录，则核销时先进行单据的内部对冲。
- 如果核销后未进行其他处理，可以在期末处理中“取消操作”功能中取消核销操作。

（12）制单

1）在应收款管理系统中，执行“制单处理”命令，进入“制单查询”对话框。

2）在“制单查询”对话框中，选中“收付款单制单”，如图 12-44 所示。

3）单击【确定】按钮，进入“制单”窗口。

4）在“制单”窗口中，单击【全选】按钮，如图 12-45 所示。

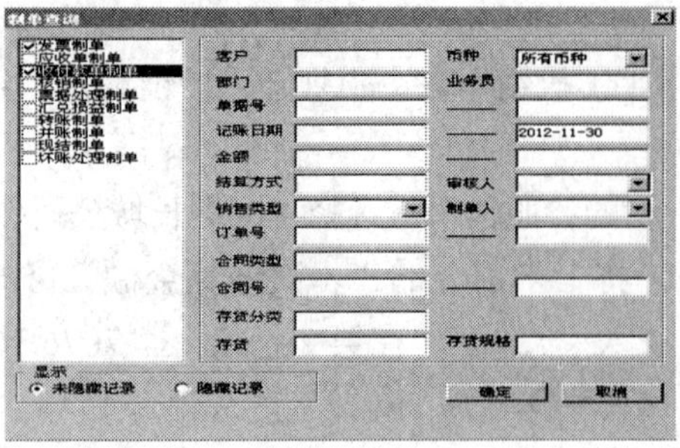

图 12-44 “制单查询”对话框

图 12-45 “制单”窗口

5）单击【制单】按钮，生成记账凭证，往来单据号输入发票号“5678901”，汇票号输入“H001”,现金流量输入“01 销售商品、提供劳务收到的现金”，最终结果如图 12-46 所示。

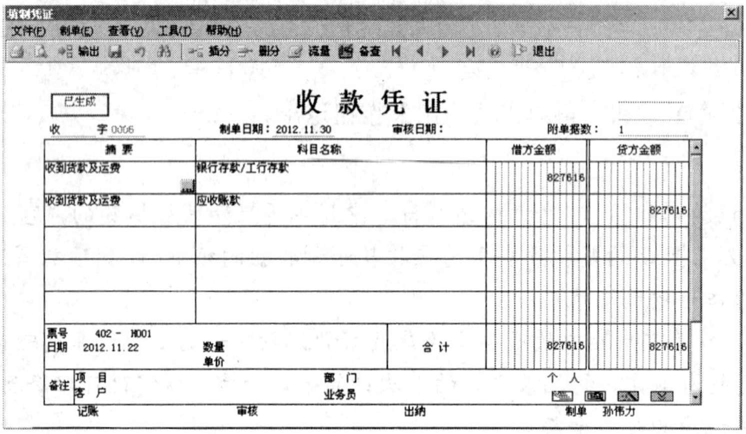

图 12-46 收款单制单生成

6）单击【保存】按钮。

7）单击【退出】按钮退出。

注意

● 如果在“单据查询”窗口中，选中“收付款单制单”后，再取消勾选“发票制单”选项，则会打开“收付款单制单”窗口。如果不取消勾选“发票制单”选项，虽然制单窗口显示的是“应收制单”，但两种待制的单据都会显示出来。

● 在制单功能中还可以根据需要进行合并制单。

（13）账套备份

在“D：\账套备份”文件夹中新建“单据处理 12-2”文件夹，将账套输出至“单据处理 12-2”文件夹中。

12.3.3 票据管理实训及操作

1. 实训准备

已经完成了项目 12.3.2 实训的操作。可以引入已完成实训“单据处理 12-2”的账套备份数据，将系统日期修改为“2012 年 11 月 30 日”，注册进入应收款管理系统。

2. 实训要求

- 增加结算方式。
- 填制商业承兑汇票，暂不制单。
- 商业承兑汇票贴现并制单。
- 结算商业承兑汇票并制单。
- 制单。
- 账套备份。

3. 实训资料

1）新增结算方式“商业承兑汇票”和“银行承兑汇票”。

2）2012 年 11 月 10 日，收到杭州百货公司 11 月 2 日签发并承兑的商业承兑汇票（N0．345612），面值为 1 170 000 元，到期日为 2013 年 2 月 2 日。

3）2012 年 11 月 13 日，收到广州百货股份公司 11 月 3 日签发并承兑的商业承兑汇票（N0．367801），面值为 585 000 元，到期日为 2012 年 11 月 23 日。

4）2012 年 11 月 30 日，将 2012 年 11 月 2 日收到的杭州百货公司签发并承兑的商业承兑汇票（N0．345612）到银行贴现，贴现率为 6%。

5）2012 年 11 月 23 日，将 2012 年 11 月 3 日收到的广州百货股份公司签发并承兑的商业承兑汇票（N0．367801）结算。

4. 实训操作

（1）增加结算方式

1）在企业应用平台中，打开“设置”选项卡，执行“基础档案”|“收付结算”|“结算方式”命令，进入“结算方式”窗口。

2）单击【增加】按钮，在“结算方式编码”栏录入“301”，在“结算方式名称”栏录入“商业承兑汇票”，单击【保存】按钮，再在“结算方式编码”栏录入“302”，在“结算方式名称”栏录入“银行承兑汇票”，单击【保存】按钮。

3）单击【退出】按钮。

（2）填制商业承兑汇票

1）在应收款管理系统中，执行“票据管理”命令，打开“票据查询”对话框。

2）单击【过滤】按钮，进入“票据管理”窗口，如图 12-47 所示。

3）单击【增加】按钮，打开“票据增加”窗口对话框。

4）在“票据类型”栏选择“商业承兑汇票”，在“收到日期”栏选择“2012-11-10”，单击“结算方式”栏的下三角按钮，选择“商业承兑汇票”，在“票据编号”栏录入“345612”，在“承兑单位”栏录入“002”，或单击“承兑单位”栏的参照按钮后，选择“杭州百货公司”，在“票据面值”栏录入“1170000”，在“出票日期”栏选择“2012-11-02”，在“到期日”栏选择“2013-02-02”，在“摘要”栏录入“收到商业承兑汇票”，如图 12-48 所示。

5）单击【确定】按钮，返回“票据管理”窗口。以此方法继续录入第 2 张商业承兑汇票。

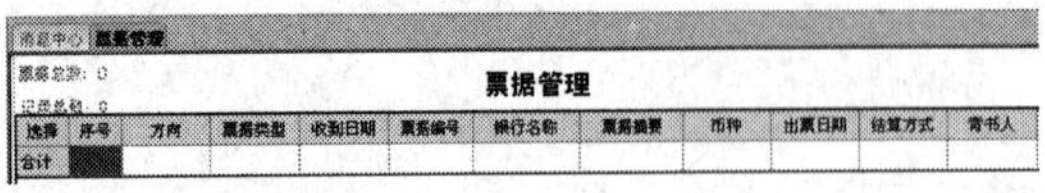

图 12-47　“票据管理”窗口

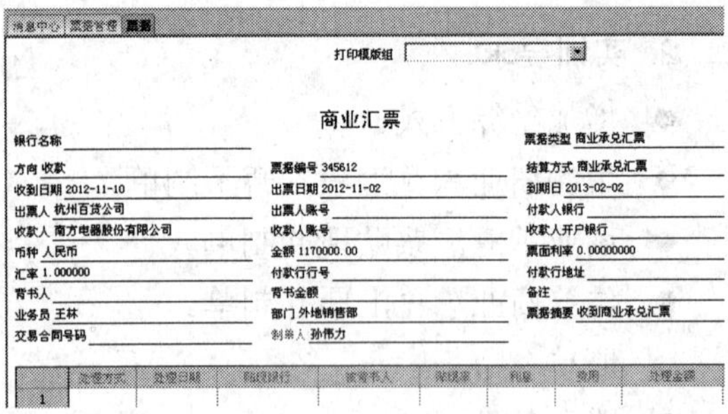

图 12-48　填制票据

注意

● 在实际工作中，可以根据需要随时增加需要的结算方式。

● 保存一张商业票据之后，系统会自动生成一张收款单。这张收款单还需经过审核才能生成记账凭证。

● 由票据生成的收款单不能修改。

● 在票据管理功能中可以对商业承兑汇票和银行承兑汇票进行日常业务处理，包括票据的收入、结算、贴现、背书、转出、计息等。

● 商业承兑汇票不能有承兑银行，银行承兑汇票必须有承兑银行。

（3）商业承兑汇票贴现

1）在应收款管理系统中，执行“票据管理”命令，打开“票据查询”对话框。

2）单击【过滤】按钮，进入“票据管理”窗口。

3）在“票据管理”窗口中，单击选中 2012 年 11 月 10 日填制的商业承兑汇票，如图 12-49 所示。

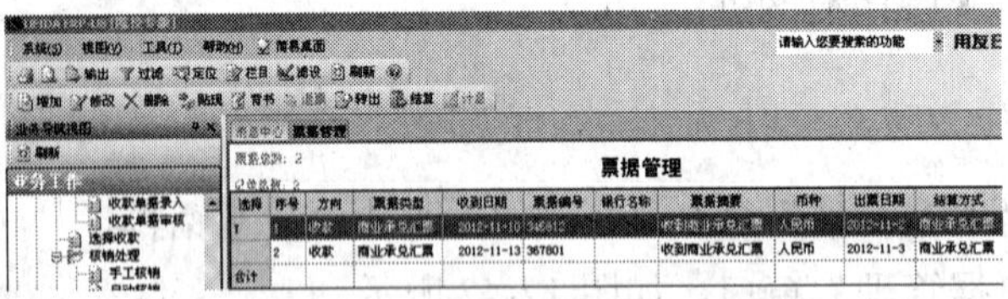

图 12-49　选中填制的商业承兑汇票

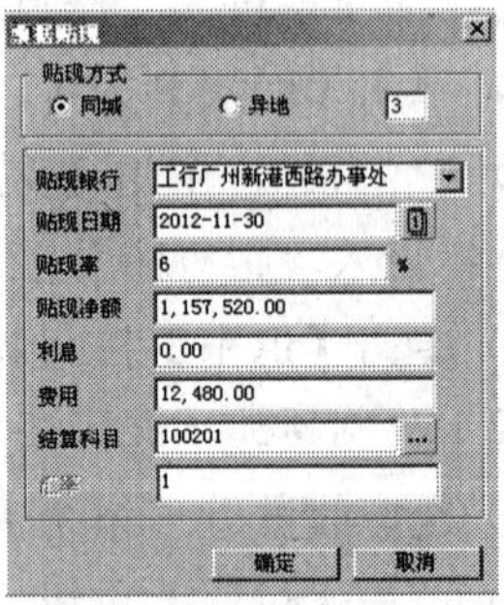

图 12-50　“票据贴现”对话框

4）单击【贴现】按钮，打开“票据贴现”对话框。

5）在“贴现率”栏录入“6”，在“结算科目”栏录入“100201”，或单击“结算科目”栏的参照按钮，选择“100201 工行存款”，如图 12-50 所示。

6）单击【确认】按钮，系统弹出“是否立即制单”信息提示框。

7）单击【是】按钮，生成贴现的收款凭证，单击【保存】按钮，如图 12-51 所示。

8）单击【退出】按钮退出。

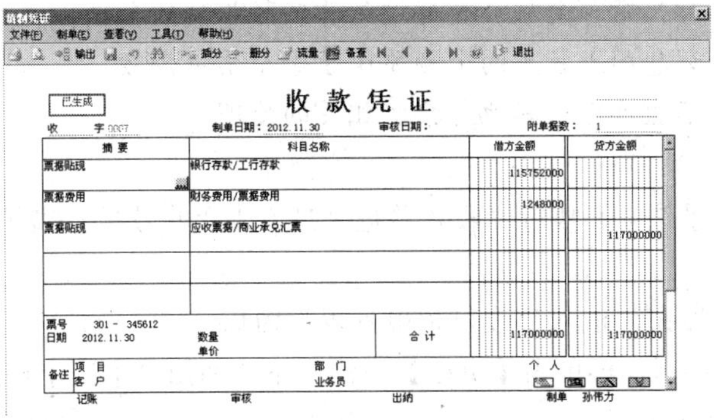

图 12-51　票据贴现凭证生成

注意

● 如果贴现净额大于余额，系统自动将其差额作为利息，不能修改；如果贴现净额小于票据余额，系统自动将其差额作为费用，不能修改。

● 票据贴现后，将不能对其进行其他处理。

（4）商业承兑汇票结算

1）在“票据管理”窗口中，选中 2012 年 11 月 13 日填制的收到广州百货股份公司签发并承兑的商业承兑汇票（NO. 367809），如图 12-52 所示。

2）单击【结算】按钮，打开“票据结算”对话框。修改“结算日期”为“2012-11-23”，录入“结算金额”为“585000”，在“结算科目”栏录入“100201”或单击“结算科目”栏的参照按钮，选择“100201 工行存款”，如图 12-53 所示。

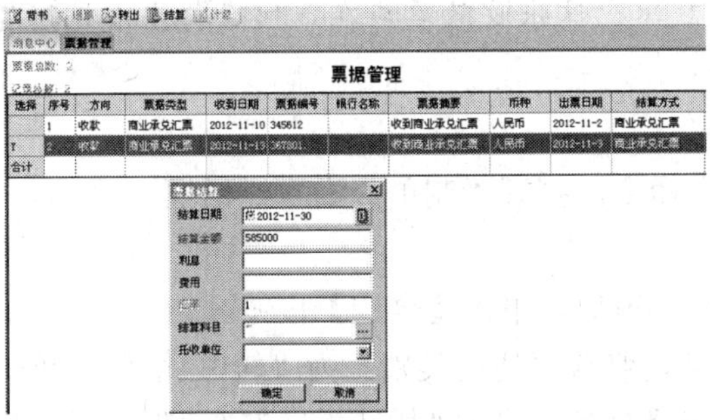

图 12-52　票据结算

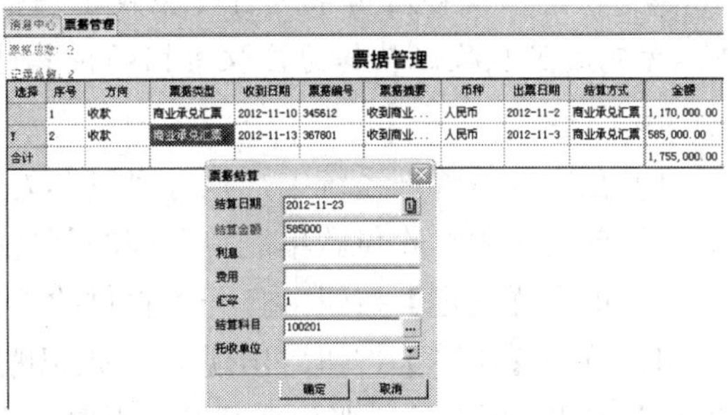

图 12-53　票据结算制单提示

3）单击【确定】按钮，出现“是否立即制单”提示。

4）单击【是】按钮，生成结算的记账凭证，再单击【保存】按钮，结果如图 12-54 所示。

5）单击【退出】按钮退出。

注意

● 当票据到期持票收款时，执行票据结算处理。

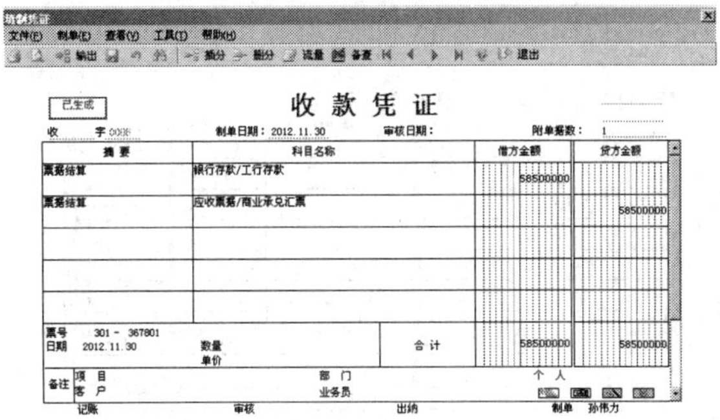

图 12-54　票据结算记账凭证生成

- 进行票据结算时，结算金额应是通过结算实际收到的金额。
- 结算金额减去利息加上费用的金额要小于等于票据余额。
- 票据结算后，不能再进行其他与票据相关的处理。

（5）审核收款单

1）在应收款管理系统中，执行“收款单据处理”｜“收款单据审核”命令，打开“结算单过滤条件”对话框。

2）单击【确定】按钮，进入“收付款单列表”窗口。

3）单击【全选】按钮，再单击【审核】按钮，系统弹出“本次审核成功单据[2]张”信息提示框，如图 12-55 所示。

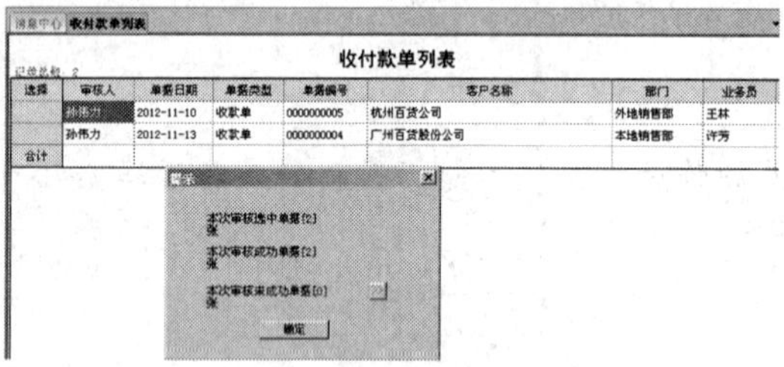

图 12-55　审核成功提示

图 12-56　制单选择

4）单击【确定】按钮，在“审核人”栏出现了审核人的签字。

5）单击【退出】按钮退出。

注意

- 在票据保存后由系统自动生成了一张收款单，这张收款单应在审核后再生成记账凭证，才完成了应收账款转为应收票据的核算过程。

（6）制单

1）在应收款管理系统中，执行“制单处理”命令，打开“制单查询”对话框。

2）单击选中“收付款单制单”前的复选框。

3）单击【确定】按钮，打开“收付款单制单”窗口，单击【全选】按钮。

4）单击【制单】按钮，出现第 1 张记账凭证，修改“凭证类别”为“转账凭证”，单击【保存】按钮，保存第 1 张记账凭证。再单击【下张】按钮，修改“凭证类别”为“转账凭证”，单击【保存】按钮，保存第 2 张记账凭证，如图 12-57、图 12-58 所示。

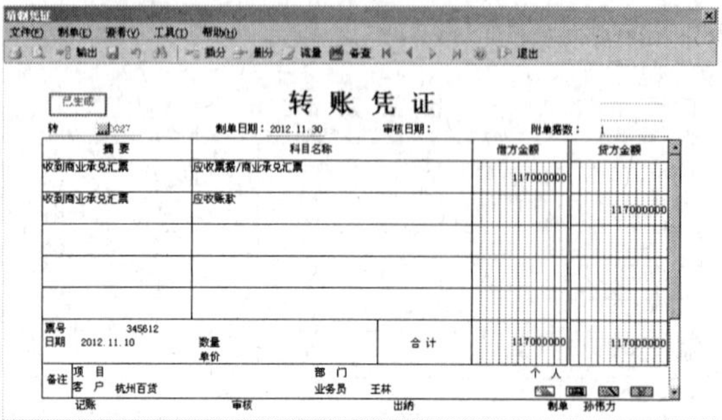

图 12-57　收付款制单 1

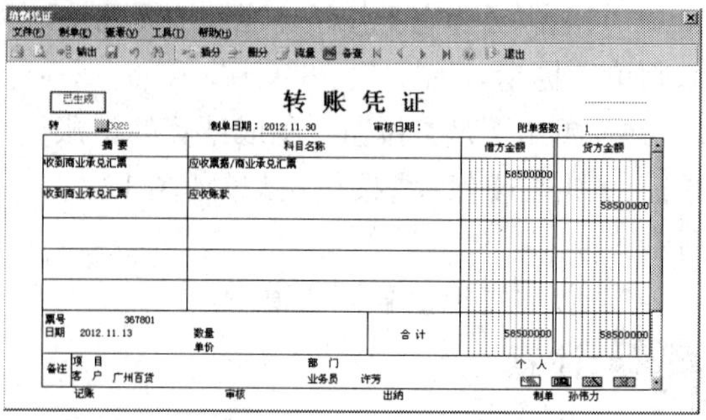

图 12-58　收付款制单 2

5）单击【退出】按钮退出。

（7）账套备份

在“D：\账套备份”文件夹中新建“（12-3）票据处理”文件夹，将账套输出至“（12-3）票据处理”文件夹中。

12.3.4　转账处理实训资料及操作

1．实训准备

已经完成了项目 12.3.3 实训的操作。可以引入已完成实训“票据处理 12-3”的账套备份数据，或引入光盘中的“实训账套\票据处理 12-3”，将系统日期修改为“2012 年 11 月 30 日”，注册进入应收款管理系统。

2．实训要求

- 应收冲应收暂不制单。
- 预收冲应收暂不制单。
- 红票对冲并制单。
- 制单。
- 账套备份。

3．实训资料

1）2012 年 11 月 30 日，经三方同意将 11 月 16 日形成的应向“杭州百货公司”收取的货税款及代垫费用款 4556.8 元转为向广州百货股份公司的应收账款。

2）2012 年 11 月 30 日，经双方同意，将伟达公司 2012 年 11 月 22 日购买“冰箱”5 台的货税款 23166 元用预收款冲抵。

3）2012 年 11 月 30 日，经双方同意，将期初余额中应向广州百货股份公司收取的运费 5000 元用红票冲抵，红字应收单号为 11003。

4．实训操作

（1）将应收账款冲抵应收账款

1）在应收款管理系统中，执行“转账”｜“应收冲应收”命令，打开“应收冲应收”对话框。

2）在“转出户”栏录入“002”，或单击“转出户”栏的【参照】按钮，选择“杭州百货公司”，再在“转入户”栏录入“005”，或单击“转入户”栏【参照】按钮，选择“广州百货股份公司”，如图 12-59 所示。

3）单击【过滤】按钮。在第 1 行“并账金额”栏录入“3556.8”，再在第 3 行“并账金额”栏录入“1000”，如图 12-60 所示。

4）单击【确定】按钮，出现“是否立即制单”提示，单击【否】按钮，单击【取消】按钮退出。

注意

- 每一笔应收款的转账金额不能大于其余额。
- 每次只能选择一个转入单位。

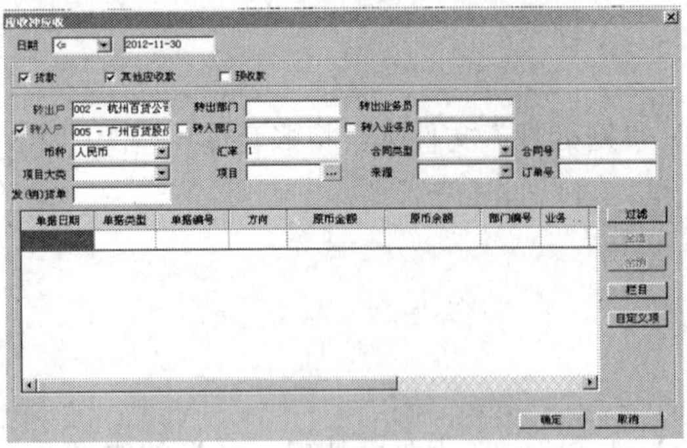

图 12-59　“应收冲应收”对话框

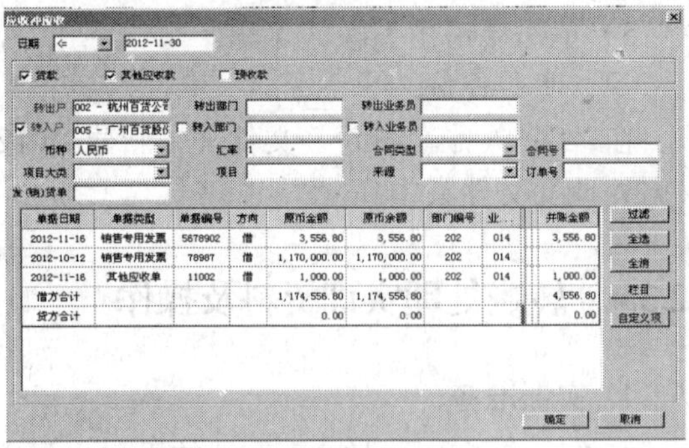

图 12-60　设置并账金额

（2）将预收账款冲抵应收账款

1）在应收款管理系统中，执行“转账”｜“预收冲应收”命令，打开“预收冲应收”对话框。

2）在“客户”栏录入“006”，或单击“客户”栏的参照按钮，选择“伟达公司”。

3）单击【过滤】按钮，在“金额”栏录入“23166”，如图 12-61 所示。

4）选择“应收款”选项卡，单击【过滤】按钮，在“转账金额”栏录入“23166”，如图 12-62 所示。

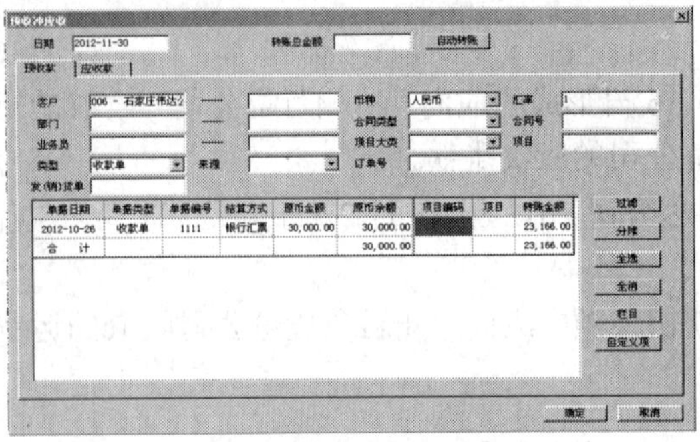

图 12-61　设置客户及金额信息

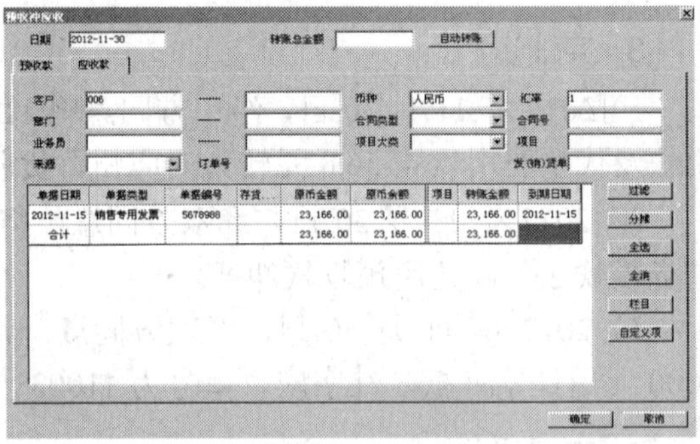

图 12-62　预收冲应收

5）单击【确定】按钮，出现“是否立即制单”提示，单击【否】按钮，再单击【退出】按钮。

注意

- 可以在输入转账总金额后单击【自动转账】按钮，系统自动根据过滤条件进行成批的预收冲抵应收款工作。
- 每一笔应收款的转账金额不能大于其余额。
- 应收款的转账金额合计应该等于预收款的转账金额合计。
- 如果是红字预收款和红字应收单进行冲销，要把过滤条件中的“类型”选为“付款单”。

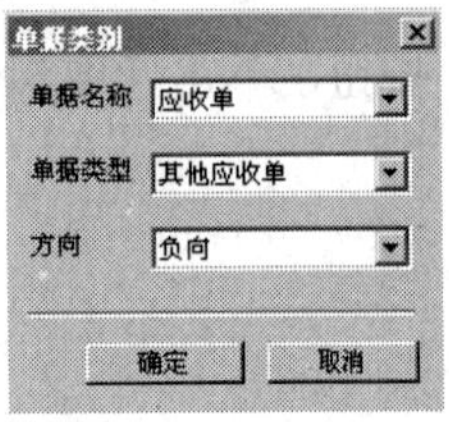

图 12-63　“单据类别”对话框

（3）填制红字应收单并制单

1）在应收款管理系统中，执行“应收单据处理”｜“应收单据录入”命令，打开“单据类别”对话框。

2）单击“单据名称”栏的下三角按钮，选择“应收单”；单击“方向”栏的下三角按钮，选择“负向”，如图 12-63 所示。

3）单击【确定】按钮，进入红字“应收单”窗口。在“单据编号”栏录入“11003”，“单据日期”栏录入“2012.11.30”；在“客户”栏录入“005”，或单击“客户”栏参照按钮，选择“广州百货股份公司”；在“科目”栏录入“1122”，或单击“科目”栏的参照按钮，选择“1122 应收账款”；在“金额”栏录入“5000”，“摘要”栏录入“冲抵运费”，如图 12-64 所示。

4）单击【保存】按钮，再单击【审核】按钮，系统弹出“是否立即制单”信息提示对话框，单击【是】按钮，生成红字凭证。

5）在红字凭证的第二行“科目名称”栏录入“100201”，或单击“科目”栏参照按钮，选择“100201 工行存款”，选择“结算方式”为“其他”，票号为“QT005”，“现金流量”选“07”，单击【保存】按钮，如图 12-65 所示。

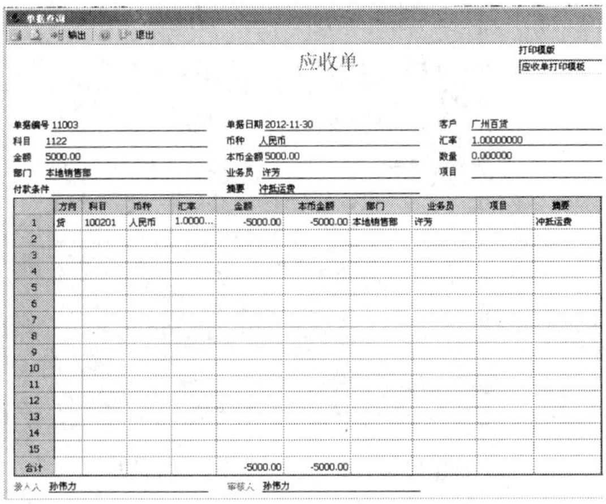

图 12-64　录入红字应收单

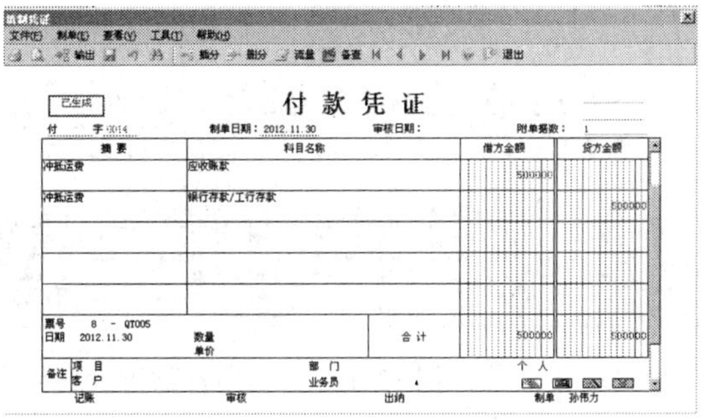

图 12-65　红字应收单制单

6）单击【退出】按钮退出。

（4）红票对冲

1）在应收款管理系统中，执行“转账”｜“红票对冲”｜“手工对冲”命令，打开“红票对冲条件”对话框。

2）在“客户”栏录入“005”，或单击“客户”栏的参照按钮，选择“广州百货股份公司”，如图 12-66 所示。

3）单击【确定】按钮，进入“红票对冲”窗口。

4）在“2012-11-30”所填制的“其他应收单”的“对冲金额”栏录入“5000”，如图 12-67 所示。

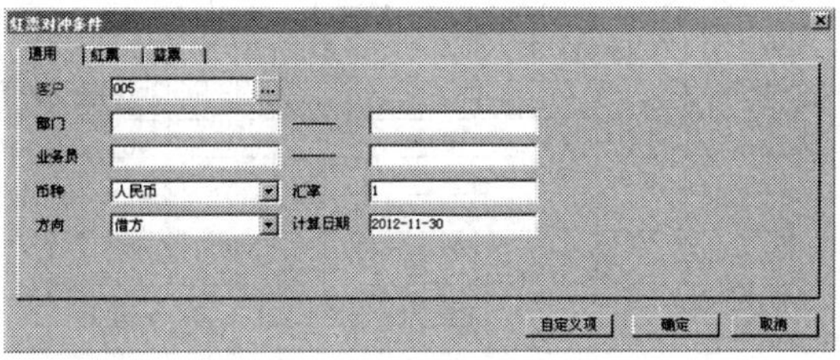

图 12-66　“红票对冲条件”对话框

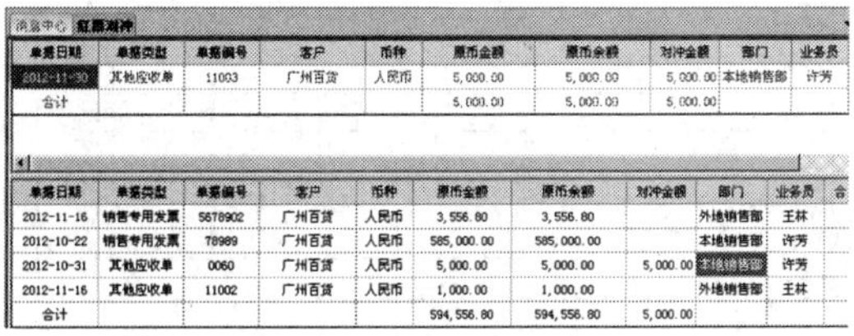

图 12-67　“红票对冲”窗口

5）单击【保存】按钮，系统自动将选中的红字应收单和蓝字应收单对冲完毕，如图 12-68 所示。

6）单击【退出】按钮退出。

注意

● 红票对冲可以实现客户的红字应收单据与其蓝字应收单据、收款单与付款单之间进行冲抵的操作，可以自动对冲或手工对冲。

● 自动对冲可以同时对多个客户依据对冲原则进行红票对冲，提高红票对冲的效率。

● 手工对冲只能对一个客户进行红票对冲，可以自行选择红票对冲的单据，提高红票对冲的灵活性。

（5）制单

1）在应收款管理系统中，执行“制单处理”命令，打开“制单查询”对话框。

2）分别单击选中“转账制单”和“并账制单”前的复选框，如图 12-69 所示。

图 12-68　红票对冲结果

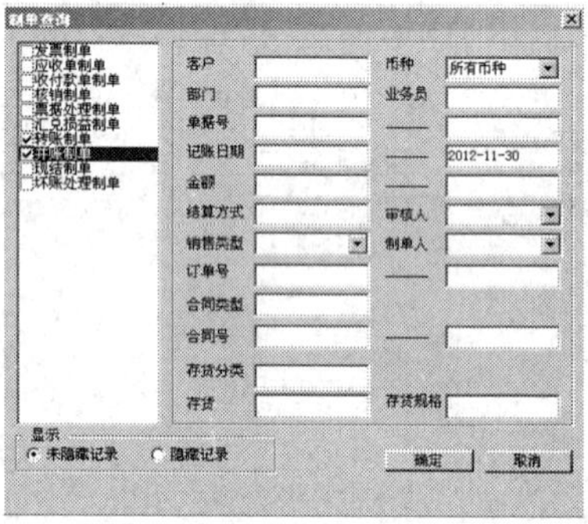

图 12-69　“制单查询”对话框

3）单击【确定】按钮，打开“制单”窗口，单击【全选】按钮，再单击“凭证类别”栏的参照按钮，选择“转账凭证”，如图 12-70 所示。

图 12-70　设置应收制单

4）单击【制单】按钮，出现第 1 张转账凭证，单击【保存】按钮，保存第 1 张转账凭证。单击【下张】按钮，再单击【保存】按钮，保存第 2 张转账凭证，如图 12-71、图 12-72 所示。

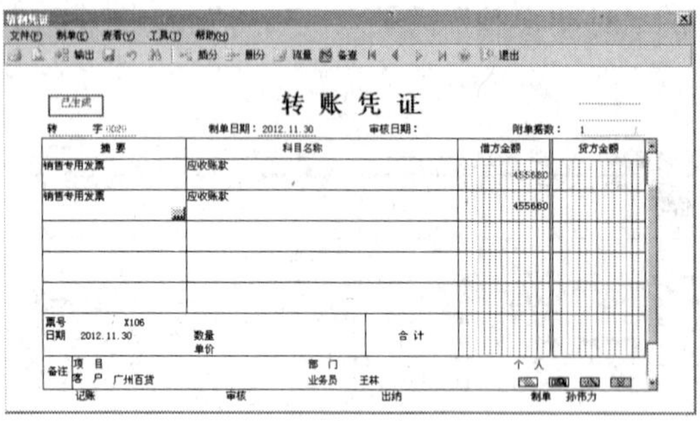

图 12-71　转账凭证 1

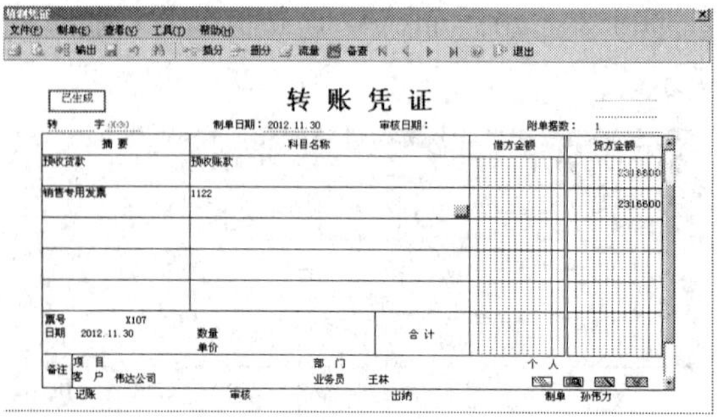

图 12-72　转账凭证 2

5）单击【退出】按钮退出。

（6）账套备份

在“D：\账套备份”文件夹中新建“转账处理 12-4”文件夹，将账套输出至“转账处理 12-4”文件夹中。

12.3.5　坏账处理、其他处理操作与查询

1. 实训准备

已经完成了项目 12.3.4 的操作。可以引入已完成的实训“转账处理 12-4”的账套备份数据，将系统日期修改为“2012 年 11 月 30 日”，注册进入应收款管理系统。

2. 实训要求

- 处理坏账发生业务并制单。
- 处理坏账收回业务并制单。
- 查询发票。
- 查询收付款单。
- 查询并删除凭证。
- 对全部客户进行包括所有条件的欠款分析。
- 查询 2012 年 11 月的业务总账。
- 查询应收账款科目余额表。
- 取消对广州百货股份公司的转账操作。
- 将未制单的单据制单。
- 结账。
- 账套备份。

3. 实训资料

1）2012 年 11 月 24 日，将 11 月 16 日形成的应向广州百货股份公司收取的应收账款 4556.8 元（其中货款 3556.8 元，代垫运费 1000 元）转为坏账。

2）2012 年 11 月 30 日，收到银行通知（电汇，票号：H002），收回已作为坏账处理的应向广州百货股份公司收取的应收账款 4556.8 元。

3）计提本月坏账准备。

4. 实训操作

（1）发生坏账

1）在应收款管理系统中，执行“坏账处理”｜“坏账发生”命令，打开“坏账发生”对话框。

2）将“日期”修改为“2012-11-24”，在“客户”栏录入“005”，或单击“客户”栏的参照按钮，选择“广州百货股份公司”，如图 12-73 所示。

3）单击【确定】按钮，进入“发生坏账损失”窗口。

4）在“本次发生坏账金额”栏第 1 行录入“3556.8”，再在第 3 行录入“1000”，如图 12-74 所示。

图 12-73 “坏账发生”对话框

图 12-74 坏账发生单据明细

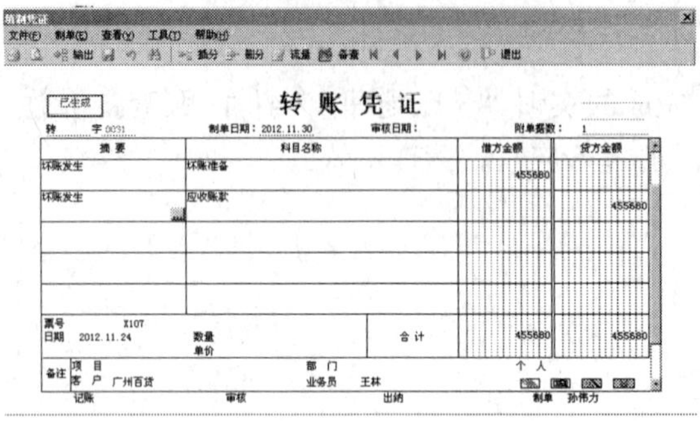

图 12-75 坏账发生制单

5）单击【确定】按钮，出现“是否立即制单”信息提示框，单击【是】按钮，生成发生坏账的记账凭证，修改“凭证类别”为“转账凭证”，单击【保存】按钮，如图 12-75 所示。

6）单击【退出】按钮退出。

（2）填收款单

1）在应收款管理系统中，执行“收款单据处理”｜“收款单据录入”命令，进入“收款单”对话框。

2）单击【增加】按钮。在“客户”栏录入“005”，或单击“客户”栏的参照按钮，选择“广州百货股份公司”；在“结算方式”栏录入“401”，或单击“结算方式”栏的参照按钮选择“电汇”；在“金额”栏录入“4556.8”，在“摘要”栏录入“已做坏账处理的应收账款又收回”。

3）单击【保存】按钮，如图 12-76 所示。

4）单击【退出】按钮退出。

（3）坏账收回

1）在应收款管理系统中，执行“坏账处理”｜“坏账收回”命令，打开“坏账收回”对话框。

2）在“客户”栏录入“005”，或单击“客户”栏的参照按钮，选择“广州百货股份公司”，单击“结算单号”栏的参照按钮，选择“004”结算单，如图 12-77 所示

图 12-76 收款单

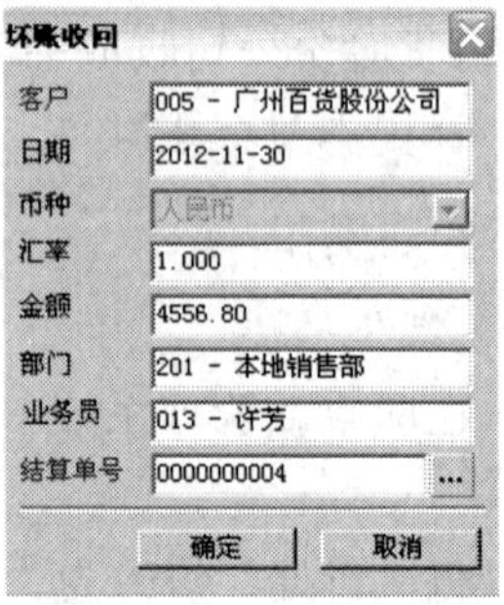

图 12-77 “坏账收回”对话框

3）单击【确定】按钮，系统提示“是否立即制单”，单击【是】按钮，生成一张收款凭证，单击【保存】按钮，如图 12-78 所示。

4）单击【退出】按钮退出。

注意

● 在录入一笔坏账收回的款项时，应该注意不要把该客户的其他收款业务与该笔坏账收回业务录入到一张收款单中。

● 坏账收回时，制单不受系统选项中“方向相反分录是否合并”选项控制。

（4）计提坏账准备

1）在应收款管理系统中，执行“坏账处理”|“计提坏账准备”命令，打开“计提坏账准备”对话框，出现如图 12-79 所示页面。

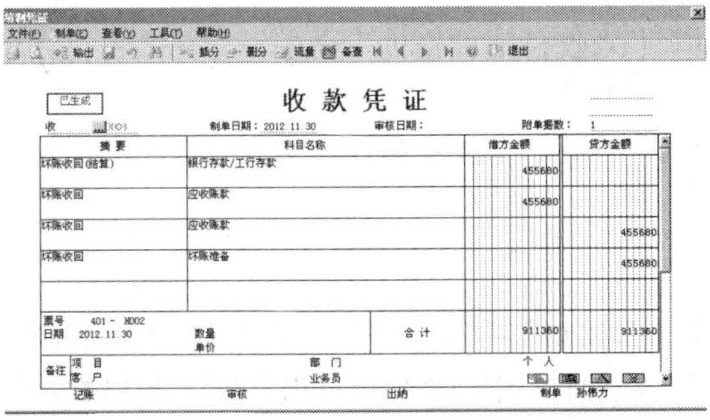

图 12-78　收回坏账凭证

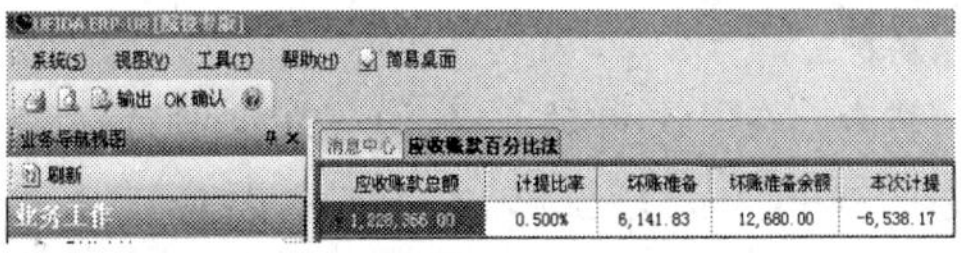

图 12-79　计提坏账准备

2）单击工具栏上的【确认】按钮。

3）系统提示“是否立即制单”，单击【是】按钮，生成一张转账凭证，单击【保存】按钮，如图 12-80 所示。

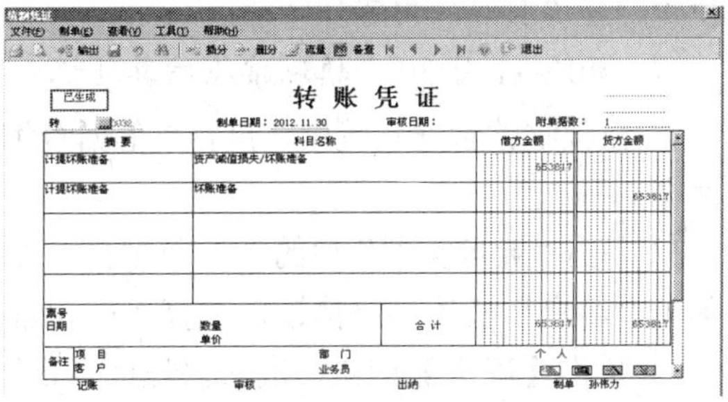

图 12-80　计提坏账准备凭证

（5）查询 11 月填制的所有销售专用发票

1）在收款管理系统中，执行“单据查询”|“发票查询”命令，打开“发票查询”对话框，如图 12-81 所示。

2）单击“发票类型”栏的下三角按钮，选择“销售专用发票”。

3）单击【确定】按钮，进入“发票查询”窗口，如图 12-82 所示。

4）单击【退出】按钮退出。

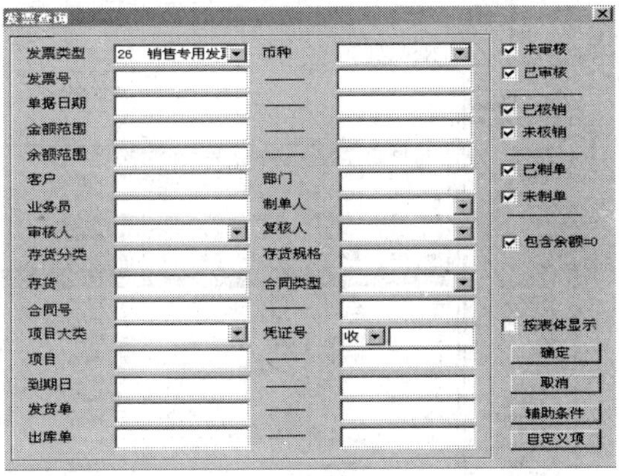

图 12-81　“发票查询”对话框

图 12-82　发票查询

注意

● 在发票查询功能中可以分别查询“已审核”、“未审核”、“已核销”及“未核销”的发票。还可以按“发票号”、“单据日期”、“金额范围”或“余额范围”等条件进行查询。

● 在“发票查询”窗口中，单击【查询】按钮，可以重新输入查询条件；单击【单据】按钮，可以调出原始单据卡片；单击【详细】按钮，可以查看当前单据的详细结算情况；单击【凭证】按钮，可以查询单据所对应的凭证；单击【栏目】按钮，可以设置当前查询列表的显示栏目、栏目顺序、栏目名称、排序方式，可以保存设置内容。

（6）查询 11 月所有的收款单

1）在应收款管理系统中，执行“单据查询”｜“收付款单查询”命令，打开“收付款单查询”对话框，选择单据类型为“收款单”。

2）单击【确定】按钮，打开“收付款单查询”窗口，如图 12-83 所示。

3）单击【退出】按钮。

注意

● 在“收付款单查询”功能中可以分别查询“已核销”、“未核销”、“应收款”、“预收款”及“费用”的结算情况。还可以按“单据编号”、“金额范围”、“余额范围”或“单据日期”等条件进行查询。

● 在“收付款单”查询窗口中，也可以分别单击【查询】、【详细】、【单据】及【凭证】等按钮，查询相应的内容。

（7）删除 11 月 30 日填制票据结算凭证

1）在应收款管理系统中，执行“单据查询”｜“凭证查询”命令，打开“凭证查询条件”对话框。

2）单击“业务类型”栏的下三角按钮，选择“票据处理制单”；在“客户”栏输入“005”，或单击“客户”栏的参照按钮，选择“广州百货股份公司”。

3）单击【确定】按钮，进入“凭证查询”窗口。

4）单击选中“票据结算”记账凭证。

5）单击【删除】按钮，系统弹出　“确定要删除此凭证吗?”信息提示框，如图 12-84 所示。

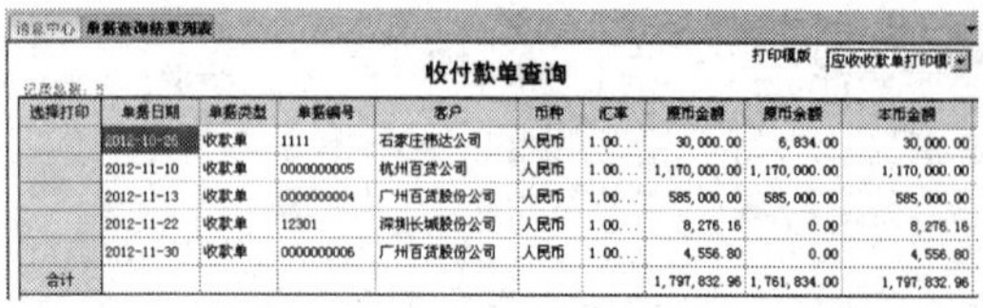

图 12-83　“收付款单查询”窗口

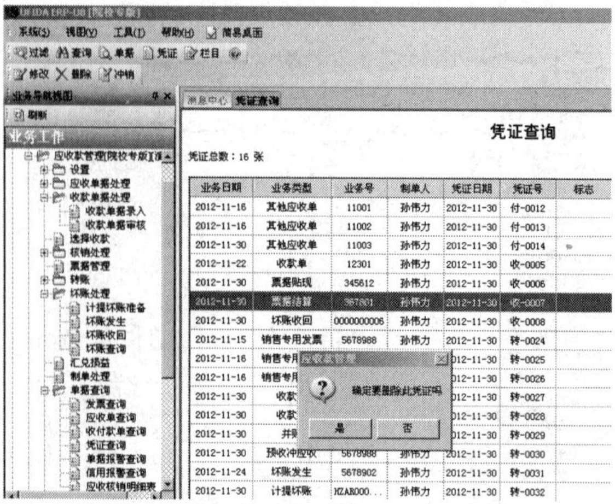

图 12-84　删除凭证

6）单击【是】按钮。

7）单击【退出】按钮退出。

注意

● 在“凭证查询”功能中，可以查看、修改、删除或冲销由应收款系统生成并传递到总账系统中的记账凭证。

● 如果凭证已经在总账系统中记账，又需要对形成凭证的原始单据进行修改，则可以通过冲销方式冲销凭证，然后对原始单据进行其他操作后再重新生成凭证。

● 一张凭证被删除后，它所对应的原始单据及相应的操作内容可以重新制单。

● 只有未在总账系统中审核的凭证才能删除。如果已经在总账系统中进行了出纳签字，应取消出纳签字后再进行删除操作。

（8）欠款分析

1）在应收款管理系统中，执行“账表管理”｜“统计分析”｜“欠款分析”命令，打开“欠款分析”对话框。

2）选中所有条件，如图 12-85 所示。

3）单击【确定】按钮，进入“欠款分析”窗口，如图 12-86 所示

4）单击【退出】按钮退出。

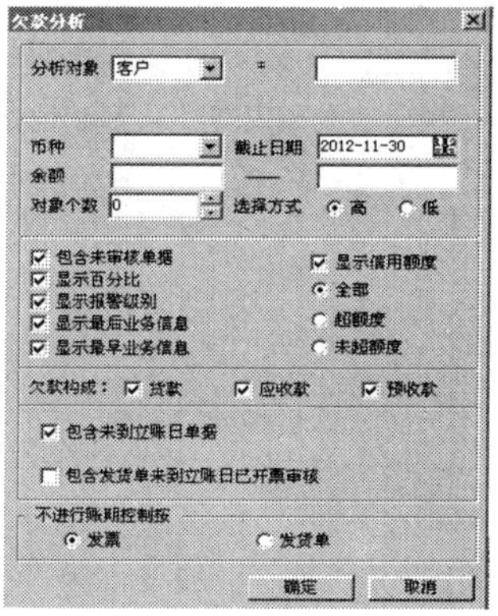

图 12-85　“欠款分析”对话框

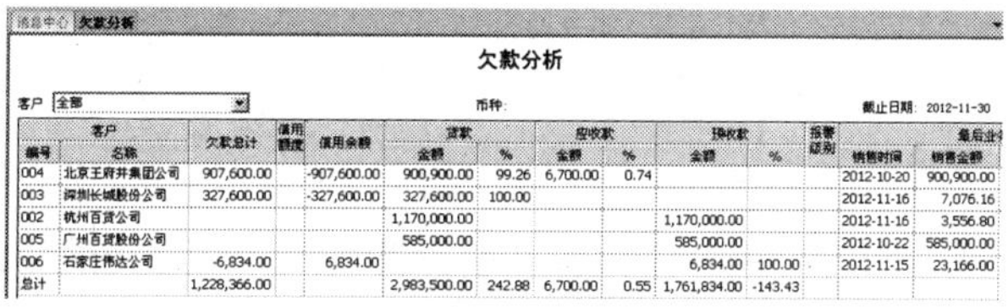

图 12-86　“欠款分析”窗口

注意

● 在“统计分析”功能中，可以按定义的账龄区间，进行一定期间内应收款账龄分析、收款账龄分析、往来账龄分析，了解各个客户应收款周转天数、周转率，了解各个账龄区间内应收款、收款及往来情况，能及时发现问题，加强对往来款项动态的监督管理。

● 欠款分析是分析截止日期，客户、部门或业务员的欠款金额，以及欠款组成情况。

（9）查询业务总账

1）在应收款管理系统中，执行“账表管理”｜“业务账表”｜“业务总账”命令，打开“应收总账表”。

2）单击【过滤】按钮，打开“应收总账表”窗口，如图 12-87 所示。

3）单击【退出】按钮退出。

注意

● 通过业务账表查询，可以及时地了解一定期间内期初应收款结存汇总情况、应收款发生、收款发生的汇总情况、累计情况及期末应收款结存汇总情况，还可以了解各个客户期初应收款结存明细情况、应收款发生、收款发生的明细情况、累计情况及期末应收款结存明细情况，及时发现问题，加强对往来款项的监督管理。

● 业务总账查询是对一定期间内应收款汇总情况的查询。在业务总账查询的应收总账表中不仅可以查询本期应收款、本期收回应收款及应收款的余额情况，还可以查询到应收款的月回收率及年回收率。

（10）查询科目余额表

1）在应收款管理系统中，执行“账表管理”｜“科目账查询”｜“科目余额表”命令，打开“客户往来科目余额表”对话框。

2）单击【确定】按钮，打开“科目余额表”窗口，如图 12-88 所示。

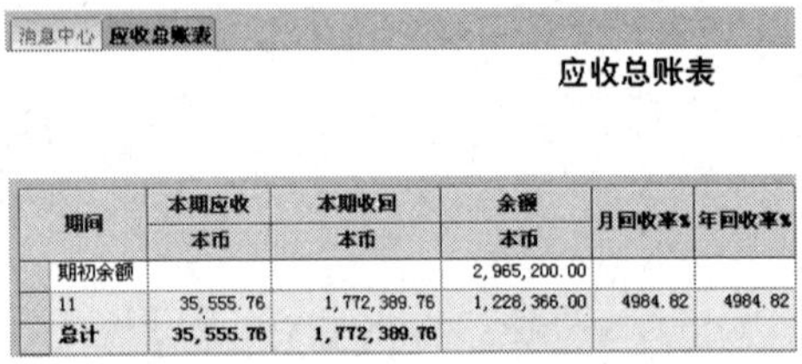

应收总账表

期间	本期应收	本期收回	余额	月回收率%	年回收率%
	本币	本币	本币		
期初余额			2,965,200.00		
11	35,555.76	1,772,389.76	1,228,366.00	4984.82	4984.82
总计	35,555.76	1,772,389.76			

图 12-87 “应收总账表”窗口

科目余额表

科目		客户		方向	期初余额	借 方	贷 方	方向	期末余额
编 号	名 称	编 号	名 称		本币	本币	本币		本币
112101	商业承兑汇票	002	杭州百货公司	平		1,760,000.00	1,170,000.00	借	590,000.00
112101	商业承兑汇票	003	深圳长城股份公司	借	590,000.00			借	590,000.00
112101	商业承兑汇票	005	广州百货股份公司	平		585,000.00		借	585,000.00
小计：				借	590,000.00	2,345,000.00	1,170,000.00	借	1,765,000.00
1122	应收账款	002	杭州百货公司	借	1,170,000.00	426,816.00	1,760,000.00	贷	163,184.00
1122	应收账款	003	深圳长城股份公司	借	327,600.00	8,276.16	335,876.16	平	
1122	应收账款	004	北京王府井集团公司	借	907,600.00			借	907,600.00
1122	应收账款	005	广州百货股份公司	平		4,113.60	594,113.60	贷	590,000.00
1122	应收账款	006	石家庄伟达公司	平		23,166.00	23,166.00	平	
小计：				借	2,405,200.00	462,371.76	2,713,155.76	借	154,416.00
2203	预收账款	006	石家庄伟达公司	贷	30,000.00		-23,166.00	贷	6,834.00
小计：				贷	30,000.00		-23,166.00	贷	6,834.00
合计：				借	2,965,200.00	2,807,371.76	3,859,989.76	借	1,912,582.00

图 12-88 “科目余额表”窗口

3）单击【退出】按钮退出。

注意

● 科目账查询包括科目明细账查询和科目余额表查询。

● 科目余额表查询可以查询应收受控科目各个客户的期初余额、本期借方发生额合计、本期贷方发生额合计、期末余额。细分为科目余额表、客户余额表、三栏余额表、部门余额表、项目余额表、业务员余额表、客户分类余额表及地区分类余额表。

（11）取消转账操作

1）在应收款管理系统中，执行“其他处理”｜“取消操作”命令，打开“取消操作条件”对话框。

2）在“客户”栏录入“005”，或单击“客户”栏的参照按钮，选择“广州百货股份公司”，单击“操作类型”栏的下三角按钮，选择“红票对冲”，如图 12-89 所示。

3）单击【确定】按钮，进入“取消操作”窗口。

4）双击“选择标志”栏，如图 12-90 所示。

5）单击【确认】按钮。

6）单击【退出】按钮退出。

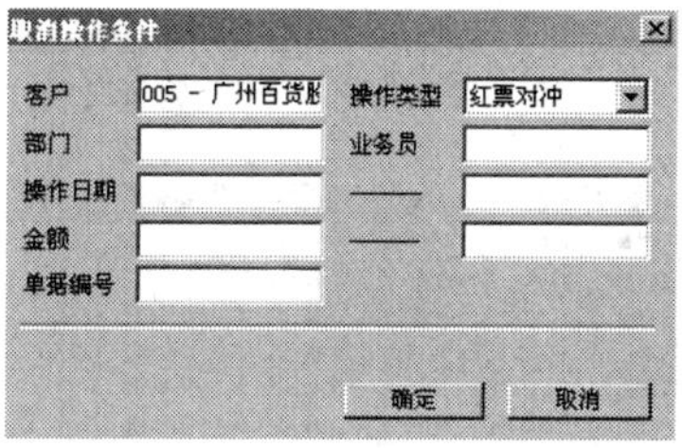

图 12-89 “取消操作条件”对话框

图 12-90 取消操作

注意

● 取消操作类型包括取消核销、取消坏账处理、取消转账、取消汇兑损益、取消票据处理、取消并账等几类。

● 取消操作必须在未进行后续操作的情况下进行，如果已经进行了后续操作，则应在恢复后序操作后再取消操作。

（12）制单

1）在应收款管理系统中，执行“制单处理”命令，打开“制单查询”对话框，如图 12-91 所示。

2）单击选中“票据处理制单”，单击【确定】按钮，进入“票据处理制单”窗口，如图 12-92 所示。

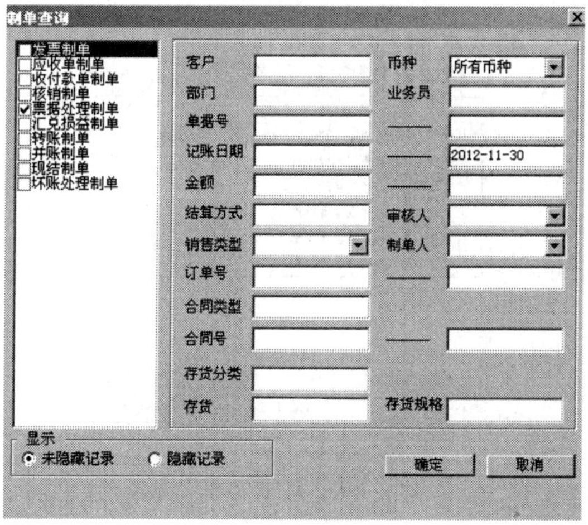

图 12-91 “制单查询”对话框

图 12-92 “票据处理制单”窗口

3）单击【全选】按钮。

4）单击【制单】按钮，生成一张收款凭证。

5）在“收款凭证”第 1 行“科目名称”栏录入“100201”，或单击“科目名称”栏的参照按钮，选择“100201 工行存款”，选择结算方式为“商业承兑汇票”。

6）单击【保存】按钮，如图 12-93 所示。

（13）查询凭证

在应收款管理系统中，执行“单据查询”命令，打开“凭证查询”窗口，如图 12-94 所示。

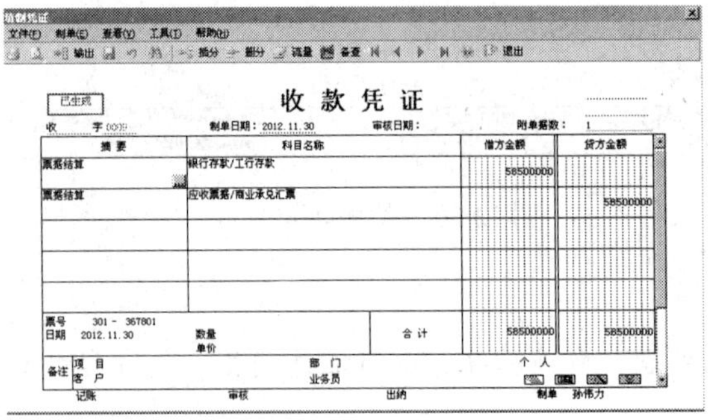

图 12-93　票据结算凭证生成

图 12-94　“凭证查询”窗口

（14）结账

1）在应收款管理系统中，执行“期末处理”｜“月末结账”命令，打开“月末处理”对话框。

2）双击“十一月”“结账标志”栏，如图 12-95 所示。

3）单击【下一步】按钮，出现“月末处理情况表”，如图 12-96 所示。

4）单击【确认】按钮，系统弹出“11 月结账成功”信息提示框。

5）单击【确定】按钮。

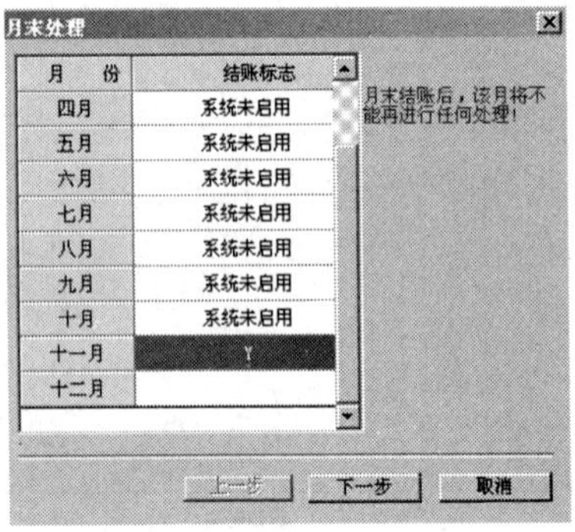

图 12-95　“月末处理”对话框

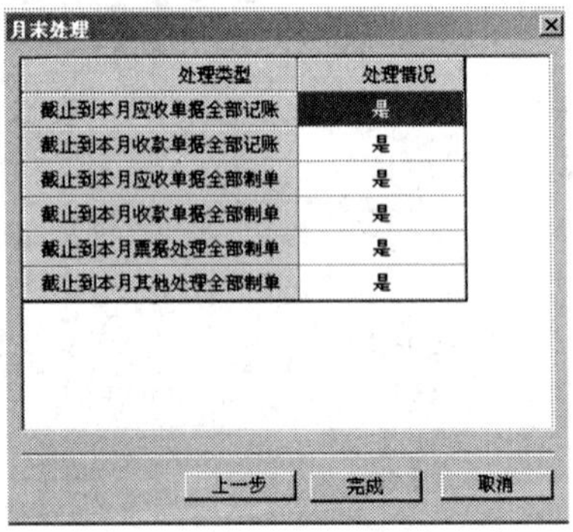

图 12-96　月末处理情况表

注意

● 如果当月业务已经全部处理完毕，应进行月末结账。只有当月结账后，才能开始下月的工作。

● 进行月末处理时，一次只能选择一个月进行结账，前一个月未结账，则本月不能结账。

● 在执行了月末结账后，该月将不能再进行任何处理。

（15）账套备份

在“D：\账套备份”文件夹中新建“（12-5）坏账处理、其他与查询”文件夹，将账套输出至该文件夹中。

课后巩固

1. 谈谈你对应收款模块中系统参数（选项）的理解与认识？
2. 试用图示的方式表示应收款业务处理的流程。
3. 设置存货科目和对方科目的意义何在？
4. 应收款和总账之间的关系是怎样的？
5. 除了产成品入库和材料领用出库业务，企业还有哪些其他的出入库业务？

项目 13

应付款管理系统

13.1 应付款功能概述

应付款管理系统主要实现企业与供应商之间业务往来账款的核算与管理，在应付款管理系统中，以采购发票、其他应付单等原始单据为依据，记录采购业务及其他业务所形成的往来款项，处理应付款项的支付、转账等情况，提供票据处理的功能，实现对应付款的管理。根据对供应商往来款项的核算和管理的程度不同，系统提供了“详细核算”和“简单核算”两种应用方案。不同的应用方案，其系统功能、产品接口、操作流程等均不相同。

详细核算应用方案的功能主要包括记录应付款项的形成（包括由商品交易和非商品交易所形成的所有的应付项目）、处理应付项目的付款及转账情况、对应付票据进行记录和管理、随应付项目的处理过程自动生成凭证并传递给总账系统、对外币业务及汇兑损益进行处理，以及提供针对多种条件的各种查询和分析。

简单核算应用方案的功能主要包括接收采购系统的发票并对其进行审核以及对采购发票进行制单处理并传递给总账系统。采购与付款业务流程如图 13-1 所示。

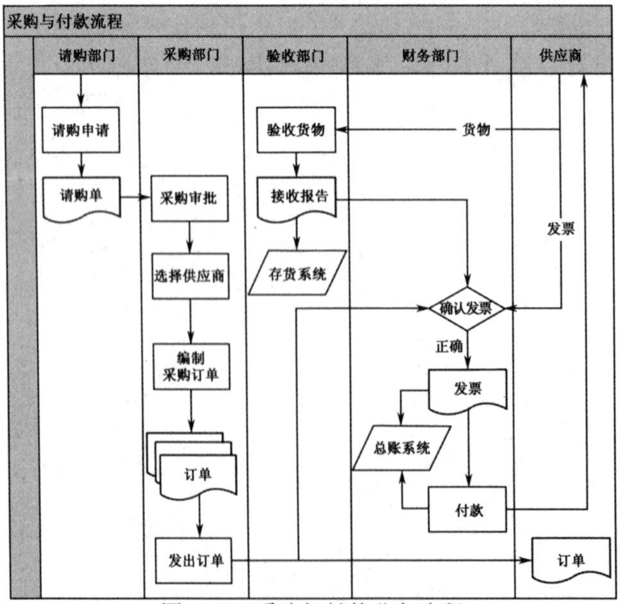

图 13-1 采购与付款业务流程

13.2 应付款管理实训

1. 实训准备

将系统日期修改为"2012 年 11 月 30 日"。引入项目 4 数据或光盘中"实训账套初始余额"账套备份数据，以"101 李武"的身份注册进入企业应用平台中的应付款管理系统。

2. 实训要求

- 设置系统参数。
- 初始设置。
- 设置科目。
- 逾期账龄区间设置。
- 报警级别设置。
- 设置允许修改"采购专用发票"的编号。
- 录入期初余额并与总账系统进行对账。
- 账套备份。

13.3 应付款管理实训资料及操作

13.3.1 应付款初始化实训及操作

1. 应付款初始实训资料

（1）账套应付款系统的参数

应付款核销方式为"按单据"，单据审核日期依据为"业务日期"，应付款核算类型为"详细核算"，受控科目制单依据为"明细到供应商"，非受控科目制单方式为"汇总方式"；启用供应商权限，并且按信用方式根据单据提前 7 天自动报警。

（2）基本科目

应付科目为"2202 应付账款"，预付科目为"1123 预付账款"，采购科目为"1401 材料采购"，采购税金科目为"22210101 应交税费—应交增值税—进项税额"，银行承兑科目为"220102 应付票据"，商业承兑科目为"220101 应付票据"，现金折扣科目为"660303"，票据利息科目为"660301"，票据费用科目为"660304"，收支费用科目为"660106"。

（3）结算方式科目

现金结算方式科目为"1001 现金"，现金支票结算方式科目为"100201 工行存款"，转账支票结算方式科目为"100201 工行存款"，银行汇票结算方式科目为"101203 银行汇票"，信汇结算方式科目为"100201 工行存款"，电汇结算方式科目为"100201 工行存款"。

（4）逾期账龄区间

总天数分别为 30 天、60 天、90 天和 120 天。

（5）报警级别

A 级时的总比率为 10%，B 级时的总比率为 20%，C 级时的总比率为 30%，D 级时的总比率为 40%，E 级时的总比率为 50%，总比率在 50%以上为 F 级。

（6）期初余额（存货税率均为 17%，开票日期均为 2012 年 10 月之前）

期初余额情况见表 13-1。

表 13-1　期初余额情况

单据名称	方向	开票日期	票号	供应商名称	采购部门	科目编码	货物名称	数量	无税单价	价税合计
采购专用发票	正	10.15	33987	东北物资供应公司（001）	采购部	220101	油漆（003）	45 000	10	526 500
采购专用发票	正	10.18	34567	云南铜业股份公司（003）	采购部	2202	铜材（001）	5	32000	187 200
采购专用发票	正	10.20	32321	广州钢铁厂（004）	采购部	2202	钢材（002）	50	8000	468 000
采购专用发票	正	10.23	32322	广州钢铁厂（004）	采购部	2202	钢材（002）	85	8000	795 600
预付款单	正	10.23	2222	上海机电股份公司（002）	采购部	1123				360 000

2. 应付款初始化实训操作

（1）设置系统参数

1）以操作员“101”（李武）的身份，用密码“1”，登录到账套中。在企业应用平台中，执行“财务会计”｜“应付款管理”｜“设置”｜“选项”命令，打开“账套参数设置”对话框。

2）单击【编辑】按钮，打开“权限与预警”选项卡，选中“启用供应商权限”前的复选框，选择按照“信用方式”进行单据自动报警，在“提前天数”栏选择提前天数“7”，如图 13-2 所示。

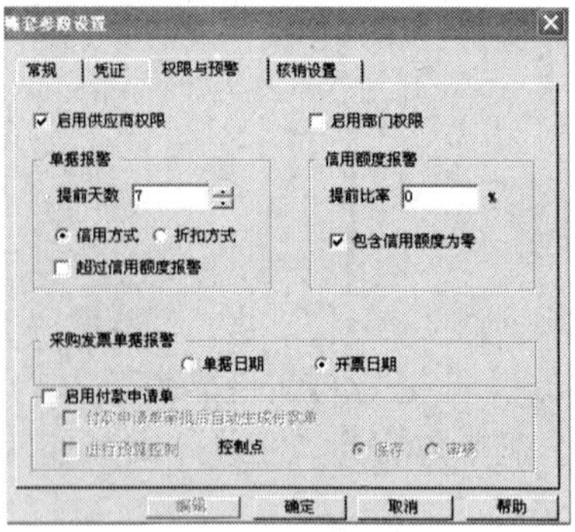

图 13-2　账套参数设置

3）单击【确定】按钮。

注意

● 在进入应付款系统之前应在建立账套后启用应付款系统，或者在企业应用平台中启用应付款系统。应付款系统的启用会计期间必须大于等于账套的启用期间。

● 关于应付账款核算模型，在系统启用时或还没有进行任何业务处理的情况下才允许从简单核算改为详细核算；从详细核算改为简单核算随时可以进行。

（2）设置基本科目

1）在应付款管理系统中，执行“设置”｜“初始设置”命令，进入“初始设置”窗口。

2）录入或选择应付科目“2202”及其他的基本科目，如图 13-3 所示。

3）单击【退出】按钮。

注意

● 在基本科目设置中所设置的应付科目“2202 应付账款”、预付科目“1123 预付账款”及“2201 应付票据”，应在总账系统中设置其辅助核算内容为“供应商往来”，并且其受控系统为“应付系统”，否则在这里不能被选中。

● 只有在这里设置了基本科目，在生成凭证时才能直接生成凭证中的会计科目，否则凭证中将没有会计科目，相应的会计科目只能手工再录入。

● 如果应付科目、预付科目按不同的供应商或供应商分类分别设置，则可在“控制科目设置”中设置，如图 13-4 所示，在此可以不设置。

● 如果针对不同的存货分别设置采购核算科目，则在此不用设置，可以在“产品科目设置”中进行设置，如图 13-5 所示。

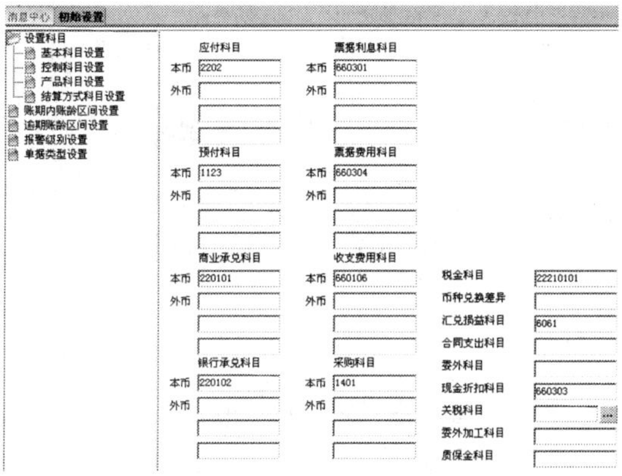

图 13-3 初始设置——基本科目设置

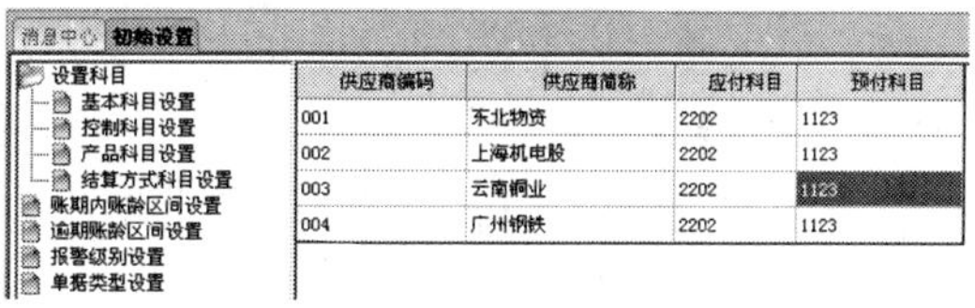

图 13-4 控制科目设置

（3）结算方式科目

1）在应付款管理系统中，执行“设置”|“初始设置”命令，打开“初始设置”窗口。

2）执行“结算方式科目设置”命令，进入“结算方式科目设置”窗口。

3）单击“结算方式”栏的下三角按钮，选择“现金结算”，单击“币种”栏，选择“人民币”，在“科目”栏录入或选择“1001”，回车。以此方法继续录入其他的结算方式科目，如图 13-6 所示。

图 13-5 产品科目设置

图 13-6 结算方式科目设置

4）单击【退出】按钮。

（4）设置逾期账龄区间

1）在应付款管理系统中，执行“设置”|“初始设置”命令，打开“初始设置”窗口。

2）执行“逾期账龄区间设置”命令，在“总天数”栏录入“30”，回车，再在“总天数”栏录入“60”后回车。以此方法继续录入其他的总天数，如图 13-7 所示。

3）单击【退出】按钮。

注意

- 序号由系统自动生成，不能修改和删除。总天数直接输入截止该区间的账龄总天数。
- 最后一个区间不能修改和删除。

（5）设置报警级别

1）在应付款管理系统中，执行“设置”｜“初始设置”命令，进入“初始设置”窗口。

2）执行“报警级别设置”命令，在“总比率”栏录入“10”，在“级别名称”栏录入“A”，回车。以此方法继续录入其他总比率和级别，如图 13-8 所示。

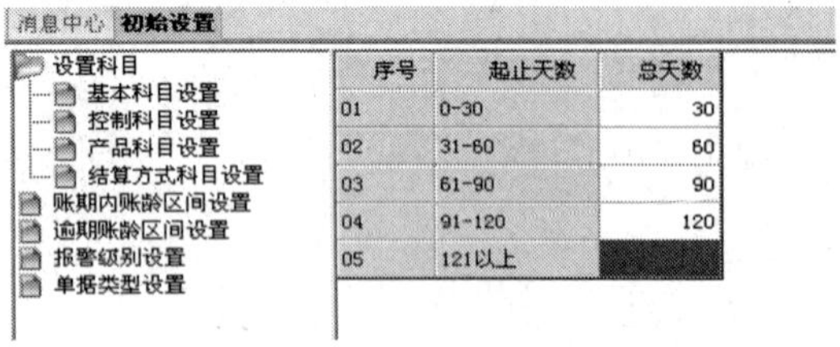

图 13-7　逾期账龄区间设置

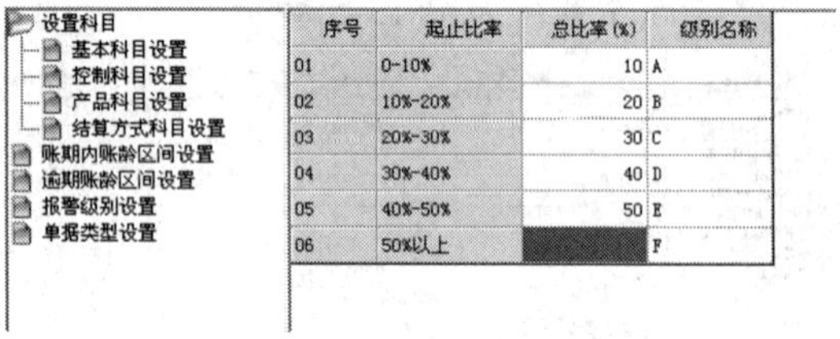

图 13-8　报警级别设置

3）单击【退出】按钮。

（6）单据编号设置

1）在企业应用平台中，打开“设置”选项卡，执行“单据设置”｜“单据编码设置”命令，进入“单据编号设置”窗口。

2）执行“采购管理”｜“采购专用发票”命令，出现“单据编号设置—[采购专用发票]”对话框。

3）在“单据编号设置—[采购专用发票]”对话框中，选中“手工改动，重号时自动重取”前的复选框，如图 13-9 所示。

4）单击【保存】按钮，再单击【退出】按钮退出。

5）同理，设置销售普通发票、应付款系统中的其他应付单、付款单据编号为“手工改动，重号时自动重取”。

（7）录入期初采购发票

1）在应付款管理系统中，执行“设置”｜“期初余额”命令，打开“期初余额—查询”对话框。

2）单击【确定】按钮，进入“期初余额明细表”窗口。

3）单击【增加】按钮，打开“单据类别”对话框，如图 13-10 所示。

4）单击【确定】按钮，打开“采购专用发票”窗口。

5）修改“开票日期”为“2012-10-15”，录入“发票号”为“33987”；在“供应商”栏录入“001”，或单击“供应商”栏的参照按钮，选择“东北物资供应公司”；在“货物编号”栏录入“003”，或单击“存货编码”栏的参照按钮，选择“油漆”；在“数量”栏录入“4500”，在“原币单价”栏录入“10”，如图 13-11 所示。

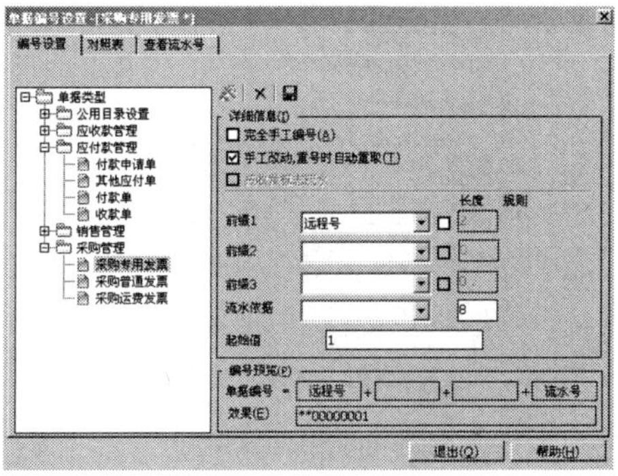

图 13-9　设置采购专用发票

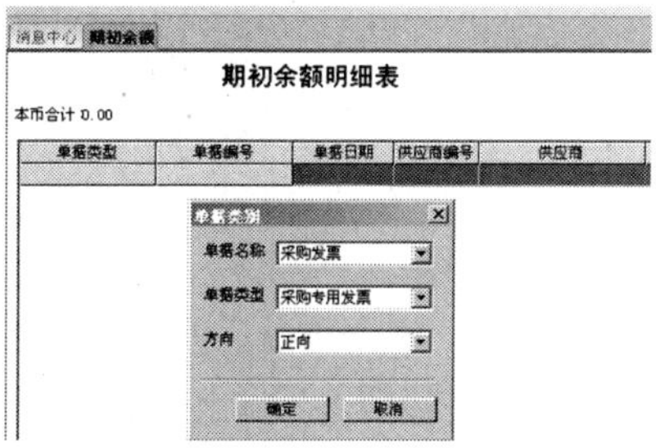

图 13-10　设置单据类型

6）单击【保存】按钮。再以此方法继续录入第 2 张、第 3 张和第 4 张采购专用发票。

（8）录入预付款单

1）在应付款管理系统中，执行“设置”｜“期初余额”命令，打开“期初余额—查询”对话框。

2）单击【确定】按钮，进入“期初余额明细表”窗口。

3）单击【增加】按钮，打开“单据类别”对话框。

4）单击“单据名称”栏的下三角按钮，选择“预付款”，如图 13-12 所示。

图 13-11　录入采购专用发票

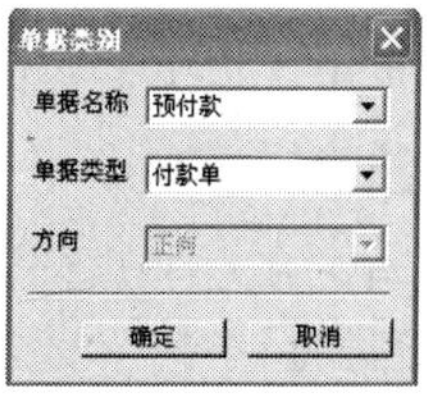

图 13-12　选择单据类型

5）单击【确定】按钮，进入“付款单”窗口。

6）修改“日期”为“2012-10-23”；在“供应商”栏录入“002”，或单击“供应商”栏的参照按钮，选择“上海机电股份公司”；在“结算方式”栏录入“202”，或单击“结算方式”栏的参照按钮，选择“转账支票”；“结算科目”选择“100201”，在“金额”栏录入“360000”，在“摘要”栏录入“预付货款”。在付款单下半部分中的“科目”栏录入“1123”，或单击“科目”栏的参照按钮，选择“1123 预付账款”，如图 13-13 所示。

图 13-13　录入预付款单

7）单击【保存】按钮，再单击【退出】按钮退出。

注意

- 录入预付款的单据类型仍然是“付款单”，但是款项类型为“预付款”。

（9）应付款系统与总账系统对账

1）在“期初余额明细表”窗口中，单击【对账】按钮，打开“期初对账”窗口，如图 13-14、图 13-15 所示。

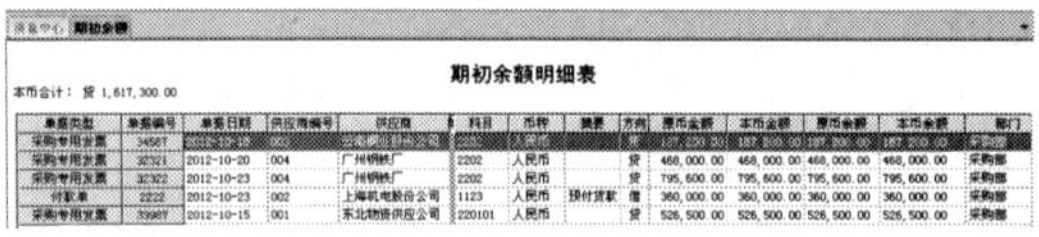

图 13-14　期初单据

图 13-15　期初对账

2）单击【退出】按钮退出。

注意

- 当完成全部应付款期初余额录入后，应通过对账功能将应付系统期初余额与总账系统期初余额进行核对。
- 应付款系统与总账系统对账，必须在总账与应付系统同时启用后才可以进行。

（10）账套备份

在“D：\账套备份”文件夹中新建“应付系统初始化 13-1”文件夹。将账套输出至该文件夹中。

13.3.2　单据处理实训及操作

1. 实训准备

已经完成了项目 13.3.1 的操作。可以引入已完成项目“应付系统初始化 13-1”的账套备份数据，或引入光盘中的“实训账套\应付系统初始化 13-1”，将系统日期修改为“2012 年 11 月 30 日”，注册进入应付款管理系统。

2. 实训要求

- 录入应付单据、付款单据。

- 修改应付单据、付款单据。
- 删除应付单据。
- 2012 年 11 月 30 日，审核本月录入的应付单据、付款单据。
- 核销付款单据。
- 对应付单据、付款单据进行账务处理。
- 账套备份。

3. 实训资料

1）2012 年 11 月 15 日，从广州钢铁厂采购钢材 10 吨，原币单价为 8 000 元，增值税税率为 17%（采购专用发票号码：668800）。

2）2012 年 11 月 15 日，从东北物资供应公司采购油漆 200 桶，原币单价为 10 元，增值税税率为 17%（采购专用发票号码：8908）。运费 800 元，运费普通发票号码 3301。

3）2012 年 11 月 16 日，从上海机电股份公司采购钢材 30 吨，原币单价为 8 500 元，增值税税率为 17%（采购专用发票号码：3451）。

4）2012 年 11 月 16 日，向广州钢铁厂采购钢材 20 吨，原币单价为 7 980 元，增值税税率为 17%（采购专用发票号码：668801）。

5）2012 年 11 月 18 日，从广州钢铁厂采购钢材 12 吨，原币单价为 8 200 元，增值税税率为 17%（采购专用发票号码：668802）。

6）2012 年 11 月 18 日，发现 2012 年 11 月 15 日所填制的从广州钢铁厂采购钢材 10 吨，原币单价为 8 000 元，增值税税率为 17%的“668800”号采购专用发票中的无税单价应为 8 120 元。

7）2012 年 11 月 18 日，发现 2012 年 11 月 16 日，向广州钢铁厂采购钢材 20 吨，原币单价为 7 980 元，增值税税率为 17%的“668801”号采购专用发票填制错误，应删除。

8）2012 年 11 月 22 日，以转账支票支付向广州钢铁厂购买钢材 10 吨的货税款 93 600 元，付款单号 12301。

9）2012 年 11 月 22 日，以转账支票支付向上海机电股份公司购买钢材 30 吨的货税款 298 350 元，付款单号 12302。

10）2012 年 11 月 22 日，已转账支票支付向东北物资供应公司购买油漆的货税款及运费 3 140 元，付款单号 12303。

11）2012 年 11 月 23 日，发现 2012 年 11 月 22 日所填制的以转账支票支付向广州钢铁厂购买钢材 10 吨的货税款 93 600 元应为 98 000 元，余款作为预付款。

12）2012 年 11 月 23 日，发现 2012 年 11 月 22 日所填制的以转账支票支付向上海机电股份公司购买钢材 30 吨的货税款 298 350 元有错误，需删除该张付款单。

4. 实训操作

（1）填制第 1 笔业务的采购专用发票

1）在应付款管理系统中，执行“应付单据处理”|“应付单据录入”命令，打开“单据类别”对话框。

2）单击【确定】按钮，进入“采购专用发票”窗口。

3）修改“开票日期”为“2012-11-15”，录入“发票号”为“668800”；在“供货单位”

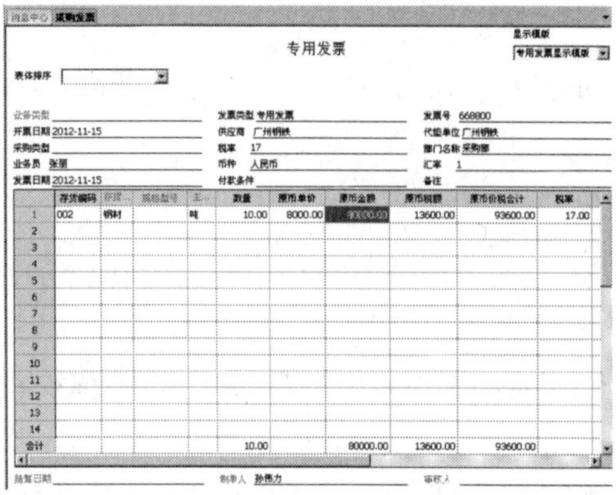

图 13-16　填制第 1 笔业务采购专用发票

栏录入“004”，或单击“供货单位”栏的参照按钮，选择“广州钢铁厂”；在“存货编码”栏录入“004”，或单击“存货编码”栏的参照按钮，选择“钢材”；在“数量”栏录入“10”，在“原币单价”栏录入“8000”，如图 13-16 所示。

4）单击【保存】按钮，再单击【退出】按钮退出。

5）同理，填制第 2 笔业务的采购专用发票。

注意

● 在填制采购专用发票时，税率由系统自动生成，可以修改。

● 采购发票与应付单是应付款管理系统日常核算的单据。如果应付款系统与采购系统集成使用，采购发票在采购管理系统中录入，在应付系统中可以对这些单据进行查询、核销、制单等操作。此时应付系统需要录入的只限于应付单。

● 如果没有使用采购系统，则所有发票和应付单均需在应付系统中录入。

● 在不启用供应链的情况下，在应付款系统中只能对采购业务的资金流进行会计核算，即可以对应付款、已付款及采购情况进行核算，而其物流的核算，即存货入库成本的核算还需在总账系统中手工进行结转。

● 已审核的单据不能修改或删除，已生成凭证或进行过核销的单据在单据界面不再显示。

● 在录入采购发票后可以直接进行审核，在直接审核后系统会提示“是否立即制单”，此时可以直接制单。如果录入采购发票后不直接审核，可以在审核功能中审核，再到制单功能中制单。

● 已审核的单据在未进行其他处理之前取消审核后再修改。

（2）填制第 2 笔业务的采购普通发票

1）在应付款管理系统中，执行“应付单据处理”|“应付单据录入”命令，打开“单据类别”对话框。

2）单击“单据类型”栏的下三角按钮，选择“采购普通发票”。

3）单击【确定】按钮，打开“采购发票”窗口。

4）修改“开票日期”为“2012-11-15”；在“供货单位”栏录入“001”，或单击“供应商”栏的参照按钮，选择“东北物资供应公司”；在“税率”栏录入“7”；在“存货编码”栏录入“007”，或单击“存货编码”栏的参照按钮，选择“运输费”；在“原币金额”栏录入“800”，如图 13-17 所示。

5）单击【保存】按钮，再单击【退出】按钮退出。

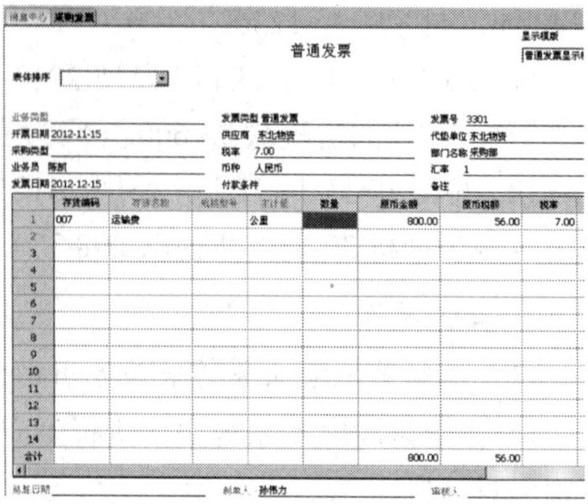

图 13-17　填制第 2 笔业务的采购普通发票

注意

- 按会计制度规定，运费可以按 7%的税率进行增值税的进项税额抵扣，因此运费成本为扣除 7%进项税后的部分。
- 如果在启用应付款系统的同时启用采购系统，则应在采购系统中填制“运费发票”，在应付款系统中对采购系统传递过来的“运费发票”进行付款及付款核销等操作。

（3）继续录入

用同样的方法继续录入第 3 笔、第 4 笔及第 5 笔业务的采购专用发票。

（4）修改采购专用发票

1）在应付款管理系统中，执行“应付单据处理”｜“应付单据录入”命令，打开“单据类别”对话框。

2）单击【确定】按钮，进入“采购专用发票”窗口。

3）单击【放弃】按钮，再单击【是】按钮，放弃对该单据的录入。单击【刷新】按钮，出现已录入的采购专用发票。

4）单击【上张】按钮，找到“668800”号采购专用发票。

5）单击【修改】按钮，将“原币单价”修改为“8120”，如图 13-18 所示。

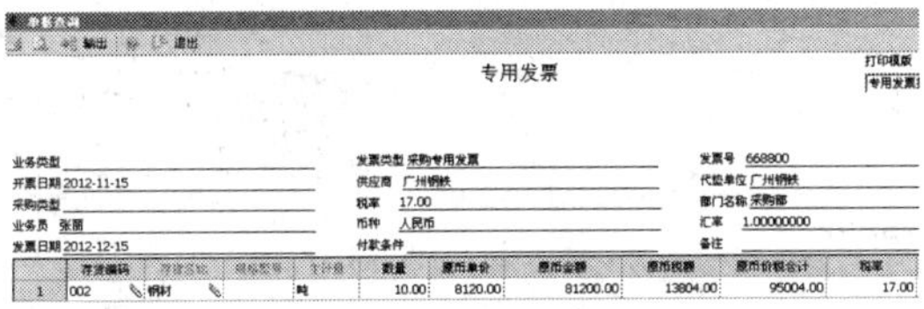

图 13-18　修改采购专用发票

6）单击【保存】按钮，再单击【退出】按钮退出。

注意

- 因为在进入采购专用发票窗口时，系统是处在增加状态，如果想查找某一张采购专用发票，则应放弃当前的增加操作，进入查询状态，否则将不能翻页。
- 采购发票被修改后必须保存。保存的采购发票在审核后才能制单。

（5）删除采购专用发票

1）在应付款管理系统中，执行“应付单据处理”｜“应付单据录入”命令，打开“单据类别”对话框。

2）单击【确定】按钮，打开“采购专用发票”窗口。

3）单击【放弃】按钮，再单击【是】按钮，放弃对该单据的录入。再单击【刷新】按钮，出现已录入的采购专用发票。

4）单击【首张】按钮，再单击【下张】按钮，找到“668801”号采购专用发票。

5）单击【删除】按钮，系统提示“单据删除后不能恢复，是否继续”，如图 13-19 所示。

6）单击【是】按钮，再单击【退出】按钮退出。

（6）审核应付单据

1）在应付款管理系统中，执行“应付单据处理”｜“应付单据审核”命令，打开“单据过滤条件”对话框。

2）单击【确定】按钮，进入“应付单据列表”窗口，如图 13-20 所示。

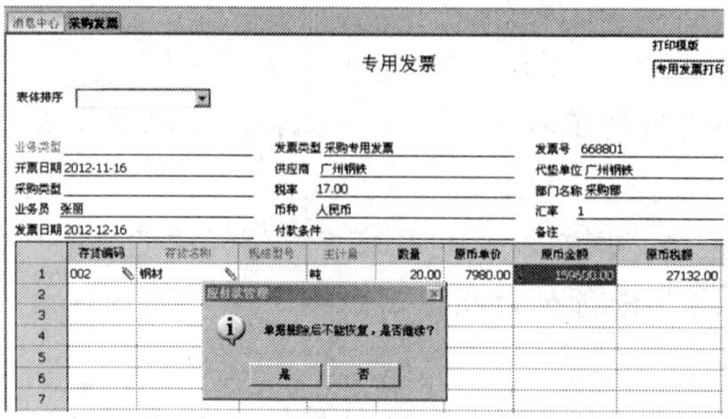

图 13-19　删除采购专用发票

图 13-20　应付单据列表

3）单击【全选】按钮。

4）单击【审核】按钮，系统提示“本次审核成功单据 5 张”，如图 13-21 所示。

5）单击【确定】按钮，再单击【退出】按钮退出。

（7）制单

1）在应付款管理系统中，执行“制单处理”命令，打开“制单查询”对话框，如图 13-22 所示。

2）选中“发票制单”前的复选框，单击【确定】按钮，进入“制单”窗口。

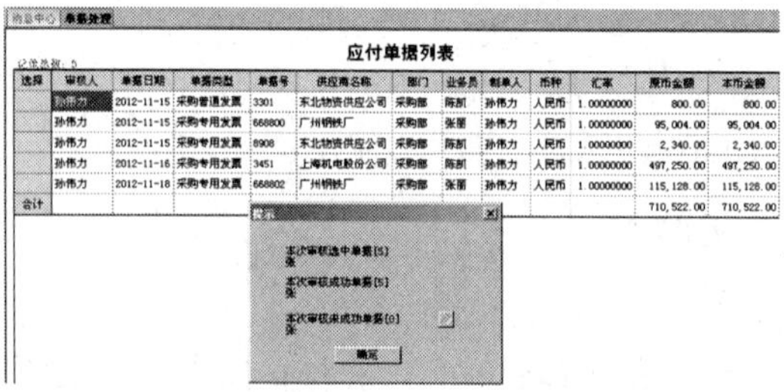

图 13-21　应付单据审核

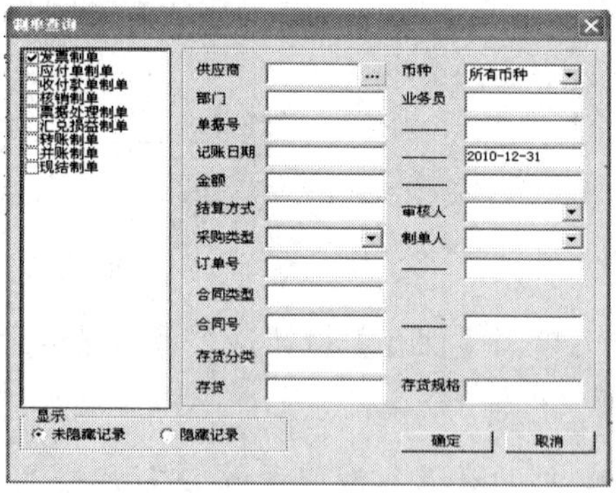

图 13-22　“制单查询”对话框

3）单击【全选】按钮，单击“凭证类别”栏的下三角按钮，选择“转账凭证”，如图 13-23 所示。

4）单击【制单】按钮，生成第 1 张转账凭证。

5）单击【保存】按钮，结果如图 13-24 所示。

图 13-23　“制单”窗口设置

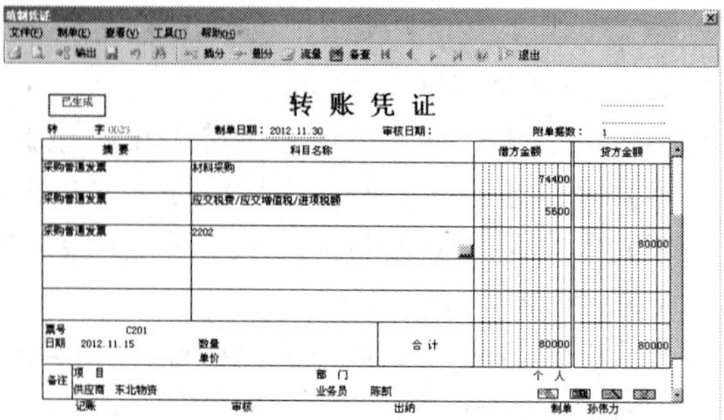

图 13-24　采购转账凭证生成

注意

- 在“制单查询”对话框中，系统已默认制单内容为“发票制单”，如果需要选中其他内容制单，可以选中要制单内容前的复选框。
- 如果所选择的凭证类型错误，可以在生成凭证后再修改。
- 如果一次生成了多张记账凭证，可以在保存了一张凭证后再打开其他凭证，直到全部保存为止，未保存的凭证视为放弃本次凭证生成的操作。
- 只有在凭证保存后才能传递到总账系统，再在总账系统中进行审核和记账等。
- 其中第 1 号转账凭证是根据普通发票填制的，其运费中应抵扣的进项税为价内税，因此进项税为 56 元，而物资采购为 744 元。

6）单击【下张】按钮，再单击【保存】按钮，完成全部单据的制单。

（8）填制付款单

1）在应付款管理系统中，执行“付款单据处理”｜“付款单据录入”命令，进入“应付单”窗口。

2）单击【增加】按钮，修改开票日期为“2012-11-22”；在“供应商”栏录入“001”，或单击“供应商”栏的参照按钮，选择“广州钢铁厂”；在“结算方式”栏录入“202”，或单击“结算方式”栏的下三角按钮，选择“转账支票”；在“金额”栏录入“93600”，在“摘要”栏录入“支付购买钢材的货税款”，如图 13-25 所示。

3）单击【保存】按钮。再单击【增加】按钮，继续录入第 2 张及第 3 张付款单。

注意

- 在单击付款单的【保存】按钮后，系统会自动生成付款单表体的内容。
- 表体中的款项类型系统默认为“应付款”，可以修改。款项类型还包括“预付款”和“其他费用”。
- 若一张付款单中，表头供应商与表体供应商不同，则视表体供应商的款项为代收款。
- 在填制付款单后，可以直接单击【核销】按钮进行单据核销的操作。
- 如果是供应商退款，则可以单击【切换】按钮，填制红字付款单。

（9）修改付款单

1）在应付款管理系统中，执行“付款单据处理”｜“付款单据录入”命令，进入“付款单”窗口。

2）单击【下张】按钮，找到要修改的“付款单”，单击【修改】按钮，分别将上半部分和下半部分的“金额”修改为“98000”，如图 13-26 所示。

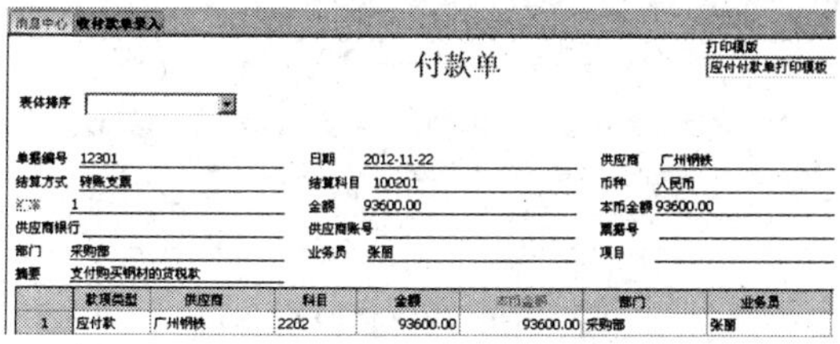

图 13-25　填制付款单

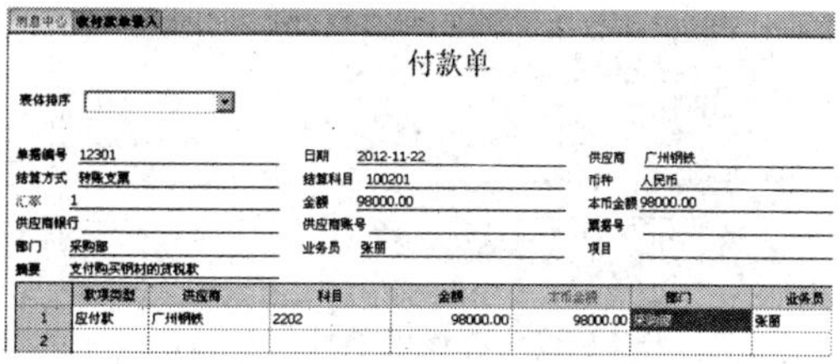

图 13-26　修改付款单

3）单击【保存】按钮，再单击【退出】按钮退出。

（10）删除付款单

1）在应付款管理系统中，执行“付款单据处理”｜“付款单据录入”命令，进入“付款单”窗口。

2）单击【下张】按钮，找到要删除的付款单 12302。

3）单击【删除】按钮，系统提示：“单据删除后不能恢复，是否继续?”如图 13-27 所示。

4）单击【是】按钮，然后单击【退出】按钮退出。

（11）审核付款单

1）在应付款管理系统中，执行“付款单据处理”｜“付款单据审核”命令，打开“付款单过滤条件”对话框。

2）单击【确定】按钮，进入“收付款单列表”窗口。

3）单击【全选】按钮，再单击【审核】按钮，系统提示“本次审核成功单据 2 张”，如图 13-28 所示。

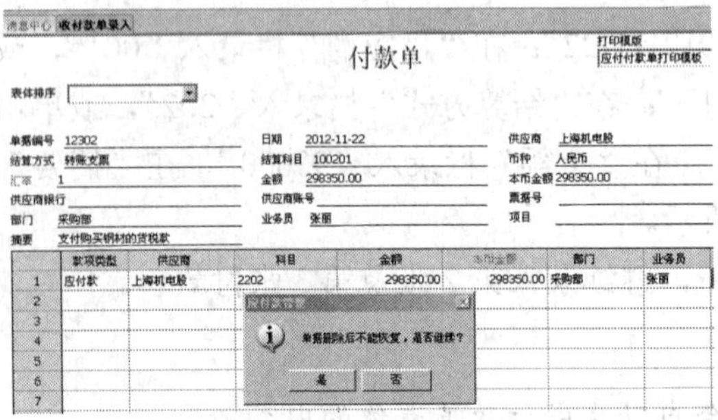

图 13-27　删除付款单

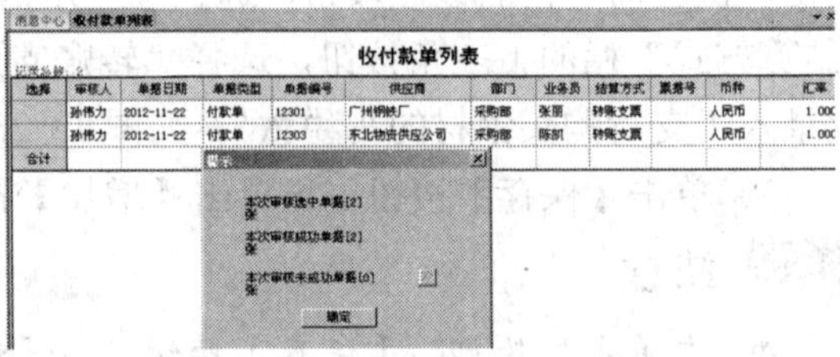

图 13-28　付款单审核

4）单击【确定】按钮，再单击【退出】按钮退出。

（12）核销付款单

1）在应付款管理系统中，执行“核销处理”｜“手工核销”命令，进入“核销条件”对话框。

2）在“供应商”栏中录入“004”，或单击“供应商”栏的参照按钮，选择“广州钢铁厂”，如图 13-29 所示。

3）单击【确定】按钮，进入“单据核销”窗口。在上半部分“本次结算”栏的第 1 行录入“95004”，在下半部分“本次结算”栏的第 3 行录入“95004”，如图 13-30 所示。

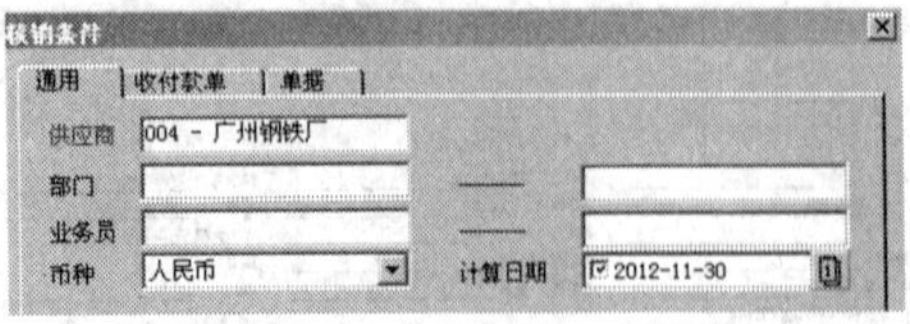

图 13-29　“核销条件”对话框

图 13-30　应付款单据核销

4）单击【保存】按钮，再单击【退出】按钮，结果如图 13-31 所示。

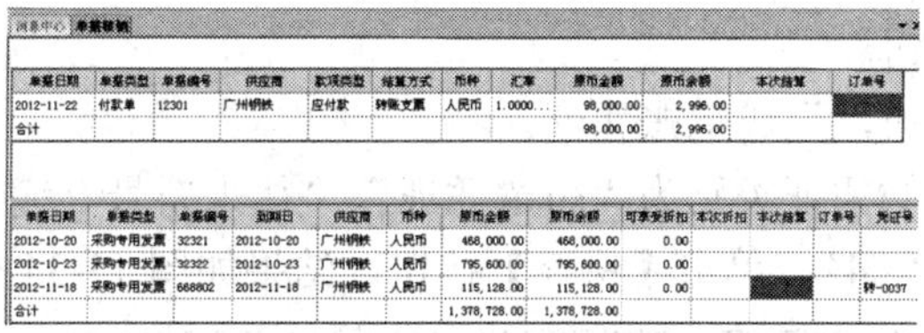

图 13-31 应付款单据核销结果

注意

- 在保存核销内容后，单据核销窗口中将不再显示已被核销的内容。
- 结算单列表显示的是“款项类型”为“应付款”和“预付款”的记录，而“款项类型”为其他费用的记录不允许在此作为核销记录。
- 核销时，结算单列表中“款项类型”为“应付款”的记录默认本次结算金额为该记录上的原币金额；“款项类型”为“预付款”的记录默认的本次结算金额为空。核销时可以修改本次结算金额，但是不能大于该记录的原币金额。
- 在结算单列表中，单击【分摊】按钮，系统将当前结算单列表中的本次结算金额合计自动分摊到被核销单据列表的本次结算栏中。核销顺序依据被核销单据的排序顺序。
- 手工核销时一次只能显示一个供应商的单据记录，且结算单列表根据表体记录明细显示。当结算单有代付处理时，只显示当前所选供应商的记录。
- 一次只能对一种结算单类型进行核销，即手工核销的情况下需要将收款单和付款单分开核销。
- 手工核销保存时，若结算单列表的本次结算金额大于或小于被核销单据列表的本次结算金额合计，系统将提示结算金额不相等，不能保存。
- 若发票中同时存在红蓝记录，则核销时先进行单据的内部对冲。
- 如果核销后未进行其他处理，可以在期末处理的“取消操作”功能中取消核销操作。

（13）制单

1）在应付款管理系统钟，执行“制单处理”命令，打开“制单查询”对话框，如图 13-32 所示。

2）选中“收付款单制单”前的复选框，单击【确定】按钮，进入“应付制单”窗口，如图 13-33 所示。

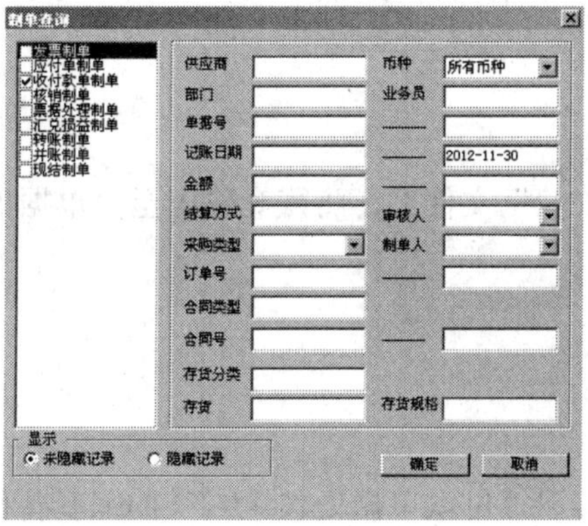

图 13-32 “制单查询”对话框

图 13-33 制单条件选择

3）单击【全选】按钮。

4）单击【制单】按钮，生成记账凭证。

5）修改第一张凭证的凭证类别为“付款凭证”，“往来票号”输入“C202”，支票号输入“ZZ1101”，现金流量选“04”，单击【保存】按钮，结果如图 13-34 所示。

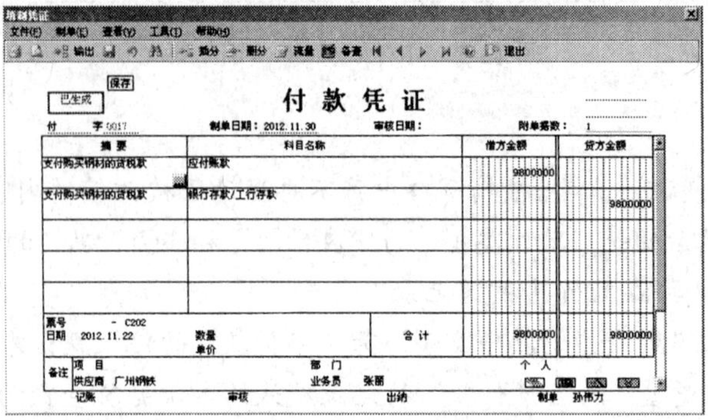

图 13-34　付款单制单

6）单击【下张】按钮，再修改凭证类别为“付款凭证”，单击【保存】按钮，然后单击【退出】按钮退出，如图 13-35 所示。

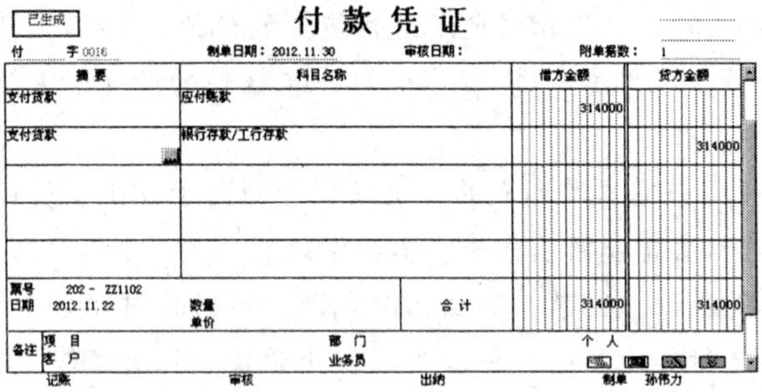

图 13-35　付款单制单

注意

● 如果在“单据查询”窗口中，选中“收付款单制单”后，再取消勾选“发票制单”选项，则会打开“收付款制单”窗口。如果不取消勾选“发票制单”选项，虽然制单窗口显示的是“应付制单”，但两种待制的单据都会显示出来。

● 在制单功能中还可以根据需要进行合并制单。

（14）账套备份

在“D：\账套备份”文件夹中新建“单据处理 13-2”文件夹，将账套输出至“单据处理 13-2”文件夹中。

13.3.3　票据管理实训及操作

1．实训准备

已经完成了 13.3.2 实训的操作，可以引入已完成实训“付款单据处理 13-2”的账套备份数据，将系统日期修改为“2012 年 11 月 30 日”，注册进入应付款管理系统。

2. 实训要求

- 填制商业承兑汇票，暂不制单。
- 商业承兑汇票贴现并制单。
- 结算商业承兑汇票并制单。
- 制单。
- 账套备份。

3. 实训资料

1）2012 年 11 月 2 日，向上海机电股份公司签发并承兑的商业承兑汇票一张（N0.56121），面值为 298 350 元，到期日为 2013 年 2 月 2 日。

2）2012 年 11 月 3 日，向云南铜业股份公司签发并承兑的商业承兑汇票一张（N0.56561），面值为 187 200 元，到期日为 2012 年 11 月 23 日。

3）2012 年 11 月 23 日，将 2012 年 11 月 3 日向云南铜业股份公司签发并承兑的商业承兑汇票（NO.56561）结算。

4. 实训操作

（1）填制商业承兑汇票

1）在应付款管理系统中，执行“票据管理”命令，打开“票据查询”对话框。

2）单击【确定】按钮，进入“票据管理”窗口。

3）单击【增加】按钮，打开“票据增加”对话框。

4）单击“结算方式”栏的下三角按钮，选择“商业承兑汇票”，在“票据编号”栏录入“56561”；在“收到单位”栏录入“002”，或单击“承兑单位”栏的参照按钮，选择“上海机电股份公司”；在“票据面值”栏录入“298350”，在“签发日期”栏选择“2012-11-02”，在“到期日”栏选择“2013-02-02”，在“摘要”栏录入“签发并承兑商业承兑汇票”，如图 13-36 所示。

5）单击【确定】按钮，返回“票据管理”窗口。以此方法继续录入第 2 张商业承兑汇票，如图 13-37 所示。

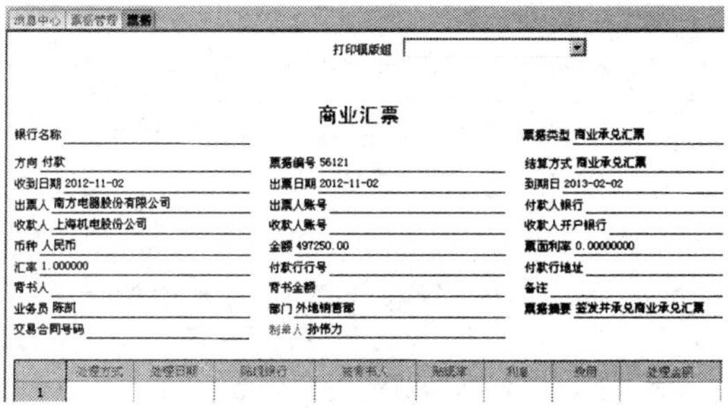

图 13-36　填制商业汇票

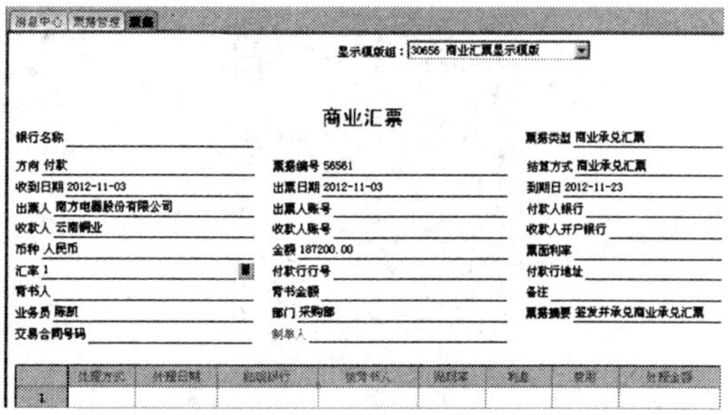

图 13-37　继续填制商业汇票

注意

- 保存一张商业票据之后，系统会自动生成一张付款单。这张付款单还需经过审核才能生成记账凭证。
- 由票据生成的付款单不能修改。

- 在票据管理功能中可以对商业承兑汇票和银行承兑汇票进行日常业务处理，包括票据的取得、结算、背书、转出、计息等。
- 商业承兑汇票不能有承兑银行，银行承兑汇票必须有承兑银行。

（2）商业承兑汇票结算

1）在应付款管理系统中，执行“票据管理”命令，打开“票据查询”对话框。

2）单击【确定】按钮，进入“票据管理”窗口。

3）单击选中向云南铜业股份公司签发并承兑的商业承兑汇票（NO.56561），如图 13-38 所示。

4）单击【结算】按钮，打开“票据结算”对话框。

5）修改“结算日期”为“2012-11-23”，录入“结算金额”为“23400”；在“结算科目”栏录入“100201”，或单击“结算科目”栏的参照按钮，选择“100201 工行存款”，如图 13-39 所示。

图 13-38　票据结算选择

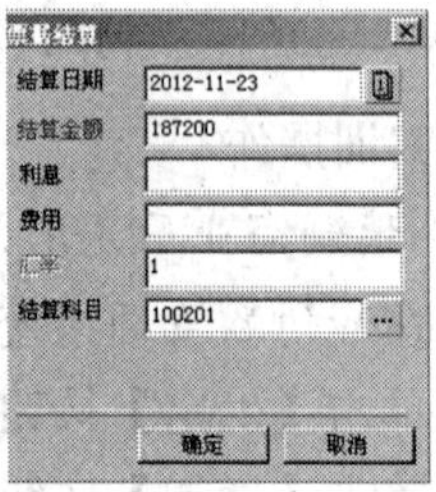

图 13-39　“票据结算”对话框

6）单击【确定】按钮，出现“是否立即制单”的信息提示框，如图 13-40 所示。

7）单击【是】按钮，生成结算的记账凭证，修改凭证类别为“付款凭证”，单击【保存】按钮，如图 13-41 所示。

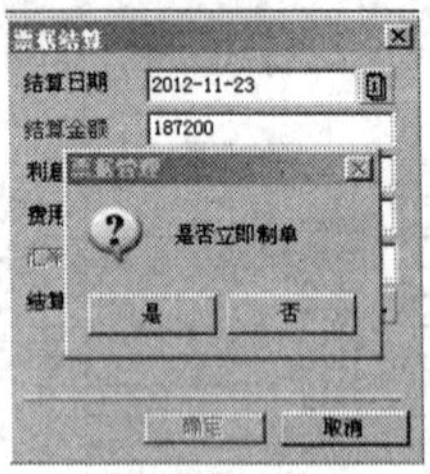

图 13-40　“票据管理”信息提示框

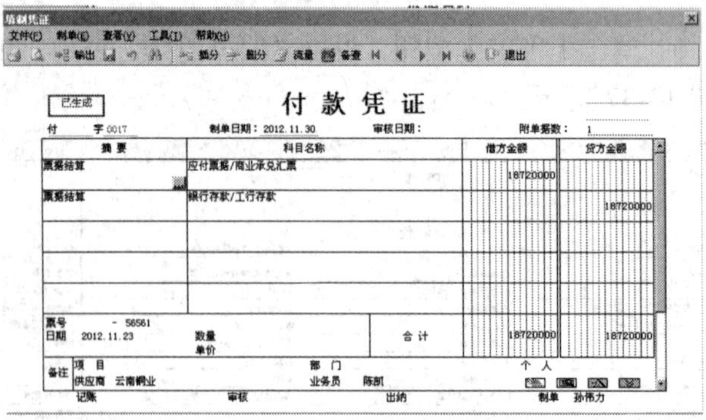

图 13-41　票据结算的凭证生成

8）单击【退出】按钮退出。

注意

- 当票据到期付款时，执行票据结算处理。
- 进行票据结算时，结算金额应是通过结算实际支付的金额。
- 票据结算后，不能再进行其他与票据相关的处理。

（3）审核付款单

1）在应付款管理系统中，执行“付款单据处理”｜“付款单据审核”命令，打开“付款单过滤条件”对话框。

2）单击【确定】按钮，进入“收付款单列表”窗口。

3）单击【全选】按钮，再单击【审核】按钮，出现“本次审核成功[2]张”的提示，如图 13-42 所示。

4）单击【确定】按钮，在“审核人”栏出现审核人的签字。

5）单击【退出】按钮退出。

注意

● 在票据保存后，由系统自动生成了一张付款单，这张付款单应在审核后再到制单处理中生成记账凭证，才可完成应付账款转为应付票据的核算过程。

（4）制单

1）在应付款管理系统中，执行“制单处理”命令，打开“制单查询”对话框。

2）选中“收付款单制单”，单击【确定】按钮，进入“收付款单制单”窗口，单击“凭证类别”栏的下三角按钮，选择“转账凭证”，再单击【全选】按钮，如图 13-43 所示。

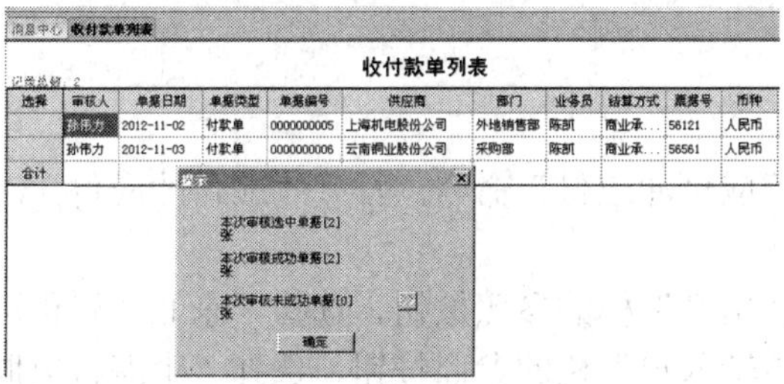

图 13-42　付款单审核

图 13-43　“收付款单制单”窗口

3）单击【制单】按钮，出现第 1 张记账凭证，单击【保存】按钮，保存第 1 张记账凭证。再单击【下张】按钮，然后单击【保存】按钮，保存第 2 张记账凭证，如图 13-44、图 13-45 所示。

4）单击【退出】按钮退出。

（5）账套备份

在“D:＼账套备份”文件夹中新建“票据处理 13-3”文件夹，将账套输出至“票据处理 13-3”文件夹中。

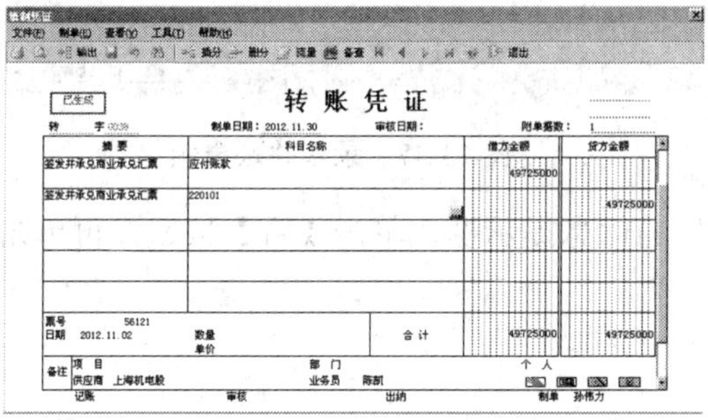

图 13-44　付款单制单 1

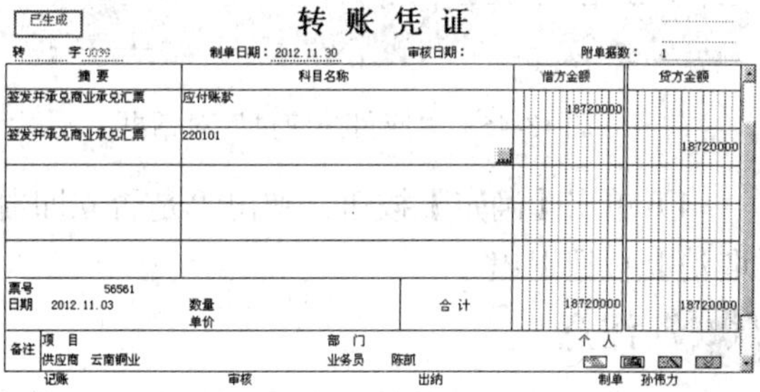

图 13-45　付款单制单 2

13.3.4 转账处理实训及操作

1. 实训准备

已经完成了 13.3.3 实训的操作，可以引入已完成实训（13-3）票据处理的账套备份数据，或引入光盘中的“实训账套\（13-3）票据处理”。将系统日期修改为“2012 年 11 月 30 日”，注册进入应付款管理系统。

2. 实训要求

- 应付冲应付暂不制单。
- 预付冲应付暂不制单。
- 制单。
- 账套备份。

3. 实训资料

1）2012 年 11 月 30 日，经三方同意，将 2011 年 10 月 23 日形成的应向“东北物资供应公司”支付的货税款 526 500 元转为向上海机电股份公司的应付账款。

2）2012 年 11 月 30 日，经双方同意，将向广州钢铁厂 2012 年 11 月 18 购买 12 吨钢材的货税款 16 848 元与预付款冲抵。

4. 实训操作

（1）将应付账款冲抵应付账款

1）在应付款管理系统中，执行“转账”｜“应付冲应付”命令，打开“应付冲应付”对话框。

2）在“转出产”栏录入“001”，或单击“转出产”栏的参照按钮，选择“东北物资供应公司”；再在“转入户”栏录入“002”，或单击“转入户”栏的参照按钮，选择“上海机电股份公司”，如图 13-46 所示。

3）单击【过滤】按钮。在第 1 行“并账金额”栏录入“526500”，如图 13-47 所示。

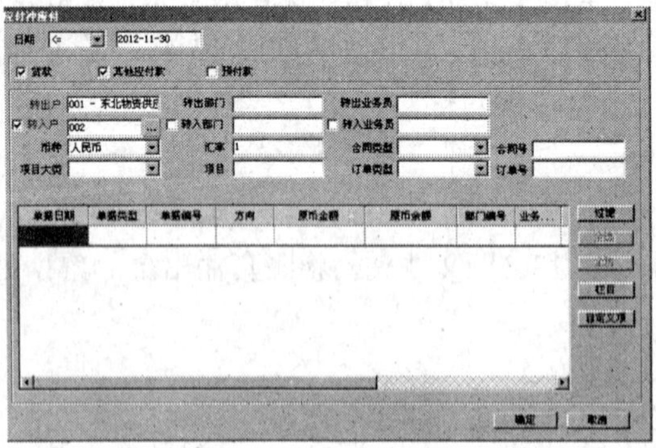

图 13-46 “应付冲应付”对话框

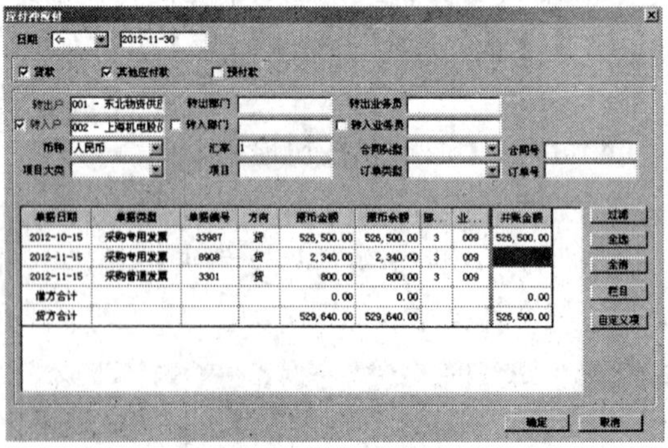

图 13-47 录入并账金额

4）单击【确定】按钮，弹出“是否立即制单”的信息提示框，单击【否】按钮，再单击【取消】按钮退出。

注意

- 每一笔应付款的转账金额不能大于其余额。

● 每次只能选择一个转入单位。

（2）将预付账款冲抵应付账款

1）在应付款管理系统中，执行“转账”|“预付冲应付”命令，打开“预付冲应付”对话框。

2）在“供应商”栏录入“002”，或单击“供应商”栏的参照按钮，选择“上海机电股份公司”。

3）单击【过滤】按钮，在“转账金额”栏录入“298350”，如图 13-48 所示。

4）选择“应付款”选项卡，单击【过滤】按钮，在“转账金额”栏录入“298350”，如图 13-49 所示。

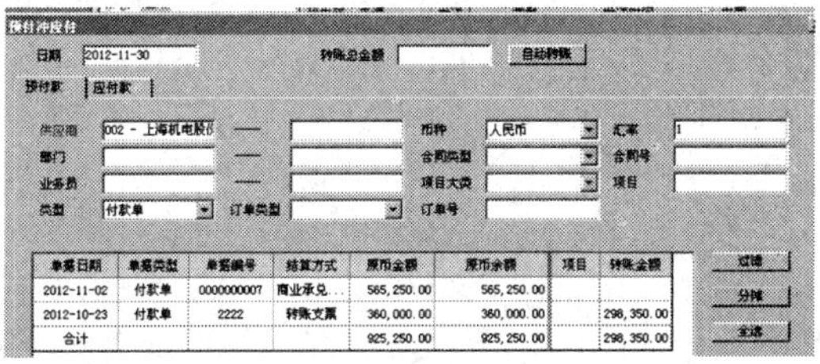

图 13-48　预付款设置

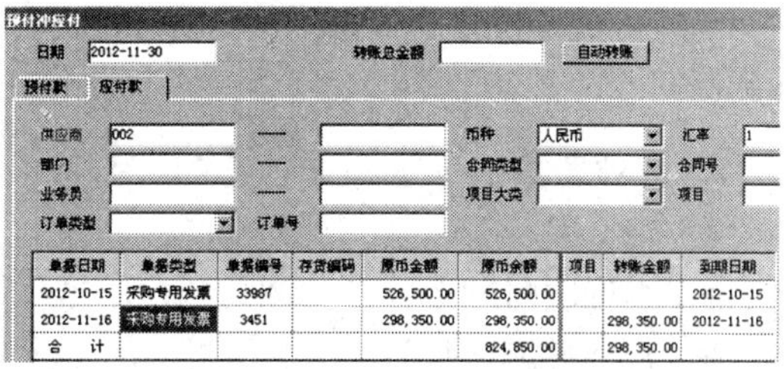

图 13-49　应付款设置

5）单击【确定】按钮，弹出“是否立即制单”的信息提示框，单击【否】按钮，再单击【取消】按钮退出，冲销结果如图 13-50 所示。

注意

● 可以在输入转账总金额后单击【自动转账】按钮，系统自动根据条件进行成批的预付冲抵应付款工作。

● 每一笔应付款的转账金额不能大于其余额。

● 应付款的转账金额合计应该等于预付款的转账金额合计。

● 如果是红字预付款和红字应付单进行冲销，要把过滤条件中的“类型”选为“收款单”。

（3）制单

1）在应付款管理系统中，执行“制单处理”命令，打开“制单查询”对话框。

2）单击选中“转账制单”和“并账制单”。

3）单击【确定】按钮，打开“应付制单”窗口，单击【全选】按钮，再单击“凭证类别”栏的参照按钮，选择“记账凭证”，如图 13-51 所示。

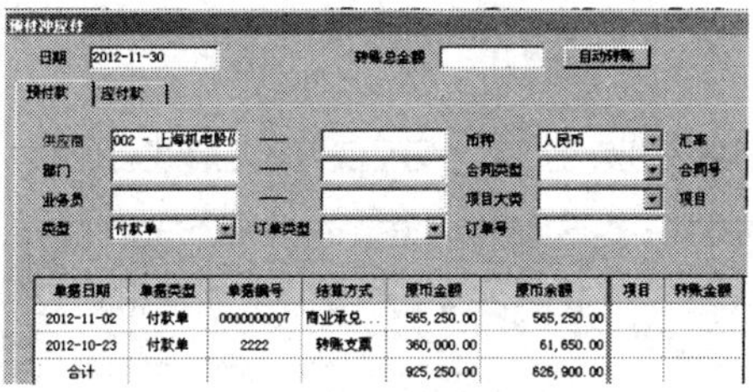

图 13-50　冲销结果

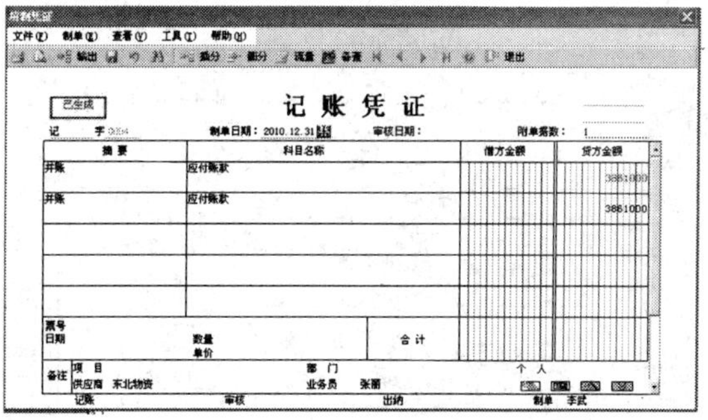

图 13-51　“填制凭证”窗口

4）单击【制单】按钮，出现第 1 张记账凭证，单击【保存】按钮，保存第 1 张记账凭证。

5）单击【下张】按钮，再单击【保存】按钮，保存第 2 张记账凭证。

6）单击【退出】按钮退出。

（4）账套备份

在“D：\账套备份”文件夹中新建“转账处理 13-4”文件夹，将账输出至“转账处理 13-4”文件夹中。

13.3.5 账表查询及其他处理实训及操作

1. 实训准备

已经完成了 13.3.4 的操作，可以引入已完成实训“转账处理 13-4”的账套备份数据，将系统日期改为“2012 年 11 月 30 日”，注册进入应付款管理系统。

2. 实训要求

- 查询发票。
- 查询收付款单。
- 查询并删除凭证。
- 对供应商进行付款账龄分析。
- 查询 2012 年 11 月的业务总账。
- 查询应付账款科目余额表。
- 取消对东北物资供应公司的转账操作。
- 将未制单的单据制单。
- 结账。
- 账套备份。

3. 实训操作

（1）查询 11 月填制的所有采购专用发票

1）在应付款管理系统中，执行“单据查询”|“发票查询”命令，打开“发票查询”对话框，如图 13-52 所示。

2）单击“发票类型”栏的下三角按钮，选择“采购专用发票”。

3）单击【确定】按钮，进入“发票查询”窗口，如图 13-53 所示。

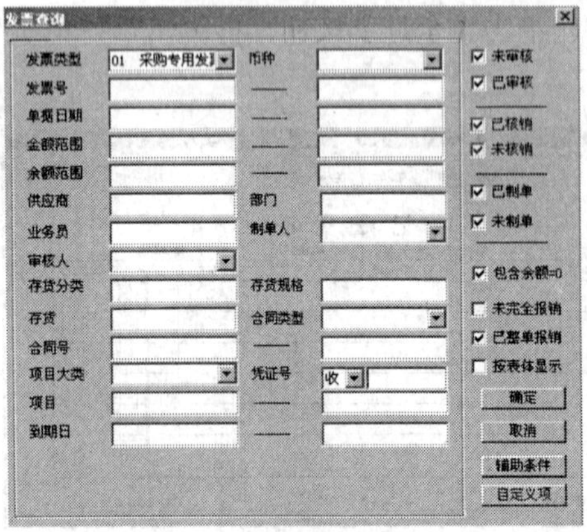

图 13-52 “发票查询”对话框

图 13-53 “发票查询”窗口

4）单击【退出】按钮退出。

注意

● 在“发票查询”功能中可以分别查询“已审核”、“未审核”、“已核销”及“未核销”的发票。还可以按“发票号”、“单据日期”、“金额范围”或“余额范围”等条件进行查询。

● 在“发票查询”窗口中，单击【查询】按钮，可以重新输入查询条件；单击【单据】按钮，可以调出原始单据卡片；单击【详细】按钮，可以查看当前单据的详细结算情况；单击【凭证】按钮，可以查询单据所对应的凭证；单击【栏目】按钮，可以设置当前查询列表的显示栏目、栏目顺序、栏目名称、排序方式，可以保存设置内容。

（2）查询 11 月所有的收付款单

1）在应付款管理系统中，执行“单据查询”｜“收付款单查询”命令，打开“收付款单查询”对话框。

2）单击【确定】按钮，进入“收付款单查询”窗口，如图 13-54 所示。

图 13-54　“收付款单查询”窗口

3）单击【退出】按钮退出。

注意

● 在“收付款单查询”功能中可以分别查询“已核销”、“未核销”、“应付款”、“预付款”及“费用”的收付款情况。还可以按“单据编号”、“金额范围”、“余额范围”或“单据日期”等条件进行查询。

● 在“收付款单”查询窗口中，也可以分别单击【查询】、【详细】、【单据】及【凭证】等按钮，查询相应的内容。

（3）删除 11 月 22 日填制的支付东北物资供应公司货款的记账凭证

1）在应付款管理系统中，执行“单据查询”｜“凭证查询”命令，打开“凭证查询条件”对话框。

2）单击“业务类型”栏的下三角按钮，选择“收付款单制单”，在“供应商”栏输入“001”或单击“供应商”栏的参照按钮，选择“东北物资供应公司”，如图 13-55 所示。

3）单击【确定】按钮，进入“凭证查询”窗口。

4）单击选中“收付款单制单”的记账凭证，如图 13-56 所示。

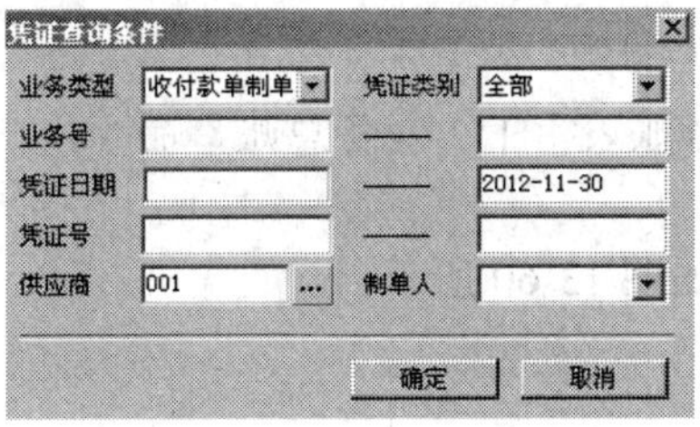

图 13-55　设置凭证查询条件

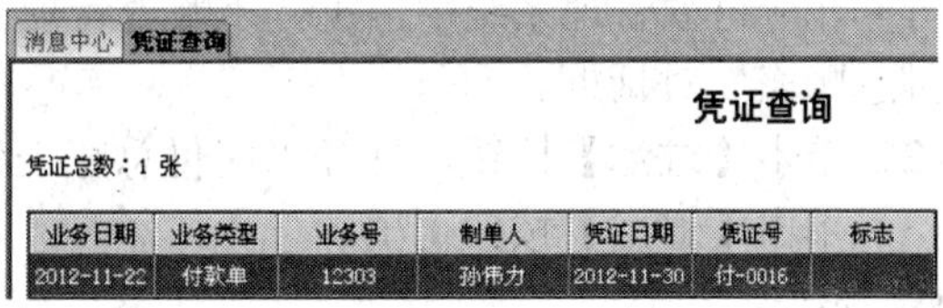

图 13-56　凭证查询结果

5）单击【删除】按钮，系统提示：“确定要删除此凭证吗?”，如图 13-57 所示。

6）单击【是】按钮，即删除了此张凭证。

7）单击【退出】按钮退出。

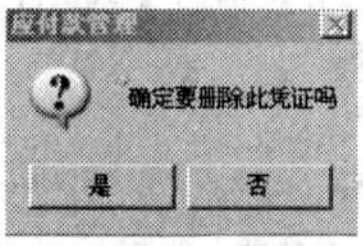

图 13-57　删除凭证

注意

● 在“凭证查询”功能中，可以查看、修改、删除或冲销由应付款系统生成并传递到总账系统中的记账凭证。

● 如果凭证已经在总账系统中记账，又需要对形成凭证的原始单据进行修改，则可以通过冲销方式冲销凭证，然后对原始单据进行其他操作后再重新生成凭证。

● 一张凭证被删除（或被冲销）后，它所对应的原始单据及相应的操作内容可以重新制单。

● 只有未在总账系统中审核的凭证才能删除。如果已经在总账系统中进行了出纳签字，应取消出纳签字后再进行删除操作。

（4）应付账龄分析

1）在应付款管理系统中，执行“账表管理”｜“统计分析”｜“付款账龄分析”命令，打开“付款账龄分析”对话框，如图 13-58 所示。

2）单击【确定】按钮，进入“付款账龄分析”窗口，如图 13-59 所示。

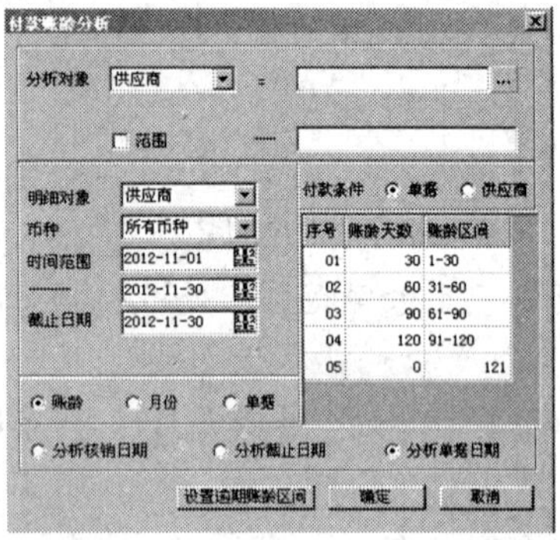

图 13-58　“付款账龄分析”对话框

图 13-59　“付款账龄分析”窗口

3）单击【退出】按钮退出。

注意

● 在“统计分析”功能中，可以按定义的账龄区间，进行一定期间内应付款账龄分析、付款账龄分析、往来账龄分析，了解向各个供应商付款的周转天数、周转率，了解各个账龄区间内应付款、付款及往来情况，能及时发现问题，加强对往来款项动态的监督管理。

（5）查询业务总账

1）在应付款管理系统中，执行“账表管理”｜“业务账表”｜“业务总账”命令，打开“应付总账表”对话框。

2）单击【过滤】按钮，打开“应付总账表”窗口，如图 13-60 所示。

3）单击【退出】按钮退出。

注意

● 通过业务账表查询，可以及时了解一定期间内期初应付款结存汇总情况、应付款发生、付款发生的汇总情况、累计情况及期末应付款结存汇总情况，还可以了解各个供应商期初应付款结存明细情况、应付款发生、付款发生的明细情况、累计情况及期末应付款结存明细情况，及时发现问题，加强对往来款项的监督管理。

● 业务总账查询是对一定期间内应付款汇总情况的查询。在业务总账查询的应付总账表中不仅可以查询“本期应付”款，还可以查询“本期支付应付款及应付款”的“余额”情况。

（6）查询科目明细账

1）在应付款管理系统中，执行“账表管理”｜“科目账查询”｜“科目明细账”命令，打开“供应商往来科目明细账”对话框，如图 13-61 所示。

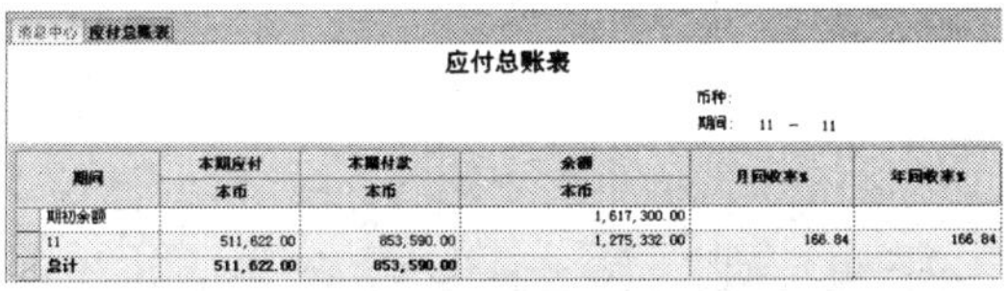

期间	本期应付	本期付款	余额	月回收率%	年回收率%
	本币	本币	本币		
期初余额			1,617,300.00		
11	511,622.00	853,590.00	1,275,332.00	166.84	166.84
总计	511,622.00	853,590.00			

图 13-60　“应付总账表”窗口

图 13-61　“供应商往来科目明细账”对话框

2）单击【确定】按钮，打开“科目明细账”窗口，如图 13-62 所示。

2012年 月	日	凭证号	科目 编号	科目 名称	供应商 编号	供应商 名称	摘要	借方 本币	贷方 本币	方向	余额 本币
			1123	预付账款	002	上海机电股	期初余额			借	360,000.00
			1123	预付账款			合　计			借	360,000.00
			1123	预付账款			累　计			借	360,000.00
			220101	商业承兑汇票	001	东北物资	期初余额			贷	526,500.00
11	30	转-0039	220101	商业承兑汇票	002	上海机电股	签发并承兑商业承兑汇		565,250.00	贷	565,250.00
11			220101	商业承兑汇票	002	上海机电股	当前合计		565,250.00	贷	565,250.00
11			220101	商业承兑汇票	002	上海机电股	当前累计		565,250.00	贷	565,250.00
11	30	付-0017	220101	商业承兑汇票	003	云南铜业	票据结算	187,200.00		借	187,200.00
11	30	转-0038	220101	商业承兑汇票	003	云南铜业	签发并承兑商业承兑汇		187,200.00	平	
11			220101	商业承兑汇票	003	云南铜业	当前合计	187,200.00	187,200.00	平	
11			220101	商业承兑汇票	003	云南铜业	当前累计	187,200.00	187,200.00	平	
			220101	商业承兑汇票			合　计	187,200.00	752,450.00	贷	1,091,750.00
			220101	商业承兑汇票			累　计	187,200.00	752,450.00	贷	1,091,750.00
11	30	转-0033	2202	应付账款	001	东北物资	采购普通发票		800.00	贷	800.00
11	30	转-0034	2202	应付账款	001	东北物资	采购专用发票		2,340.00	贷	3,140.00
11			2202	应付账款	001	东北物资	当前合计		3,140.00	贷	3,140.00
11			2202	应付账款	001	东北物资	当前累计		3,140.00	贷	3,140.00
11	17	转-0003	2202	应付账款	002	上海机电股	购材料		93,600.00	贷	93,600.00
11	30	转-0036	2202	应付账款	002	上海机电股	采购专用发票		298,350.00	贷	391,950.00
11	30	转-0039	2202	应付账款	002	上海机电股	签发并承兑商业承兑汇	565,250.00		借	173,300.00
11			2202	应付账款	002	上海机电股	当前合计	565,250.00	391,950.00	借	173,300.00
11			2202	应付账款	002	上海机电股	当前累计	565,250.00	391,950.00	借	173,300.00
			2202	应付账款	003	云南铜业	期初余额			贷	187,200.00
11	15	付-0008	2202	应付账款	003	云南铜业	归还欠款	189,760.00		借	2,560.00
11	30	转-0038	2202	应付账款	003	云南铜业	签发并承兑商业承兑汇	187,200.00		借	189,760.00
11			2202	应付账款	003	云南铜业	当前合计	376,960.00		借	189,760.00
11			2202	应付账款	003	云南铜业	当前累计	376,960.00		借	189,760.00
			2202	应付账款	004	广州钢铁	期初余额			贷	1,263,600.00
11	30	付-0015	2202	应付账款	004	广州钢铁	支付购买钢材的货税款	98,000.00		贷	1,165,600.00
11	30	转-0035	2202	应付账款	004	广州钢铁	采购专用发票		95,004.00	贷	1,260,604.00
11	30	转-0037	2202	应付账款	004	广州钢铁	采购专用发票		115,128.00	贷	1,375,732.00
11			2202	应付账款	004	广州钢铁	当前合计	98,000.00	210,132.00	贷	1,375,732.00
11			2202	应付账款	004	广州钢铁	当前累计	98,000.00	210,132.00	贷	1,375,732.00
			2202	应付账款			合　计	1,040,210.00	605,222.00	贷	1,015,812.00
			2202	应付账款			累　计	1,040,210.00	605,222.00	贷	1,015,812.00
							合　计	1,227,410.00	1,357,672.00	贷	1,747,562.00
							累　计	1,227,410.00	1,357,672.00	贷	1,747,562.00

图 13-62　“科目明细账”窗口

3）单击【退出】按钮退出。

注意

- 科目账查询包括科目明细账查询和科目余额表查询。
- 科目明细账查询可以查询供应商往来科目下往来供应商的往来明细账，细分为科目明细账、供应商明细账、三栏明细账、部门明细账、项目细账、业务员明细账等。

（7）取消转账操作

1）在应付款管理系统中，执行“其他处理”｜“取消操作”命令，打开“取消操作条件”对话框，如图 13-63 所示。在“供应商”栏录入“004”，或单击“供应商”栏参照按钮，选择“广州钢铁厂”。

2）单击【确定】按钮，打开“取消操作”窗口。

3）在“取消操作”窗口中，双击“选择标志”栏，如图 13-64 所示。

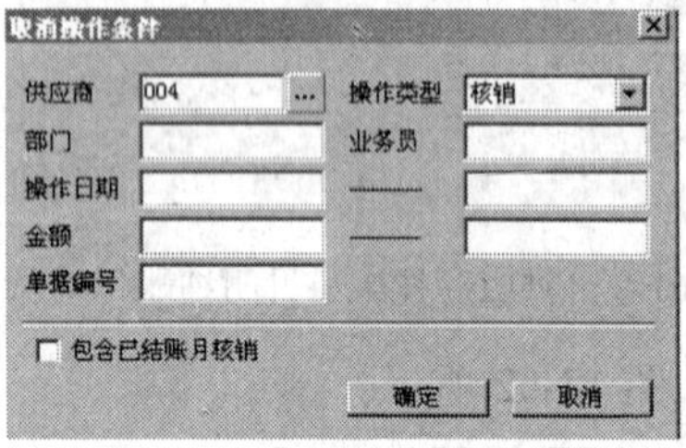

图 13-63　取消核销操作条件

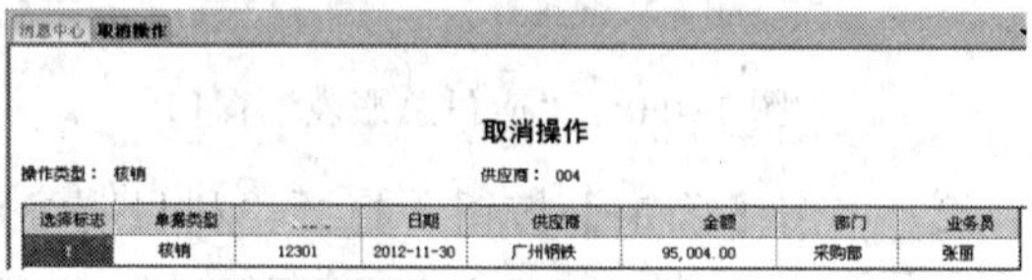

图 13-64　取消操作

4）单击【确认】按钮。

5）单击【退出】按钮退出。

注意

- 取消操作类型包括取消核销、取消转账、取消汇兑损益、取消票据处理、取消并账等几类。
- 取消操作必须在未进行后序操作的情况下进行，如果已经进行了后序操作，则应在恢复后序操作后再取消操作。

（8）制单

1）在应付款管理系统中，执行“制单处理”命令，打开“制单查询”对话框。

2）选中“收付款单制单”前的复选框，取消勾选“发票制单”，单击【确定】按钮，打开“收付款单制单”窗口，如图 13-65 所示。

3）单击【全选】按钮。

4）“凭证类别”选择“付款凭证”，单击【制单】按钮，生成一张凭证，再单击【保存】按钮，如图 13-66 所示。

（9）结账

1）在应付款管理系统中，执行“期末处理”｜“月末结账”命令，打开“月末处理”对话框。

2）双击十一月“结账标志”栏，如图 13-67 所示。

3）单击【下一步】按钮，弹出“月末处理-处理情况表”对话框，如图 13-68 所示。

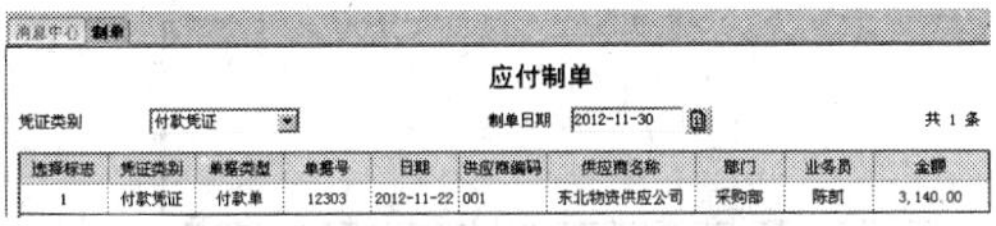

图 13-65 “收付款单制单”窗口

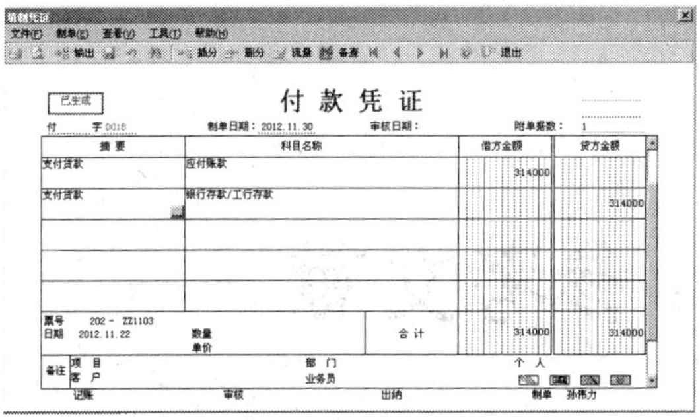

图 13-66 付款单凭证生成

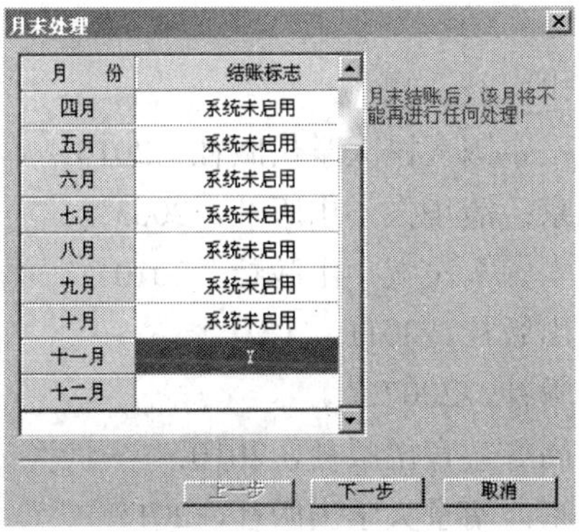

图 13-67 “月末处理”对话框

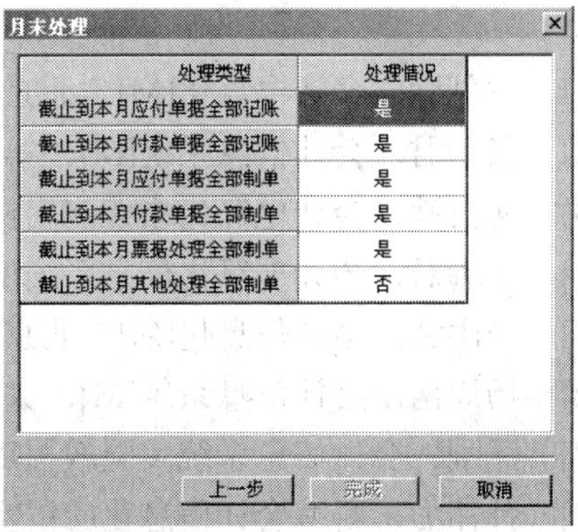

图 13-68 月末处理

4）单击【完成】按钮，弹出“11 月结账成功”信息提示对话框。

5）单击【确定】按钮。

注意

- 如果当月业务已经全部处理完毕，应进行月末结账。只有当月结账后，才能开始下月的工作。
- 进行月末处理时，一次只能选择一个月进行结账，前一个月未结账，则本月不能结账。
- 在执行了月末结账后，该月将不能再进行任何处理。

（10）账套备份

在“D：\账套备份”文件夹中新建“账表查询与其他处理 13-5”文件夹，将账套输出至“账表查询与其他处理 13-5”文件夹中。

课后巩固

1. 谈谈你对应付款模块中系统参数（即选项）的理解与认识？
2. 用图示的方式表示应付款业务处理的流程。
3. 简述应付款和总账之间的关系是怎样的。
4. 如何建立付款业务和财务的一体化？

参考文献

[1] 王剑胜．会计电算化[M]．北京：高等教育出版社，2010．

[2] 张瑞君．会计信息系统[M]．第 6 版．北京：中国人民大学出版社，2010．

[3] 何日胜．会计电算化系统应用操作[M]．北京：清华大学出版社，2003．

[4] 张瑞君．会计电算化信息系统[M]．北京：中国人民大学出版社，2010．

[5] 张洪波．会计信息化[M]．北京：高等教育出版社，2011．

[6] 杨周南．会计信息系统[M]．大连：大连出版社，2007．

[7] 汪刚．会计信息系统实验教程[M]．北京：高等教育出版社，2010．

[8] 孙伟力．新编会计信息化应用实训[M]．南京：南京大学出版社，2011．

[9] 吴美云，孙伟力．会计电算化实务[M]．南京：南京大学出版社，2011．

[10] 陈彦，孙伟力．财务软件应用[M]．北京：中国财政经济出版社，2011．